John M. Keller 지음

학습과 수행을 위한

동기 설계

ARCS 모형 접근

조일현 · 김찬민 · 허희옥 · 서순식 옮김

아카데미프레스

Translation from the English language edition:
"Motivational Design for Learning and Performance" by J. M. Keller
(edition: 1; year of publication: 2009); ISBN 978-1-4419-1249-7
Springer US
as a part of Springer Science+Business Media

역자 서문

이 책은 미국 플로리다주립대(Florida State University) 존 켈러 교수가 2010년에 출간한 "Motivational Design for Learning and Performance: The ARCS Model Approach"의 한국어 번역판이다. 제목과 서문에서도 나타나듯이, 이 책은 학습과 수행에서 반드시 필요한 심리적 엔진인 인간의 동기를, ARCS 모형을 기반으로 설명하고 나아가 그 증진을 위한 처방을 제시하는 것을 목적으로 한다.

첨단 학습 환경과 수업 콘텐츠, 그리고 스마트 테크놀로지 등 학습자 외부 조건의 개선이라는 필요 조건은, 학습자의 의지와 열성이라는 충분 조건이 보장될 경우에만 학습과 성과로 이어질 수 있다. 문제는 학습 동기를 어떻게 효과적으로 촉진할 것인가라는 실천적 문제를 해결해 줄 만한 과학적이고 절차적인 대안을 내놓기가 쉽지 않다는 사실이다. 이토록 중요하지만, 동시에 어려운 동기 설계 문제를 분석적으로 이해하고 종합적으로 처방해 내는 원리와 절차가 무엇인가라는 질문에 답하기 위해 켈러 교수가 학자로서의 전 생애를 바쳐 탐구한 해답이 바로 이 책 한 권에 집대성되어 있다.

동기 설계에 대한 국내 연구자 및 실천가들의 오랜 관심, 특히 송상호 교수 등의 저서 등으로 인해, 켈러의 ARCS 모형은 이미 국내에 넓은 독자층을 확보하고 있다. 그럼에도 불구하고 ARCS 모형에 대한 충분한 이해를 바탕으로 이를 실제 현장에 효과적으로 적용한 경우를 찾아보기란 쉽지 않다. 예컨대, 기업 e-러닝 교수 설계 프로젝트 제안서에서 ARCS 모형의 적용 계획이 빠진 경우도 거의 없지만, 그 제안자가 모형에 대한 이해를 충분히 갖추고 있는 경우는 더욱 드물다. 이러한 오·남용의 원인 중 하나는 켈러 교수의 저작들이 ARCS 모형의 이론, 적용 절차, 실증연구, 컨설팅 매뉴얼 등 주로 연구자들을 위한 논문이나 북 챕터 형태로 이루어져 왔을 뿐, ARCS 모형의 복잡한 면모들을 일견할 수 있는 단행본으로 거의 출간되지 않았다는 사실일 것이다. 본 역서의 원본인 "Motivational Design for Learning and Performance: The ARCS Model Approach"는 이 점에서 켈러 교수가 정년을 맞이하여 그 간의 연구 성과물을 집대성한 ARCS 모형 종합편에 해당한다고 볼 수 있다.

총 12개 챕터로 구성된 이 책은 교육공학은 물론, 기업교육이나 HRD, 교육심리학 분야의 1학기 수업용 교과서로 활용하기에 적합하다. 1~7장은 기본적인 개념과 이론을, 8~12장은 설계를 다루고 있다. 이론 챕터들에서도 다양한 사례를 제시하고 있어 연구자뿐만 아니라 실무자들의 이해를 돕고 있다.

전공서적을 번역하는 작업에 참여하는 역자들은 늘 어려움을 겪는다. 해석학자 가다머가 말했듯이 엄밀한 의미에서의 번역이란 불가능한 것인지도 모른다. 특정 언어는 그 사회의 문화와 역사 속에서 자라온 것이며, 따라서 어떤 번역 작업도 만만한 경우란 없다. 더구나 원본 텍스트가 자신을 가르쳤던 지도교수의 대표 저작이라는 것이 더욱 큰 중압감으로 번역 과정 내내 우리 네 명의 역자들을 압박했던 것이 사실이다.

본 역서가 나오기까지 여러 분의 도움을 받았다. 먼저 원고를 모두 읽고 다듬어 준 이화여자대학교 대학원생들에게 감사한다. 번역 작업이 끝날 수 있도록 격려해 주시고 도와준 (주)아카데미프레스 홍진기 사장께도 감사의 마음을 전한다. 몇 달 전 본 역서의 자매편이라 할 수 있는 일본어 번역본이 출간되었다. 역자이자 켈러 교수 문하의 사형뻘이자 일본 구마모토 대학의 교수인 카추아키 스즈키 선배의 조언에도 큰 감사를 드린다. 무엇보다 부족한 제자들에게 영광스러운 기회를 주시고, 신뢰와 격려로 끝까지 이끌어 주신 켈러 선생님께 감사드린다. 당신으로부터 수업 시간에 배웠던 지식, 졸업 후 학교와 기업에서 ARCS 모형을 가르치고 적용해 본 경험을 가진 역자들이었음에도, 이러한 어려운 번역 작업을 성공적으로 끝낼 수 있었던 데는 켈러 선생님의 격려와 신뢰가 결정적 역할을 했다. 그는 역시 동기 부여의 달인이었다.

2012년 10월
조일현, 김찬민, 허희옥, 서순식

영문판 저자 서문

- 학습자의 동기를 유발하는 핵심적 요소는 무엇인가?
- 학습자 동기 제고를 위해 교수 설계자, 교수자, 상담사, 코치, 또는 부모가 부담해야 할 책임은 어디까지인가?
- 학습자 동기 전술의 종류와 시기를 결정하는 방법은 무엇인가?

인간의 동기 문제를 다루는 교재나 논문의 첫 페이지는 대개 학습자의 동기가 그들의 활동에 미치는 강력한 요소라는 점, 그리고 인간 행위의 복잡한 현상이라는 점 등 두 가지를 강조하는 것으로 시작된다. 본 서 또한 예외는 아니다. 이 두 가지 강조점은 사실임에 틀림없지만, 동기 개념과 이론에 대한 이러한 사실을 알고 있다고 해서 학습 동기를 자극하고 유지시킬 수 있는 학습 환경을 설계하기에 충분한 것은 아니라는 점 또한 사실이다. 본 서는 수업을 설계하거나 진행하는 사람들을 위해 쓰여졌다. 이 부류에는 교수 설계자, 수행공학자, 강사, 교사, 과정개발자, 그리고 학습하고자 하는 사람들의 동기를 촉진하고 유지하고자 하는 모든 이들이 포함된다. 본 서에 포함된 원리와 방법들은 기업, 공공 기관, 군대의 훈련 설계 및 운영뿐 아니라 학교 현장에서도 활용될 수 있다. 나아가 본 서에 소개된 접근법들은 다양한 국제적 교육 맥락에서도 활용된 바 있다. 마지막으로 강조하고 싶은 점은 본 서의 이해를 위해 독자들이 심리학 또는 교육학 이론과 관련된 사전 전문지식을 갖출 필요가 없다는 점이다.

목적

본 서의 목적은 동기 설계의 개념을 소개하고, 나아가 동기 개념과 이론에 관한 지식을 축적함과 동시에, 체계적인 동기 설계 절차 및 동기 설계 활동을 지원할 수 있는 도구를 제공하는 데 있다. 동기 연구자들은 학습자 동기를 구성하는 하나 혹은 그 이상의 좀 더 세부적인 요소들을 자극하고 변화시키는 다양한 전략들을 개발했으며, 그것이 적용되는 특수 영역에서 그 유용성이 증명되었다. 그러나 본 서의 목적은 학습자 동기의 다양한 측면과 관련하여 좀 더 본질적이며 총합적(holistic)인 일반적 체제 접근 방법을 제시하는 데 있다. 본 서는 또한 자족성을 지향하며, 그러한 점에서 동기 설계 절차를 지원하는 동기 개념과 이론에 대한 충분한 이해는 물론, 그 설계 과정 자체에 대한 심도 있는 설명도 포함하고 있다.

본 서의 또 다른 목적은 독자로 하여금 기존의 심리학 연구에 비해 좀 더 폭넓은 관점에서 동기 개념을 이해할 수 있도록 돕는 데 있다. 사람이 어떤 행위를 하는 이유가 무엇인가라는 궁금증과 관련된 "왜"라는 질문에 관한 어떠한 성찰이나 연구, 그리고 그 해답을 찾으려는 노력은 인간의 특정한 탐구 영역에 제한되어 있지 않다. 오래전부터 과학자, 철학자, 시인, 소설가 등은 인간 동기에 관한 이러한 의문에 대해 나름대로의 답을 구하는 데 공헌해 왔다. 과학 분야에서는 늘 객관적으로 제시 가능한 원리를 찾고자 노력해 왔지만, 문학이나 철학 등 또 다른 탐구 영역 역시 인간의 동기 행위와 관련하여 축적된 통찰, 이해, 그리고 공감을 제공해 왔다. 폭넓은 의미에서 교수 설계자, 교사 등을 포함하는 현장 실천가들은 자신들의 가치관과 체험이라는 맥락 속에서 사람들의 행동을 나름대로 이해할 수 있을 때에야 비로소 도움을 얻을 수 있다. 본 저자는 오랜 경험을 통해 심리학의 다양한 개념들이 서로 다른 관점과 배경을 가진 사람들에 의해 좀 더 분명해졌음을 확신할 수 있게 되었다. 따라서 기본적인 심리학 개념을 4~7장에 걸쳐 설명할 때, 이러한 문화 및 지적 맥락에 대한 약간의 설명을 추가하였다. 그러나 본 서가 주로 강조하는 바는 동기를 자극하는 학습 환경과 동기 유발된 학습자를 만들어 내는 데 가장 밀접하게 관련된, 과학적 타당성이 입증된 심리학적 구인들이다.

배경

본 서의 집필 목적은 동기적 문제점을 분석하고 그 해결책을 설계하는 데 있어 타당하고 이론적으로 검증된 절차적 접근법을 제시하는 것이다. 본 서의 각 장에서 설명한 바와 같이 이러한 접근법은 오랫동안 발전되어 왔으며, 전 세계 곳곳에서 수 많은 교육자와 연구자들이 활용해 온 바를 종합한 것이다. 본 서의 일부에는 필자 자신이 개발한 이래, 여러 해에 걸쳐 각국의 연구자들이 새롭게 보완-개발한 자료들이 포함되어 있다. 필자가 취하는 접근법은 동기 설계란 일종의 문제 해결 과정이며 따라서 동기 문제에 적합한 동기 전략을 개발하기 위해서는 합리적 문제 분석에 기초를 두어야 한다는 점이다. 이 접근법은 어떤 특정 심리학파의 관점에만 국한되어 있지 않다. 오히려 체제이론의 관점에서, 특성 동기 맥락과의 관련성이 가장 높다고 여겨지는 최적의 이론들이 나름대로 자리 매김할 수 있고 포괄적인 절차를 구성할 수 있는 상위 개념들을 활용하기 위해 거의 모든 학파의 이론을 통합하고자 하였다. 이러한 조직 및 개념적 구조는 본 서의 첫 3개 장에 제시되어 있다.

조직화 구조

본 서는 크게 네 개의 부분으로 구성되어 있다. 그 첫 부분인 1, 2, 3장에는 동기의 정의에 관해 학습의 맥락에서 기술하면서, 동기 설계란 무엇인지를 심도 있게 설명하고자 하였다. 이어 4장부터 7장까지는 본 서의 기본적 참조틀을 제공하는 동기에 관한 이론이자 설계 절차인 ARCS 모형을 그 각각의 범주별로 자세히 설명하였다. "ARCS"란 Attention, Relevance, Confidence, 그리고 Satisfaction의 앞 글자들로 만들어진 축약어이다. 이 각각의 4개 개념들은 관련된 동기 개념 및 이론군(群)을 종합한 것이다. ARCS 모형은 이론적 연구 결과와 가장 실용성이 높은 사례를 종합하고, 이를 체계적 접근을 통해 동기적 문제 해결을 위해 적용할 수 있는 방법을 포함하고 있다.

본 서의 두 번째 부분(4, 5, 6, 7장)에는 ARCS 모형의 4개 구성요소 각각에 대한 설명이 실려 있다. 이 4개 장에는 과거 및 현재를 통틀어 중요한 동기 개념과 이론들이 섭렵되어 있다. 각 장들은 A-R-C-S 각각에 관련된 동기 개념과 이론을 포함하여 심리학적 기초 요소들을 다룬다. 나아가 각 장에서는 그 핵심적 개념 및 동기 전략-전술의 실제 사례들을 설명하는 섹션을 하나씩 두고 있다.

세 번째 부분(8, 9, 10장)은 체제적 동기 설계 절차에 대해 설명한다. 이 장에는 그와 같은 절차에 대해 아주 상세한 설명이 제공되며, 워크시트의 형태로 단계별 가이드라인이 함께 담겨 있다. 8장 및 9장은 템플릿과 이론을 연결하여 설명하고 있으며, 그 중 하나의 사례에 대해서는 10장에서도 상세하게 다루어진다.

본 서의 마지막 부분(11장, 12장)은 동기 설계 전략이 활용되는 상황별 적용 가능한 대안적 접근법, 체크리스트와 측정도구 등 동기 전략을 적용할 때나 연구할 때 유용하게 사용할 수 있는 도구, 교수자 중심 온라인 수업이나 자기 주도 학습 등 다양한 전달 체제에 맞춰 설계 전략을 변형하는 방법 등과 같은 보조적 내용을 다루고 있다. 또한 여기에는 향후 추가적인 연구가 필요한 최신 연구 영역에 대한 논의도 담겨 있다.

John M. Keller, Ph.D.
명예교수
교육심리학 및 학습체제 전공
플로리다 주립대학교

한국어 번역판 저자 서문

이번에 나의 책이 한국어로 번역·출간된 것은 저자로서 누릴 수 있는 영광이자 기쁨이다. 나는 플로리다 주립대(FSU) 교수체제 전공(Instructional Systems Program)에 재학했던 여러 한국 학생들의 지도교수로서 그들과 함께 공부했던 즐거운 추억을 갖고 있다. 또한 최근 2010년의 경우를 포함, 두 번의 한국 방문을 했던 경험을 통해 나는 ARCS 모형이 한국 내에 널리 알려져 있다는 사실을 알게 되었다. 이번 번역본 출간을 통해 기업 교육담당자, e-러닝 콘텐츠 개발자, 그리고 대학원생을 비롯한 연구자들이 ARCS 모형에 대해 좀 더 깊이 있는 이해와 폭넓은 확산이 있기를 기대한다. 이 책의 목적은 ARCS 모형을 구성하는 여러 개념과 이론에 대해 상세히 설명하고, 나아가 학습과 성과 향상을 촉진할 수 있는 교수체제 설계 과정에 ARCS 모형의 원리와 도구를 온전히 녹여 넣을 수 있는 실천적 지식을 제공하기 위함이다.

한국 독자 여러분들 중에는 미국적 문화 토양에서 탄생한 이론과 모델이 과연 한국에 뿌리를 내릴 수 있을 것인지에 대해 의구심을 갖는 분도 있을 것이다. 이 의문에 대한 나의 대답은 명확하다. ARCS 모형은 범문화적 타당성을 갖는다. ARCS 모형은 문제 해결 모형을 포함하는 동기 설계 프로세스에 그 기반을 두고 있다. 4가지 유형의 동기(주의집중, 관련성, 자신감, 만족감)는 축적된 다양한 동기 관련 개념과 이론에 의해 일관되게 설명되는 여러 가지 동기적 특성들을 종합한 것이다. 이 특성들은 거의 모든 문화권에 걸쳐 타당하게 적용될 수 있는 것으로 선행연구를 통해 밝혀진 바 있다. 개별 문화마다 개인의 감정과 행동, 그리고 타인에 대한 사회적 지향성을 구성하는 고유성이 존재한다. 그럼에도 불구하고 ARCS

모형은 주어진 학습 환경의 동기적 맥락에 따라 동기 문제를 규명하고 이에 적합한 설계적 처방을 제시할 수 있도록 가이드를 제시해 준다. 이 점이야말로 문화적 차이를 고려하지 않는 대부분의 동기 모형들과 ARCS 모형이 다른 점이다. 이 책에 담긴 이론과 설계 모형을 공부하고 적용한다면, 여러분은 분명 훌륭한 동기 설계 전문가가 될 수 있을 것이다!

한국어판 번역 작업에 참여한 번역팀은 최근 몇 년 동안 나와 함께 ARCS 모형과 관련된 연구를 수행해 왔으며 그 결과 최근의 연구 · 개발 동향에 대해 잘 알고 있는 탁월한 교육공학자들로 구성되어 있다. 이 팀의 리더는 나의 박사 과정 지도학생이었으며, 현재 이화여자대학교 교육공학과 교수이자 한국기업교육학회 회장인 조일현 박사이다. 그는 번역 및 출판 과정에서 리더십을 발휘해 주었다. 번역 과정에서 주요한 역할을 수행한 김찬민 박사는 번역 팀원 중에서 가장 최근에 졸업한 나의 지도학생이자, ARCS 모형 관련 여러 편의 논문을 함께 발표한 바 있는 동료 연구자이다. 그녀는 현재 미국 조지아 대학교(University of Georgia) 교육공학과 교수로 재직 중으로, 지역적 근접성으로 인해 나와 번역과 관련하여 자주 만나 이야기할 수 있었다. 또 다른 번역자인 허희옥 박사는 플로리다 주립대에서 박사 학위를 마쳤으며, 나는 그녀의 학위 심사위원으로서 봉직한 바 있다. 그녀는 예비교사를 대상으로 ARCS 모형을 가르쳐 왔던 경험을 통해 번역서의 현실감을 높이는 데 기여하였다. 마지막으로 춘천교육대학교에 재직 중인 서순식 박사는 학부생 대상 ARCS 모형 수업은 물론, ARCS 모형 관련 국가 임용시험 출제 경험 등을 바탕으로 번역 작업에 기여하였다. 그는 또한 현재 예비교사들에게 이 모형을 가르치고 있다.

마지막으로 오랜 기간에 걸쳐 이 어렵고도 오랜 기간에 걸친 번역 작업을 해 준 4명의 후학들에게 다시 한 번 깊은 감사의 마음을 전한다.

부디 독자 여러분의 즐거운 지적 여정이 되길 바란다.

John M. Keller, Ph.D.
명예교수
교육심리학 및 학습체제 전공
플로리다 주립대학교

차 례

제9장 _ 동기 유발 목적과 전략 규명 | 273

제10장 _ 동기 전략과 교수 전략의 통합 | 297

제11장 _ 동기 설계 지원 도구들 | 313

제12장 _ 동기 설계 연구 및 개발 | 345

제1장

동기 연구

생각해 두기

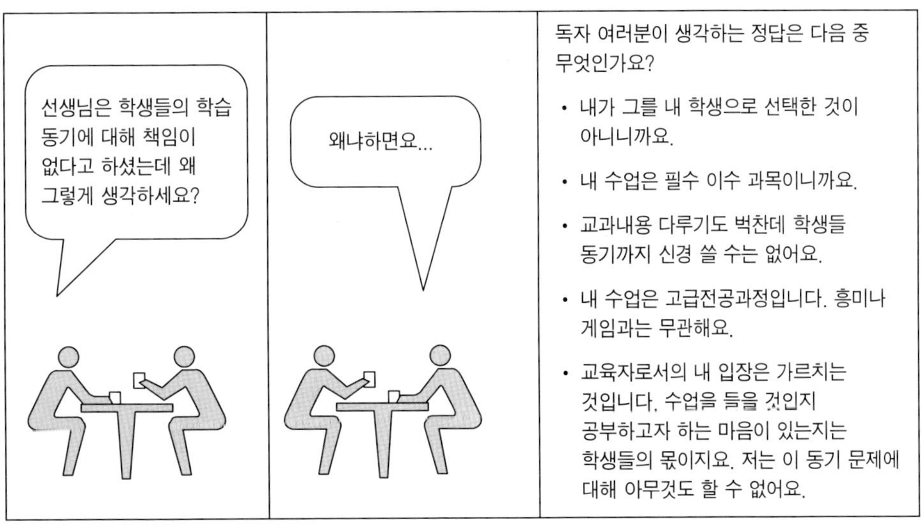

그림 1.1 커피숍 대화

교사, 강사, 그리고 때로는 대학교수들조차 자신이 학습자들의 동기 수준에 대해 책임을 질 필요가 없다고 생각하는 경우를 흔히 볼 수 있다. 그림 1.1은 그 이유를 열거하고 있다. 독자 여러분도 이러한 생각에 동의하는가? 이러한 생각은 동기상의 문제를 교수자가 받아들이지 않아도 될 만큼 실제적인가, 아니면 이 문제를 회피하기 위한 변명일 뿐인가? 그림에 제시된 태도는 교육자들에게서 흔히 볼 수 있으며, 일부는 타당한 측면도 없지 않다. 실제로 타인의 동기를 마음대로 통제할 수 없다는 생각은 일리가 있다. 사람들은 독자 여러분의 생각이 아닌, 스스로의 이유에 따라 행동하기 때문이다. 그러나 교육자 또는 권위를 지닌 어떤 사람이 타인의 동기에 영향을 줄 수 있다는 주장 또한 설득력이 있다. 당신은 학생이 공부하고자 하는 동기를 자극할 수도, 빼앗을 수도 있기 때문이다. 적어도 당신의 입장은 이 두 가지 생각 중 어느 하나에 가까울 것이다.

들어가기

본 서의 핵심 주제이기도 한 동기 설계는 동기에 관한 이론 연구와, 개인 동기를 재고하거나 조절하기 위한 실천 활동 간의 격차를 연계하여 교량적 역할을 한다. 이 교량의 한쪽에는 인간 동기에 관한 연구에 의해 축적된 개념, 이론, 원리가 놓여 있고, 다른 한쪽에는 학습자 동기를 실제로 개선하려는 교수 설계자 및 실천가 노력의 결정체인 절차, 성공 사례, 설계 과정이 자리하고 있다. 일반적으로 이러한 교량은 "이론에서 실천으로"라는 말로써 요약될 수 있다. 즉, 과학자들이 기본 원리를 먼저 발견하면 실천가들이 이를 현장에 활용하는 식이다. 그러나 교량이 놓이는 방향은 이렇듯 일방적이지만은 않은 것 같다. 즉, 실험실에서 검증된 동기 원리라 하더라도 곧바로 실천에 옮겨지지 못하는 경우도 있고, 반대로 현장에서 성공을 거둔 동기 전략이라도 이론상으로는 도저히 설명되기 어려운 경우도 있기 때문이다. 그 이유는 무엇인가? 그 이유 중 하나는 연구 결과에 기반을 둔 동기 원리는 일반적으로 통제된 실험 상황에서 도출되는 데 반해, 실제로 적용되는 상황은 여러 변수에 의해 영향을 받기 때문이다. 연구자들은 실험 연구 또는 유사 실험 연구를 수행할 때 연구하고자 하는 변수 외에 다른 조건들이 연구에 영향을 미치지 못하도록 하기 위해 이들을 통제한다. 한편 질적 연구를 수행할 경우에는 특정한 맥락적 환경에서 관찰한 결과만을 바탕으로 일반화를 시도할 수밖에 없다. 일반적으로 말해서 이 두 가지 연구 방법 중 어느 것도 특정 실천 상황에 대해 무조건적으로 적용될 수 있는 연구 결과를 도출하지는 못한다. 그렇다면 우리는 다시 "왜?"라는 질문을 던지게 된다. 이는 동기 설계자가 실험 연구자와 같이 자신이 처한 동기 문제 상황을 통제할 수도 없으며, 질적 연구로부터 얻은 시사점을 적용하는 데 있어 다른 맥락적 조건에 처하기 때문이다. 동기 설계자는 일반적인 수업 상황이 아닌 어떤 독특하고 특수한 상황에서, 잠재적이고 현재적인 영향 요인들을 파악해 낸 뒤, 어떤 동기 요인들에 대해, 어느 정도의 처방을 내려야 할 것인지를 결정해야 한다. 이때 동기 설계자는 학습자가 처한 환경의 동기적 특성을 조절하기 위해, 또는 학습자 내부에 어떤 바람직한 변화를 촉진하기 위해 사용할 전술을 선택해야만 한다. 따라서 이론과 실천을 연계한 교량이 놓이는 방향은 두 가지이다. 설계자와 실천가들은 연구자의 작업 결과로부터 배우고, 나아가 그 지식을 실천에 접목시킬 수 있는 구체적 방안을 창조해 내야 하며, 이와 반대로 연구자들은 이론과 적용 맥락 간의 관계성을 면밀히 관찰함으로써 이를 이론화 및 검증을 위한 토대로 삼아야 한다.

실천으로부터 원리가 되는 지식을 도출할 수 있다는 관점에서 볼 때, 우리는 경험, 성격, 지식, 영감을 갖추어 탁월한 동기 부여자가 되었던 수많은 인재들을 발견할 수 있다. 그러나 연구자로부터 얻은 지식에 제한이 있다는 점과 마찬가지로, 이러한 실제적 인물들에 대한, 그리고 그들의 실천 사례에 관한 지식에도 한계가 있을 수밖에 없으나, 이 경우에 나타나는 한계는 연구를 위해 설정된 인위적 제약 조건으로 인해 발생하는 것이 아니다. 이 경우는 각 사례별 성공 요소를, 동기 부여자 개인의 성격적 특성 및 독특한 행위로부터 분리해 내기 어렵고, 따라서 다른 사람들에게 전이 가능한 일반적 원리를 찾아내기 어렵다는 점에서 문제가 된다. 이 두 가지 유형의 조건들로 학습자 동기화 원리를 도출하는 것은 교육 관련자들에게 심각한 도전이 되어 왔다. 아무리 많은 탁월한 동기 부여자들을 조사하고, 인간 행동에 관한 무수한 실험연구를 지속할지라도, 현실적으로 자신의 수업을 듣는 '바로 그' 학생들을 효과적으로 동기화하려는 방법을 배우려는 특정 교사를 위한 체계적 가이드라인을 제시하기는 어렵다. 본 서의 목적은 동기 설계 절차라는 형태로 그와 같은 가이드를 제공하는 데 있다. 즉, 이 가이드라인은 동기 이론에 기초할 뿐만 아니라, 주어진 상황 속에 존재하는 구체적인 동기적 문제를 진단 가능하게 하는 인간 동기 구성요소들을 기반으로 이루어지는 체계적 학습자 분석을 포함하고 있다. 이러한 분석 결과를 기반으로 특정 교수 상황에 놓여있는 학습자, 교수자, 학습 환경에 맥락적으로 부합하는 동기 전략을 설계 또는 선택할 수 있게 될 것이다.

요약하자면, 동기 설계와 동기 이론 간의 간극은 교수 설계와 학습-교수 이론 간의 차이에 비견할 만하다. 실제로 이러한 차이는 기초 연구와 임상 적용 간의 관련성이라는 점에서 모든 전문직에서 발견되는 현상이다. 저자가 전제하는 바는 설계자를 상황을 분석한 연후에 적절한 개념과 전략을 그 결과에 따라 결정하는 문제해결자로 본다는 점이다. 이는 이미 정해진 처방전으로부터 전략을 선정하고 이를 실행하는 기술자, 단일한 개념적 관점 내에서 자신의 논리를 정연하게 전개해 가는 이론가와 설계자가 다른 점이다. 설계자는 응용 행동 분석가, 인문학자, 구성주의자들과 같이 제한된 개념적 기초에 국한하여 일을 추진할 수도 있다. 그러나 이럴 경우 문제를 정의하고 대안을 만들어 내는 과정에서 불가피하게 제약이 가해질 수밖에 없다. 본 서는 체계적 문제해결 절차에 따르는 다차원적 접근법을 사용하는 것이 좀 더 생산적이자 효과적일 것임을 전제하고 있다. 이 이슈에 대해서는 본 장의 후반부에 등장하는 동기란 무엇인가라는 질문에 대해 논의하고 동기에 관한 연구에서 나타나는 개념적 문제에 대해 설명하면서 좀 더 자세히 다루어질 것이다.

동기란 무엇인가?

동기(motivation)란 사람들이 원하는 것(desire), 선택하는 것(choose), 그리고 하겠다고 결심하는 것(commit)을 광범위하게 지칭한다. 달리 말해, 동기에 관한 연구는 우리가 무언가를 '왜' 하는지에 관해 사람들이 가지고 있는 의문들을 파고드는 것이다. 자못 심원해 보이는 이 질문에 대해 답하고자 하는 노력은 문학, 음악, 철학, 과학 등 인간 본질에 관한 거의 모든 논구와 표현 속에서 찾아볼 수 있다. 니코스카잔차카스의 소설 「희랍인 조르바」에서 조르바는 "왜 젊은이는 죽어야 하나, 왜 사람은 죽지 않으면 안 되나?"라며 묻는다. 파토스가 솟구치는 이 장면에서 주인공은 마을의 풍습을 지키지 않았다는 이유로 잔인하게 살해당한 미망인의 죽음에 대해 "왜"라는 간절한 질문을 던지고 있다. 그러나 이 질문은 평소의 행복한 삶에서도 추구된다. 작가, 예술가, 철학자들은 이 문제를 탐구하며 인생의 역정과 만날 때마다 각자의 통찰력 있는 해답을 얻곤 했다. 그러나 과학적 지식을 얻고자 하는 목표를 가진 심리학이 이 문제를 다루게 되면서 인간의 경험을 설명하고 예측하며 나아가 개선하려는 체계적 접근을 취하게 되었다.

심리학적 관점에서 볼 때 동기란 행동의 '방향'과 '강도'를 설명해 주는 현상으로 정의된다. 즉 동기란 사람들이 어떤 '목적(goal)'을 선택적으로 추구하는지, 그 추구의 강도가 얼마나 적극적이고 치열한지에 관한 개념이라 할 수 있다. 어린 아기가 엄마의 관심을 끌기 위해 칭얼거리는 행동에서부터 고대 페루 문명의 유적지에서 발견된 일정한 패턴의 매듭들 속에 담긴 암호를 풀려는 인류학자의 탐구에 이르기까지 다양한 목적지향적 인간 행동은 모두 동기 개념에 의해 설명될 수 있다. 그러나 이러한 동기의 개념만으로는 사람들이 그들이 추구하는 목적을 선택하게 되는 과정과 이유에 대해서 아무런 답변도 할 수 없다.

그동안 동기가 발생하는 역동적 과정들, 그리고 그 과정의 속성에 대해 그럴듯한 설명을 하려는 이론과 개념들이 제시되어 왔다. 이 이론들은 그 이론적 가정과 탐구 영역의 특성에 따라 크게 네 가지 부류로 나뉜다. 그 첫 번째 부류는 인간생리학 및 신경학에 기초를 둔 것으로서 유전학, 각성(arousal) 및 조절(regulation)이 일어나는 과정에 관한 생리학 등을 포함한다. 두 번째 부류는 행동주의적 접근으로 잘 알려져 있는 정적 강화(조작적 조건화) 원리, 고전적 조건화, 보상적 동기화, 그리고 감각 자극에 미치는 환경 조건 등을 포함한다. 세 번째 부류는 근래에 들어 가장 큰 관심을 끌고 있는 인지이론들(cognitive theories), 즉 기대-가치(expectancy-value) 이론, 사회적 동기화, 귀인 이론, 역량 이론(competence theory)을 지칭한다. 마지막 네 번째 부류는 감정 영향(emotion affect)에 대한 일련의 연구로서, 가장 최근에 많은 사람들의 관심을 끄는 학문적 유행을 불러일으키고 있다.

이러한 분류화 작업은 이미 개발된 이론들을 정리하는 데에는 유용하지만 임상 적용을 위해서나 새로운 연구 지평을 열어 가는 것에 있어서는 큰 도움이 되지 못한다. 동기 설계자들이나 임상심리학자들은 진단과 처방 등 자신이 맡고 있는 전문 분야 내에서 직면하는 현실적 동기 관련 문제를 해결하기 위한 총체적 이해의 틀을 필요로 하는 데 비해, 각 학파의 연구 및 이론 체계들은 고유한 패러다임에 정초하고 있어 학파 간의 융합적, 학제적 접근이 제대로 이루어지지 않고 있기 때문이다. 예컨대, 인간 행동에 대한 보상의 효과에 대한 연구는 특정한 강화의 유관성(contingencies)을 처치한 이후 나타나는 결과를 관찰하는 방법을 사용한다. 이러한 패러다임을 가진 연구자는 피험자 내부의 심리학적 특성을 추정하기 위한 자기보고식 측정도구의 사용을 거부하는 경향이 있다.

학파, 또는 이론적 부류들 간의 소통 부재는 새로운 학제적 연구 지평을 열어 가는 데에도, 총체적 설계 및 임상적 진단 도구를 개발하는 데에 장애가 되고 있다. 하나의 자기완결적 논리로 굳어진 학파를 추종하는 연구자에게 있어 타 학파의 이론을 포괄하는 종합 이론을 만든다는 것은 일종의 타협 또는 학문적 기회주의로 여겨지는 경우가 많다. 어떤 이론 내의 주류적 인식론적 관점은 그 기반으로서 하나의 방법론적 전제 또는 원리에 기초하여 이론적 지식을 추구한다. 이 방법론적 전제는 크게 **가설-연역적 접근** 및 **경험적 접근** 두 가지로 나뉜다. 가설-연역적 접근에서 가설은 관련 기반 이론에 기초하여 구성된 뒤 통제된 실험 연구 방법을 통해 검증된다. 경험적 연구 접근에서는 연구가 진행되고 데이터가 수집된 후 마지막에 일반화가 이루어진다. 이렇게 일반화된 지식은 다시 가설을 생성하고 검증하는 가설-연역적 절차와 연결되면서 순환된다. 어떤 지점에서 연구를 시작하든지 간에, 가설-연역적 이론을 개발하는 전통하의 단일한 이론적 관점만으로는 종합적 이론을 만들어 내기 어렵다. 왜 그런가? 그 이유는 특정 이론에서 다른 이론으로 옮겨 갈 때 연구자의 가정과 질문의 영역이 변하기 때문이다. 예를 들어 보자. 행동주의 심리학은 근본적으로 환경 자극에 대한 사람의 반응을 관찰함으로써 적절한 인간 행동 이론을 개발할 수 있다고 주장한다. 인지주의 심리학자들은 이러한 원리에 반대 입장을 나타내는데, 이는 그들이 정보 처리에 관한 내적 과정을 고려하지 않고서는 사람의 행동을 적절히 설명하는 것이 불가능하다고 믿기 때문이다. 그렇다면 이 두 가지 필수적인 이론 요소들 간에 모순된 전제가 놓인다면 과연 총체적 이론의 구축이 가능할 것인가 하는 의문을 갖게 될 것이다.

본 서에서 취하는 인식론적 입장은 **관점주의**(perspectivalist)(Wheelwright, 1962)이다. 이 관점은 진리란 맥락적이며 상대적인 경향을 갖는다고 본다. 모든 이론은 각각 일정한 전제, 연구 방법, 연구가 수행되는 영역(domain)을 갖고 있다(Kuhn, 1970). 현상에 대한 설명은 연구가 고도의 내적 타당성을 가질 때 한해서, 제한된 맥락 내에서만 진실이라 말할 수 있을 뿐 그 맥락을 넘어서게 되면 적절한 설명력을 잃게 된다. 따라서 행동주의 심리학자들은 사람의 내적 정보처리 현상을 설명할 수 없다. 물론 그들은 이러한 시도조차도 하지 않을 것이다. 그들은 이미

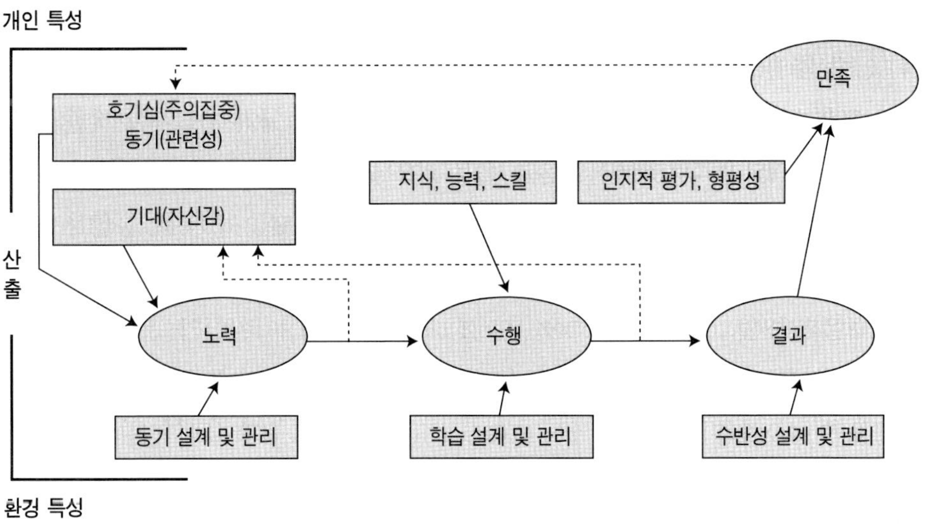

그림 1.2 켈러의 동기 및 수행 거시 모형(Macro Model of Motivation and Performance)(Keller, 1979, 1983b 수정 인용)

관찰 가능한 환경 자극과 인간 행동 간의 관계에서만 의미 있는 설명이 가능하다고 선을 긋고 들어가기 때문이다. 만약 이 선을 넘어서려는 순간, 행동주의자들은 자신이 세운 전제를 스스로 무너뜨리는 논리적 모순을 겪게 될 것이다. 그럼에도 불구하고 설명력의 총량을 증대시키기 위해 한 차원 높은 모델의 형태로 서로 다른 관점의 이론들을 통합해 내는 것은 가능하다.

이러한 고차적 통합 이론은 ARCS 모형의 구성요소 규명을 위한 기초 및 참조 틀을 제공한다(Keller, 1979, 1983b). **동기 및 수행의 거시 모형**(Macro Model of Motivation and Performance)이라 불리는 이 틀은 입력-처리(process)-출력에 해당하는 부분들 간의 관계를 조명하기 위해 체제이론을 차용한다(그림 1.2). 이 모형은 세 개의 행(行; row)들로 도시되어 있다: 가운데 행은 동기 및 수행의 측정 가능한 주요 결과물들을 나타내고, 맨 위 행은 동기, 학습, 수행, 태도에 영향을 미치는 심리학적 특성들을 나타내고, 맨 아래 행은 이러한 행동들에 영향을 미치는 환경 요소들을 보여 준다.

ARCS 모형의 처음 세 개 구성요소(주의집중, 관련성, 자신감)는 그림의 좌측 상단에 위치한다. 이 이름들은 기대-가치 이론의 두 가지 요소, 즉 "가치"와 "기대" 등 두 개의 네모 상자로 표현되어 있다. 각 상자 내에는 대표적 심리학적 개념들이 그와 관련된 ARCS 모형의 구성요소 이름(괄호 안)과 병기되어 있다. 예컨대,

"가치" 상자 속에는 호기심(ARCS의 주의집중), 동기(ARCS의 관련성)가 들어 있다. ARCS의 만족 범주는 그림의 우측 상단에 나타나 있다. 화살표의 연결 상태 및 방향성을 보건대, 자신감은 객관적인 수행 결과와 학습자가 인지한 주관적인 수행 결과 등 두 가지 변수에 의해 결정되는 종속 변수라는 사실을 알 수 있다. 달리 말해, 학습자들은 자신의 수행 결과를 자신이 기대한 수준 및 타인이 받은 보상 수준과 비교할 때 긍정적 또는 부정적 느낌과 태도를 경험한다.

동기 및 수행의 거시 모형은 어떤 목적을 위해 쏟는 노력의 정도에 영향을 미치는 동기가 전반적인 행동 수행에 영향을 미치는 지식과 기술에 연결되는지의 여부 또한 보여 준다. 이모형의 마지막 부분은 동기, 학습, 수행에 미치는 환경의 영향 관계를 설명해 준다. 동기는 교사와 수업자료가 학습자의 호기심을 유발할 뿐만 아니라 개인적으로도 적절한 자극의 집합을 제공하는 정도, 그리고 동시에 확신감을 높여 주는 도전의식의 정도 및 노력을 억제하는 스트레스 요인들의 유무 등에 의해 동기의 수준이 결정된다는 사실을 보여 준다. 마찬가지로 명확한 학습목표, 사례와 학습 활동에 겸하여 제공되는 설명 자료 등 학습 자료의 교수학습적 특징들 또한 학습자의 활동 수행 향상에 긍정적 영향을 미친다는 것을 알 수 있다.

이 체계는 또한 피드백 고리를 포함한다. 예컨대 결과물이 "기대"로 회귀하는 피드백 고리의 두 가지 유형이 점선으로 나타나고 있다. 이는 학습자가 수업에서 주어진 과업을 성공적으로 달성한 정도, 그리고 그 성공이 기대했던 결과를 이끌어 낸 정도가 미래의 성공에 대한 기대에 영향을 미치고 있음을 보여 준다. 또 하나의 피드백 고리는 '자신감'에서 '주의집중'과 '관련성'이 포함된 네모 상자로 연결되어 있다. 이는 사람들이 목표 지향적 행동으로 귀결한다는 실제적 경험이 향후 그 목표에 부과하는 개인의 가치에 영향을 미친다는 것을 의미한다. 다시 말해, 만약 당신이 어떤 도박 기술을 배우기 위해, 또 라스베가스로 여행할 비용을 모으기 위해 엄청난 노력을 기울였고, 결국 그 곳 도박장에서 신나게 놀면서 돈도 많이 따는 경험을 했다면, 장래에도 유사한 활동을 하기 위해 기울일 노력에 대해 높은 평가를 내리게 될 것이다. 반면, 돈을 크게 잃는 쓰라린 경험을 했다면, 다시는 그런 노력에 대해 높은 가치를 두지 않을 것이다.

ARCS-V: 전통적 ARCS 모형의 확장

만약 어떤 목표를 달성하고자 하는 동기가 충분히 높다면 그 목표가 달성될 때까지 그 노력을 멈추는 일은 거의 없을 것이다. 이러한 관계는 행동 잠재력(behavior potential)이 성공하기를 원하는 개인의 기대 강도와 달성하기를 바라는 목표에 부여된 개인적 가치의 함수라고 보는 전통적인 기대-가치 이론에 잘 반영되어 있다(그림 1.2 참조). 이 모형은 행동 잠재력과 실제 행위 간에 자동성(automaticity)이 존재한다고 본다. 즉, 어떤 개인은 기대와 가치의 곱에 해당하는 수준만큼 목표를 달성하기 위한 노력을 기울일 것이다. 그러나 이러한 가정이 현실에서 늘 충족되는 것은 아니다. 대개 사람들은 동시에 여러 개의 목표를 추구하며, 하나의 목표에 대한 강도는 다른 목표의 중요성에 의해 영향을 받기 마련이다. 마커스라는 학생은 심리학개론 수업에서 좋은 점수를 받아야 한다는 강한 목표 의식을 갖고 있다. 장래 심리학을 전공해서 임상심리학자로 성장하고자 하는 꿈을 갖고 있기 때문이다. 따라서 심리학개론에서 높은 점수를 받아야겠다는 당장의 목표는 장래 목표를 위한 도구적 성격을 갖는다. 그러나 문헌연구 과제물 제출 기한 일주일 전인 어느 토요일, 그는 친구들로부터 오후에 함께 축구를 하면서 놀자는 제안을 받게 되었다. 그는 친교 관계를 중시하고 축구 경기를 즐기지만 과제물을 완성하기 위해서는 도서관에서 상당히 오랜 시간을 자료를 수집하고 요약하는 일에 쏟아야 한다는 사실도 잘 알고 있다. 그는 어떻게 행동해야 할 것인가? 친구들에게 전화해서 학교 숙제가 너무 많아 같이 놀기 어렵다고 말해야 하는가, 아니면 일주일이면 아직 충분한 시간이 남아 있다고 자신의 상황을 정당화하면서 축구 경기를 하러 가는 것이 옳은가? 이 질문에 대한 답은 처음에 가졌던 목표(과제 제출을 통해 높은 점수 받기)에 대한 강도뿐만 아니라 새로운 목표와의 갈등이 생겼기 때문에, 그의 **자발성 기술**(volitional skills) 또는 **자기조절적 행동**의 강도에 따라 달라지게 된다.

동기 관련 개념과 이론이 기대-가치 이론에서처럼 주로 사람의 바람과 선택을 설명해 왔다면, 자발성 이론은 그 목표를 달성하기 위해 그가 취하는 행동(action)에 대해 탐구한다. 나아가 자발성은 두 단계로 나누어 살펴볼 수 있다. 첫 번째 단계는 관여(commitment) 또는 행동-전 계획(pre-action planning)이며, 두 번째 단계는 자기 통제 또는 행동 통제(action control) 활동이다. 골위처(Gollwitzer, 1993)에 따르면 행동-전 계획은 목표에 대한 초기 매력성, 목표에 대해 헌신하고자 하는 의도, 행동을 위한 계획 수립을 지칭하는 행동 의도 등으로 특성화된다. 의도 관리는 목표 지향성 및 열중 정도를 유지하는 데 있어 결정적이다. 사람들은 간혹 자신의 의도를 진술하는 것(statements of intentions)의 작성을 가볍게 여기곤 한다. 그 이유는 그들 자신이 스스로 하겠다고 하는 일이 실제로 어떤 것인지에 대해 정확히 예상하고 있지 못하기 때문이다. 그러나 걸위처는 이것들을 약한 의도라고 부르는데, 이는 강한 의도라 일컬어질 만한 특성들을 결여하고 있기 때문이다. 강한 의도란 목표를 향해 열중할 것을 표명하는 것뿐만 아니라 그 목표를 언제, 어떻게 달성할 것인지에 대한 구체적인 계획으로 구성된다. 예를 들어, 이 개념에 관한 연구에서 걸위처와 브랜드스태터(Gollwitzer & Brandstätter, 1997)는 겨울 방학을 시작하기 직전에 독일 대학생들에게 크리스마스 시즌의 기억할 만한 경험에 관한 에세이를 작성해서 개학 후 제출하도록 하는 과제를 부여했다. 과제 안내를 마친 후 학생들은 이 과제를 수행하고자 하는 자신의 의도를 정리하여 교수에게 제출했다. 연구자들은 이 자료를 분석하여 그 에세이를 언제 어떻게 작성할 것인지에 관해 구체적으로 적었는지, 또는 간략하고 모호한 의도만 적었는지의 여부에 따라 점수를 부여했다. 다음 학기 학생들이 개학하여 제출한 에세이의 완성도와 계획서의 구체성 간에는 정적 상관관계가 나타났다. "크리스마스 다음날 아침, 아침식사를 마친 뒤 내 방 책상에 앉아 에세이를 쓸 것이다"라고 쓴 학생은 "크리스마스가 지나서 곧바로, 적어도 개학 전에 에세이를 쓸 것이다"라고 쓴 학생에 비해 에세이 완성도가 훨씬 더 높았다.

컬(Kuhl, 1984)이 소위 "행동 통제 이론"이라 부른 바 있는 자발성의 다른 측면은 여섯 가지의 원리 또는 전략들로 구성되어 있다. 이는 개인의 의도를 유지-보호하는 데 도움을 주는 자기조절적 태도와 행동에 대해 기술하고 있다. 즉, 이 원리들은 과제에 몰입하게 해 주고 정해진 목표를 달성하기 위해 열중하기 시작한 이후 이를 방해하는 산란 요인을 회피할 수 있게 해 준다. 이 여섯 가지 행동 통제 전략은 아래와 같다(Kuhl, 1984, p.125).

1. 선택적 주의집중: "자발성 보호 기능"이라 불리기도 함. 이는 경쟁적 행동 경향성에 대한 정보 처리를 막아 본래 의도를 보호해 줌.
2. 부호화 통제: 현재 집중하고자 하는 의도와 관련된 주위 자극에 한해서만 선택적으로 부호화하고, 경쟁적 자극은 무시함으로써 자발성 보호 기능을 촉

진함.

3. 정서 통제: 현재 의도를 조장하는 동시에 슬픔이나 미혹 등 목표 달성 의도를 방해하는 경쟁적 의도들을 억제할 수 있도록 정서 상태를 관리함.
4. 동기 통제: 현재 의도의 중요성을 유지하고 재인식함. 특히 처음부터 의도 경향성이 강하지 않았을 경우("해야 하긴 하지만 정말 하고 싶지는 않아")
5. 환경 통제: 통제 불가능한 미혹 요소들로부터 벗어날 수 있는 환경을 조성하고, 현재 의도를 보호하기 위해 주위 사람들에게 자신의 의도에 대해 널리 공지하는 등 사회적 관여(social commitments)를 조성함.
6. 최소 정보 처리(parsimonious information processing): 언제 멈추어야 할지, 충분하지만 과하지 않은 필요 정보가 무엇인지를 알고 현재 의도를 지원하기 위한 적극적 행동을 지속하도록 의사 결정함.

컬에 따르면 행동 통제 과정은 어떤 인간 행동에서도 동일하게 작용하며, 경쟁적 경향성이 강화되거나 본래 의도가 약해짐에 따라 의도한 행동 수행 능력이 떨어질 때 현재 의도를 보호하기 위해 작동하기 시작한다(Kuhl, 1985). 행동 통제 전략의 효과성은 다양한 행동 변화 상황(Kuhl, 1987) 및 교육 환경(Corno, 2001; Zimmerman & Schunk, 2001)에서 실시된 여러 연구를 통해 확인된 바 있다.

의도와 관여에 기초하고 있는 행동-전 계획 관련 개념들, 행동 통제 행동을 관리하기 위한 수단으로서의 자기조절 개념은 ARCS 모형의 개념적 기초를 제공하는 거시 모형의 확장을 가능케 했다. 본래의 거시 모형은 그림 1.3의 상단에 도식되어 있다. 그림의 좌측 부분은 주의집중, 관련성, 자신감의 심리학적 기초를 형성하는 기대와 가치 구성요소들을 담고 있다. 이들은 사람이 목표 달성을 위해 투입하는 노력의 정도를 설명하는 데 도움을 준다. 이 확장된 모형에서 두 개의 새로운 결과물이 추가되었다. 초기 모형의 노력(effort) 개념은 목표를 결정하는 과정을 상술하고 있으며 노력 지향(effort direction)이라 한다. 두 번째 행동 산출물은 의도와 관여를 반영하며 노력 개시(effort initiation)라 한다. 세 번째는 행동 통제의 결과물로서 노력 지속(effort persistence)이라 한다. 이 모형은 의도 관여와 자기조절을 연계하기 위한 목적으로 메타인지 전략을 언제나 구사해야 한다고 시사하지는 않는다. 왜냐하면 메타인지 전략은 목표 달성 의지가 충분히 강한 경우에는 불필요할 수도 있기 때문이다. 따라서 이 모형에 추가된 별도의 구성요소들은 자기

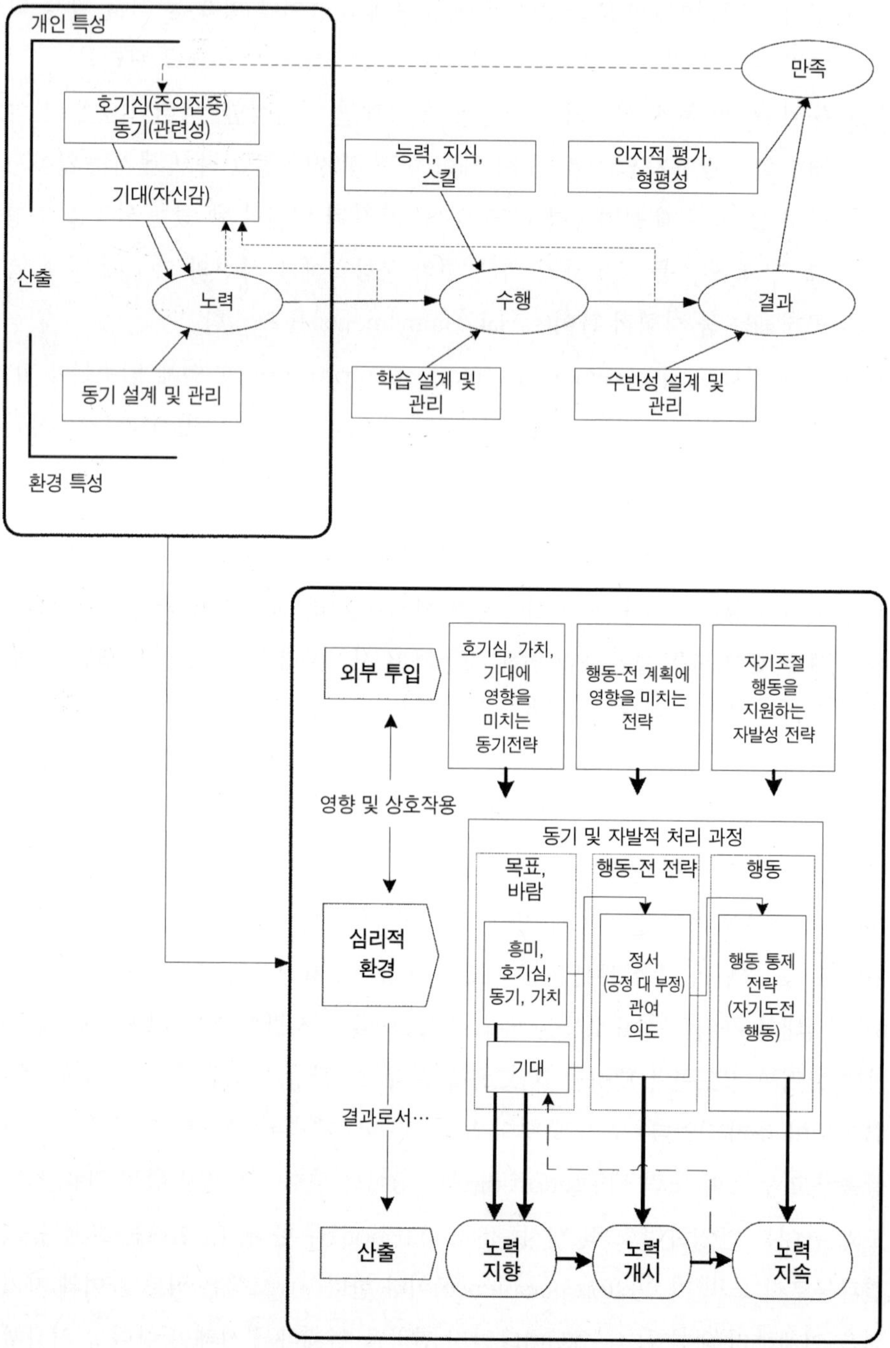

그림 1.3 관여 및 자발성이 포함되도록 수정한 켈러의 거시 모형

조절 요소가 학습자의 통제하에 놓여 있는가를 보여 주고, 적절하다고 여겨질 때 통합될 수 있음을 보여 준다. 이 모형은 또한 환경이 격려, 스캐폴딩, 즉각적 목표 설정 등의 형태로 자기조절 능력의 발달이 미진한 사람을 도울 수 있음을 보여 준다. 온전히 확장된 모형은 동기, 자발성, 수행(MVP) 이론으로 지칭되며, 모형의 동기적 요소와 관련하여 여기에 제시한 자료들 외에도 추가적인 변형들을 일부 포함하고 있다(Keller, 2008b).

거시 모형과 MVP 모형 모두 여러 용도로 사용될 수 있다. 첫째, 이 모형들은 사람의 여러 행동들 중 어떤 측면이 효과적인 설명력을 갖는지에 관한 다양한 개념 및 이론들을 개념적으로 요약해 준다. 예컨대, 동기에 관한 수많은 개념과 이론들은 **동기 및 자발적 처리 과정**이라는 대범주 아래 포섭된다. 결과를 나타내는 실선(그림 1.3)에 나타나 있듯이 기본적인 영향 관계는 사람들이 어떤 목표를 달성하기 위해 선택하고 최종적 성공을 위해 그 노력을 끈질기게 지속해 가는 정도에 영향을 미친다. 이 동기 모형이 사람들이 원하는 바를 설명해 준다면, 학습 이론은 그들이 무엇을 할 수 있는지를 설명하는 데 도움을 준다. 즉, 학습 이론은 어떤 사람이 어떤 목표를 달성하고자 하는 동기를 갖고 있다는 전제하에, 그가 갖고 있는 능력, 기존 지식, 정보 처리 기술 등 그 목표 달성에 필요한 역량을 어느 정도 보유하고 있는지를 설명하는 데 도움을 준다. 제시된 모형은 **정보 및 정신 동작적 처리** 범주 아래에 속하는 학습의 원리가 동기적 영향력과 결합되어 학습과 수행에 변화를 일으키고 있음을 보여 준다. 하나의 사례를 덧붙이자면, 수업 이론은 학습 환경에 외부 투입물로서 제시된 학습 전략에 따라 표현된다.

이 모형은 임상 활동가를 위한 것으로서, 수행 환경을 진단하기 위한 기초 틀을 제공하는 데 사용된다. 특히 학습자의 태도나 수행 수준이 현저히 낮을 경우, 문제의 원인이 동기적인지, 자발적인지, 학습적인지 여부를 분별할 수 있게 한다. 좀 더 구체적으로 말해, 만약 문제의 원인이 동기적인 것에 있다고 판단될 경우, 다음 단계는 그 문제가 무엇인지를 훨씬 자세히 살펴볼 필요가 있다. 이것이 본 서의 주요 목적 중 하나이다. 진단을 통해 나온 정보는 특정 문제를 해결하는 데 초점을 맞춘 동기 전략 개발의 기초를 제공한다. 이러한 체제적 동기 설계 과정은 학습 요구사항들을 규명하고 학생들이 바람직한 학습 목표 달성을 가능케 하는 학습 환경설계 전략을 찾는 체제적 교수 설계 과정과 같다.

동기 연구에 있어 개념상의 문제점

동기에 관한 연구는 복잡하다. 이는 동기에 관한 개념, 구인, 이론들이 동기의 여러 측면들을 설명하기 위해 수없이 많이 제시되었을 뿐만 아니라, 환경, 문화, 개인 특성 요소들이 상호작용하면서 특정 시점의 개인 동기에 복합적으로 영향을 미치기 때문이다. 본 서의 2장과 3장에서는 이러한 모든 동기 개념과 영향 요인들을 조직화하는 데 도움이 될 만한 분류틀과 모형에 대해 설명할 것이다. 그러나 그 외에도 동기 연구와 관련된 몇 가지 개념적 문제 및 오해를 해결하기 위해서는 메타적 차원에서 그 특징을 살펴보아야 한다. 첫 번째 차원은 동기가 정의적 영역과 인지적 영역에 대해 각각 어떤 관련성을 갖는가에 대한 문제이다. 두 번째는 특성(trait)과 상태(state) 개념과 관련되어 있다. 특성 심리학의 영향력이 전만 같지 못한 것은 사실이지만, 이 두 개념 간의 긴장은 동기적 조건의 특징을 밝히는 데 여전히 중요한 틀이 된다. 마지막으로는 그동안 수많은 연구의 주제이기도 했던 내재적 동기와 외재적 동기 간의 문제이다. 이 문제는 동기화 초기 조건뿐만 아니라 행위의 결과 및 지속 동기에 대한 이론적 이해를 위해서도 중요한 함축적 의미를 갖고 있다. 자세한 논의는 이후의 장에서 제시될 것이므로, 본 장에서는 각각의 개념들을 개략적으로 살펴보고자 한다.

정의적 vs. 인지적 영역

동기는 단순히 **정의적 영역**에 속하는가, 아니면 **인지적 영역**도 포함하는가? 이 두 영역이 동기 연구와 관련성이 있기는 한 것인가? 인지적(Bloom, 1956), 정서적(Krathwohl, Bloom, & Masia, 1964), 정신적(Harrow, 1972; Simpson, 1972) 영역 간의 구분은 각각 1950, 1960, 1970년대를 통해 단계별로 진행되었다. 이와 같은 연구의 목적은 교육 목표를 분류하는 데 있었다. 동기는 통상 정서적 영역(Martin & Briggs, 1986; Tennyson, 1992) 또는 때로는 **인지외적 변수**(non-cognitive variables)(Messick, 1979)의 일부로 간주되어 왔던 것이 사실이다. 반면, 브릭스(Briggs, 1984)는 동기는 정서적 영역과는 독립된 고유 영역이며, 집중적인 연구가 필요하다고 주장한 바 있다.

그러나 특정 목표를 달성하려는 노력을 낳는 내적 조건으로서 동기 현상을 바라볼 경우 이토록 폭넓은 인간 행동의 요소를 정서적 또는 인지외적 영역에 국한시키려는 시도는 큰 의미가 없다. 동기에는 일정 부분 인지적 요소가 포함되기 때문이다. 동기는 두려움과 매력과 같은 정서적 특성은 물론, 불만 표현과 공격성 같은 정신적 요소, 굶주림이나 각성과 같은 생리적 요소, 성공에 대한 기대 같은 인지적 요소들이 복합적으로 내재되어 있다. 예컨대, 동기의 귀속 이론(Rotter, 1966; Weiner, 1974)은 기본적으로 인지를 다루고 있다. 이 이론은 결과물의 원인에 대한 해석과 장래 성공에 대한 예견 등에 초점을 맞추고 있다.

따라서 동기 문제를 정서적 또는 인지적 영역에 배타적으로 자리매김시키려는 시도는 무의미하다. 특정 동기 개념은 어느 한 영역에 속할 수 있으나, 다른 어떤 개념은 여러 영역의 특성을 함께 가지고 있기 때문이다. 성취 욕구 개념은 목표에 대한 집요한 선택, 성공과 실패에 따르는 수용 가능한 위험 수준, 그리고 장애 요소와 촉진 요소들이 성공 가능성에 미치는 영향에 대한 이해, 그리고 성공 또는 실패에 따르는 예상된 감정 상태 등을 모두 포함한다.

특성 vs. 상태

동기와 관련된 다양한 논의에 폭넓게 퍼져 있는 개념은 특성과 상태이다. 개인 특성은 다양한 상황 속에서 일관된 행동을 예견하도록 하는 경향성을 가진다. 예를 들어, 고도의 성취 욕구를 지닌 사람은 직장에서, 운전 중에, 보드 게임을 할 때에, 그리고 친구나 가족과 대화할 때에, 좀 더 경쟁적인 행동을 보일 것이라 예상할 수 있다. 특성 개념은 본래 유전학에서 발달한 것이지만, 심리적 특성을 개념화하고 연구하는 데 있어 다양한 접근법을 확보하고자 하는 성격 발달 이론에도 적용되어 왔다. 이 개념은 사람들의 특징을 체계적으로 부여하기 위한 적절한 기반을 제공할 수 있는 특성 유형을 활용하여 개인 성격을 정의하려는 데 그 목적이 있다. 그러나 자주 인용되는 연구 중 하나인 올포트(Allport, 1937) 연구는 단어 사전을 검토한 결과 사람의 개인적 특징 또는 특성을 표현하는 영어 단어가 4,500개 이상이나 있음을 발견해 냈다. 그렇다고 사람의 특성을 이 숫자만큼의 유형으로 나누는 것은 비현실적인 것임에 분명하다. 이에 올포트는 특성 분류를 위한 3-계층 구조를 개발하게 되었다. 그 중 최상위 계층은 가장 중요한 특성(cardinal traits)으로서, 하나의 단어로 특정인의 성격을 총체적으로 표현한다. 지미 카터 전 대통령을 인본주의자로, 영화 배우인 로빈 윌리엄스를 희극적 외향인으로, 권투선수인 무하마드 알리를 공격적인 사람으로 구분하는 경우가 바로 그것이다. 그러나 특정 개인에게서 이러한 주된 특성이 한 가지만 나타나는 경우는 거의 없다. 좀 더 일반적인 경우는 올포트가 중심적 특성(central traits)으로 분류한 일군의 개념들이다. 사람들은 대부분의 상황에서 다섯 개 내지 열 개 정도의 중심적 특성들로 구성된 특성군(cluster)을 갖는 것으로 알려져 있다. 세 번째 수준은 올포트가 이차적 특성(secondary traits)으로 부른 것으로서, 대부분의 상황에서 발견되지만 일부 예외도 발생하는 경우이다. 예컨대, 어떤 관리자는 직장에서는 적극적이고 지배적 특성을 보이지만 집이나 지인과 교제하는 상황에서는 느긋하고 부드러운 특성을 드러내기도 한다.

이러한 접근법은 특성을 분류하는 데에 있어 기초를 제공하지만 사람들의 성격들을 일반적 특징의 군집으로 규명해 낼 수는 없다. 이 4,500개 이상의 전체 리스트로부터 출발하여 캐틀(Cattell, 1950)은 동의어들을 한데 묶고 요인분석을 거쳐 좀 더 간략한 분류 기준을 만들어 냈다. 이 기법은 피험자들로 하여금 모든 대상 단어들 간의 상호 관련성 정도를 점수화한 자료를 통계적으로 분석하는 것이었다. 그 결과, 소위 요인(factor)이라 불리는 집합적 개념어 내에 서로 유의미한 상호 관련성을 가진 특성 표현 단어들이 묶이도록 했다. 이 방법을 사용하여 캐틀은 처음에 분석을 시작했던 4,500개 이상의 특성 표현 단어들을 16개의 특성 요인들로 축약해 냈다(Cattell & Cattell, 1995)(표 1.1). 그는 이 목록을 기반으로 하여 측정도구(16 PF Personality Questionnaire)를 만들기도 했는데, 이 도구는 이후 캐틀의 여러 연구들에 이어 오늘날에도 사용되고 있다.

표 1.1 캐틀의 16 특성 요인(Cattell & Cattell, 1995에서 발췌)

따뜻함	생기 넘침	조심성	변화에 대한 개방성
논리성	규정 준수	추상성	자기의존성
정서적 안정성	사회적 대담성	개성	완벽주의
장악력	감수성	이해력	긴장감

캐틀의 연구(1950, 1957)는 1960년대에 들어 좀 더 간략한 5개 요인 연구(Norman, 1963)의 기반을 제공했으나, 맥크레이와 존(McCrae & John, 1992)에 의하면, 1980년대 이후로는 큰 발전을 보지 못했다. 그러나 오늘날 이 모형은 소위 '빅

5' (McCrae & Costa, 1987)로 알려져 현대적 성격 연구의 중요한 기초가 되고 있다. 비록 이러한 요소들을 나타내는 정확한 용어상의 변화는 있었지만 가장 대표적인 분류명은 노먼(Norman, 1963)이 소개한 5가지 요인, 즉 외향성(extraversion), 쾌활성(agreeableness), 성실성(conscientiousness), 신경질적(neuroticism), 경험지향성(openness to experience) 모형이라 할 수 있다. 각 요인들은 이를 상세하게 정의해 주는 형용사들을 포함한다(표 1.2).

표 1.2 "빅 5" 성격(McCrae & John, 1992, 178-179쪽; Paunonen & Ashton, 2001, 529쪽)

요인명	형용사적 특징
외향성	적극적인, 확신에 찬, 열정적인, 짜릿함을 추구하는, 남과 어울리기 좋아하는, 긍정적 감정을 가진, 수다스러운, 따뜻한
쾌활성	이타적인, 감사를 잘 하는, 순응적인, 용서하는, 너그러운, 친절한, 겸손한, 단도직입적인, 동정적인, 신뢰하는
성실성	성취지향적인, 경쟁적인, 의무를 다하는, 효율적인, 조직적인, 계획성 있는, 신뢰할 만한, 책임감 있는, 지기규제적인, 철두철미한
신경질적	걱정이 많은, 화난, 우울한, 적대적인, 충동적인, 자의식이 강한, 자기비하적인, 신경이 날카로운, 성마른, 불안정한, 상처받기 쉬운, 근심이 많은
경험지향성	예술적인, 심미적인, 호기심 많은, 환상적인, 감상적인, 아이디어가 많은, 상상력이 풍부한, 통찰력 있는, 독창적인, 가치를 추구하는, 관심의 폭이 넓은

이 5가지 요인들은 기초 핵심 특성으로서 성격 심리학계에서 널리 받아들여지고 있다. 또한 서로 다른 문화적 맥락 속에서도 그 타당성이 입증됨으로써 세계 각국에서 사용되고 있다(McCrae & John, 1992; Paunonen & Ashton, 2001). 그러나 특성 심리학의 한계는 그 기초가 영어 사전에 있는 특성 관련 단어들의 상호 관련성을 중심으로 하여 통계적으로 축약되어 만들어졌다는 데에 있다. 사람이 가진 특징들이 이런 개념들로 표현됨이 거의 모든 문화권에서 확인된다는 사실은, 달리 보면 어떤 언어라 할지라도 인간 특성에 관한 단어를 언어로서 갖추어야 할 공통 기본 요소로서 확보하고 있음을 뜻하기도 한다. 따라서 특성 관련 단어들이 경험적으로 확인된다 하더라도, 이는 언어적 구인들 간의 관련성으로부터 도출된 것일 뿐이다. 언어적 특성 모형이 기초가 되어 인간 특성에 대한 가설이 만들어졌다면, 앞으로는 실제 인간 행동에 대한 관찰을 통해 이 가설을 검증해 보아야 할 것이다.

인간 동기에 관한 연구는 성취 욕구, 통제 소재에 대한 인식, 호기심, 성공 및 실패 귀인, 불안 등 다양한 성격 측면과 관련하여 구체적인 성격을 정의하는 심리적 구인 형태의 특성 개념들을 포함한다. 또한 거의 모든 동기 개념에서 특성-대-상태 간의 차이점이 나타난다. 특성은 어떤 방식으로의 행동을 예언하는 안정적 성향(predisposition)으로 간주된다. 반면, 상태는 특정 시점 또는 특정 상황이 주어졌을 때 주어진 동기 또는 성격을 드러내 주는 기질(disposition)을 의미한다. 예를 들어, 호기심이라는 동기 구인과 관련하여, 호기심 특성이 높은 사람은 모든 상황은 아니지만 다양한 많은 상황 속에서 호기심을 갖고 행동할 것이다. 반면, 호기심 특성이 낮은 사람은 일상적으로 말할 때에는 호기심을 낮게 드러내겠지만 어떤 특수 상황에서는, 달리 말해 어떤 상태 조건(state conditions)에서는 높은 호기심을 나타낼 수 있다. 그림 1.4에는 칼로스(Carlos)와 칼(Karl)이라는 가설적 인물들이 서로 다른 상황 속에서 보여 주는 호기심의 차이를 나타내고 있다.

1. 과학
2. 문학
3. 역사
4. 댄스
5. 자동차
6. 투자

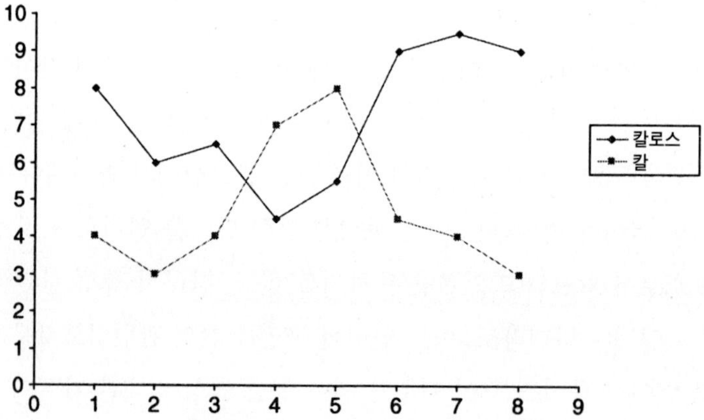

그림 1.4 특성(칼로스) 대비 상태(칼) 조건 그래프

7. 비디오게임
8. 웹사이트 개발

일반적으로 보아, 칼로스는 평균 7.25 정도의 호기심을 보여 줌으로써 평균 4.69인 칼에 비해 높은 호기심을 가지고 있다. 이 결과를 통해 우리는 칼로스가 댄스와 자동차 두 과목을 제외하고는 칼에 비해 높은 특성-수준의 호기심을 갖고 있다고 말할 수 있다. 이 그림은 사람의 전반적인 성향(특성-수준 특징)과 특수 상황(상태-수준 행동)에서의 행동이 상당히 다를 수 있다는 사실을 보여 준다.

이 일반적 원리는 정규 학교 기관에서 특성 심리학을 더 이상 공식적으로 받아들이지 않는다 하더라도, 상황별로 달라지는 가시적 행동 특징과는 다른 안정적인 성격 유형을 지칭하는 은유적 용노로서 특성 심리학을 사용할 수 있으며 거의 모든 동기 변수로 활용될 수 있음을 시사한다.

이 개념은 동기 설계를 위해 유용하게 활용될 수 있다. 수업 또는 다른 어떤 형태의 학습 활동을 설계하는 데 있어서, 학습자 집단에게서 어떠한 동기적 기질이 기대되는지를 안나변 어떤 동기 전략을 준비하는 것이 적절한지를 파악할 수 있기 때문이다. 예를 들어, 언어 교육에서 학생들의 기질을 가장 잘 예측할 수 있게 해 주는 정보는 유사한 교육을 받았을 때 보였던 동기 행동이다. 그러나 과거 유사한 조건에서 학생들이 보였던 상태-구체적 지식을 얻기 어려울 경우, 또는 학생들이 그 과목을 아예 처음 공부하는 경우는 일반적 성향 또는 특성-구체적인 지식이 최선의 예측 변수가 될 수 있다. 또 이 개념은 학습자가 가진 동기적 문제를 전혀 진단하지 않는 우를 회피하게 해 준다. 문학이나 언어 학습에서 전혀 흥미를 보이지 않았던 학생이 있다면, 교사는 그가 학교 교육 일반에 대해서도 높은 학습 동기를 가질 것을 기대하지 않을 것이다. 이 학생은 본래 높은 수준의 호기심을 특성으로 가지지만, 유독 언어 관련 과목에서만 상태-구체적 호기심이 낮았을 수도 있고, 교수학습 설세가 잘놋되어 관련성을 찾지 못했거나 학생의 흥미도 측정 방법에 문제가 있었을 수도 있다. 이 개념을 이해하고 적용하는 것은 학습자 동기에 대한 정확하고 총체적인 이해를 획득하고 나아가 효과적인 동기 전략을 설계하는 노하우와 직결되어 있다. 본서의 4, 5, 6, 7장 및 설계 관련 파트에서 자세한 논의가 이루어질 것이다.

내재적 및 외재적 동기

동기 관련 연구 문헌에서 폭넓게 발견되는 또 다른 이슈는 내재적 동기와 외재적 동기 간의 구분이다. 이 두 개념들의 의미는 단어 그 자체의 일반적 의미로부터 직관적으로 파악될 수 있으며, 실제로 다른 개념들에 비해 연구자들 사이에서 그 의미와 관련한 합의가 쉽게 이루어지고 있다. 데시(Deci, 1975)에 따르면, 내재적으로 동기화된 행동은 "그 자체 행동 외에 어떤 가시적 보상도 주어지지 않는" 경우에 해당한다. 즉 내재적 동기를 가진 사람은 그 행위 자체로부터 주어지는 쾌감만을 위해 과제에 몰입한다. 반면, 외재적으로 동기화된 사람은 과제 수행 과정에서 생기는 기쁨보다는, 과제 종료 후에 뒤따르는 보상을 위해 노력한다. 외재적으로 동기화된 과제라 하더라도 그 수행 과정에서 기쁨이나 즐거움을 느낄 수 있으나, 본 정의상 이러한 보상은 과제 수행을 위한 일차적 주요 목적이 아니다. 외재적으로 동기화된 활동은 그 자체로서 도구적 가치를 갖고 있기 때문에 기꺼이 추구된다. 즉, 동기화된 활동은 가치를 가져다줄 최종 결과물 산출하기 위해 밟아야 할 단계로서 필요한 것이다. 따라서 내재적으로 동기화된 활동은 그 자체로서 궁극적 목적으로 파악되지만 외재적으로 동기화된 활동은 수단으로 간주된다. 예컨대, 고교 3학년생이 고급 수학 과목을 선택한 이유가 공과대학에 입학하기 위한 것이지, 수학을 배우면서 느끼는 깨달음을 얻고자 하는 것이 아닌 경우가 바로 그것이다. 그 학생이 공과 대학에 들어간 후 수업 시간에 주어진 과제가 아님에도 불구하고 로봇 실험실에서 밤낮을 가리지 않고 실험을 하면서 로봇 공학을 신체 보철물 개발에 활용할 수 있는 가능성을 탐구할 수 있게 되었다. 따라서 그 학생은 외재적 동기에 따라 수학을 열심히 공부하고 우수한 성적을 얻은 결과 내재적 동기에 의해 촉발된 하고 싶은 공부를 계속할 수 있는 보상을 받게 된 것이다. 고교 시절 공부했던 수학 실력 덕분에 로봇을 위한 프로그램 개발 능력이 크게 향상되었던 것은 미처 예상하지 못했지만 자신에게 주어진 추가적 보상이었다.

또 다른 예를 들어 보자. 대형 할인점에서 매니저로 일하고 있는 젊은 가장이 좀 더 고위직으로 승진하기 위해 야간에 재무회계 수업을 듣고 있다. 그는 승진에 따른 수입 증가를 통해 가족과 함께 하는 자연에서의 야영 생활에 쓸 돈을 마련하고 싶다. 이 경우 외재적으로 동기화된 목표는 그 젊은이로 하여금 그의 내재적 동기 유발 활동을 즐길 수 있는 여력을 부여할 것이다. 자연히 주어진 어떤 상황 속에는 대개 내재적 동기 요소와 외재적 동기 요소가 공존하는 경우가 일반적이다. 그러나 곧 살펴보겠지만 이 두 가지 동기 요소들 간에 충돌이 일어나는 경우도 종종 있다.

내재적 및 외재적 동기에 대한 초기 연구의 대부분은 이 두 가지 요소들 간의 관계성에 관한 것으로서, 그 결과 본래 내재적으로 동기화된 과제에 대해 외재적 보상을 부여하면 그 행동의 빈도 또는 지속 시간이 감소하게 된다는 사실이 밝혀졌다. 이 결과는 강화 이론의 전제에 반하는 것으로서 7장에서 자세히 다뤄질 것이지만 여기에서 간략하게나마 살펴보도록 하자. 데시(Deci, 1971)와 레퍼, 그린, 니스벳(Lepper, Greene, Nisbett, 1973)의 연구를 예로 삼아 보면, 주어진 과제에 어느 정도의 시간을 자발적으로 투자하는지를 실험 대상에 개입하지 않는 관찰을 통해 살펴보았다. 피험자들에게 나이에 따라 독서, 퍼즐 풀기, 매직펜으로 그림 그리며 놀기 등의 과제 중 하나를 지정해 주되, 그 과제를 수행할 수도, 안 할 수도 있는 자유 권한을 주었다. 이후 피험자들은 실험실로 안내되었고 주어진 과제를 할 때마다 보상이 주어졌다. 세 번째 단계로 피험자들은 대기실로 돌려보내진 후 이전에 보상받으며 했던 과제를 포함한 모든 과제들 중 하나를 선택하여 보상을 받지 않고 그 과제를 수행하도록 지시받았다. 실험 대상에 개입하지 않고 수행한 관찰 결과, 피험자들이 보상을 받기 이전에 그 과제 수행에 투자했던 시간보다 보상받은 이후에 투자한 시간이 더 단축되었을 뿐만 아니라, 전혀 보상을 받지 않았던 동료들보다도 시간을 덜 소비하는 것이 확인되었다. 이는 강화 이론이 예견하는바, 보상 수준이 식상해질 정도에 이르지 않은 경우, 보상받은 행동의 수행 빈도가 그렇지 않은 행동에 비해 더 빈번하게 관찰될 것이라는 예상을 뒤엎는 결과였다. 이 현상과 관련해서 수행된 많은 후속 연구 결과를 바탕으로 연구자들은 외적 보상이 내적 동기를 손상시키는 효과가 있을 수 있다는 결론에 이르게 되었다(Condry, 1977). 그러나 이는 그렇게 단순한 관계가 아니며 자세한 논의는 7장에서 이루어질 것이다.

내재적-외재적 동기 개념은 때때로 주어진 상황하에서 어떤 동기 행동은 내재적이거나 아니면 외재적이어야 한다는 식의 이분법적 관계인 것처럼 설명되곤 한다. 이론적으로 볼 때, 상기 개념은 이 두 가지 중 하나로 설명될 수도 있지만 인간과 제시된 과제에 내포된 복잡성을 고려해 볼 때 특정 상황하의 행동은 이 두 가지 요소가 어느 정도 섞여 있는 경우가 좀 더 일반적이다. 내 동료 중 한 명은 난초를 키우면서 동시에 좋은 목재가 발견되면 선반을 활용, 가공해서 멋진 목제 화분을 만들기도 한다. 이러한 행위는 의심할 바 없이 내재적 동기에 의해 촉발된 것이지만 그 친구는 때로 자신의 가공 기술과 원예 지식을 활용해서 만든 작품을 팔아 취미 생활에 필요한 비용을 충당하기도 한다. 이와는 반대로 또 다른 동료는 대학 내 경비 요원으로 일한다. 그는 근무 중에 학생들과 친해질 수 있다는 사실을 즐기곤 한다. 그러나 이 직업을 유지하는 일차적 이유는 가족을 부양하는 데 필요한 수입을 얻는 것이다. 그러나 그는 가능하기만 하다면, 좀 더 많은 시간을 하이킹, 탐험, 그리고 시 쓰는 일에 할애하고 싶어한다. 또 다른 친구는 점차 나이가 들면서 자동차 정비업자로서의 자신의 직업에 염증을 느끼게 되었고 이제는 단지 수입만을 위해 억지로 그 일을 하고 있다. 이 사례를 통해 우리는 내재적 동기와 외재적 동기가 서로 다양한 비율로 섞여 있다는 사실을 확인할 수 있다.

결국 우리는 아동의 어린 시절 중 대부분을 차지하는 학교 생활로 되돌아온다. 학교는 내재적 동기와 외재적 동기 중 어느 쪽을 지향해야 하는가? 교육자들은 내재적 동기로 충만한 학습자로의 육성을 가치 있는 목표로 여기는 경향이 있다. 그들은 학생들로 하여금 배우고자 하는 열망을 이끌어서 평생 학습자로 성장해 가길 기대한다. 그러나 이는 실현 가능한 목표인가? 도대체 몇 명의 아이들이 순전히 내재적 동기에 의해서만 등교를 선택할 것인가? 또 내재적 동기만으로 학교에 가는 학생 또는 장래 진로와 인생을 준비한다는 추상적인 외재적 동기만으로 등교하는 학생의 수는 과연 얼마나 될 것인가? 여기에서 우리는 학생들이 순수한 내재적 동기에 의해서 학교에 다닐 가능성은 매우 적을 것으로 예상할 수 있다. 그럼에도 불구하고 지금 학교에 가 보면 의외로 많은 학생들이 호기심 속에 공부에 몰두하고 있는 광경을 발견할 수 있다. 이는 모순적으로 보인다.

데시와 라이언(Deci & Ryan, 1985) 두 연구자는 이러한 모순적 현상을 자기결정성 이론(self-determination theory, SDT)으로 설명한다. 이 이론은 내재적 동기와 외재적 동기라는 이분법적 개념을 여러 단계로 정교화시킨다. 이 이론은 5장과 6장에서 자세히 설명될 것이지만, 그 기본 특징은 몰입 동기, 내재적 동기, 그리고 네 가지 유형의 외재적 동기로 세분화한다. 이 분류 체계에서 가장 외재성이 강한 단계는 "외부적 통제" 단계로서, 과제 수행이 거의 전부 외적 보상에 의해 동기화될 경우를 지칭한다. 가장 외재성이 낮은 외재적 조건은 **통합적 조절**(integrated regulation)이다. 이는 내가 조금 전 언급한 대학 경비원 사례에 해당한다. 그는 자신의 직업에 많은 가치와 목적을 부여하고 있지만, 여전히 일차적 동기는 외부적 요구에 의존한다. 이 두 가지 극단 사이에 두 단계의 외재적 동기 유형이 자리하고 있다.

여기서 강조하고자 하는 바는 내재적 특성과 외재적 특성의 연속성은 복잡한 이슈이며 문제는 모든 학생들이 내적 동기에만 전적으로 의존하기를 기대할 필요 없이 개별 학생들의 교과목에 대한 내재적 동기를 발달시키고 동시에 긍정적 성장을 촉진하기 위해 노력하는 한편, 학생들의 동기적 지향을 있는 그대로 존중해 주는 방법을 찾아내는 것이다.

요약

동기 연구의 역사는 길고도 심원하다. 정확히 말하자면 아무도 그 연원을 알아내지 못했다. 분명한 것은 동기에 관한 인간의 연구 중 기록된 것이 수천 년 동안 사람들이 이 문제를 끌어안고 고민해 온 시간에 비해 지극히 짧다는 것이다. 그러나 우리가 철학자들의 사색과 문학가와 예술가의 통찰에서 벗어나 학문적 연구의 세계로 옮겨온 지는 불과 수백 년밖에 되지 않는다. 동기에 관한 심리학적 연구 역사는 방대한 양의 지식을 양산해 냈다. 그러나 본래 과학이란 지식의 누적적 증가를 열망하기 때문에 비교적 짧은 시간 동안 동기에 관한 주요 개념과 이론을 어느 정도 개관할 수 있었다. 그러나 이 개관이라는 단어는 대단히 중요하다. 연구 보고서, 문헌 분석 자료, 이론적 논문들에 담겨 있는 방대한 양의 지식은 동기에 관한 전문 학자들에게 제공되고 있다. 이 책은 이러한 문헌들을 하나의 개념적 구조로 종합, 소개함으로써 교수 설계자, 교사, 동기 문제에 깊이 관여하고 있는 모든 사람들이 활용할 수 있도록 촉진하고자 한다.

본 서의 일차적 목적은 독자로 하여금 체제적 동기 설계 절차에 대해 배울 수 있도록 돕는 것이다. 이러한 설계 절차를 효과적으로 사용하기 위해서는 먼저 인간 동기에 대해 충분한 지식을 축적해 두어야 한다. 동기 개념과 이론에 대한 비판적 종합은 4, 5, 6, 7장에 담겨 있으며, 이후에 전개될 장에서는 동기 설계 절차를 독자들과 함께 따라가며 설명할 것이다.

제 2 장

동기 설계란 무엇인가?

생각해 두기

동기라는 개념을 떠올릴 때, 여러분 머릿속에 그려지는 가장 적절한 비유는 마른 낙엽과 바위 중 무엇인가요? (그림 2.1)

그림 2.1 낙엽 또는 바위?

들어가기

많은 사람들이 낙엽을 떠올릴지 모른다. 왜냐하면 낙엽 더미는 고정적이지 않고 자주 변하면서 형태를 규정짓기 어렵고, 약간의 바람만 불어도 흩날릴 정도로 외부 영향에 민감하기 때문이다. 학생들이 어떤 순간에는 그토록 흥미와 열의를 보이다가도 바로 다음 순간 딴 세상에서 온 사람처럼 변한다는 점에서 이 비유는 적절하다.

반면, 당신은 바위가 동기 개념을 좀 더 적절하게 비유한다고 생각할 수 있을 것이다. 동기란 마치 단단한 바위처럼 완고하고 외골수이며 강한 의지에 의해 뒷받침되어 변화에 순응하지 않다고도 볼 수 있기 때문이다. 사람들은 때때로 헬렌 켈러나 랜스 암스트롱과 같이 굳은 의지와 굽힐 줄 모르는 개인적 동기로 엄청난 장애물을 극복하고 놀라운 성과를 내기 때문이다. 그러나 동시에 이런 굽힐 줄 모르는 강한 동기는 자기 파괴적인 목표 추구, 유익한 변화에조차 적응하려 하지 않는 등 부정적 측면도 동시에 갖고 있다.

따라서 동기의 본질적 특성에 대한 상호 모순적 관점이 존재할 수 있다. 동기가 마치 낙엽 같다면 동기 설계는 지지부진한 작업이 될 것이다. 다양한 동기 전략을 개발한다 해도 그 효과는 지속되기 어려울 것이며 학습자가 어떤 시점에 어떤 동기 상태를 갖고 있을지를 예상하기도 힘들 것이기 때문이다. 반대로 사람의 동기가 강하고 굳어진 상태라면 그의 동기 특성을 진단하기도 쉽고 그 처방전의 약효도 오래가겠지만, 바람직한 방향으로 변화를 이끌어 내는 것에는 어려움이 뒤따를 것이다. 이미 자신이 정한 바를 열심히 하려고 동기화된 사람을 당신의 목표와 일치하는 방향으로 바꾸기는 그만큼 더 힘들게 된다.

실제로 이와 같이 서로 상반된 것처럼 보이는 특성들을 고려하지 않으면 안 되는 것이 동기 설계이다. 인간의 동기는 복잡할뿐더러 다차원적이지만, 그 내용에 대해 이미 상당한 연구가 진행되어 왔고 그 결과로서의 지식은 체제적 동기 설계 과정에 이미 녹아들어 있다. 본 장의 목적은 동기 설계의 개념을 설명하고, 동기 설계에 필요한 접근 방법들을 분류하는 모델을 제시하고 관련된 이슈와 문제점들에 관해 논의하는 데 있다.

설계 활동의 특징

설계란 무엇인가? 이 질문에 대한 명쾌한 답을 찾기란 쉽지 않다. 간단히 말하자면 코버그(Koberg)와 배널(Banall)이 그들의 저서 표지 뒤편에 새겨 두었듯이 설계란 "꿈을 현실화하는 과정이다." 이 표현은 설계 과정에 내포된 모험과 불확실성의 성격을 잘 드러내 준다. 특히 설계 활동은 현재 상태와 원하는 상태 사이의 간극에 의해 발생하는 목표를 규명하는 과정, 그 목표를 달성하는 데 도움이 될 것으로 여겨지는 활동 및 도구 등 전략의 개발, 목표 달성을 위해 쏟는 노력, 그리고 최종적으로 성공의 정도를 평가하고 성찰하는 활동을 포함한다. 마찬가지로 동기 설계도 사람들의 삶을 긍정적으로 변화시키기 위한 노력을 자극하고 지속시키고자 하는 교육자, 행동 변화 촉진자, 인간 수행 관리자들의 꿈을 실현시키는 것을 목적으로 삼는다. 구체적으로 말하자면 동기 설계란 사람의 동기상의 변화를 야기할 수 있도록 자원과 절차를 배치하는 것을 말한다. 결과적으로 동기 설계는 학습자의 목표와 수업을 직결시키기 위해 자극하고 적절한 수준의 도전을 주며 성공적인 목표 달성 또는 심지어 실패에 대해 느끼는 감정에까지 영향을 미치고자 한다.

동기 설계는 학생의 학습 동기, 근로자의 직무 동기, 선택한 진로 추구, 자발적 및 자기통제적 기술 개선을 위해 활용될 수 있다. 이는 또한 특정인의 성격 특성, 예컨대 호기심 수준의 제고, 긍정적 자기효능감 개선, 또는 불안감이나 무기력감의 해소 등 세부적인 동기 구성요소에 변화를 일으키고 싶을 때에도 활용이 가능하다. 동기 설계는 체계적이며 반복 가능한 원리와 절차의 개발을 추구한다. 이러 점에서 동기 설계는 인간 동기 이론에 관한 과학적 연구 결과로부터 출발한다. 이는 개인적 체험담, 영감, 격언 등을 기초로 하여 주로 정서적으로 격앙된 감정을 자극하는 카리스마적 강의나 워크숍과 다른 점이다. 분명한 것은 청중들을 감화시키기 위한 목적의 동기 관련 강연의 내용도 잘 분석해 보면, 비록 사후 약방문적이기는 하지만, 동기 이론의 구인들로 설명되거나 탐구될 수 있다는 것이다. 이 둘 간의 차이가 있다면, 동기 설계는 과학적 설명과 예측 가능성을 추구하는 한편, 카리스마적 접근은 성공적인 인물의 독특한 재능을 기반으로 하여 예화적으로 이루어진다는 데 있다.

본 서에서 "동기 설계"의 주된 초점은 학습하고자 하는 개인의 동기에 관한 것이다. 이는 곧 학습자의 목표 지향적 행동을 자극하고 유지시키는 데 도움이 되는 전략, 원리, 전술들을 개발하는 것을 말한다. 동기 설계의 다양한 측면들을 설명할 때에 전술과 전략 간의 차이를 명확히 구분하기란 쉽지 않을 수 있다. 전략이란 어떤 목표를 달성하기 위한 일반적 가이드라인 또는 포괄적 접근방법을 말하며, 전술이란 그 전략을 실행에 옮기는 데 기여하는 구체적인 활동을 지칭한다. 예컨대, 독자의 관심과 흥미를 유지시키는 데 있어 루돌프 플레시(Rudolf Flesh)가 수행한 인간 흥미 요인에 기반한 가독성 원리를 체계적이고 일관적으로 적용하는 것이 '전략'이라면, 성(性) 중립적 용어(그 사람, 그들 등)보다 독자의 성별에 맞는 특정 어휘를 사용한다든가 문장 서술 시 인용 문구를 사용하는 것은 '전술'이라 할 수 있다. 본 서에서는, 특히 동기 설계 절차를 다루는 8, 9, 10장에서 전략과 전술 간의 구분을 명확히 하고자 노력했다. 그러나 때로는 양자를 구분하는 것이 부자연스럽거나 실제 정확한 구분이 불가능한 경우도 있었다. 이 경우 긍정적 동기를 유발하는 활동들을 지칭할 때 "전략"을 좀 더 일반적으로 사용했음을 밝혀 둔다.

동기 설계는 수업과 학습 환경 등 학습에 영향을 미치는 요소 설계와 독립적으로 이루어지지 않는다. 이는 그림 2.2에 도식되어 있다. 따라서 동기 설계가 그 자체로서 별도의 과정이기는 하나 체제적 수업 설계와 연계되어 수업에 추가적인 기능을 부여한다. 어떤 교수 설계자들은 수업이 잘 설계되어 있다면 당연히 학생들의 동기를 잘 유발할 것으로 짐작한다. 그러나 수업이 잘 설계되었다 하더라도 학습자의 동기가 유발된다는 보장은 없다. 교수 설계에 관한 전통적 관점은 효과적이면서 동시에 효율적인 수업을 개발하기 위한 과정과 기법들을 주로 다루고 있다. 효율성이라 함은 학습자의 학습 시간, 강의 시간, 교재, 기타 자원을 최소한으로 투입함을 의미한다. 이 목표는 일반적으로 수업의 동기적 측면과 직결되지 않으며, 오히려 부정적 상관관계를 때때로 갖기도 한다. 수업이 시간과 자원을 비효율적으로 사용할 때, 학습자로 하여금 지루하거나 짜증을 유발할 수 있다. 그러나 효율성이 보장된다고 해서 수업 상황에서 학습자가 스스로 흥미를 느낄 것이라는 보장은 할 수 없다.

반면 효과성은 종종 동기적 측면을 포함한다. 이는 학습자에게 매력적으로 느껴지지 않는 수업은 결코 그 효과가 높을 수 없다고 보기 때문이다. 그러나 실제로 교수 설계자들은 "학습자가 공부하기를 원하고 있다는 전제" 하에서 그들이 수업 상황을 통해 어떻게 배울 수 있을 것인지에 대해 관심을 갖는 경향이 있다. 학습 목표가 명확하고 적절하다면, 수업 내용이 이 목표와 일관되게 이루어진다면, 그

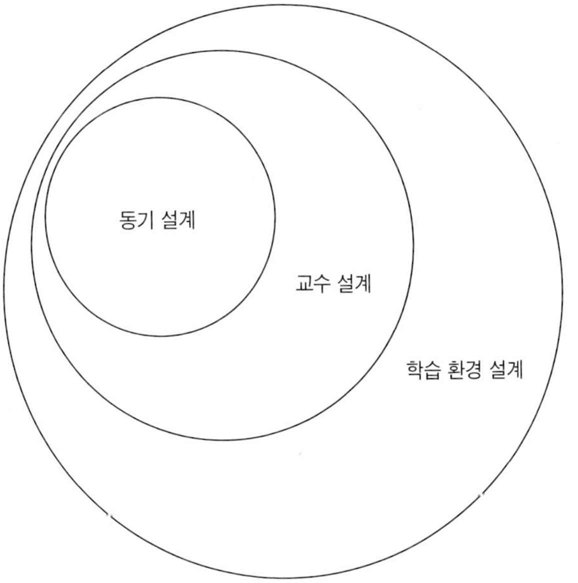

그림 2.2 학습 환경 및 수업 설계의 하위 요소로서의 동기 설계

리고 사례, 연습 문제, 시험 문제가 내적 일관성을 갖고 있다면 그 수업은 효과적일 것이라고 생각한다. 그러나 이러한 추정에는 학습자가 공부하려는 동기를 갖고 있음을 전제로 하는데, 동기 문제는 이러한 수업의 조건과는 독립적인 조건에 의해 다루어져야 한다. 따라서 교수 설계 모형은 종종 가네(Gagné)가 제시한 수업 사태의 1단계에서 학습자 주의집중을 유도하고(Gagné, 1965; Gagné, Wager, Golas, & Keller, 2005), 올바른 반응에 대해 긍정적 강화를 제공(Skinner, 1954)하는 등 두 가지 전통적인 동기적 요소를 포함하고 있다. 그러나 이 두 가지 요소만으로 학습 동기를 충분히 설명하기는 어렵다.

주어진 수업 환경에서의 성공적 학습은 수업 자체의 효과만으로는 달성되지 않는다. 중장기 목표, 조직 요구 등(Keller, 1983b)이 작용하기 때문이다. 학생들의 성공 여부는 자격증 취득, 고학년 진급, 퇴학 방지 등 순수한 외적 보상에 의해서만 나타날 수 있는 수업의 효과를 통해 확인 가능하다. 따라서 수업은 마치 치과 치료를 받는 것과 마찬가지로 효과는 있으나 전혀 매력적이지는 못한 경험이 될 수도 있다. 그러나 이 괴로운 경험은 꼭 필요한 것이 아니라면 회피하는 것이 바람직하다. 반대로 동기 설계는 내재적으로 흥미로운 수업이 이루어지도록 한다.

그 정반대의 경우로, 매력적이기는 하지만 효과는 전혀 없는 수업도 이루어질 수 있다. 아래 대화를 보면 학습자의 동기가 온전히 오락적 가치로부터 비롯된 것임을 알 수 있다.

> 아동: 야, 이 교과서에는 재미있는 만화가 정말 많네.
> 교사: 그렇구나. 그런데 이 교과서에서 저자는 지구 온난화에 대해 어떤 주장을 하고 있지?
> 아동: 어...어...지구가 뜨거워진다는 이야기 아닌가요?

수업이 효과적이기 위해서는 동기적 전술들이 수업 목표 달성을 돕도록 해야 한다. 동기적 조치들은 때때로 재미와 오락적 요소를 포함하기도 한다. 그러나 그러한 요소들이 수업 목표와 내용에 부합하지 않는다면 동기적 전술들은 학습에 도움을 주지 못할 것이다. 수업 관리 기법으로서 교사는 성취 또는 컴퓨터 기반 수업 연구에서 맬런(Malone, 1981)이 시도했던 바와 같이, 노력 행동(effortful behavior)에 대해 외재적 보상을 제공함으로써 수업에 재미있는 활동을 적용할 수 있다. 이러한 외재적 보상은 수업 과정 및 교사에 대해 학습자가 전반적으로 긍정적인 느낌을 갖도록 하는 데 기여할 수 있지만, 그 자체로 학습을 지원하지는 않는다. 만약 놀이 활동이 수업에 부적절하게 또는 과도하게 사용된다면, 이는 학습자로 하여금 외재적 보상에만 반응토록 자극함으로써 그들의 학습 동기 발달에 해를 끼칠 수 있다(Deci & Porac, 1978). 따라서 동기 설계는 단순히 학생들에게 즐거움을 주는 데 그치지 않고 수업을 매력적으로 만드는 것을 주된 관심사로 해야만 한다.

추가로 분별해야 할 개념으로는 동기 설계와 행동 교정(behavioral modification)이 있다. 교사와 경영자들은 때로 낮은 학업 능력, 정서적 미성숙, 반사회적 행동 등에 기인한 심각한 행동 적응 문제를 가진 사람들을 대할 경우가 있다. 이러한 문제에 대한 해결책은 행동 교정의 범주에 포함시키거나, 심각할 경우 조직에서 배제하는 극단적 조치를 포함한다. 이러한 문제 현상에 대한 이론적 도움은 카운슬링, 심리교육, 심리치료, 인사관리론 등으로부터 얻을 수 있다. 이 영역은 동기 설계와 상당히 유사한 개념과 동기 이론에 뿌리를 두고 있지만, 본 서에서 다루고자 하는 범위 밖에 있다. 그럼에도 불구하고 동기 설계는 동기적 상태와 특성을 개선하는 방법을 개발함으로써 행동 개선을 어느 정도 이끌어 낼 수 있다. 특히 동기 설계자가 학습자의 자기동기화(self-motivation)나 자기조절 기술에 초점을 맞출 때 더욱 그러하다. 그러나 동기 설계는 수업의 매력도를 재고하거나 학습과 업무 수행 준비도에 제한된 범위에서 사람들의 직무 동기를 개선하는 데 주된 관심을 갖는다. 중증 문제를 가진 사람에게도 본 서에서 제시하는 동기 전략들이 효과를 발휘할 수 있지만, 이런 상황은 주로 본 서의 범위를 넘어서는 인간행동교정 이론을 통해 해결하는 것이 바람직하다.

좀 더 넓은 관점에서 보면 학습 환경 설계는 학습자의 동기 수준 및 교수적 영향력의 정도를 동시에 고려하며 이루어져야 한다. 나아가 이 두 가지 요인은 학습자의 목표와 능력, 그리고 태도 및 수행에 영향을 미치는 문화 및 환경적 요인들과 상호작용한다. 따라서 효과적, 효율적, 매력적인 학습 환경의 설계란 복잡한 전문적 행위일 수밖에 없다. 학습 환경 설계 방법에 관한 지식으로서의 기술이 발달한다고 해도 성공적으로 설계하고 가르치는 것이 가능하기 위해서는 예술적 측면도 작동되어야 한다. 설계와 수업의 예술은 지식과 경험에 그 기반을 두고, 개인적 의사결정과 문제해결을 위해 필요함을 의미한다. 교사와 동기 설계자들이 맞닥뜨리는 수많은 도전들은 이 책에 의해서 자동적으로 해소되지는 않는다. 이 도전들은 체제적 문제해결 접근과 개인적 판단력의 결합에 의해서 해결될 수 있다. 그러나 체제적 문제해결 프로세스를 배우고 적용함으로써 우리는 자신의 전문성과 판단력을 키울 수 있다. 본 서에 제시된 이 프로세스는 동기적 문제에 대한 해결책을 자동으로 생성해 내지는 못하지만, 독자 여러분의 수업, 나아가 전체 학습 환경의 동기적 질을 체계적으로, 예측 가능하도록 개입하는 데 도움을 줄 수 있다.

동기 설계 모형

동기 설계 모형은 네 개의 그룹으로 범주화된다(Keller, 1988, 1994). 그 중 첫 세 가지는 인간 행동에 관한 심리학 이론에 그 기초를 둔 것들이다. 즉, 개인 중심 이론, 환경 중심 이론, 상호작용 이론 세 가지이다. 네 번째 그룹에 속하는 모형들은 옴니버스 모형이라 불린다. 이들은 좀 더 실용주의적인 혹은 교육적인 뿌리를 갖고 있으며, 동기 설계와 수업 설계를 구분하지 않고 통합하려 한다. 옴니버스 모형들은 그 효과성을 실증적으로 검증받은 성공 사례들로부터 파생되어 나온 것으로서 특정 이론의 틀보다는 특정 테크닉이나 주제에 그 뿌리를 두고 있다.

개인 중심 모형

개인 중심 모형은 기본적으로 개인 특성의 동기적 차원을 조명하는 심리학적 구인 또는 이론에 그 기초를 둔다. 이 모형의 목적은 좀 더 바람직한 심리적 조정 또는 개선된 학습을 위해 개인 특성이 긍정적으로 변화하는 것에 있다. 이 접근법은 1960년대와 1970년대 동안 크게 각광을 받은 심리 교육(psychological education)이라 불리기도 했다. 플래너건(Flanagan, 1967)은 American Institutes가 440,000명의 고등학생을 대상으로 실시한 연구 결과 고등학교 교육 시스템이 학생들로 하여금 개인적, 교육적, 사회적 발달 측면에서 스스로의 책임감 있는 행동을 유도하지 못하고 있다는 사실을 보고한 바 있다. 이러한 증거들은 학생들이 스스로의 미래를 대비할 수 있는 직업 적성이나 학문적 능력을 키울 수 있는 심리 교육의 개발이 필요함을 강조하는 데 기여했다. 앨슐러(Alschuler, 1973)에 따르면, 심리 교육 코스 내에 적용되는 절차들을 분석해 볼 때 모두 네 가지의 공통적 목표가 발견된다고 한다. 이때 코스란 독립적인 워크숍에서부터 수학, 언어, 또는 다른 주제에 관한 수업에 이르는 한 개의 수업 단위를 일컫는다.

1. 첫 번째 목적은 호기심과 판타지를 자극하는 수업 절차들이다. 이 맥락에서 판타지란 학생이 스스로 뭔가 다른 일을 하고 있거나 어떤 목표를 달성했음을 인식하게 하는 것을 말한다.
2. 두 번째 목적은 학습자로 하여금 단순히 인지적으로 무엇을 배우는 대신 새로운 방식으로 생각하고 행동하는 방식을 체험하는 기회를 제공하는 것이다. 게임, 롤플레잉, 시뮬레이션 등이 그 예가 될 수 있다.
3. 세 번째 목적은 정서적 개발에 초점을 맞춘다. 학생들의 정서적 반응을 자극하고 그로 인한 느낌의 변화를 관찰 및 관리할 수 있는 기회를 제공한다. 이러한 정서적 체험 및 관리는 인간적 성숙 및 자기결정성 개발에 바람직한 영향을 준다(Goleman, 1995).
4. 네 번째 목적은 학생들로 하여금 지금, 바로 이 자리에서 좀 더 온전하고 진지한 삶을 살아가는 방법을 배울 수 있도록 돕는 절차이다. 심리치료학 관련 문헌들은 얼마나 많은 사람들이 과거 행동을 후회하며 미래에 다가올지도 모를 부정적인 사태를 두려워하는지, 즉 캐벗-진(Kabat-Zinn, 1990)이 소위 "총체적 위기 속의 삶(full catastrophic living)"이라 부르는 상태 속에서 현

재의 귀중한 시간을 낭비하는 수많은 사례들로 가득하다. 그러나 캐벗-진은 과거의 사건들은 이미 바꿀 수 없고 대부분의 걱정스러운 미래 사태는 실제로는 발생하지 않기 때문에 과거로부터 벗어나 지금 가능한 수준에서 미래를 준비하고 현재에 초점을 맞추는 것이 훨씬 건강하다고 말한다. 이를 통해 우리는 정서적으로 안정되고 학습에 대해서도 열린 마음을 가질 수 있다. '마음에 새기며 살아가기' 라 부르는 이 바람직한 상태는 85세 할머니에 의해 아래와 같이 아름답게 표현된다(Kabat-Zinn, 1990). "아, 나는 인생을 살면서 많은 순간들을 겪었습니다. 내가 만약 한 번 더 살 수 있다면 더 많은 경험의 순간들을 갖고 싶습니다. 바로 이 순간들, 바로 그 하나 하나를 경험하는 것이 하루 하루의 앞에 놓여 있는 미래 전체를 살아가는 것보다 더 중요합니다." (p.17)

개인 중심 모형의 사례 중 하나는 맥클러랜드(McClelland)의 동기 내재화 과정(motive internalization process) 이론(McClelland, 1965)이다. 이 이론은 성인들로 하여금 성취 동기를 개선하고자 하는 목표로 개발되었으나, 앨슐러(Alschuler, Tabor, & McIntyre, 1971)에 의해 학교 상황에 적용된 바 있다. 성취 동기는 도전적 목표를 달성하려는 열망으로 그 특징이 나타나며 여기에는 종종 경쟁심이 포함된다. 경영자, 극심한 경쟁 상황에 처한 세일즈맨 등은 대체로 높은 수준의 성취 동기를 갖고 있다. 성취 동기는 어떤 사람이 다른 사람보다 더 높은 수행 성과를 보이려 하거나, 마라톤 선수가 자신의 기록을 갱신하려는 경우와 같이 자신이 스스로 세운 탁월성 수준에 도달하려는 열망으로 표출된다. 이 경우, 경쟁은 다른 사람이 아닌 자기 자신의 목표 수준을 대상으로 이루어진다. 성취 동기를 나타내는 또 다른 지표(indicator)는 발명가나 연구자처럼 어떤 성취 목표에 도달하기 위해 오랜 기간에 걸쳐 좋은 성과를 보이고자 꾸준히 노력하는 행동이 될 수도 있다.

맥클러랜드(1965)의 성인 대상 성취 동기 개발에 관한 폭넓은 연구 결과를 바탕으로 앨슐러(Alschuler, 1973; Alschuler, Tabor, & McIntyre, 1971)는 사춘기 청소년의 성취 동기 개발 모형을 제시했다. 그의 접근은 동기를 유발하고 지속시키기 위한 여섯 단계 절차로 구성되어 있다.

1. 주의집중시키기. 적정한 수순으로 접근 방법상의 변화를 주어 학생들의 주의를 획득하고 이를 유지시킨다.

2. 체험시키기. 학생들로 하여금 동기와 관련된 생각, 느낌, 행동을 생생하게 체험할 수 있도록 한다.
3. 개념화하기. 학생들이 성취 동기의 부분 요소들에 이름을 붙이고 설명하도록 함으로써 동기에 대해 개념적으로 인식하는 방법을 배울 수 있도록 한다.
4. 관련 짓기. 학생들로 하여금 자신이 가진 학습 동기가 자신들의 이미지, 기초적인 동기, 삶의 요구와 어떻게 관련되어 있는지를 개념화할 수 있도록 돕는다.
5. 적용하기. 학생들 자신의 동기를 적용하고 이와 관련된 생각과 감정을 체험할 수 있는 기회를 주고 그 과정을 인도한다.
6. 내면화시키기. 학생들이 자발적으로, 또 스스로의 책임 하에 동기를 실천에 옮기는 과정에서 교사의 지원을 점차 제거해 감으로써 내면화될 수 있도록 촉진한다.

이 과정은 대개 워크숍 상황에서 이루어지며 자기보고식 측정도구, 성찰 활동, 그리고 참가자가 동기와 관련된 체험 활동을 해 볼 수 있게 하는 게임 등으로 구성된다. 전형적인 동기 체험 게임은 고리 던지기 게임이다. 참여자들에게 목표를 제시하면 그들은 자신의 도전적 달성 수준을 스스로 결정한 뒤 게임을 실시하고 그 결과에 대해 성찰적 해석을 내린다. 이 게임은 다양하게 변형되기도 하지만 핵심은 세워져 있는 막대기에 가장 많은 수의 고리를 던져 끼워 넣는 것이다. 참여자에게는 네 개에서 최대 여섯 개의 고리가 주어지되, 던지는 위치는 막대기에서 멀든 가깝든 스스로 알아서 결정하도록 한다. 논리적으로만 보자면 참여자들은 누구라도 막대기 바로 위에 서서 고리를 던져 넣어야 최대 득점을 할 확률이 높아진다. 그러나 많은 참여자들은 막대기에서 1~2미터 떨어진 곳을 선택하고, 고리 던지기 성공 결과를 보아 가면서 좀 더 가깝거나 먼 곳으로 던지는 위치를 조정해 가는 행동을 취한다. 이러한 관찰 결과로 사람들은 자신에게 맞는 범위 내의 도전이 가능한 적정 수준에서 성취 동기를 결정한다는 것을 체험할 수 있게 된다. 이 게임의 진행 방식상에 변형을 줄 수 있다. 이외에도 인센티브나 경쟁 요소를 가감함으로써 참여자의 목표 설정 방향과 의사결정에 영향을 줄 수 있는지를 보여 주는 다양한 게임들이 있다.

성취 동기와 성과 간의 상관관계에 대한 연구 결과는 분명하지 않다. 특히 외부에서 주어진 표준에 따라 성과가 결정되는 학교 교실에서는 성취 동기가 성과를 잘 설명하지 못한다. 이 상황에서 목표 설정, 탁월성의 기준에 대한 정의, 목표 달성에 필요한 자원에 대한 통제를 자율적으로 할 수 있는 기회를 가질 수 있을 때에 한해 성공하려는 열망, 즉 성취 동기가 성과로 이어진다. 학교 환경에서는 하나 이상의 과제를 동시에 수행하려 할 때 문제가 더욱 복잡해진다. 동기 수준이 올라갈수록 2차 과제 수행 성과는 저하되고 1차 과제 성과는 개선되는 경향이 있다(Humphreys & Revelle, 1984).

수행 개선으로 이어질 수 있는 학생들의 태도와 습관을 개발하고자 하는 심리 교육의 영역 중 또 다른 영역은 자발성, 또는 자기조절 능력이다. 이 두 용어는 본서에서 문맥에 따라 상호교환적으로 사용될 것이다. 이 개념은 공식적으로 사용되는 심리학 구인이 아니며, 오히려 목표 달성을 위한 지속적 노력과 관련된 행동 및 태도의 집합체를 의미하는 개념이다. 내재적으로 동기화된 목표를 갖는다거나 개인적으로 중요한 목표 달성을 위해 도구적 역할을 하는 외재적 요구사항과는 별도로, 잡념과 체념을 억세하고 목표를 달성하기 위해 지속적인 노력을 유지하기 위한 '무언가 다른 것' 을 의미한다. 이 '다른 무엇' 은 자발성 개념으로 요약되며 이론가에 따라 조금씩 다른 방식으로 표현된다. 그 중 잘 알려진 이론 중 하나는 컬(Kuhl, 1984, 1987)이 과제 지향성 유지를 위한 "행동 통제 전략(action control strategies)" 의 이름으로 제시한 여섯 가지 전략들이다. 이 각각에 대해 살펴보면 다음과 같다.

1. 선택적 주의집중: "자발성 보호 기능" 으로도 불린다(Kuhl, 1984, p.125). 목표 과제와 경쟁 관계에 있는 행동 경향에 관한 정보 처리를 차단함으로써 현재 갖고 있는 의도를 보호한다.
2. 통제 부호화: 외부 자극에 대해 현재 의도와 관련된 내용만을 선택하고 부적절한 내용은 무시함으로써 자발성 보호 기능을 촉진한다.
3. 정서 통제: 현재 의도를 지원하는 정서적 상태를 관리하고 슬픔이나 현혹 등 현재 의도에 방해되는 경쟁적 의도를 억제한다.
4. 환경 통제: 통제 불가능한 유혹들로부터 자유로운 환경을 조성하고 현재 의도를 유지시킬 수 있도록 자신의 계획을 동료에게 선언하는 등 사회적 관여를 만들어 둔다.
5. 세부 정보 처리: 언제 일을 멈출 것인지를 알고 어느 정도의 정보가 필요한

지에 관해 의사결정을 하고, 현재의 의도를 뒷받침할 수 있는 적극적 행동을 유지하기 위해 의사결정을 내린다.

컬의 행동 통제 전략은 자기조절 행동을 촉발하고 유지시키는 데 타당한 전략인 것으로 판명된 바 있다(Kuhl, 1987). 그러나 이 접근법에 대해 이루어진 대부분의 연구는 통제된 실험실에서 이뤄진 것이며 주로 적응 부조화 행동을 치료하기 위한 목적이었다. 아동을 대상으로 학습 환경에 맞춰 이뤄진 연구로는 코르노(Corno, 1989)와 짐머맨(Zimmerman, 1989)이 대표적이다.

예를 들자면, 코르노와 랜디(Corno & Randi, 1999)는 교실 상황에서 자기조절 학습을 위한 설계 이론을 제안한 바 있다. 이들의 접근법은 일련의 자기조절 전략을 경험케 하는 학습 단원을 수업과 결합된 일부로서 포함시키거나 또는 개인별 과제의 형태로 제공함으로써 학생들이 부지불식간에 자기조절 기술을 향상시키도록 하는 것이다. 예컨대, 이들의 연구는 문학 수업에서 학생들로 하여금 예시 글의 주제를 파악하도록 하는 과제를 제시했다. 구체적으로는 학생들은 호머의 「오딧세이」를 읽고 오딧세우스가 어떻게 자신의 모험을 성공적으로 이끌어 갈 수 있었는지에 관한 행동 특성을 분석했다. 학생들이 작성한 행동 특성 리스트는 코르노와 랜디의 다섯 가지 자기조절 행동 지표와 일치했다(표 2.1). 이 행동 지표들은 컬(Kuhl)의 행동 통제 전략을 비롯하여 다른 자기조절 전략들의 특성들을 공유하고 있음을 알 수 있다.

표 2.1 자기조절 전략 및 사례

자기조절 전략	• 오딧세우스 모험 분석에서 도출된 관련 전략 사례
초인지 통제	• 계획 수립하기 • 벤치마크를 찾고 결정하기 • 진척도 평가하기
동기 통제	• 초점 중심, 긍정적 사고 • 인내/자기의존성
정서 통제	• 시각화, 정신적 형상화
과제 상황 통제	• 자원 활용 • 자신의 명민함 활용/ 속임수 쓰기
과제 상황에서 타인 통제	• 우호 세력으로부터 도움 받기 • 부하 통솔

수업 활동으로부터 실제 세계로의 자기조절 기술 전이를 돕기 위해 코르노와 랜디는 학생들로 하여금 그들이 안고 있는 모험에 대해 설명하는 에세이를 쓰도록 하는 활동을 제시했다. 이후 연구자들은 제출한 에세이들 중에서 자기조절 전략이 나타나 있는지를 분석한 결과, 10명 중 9명의 학생들이 최소 여덟 가지 이상의 자기조절 전략을 사용하고 있음을 확인할 수 있었다. 이러한 혁신적인 수업 방식을 통해 긍정적 결과를 얻었음에도 불구하고, 학생들이 미래에 새로운 도전 상황에 처할 때에도 마찬가지 전략을 사용할 것인지를 확인하지는 못했다는 점에서 이 연구는 한계를 가진다. 그러나 흥미로운 점은 이 설계 모형이 최초에는 상당히 발견 학습적 접근을 시도하다가 점차 자기주도적 학생들의 드러난 특성들에 대한 관찰로 넘어간다는 점이다.

코르노와 랜디의 접근법은 앨슐러의 것과는 다르지만, 학생들로 하여금 동기 및 자발적 태도와 습관을 키워 자기의존성 및 수행을 개선하도록 돕고자 했다는 점에서 동일한 목표를 지향하고 있다.

환경 중심 모형

환경 중심 모형은 행동을 유기체가 환경 영향 요소에 반응하는 과정으로 적절히 설명할 수 있다고 가정하는 행동주의 심리학 원리에 기초를 두고 있다. 이 관점에서 볼 때 동기라는 개념은 슬런과 잭슨(Sloane & Jackson, 1974)이 언급한바 "어떤 자극체 또는 자극 사태가 주어진 행동을 나타나게 하거나 사라지게 하는 정도"(p.5)로 정의된다. 이 정의에서 유기체 내부의 인지적 또는 정서적 상태는 찾아볼 수 없다. 동기에 영향을 주는 일차적 전략은 결핍과 충족을 조작함으로써 이루어진다. 사람은 즐거움이나 바람직한 결과를 가져오는 행동을 반복하게 될 개연성을 가진다는 사실은 하나의 원리로서 공고한 기반을 가지고 있다(Premack, 1962). 충족(satiation)이란 더 이상 바라지 않게 된 무엇을 받는 것을 말한다. 따라서 교사가 만약 학생에게 바람직한 행동을 보이지 않을 경우, 즉 학생에게 긍정적이고 개인적인 인정을 더 이상 하지 않는다면, 그 학생은 무시되거나 부정적 결과를 가져온 행동에 비해 바람직한 행동을 더욱 자주 하게 될 개연성이 커진다. 그러나 만약 학생이 주의집중을 받기 위해 바람직하지 않은 행동을 할 경우, 교사는 그 학생에게 과도한 관심을 쏟아 부음으로써 바람직한 행동을 강화하고 부정적 행동을 무시할 수 있게 될 것이다. 이 사례들은 실제 상황을 단순화시킨 것이기는 하지만, 행동주의의 기본 원리를 잘 나타내 주고 있다.

다섯 단계로 구성된 수반성 관리 원리(contingency management principle)와 연계된 행동 수정 모형의 종류는 다양하다(Gardener et al., 1994; Medsker & Holdworth, 2001). 첫 번째 단계는 변화시키고자 하는 행동이 무엇인지를 찾아내고, 두 번째 단계는 처치를 가하기 전에 관찰되는 목표 행동의 빈도를 측정하여 기저선을 설정하고, 세 번째는 바람직한 행동을 보이는 경우와 보이지 않는 경우에 각각 수반되는 결과의 패턴을 조작하는 소위 강화 수반성이라고 불리는 것을 계획하고, 네 번째는 이 프로그램을 처치하고, 마지막으로 다섯 번째 단계에서 기저선에 비해 처치 후 목표 수행의 빈도가 수용 가능한 수준으로 변화했는지를 평가한다. 그러나 이 원리들은 행동 변화라는 일반적 목적에 활용될 수 있을 뿐, 수업과 학습의 특수 맥락을 고려하고 있지는 않다.

학습 환경에서 이 동기 원리들을 체계적으로 적용하려는 시도는 프레시(Pressey, 1926)와 스키너(Skinner, 1954)에 의해 주도적으로 이루어졌다. 아마도 가장 잘 알려진 심리학자라고 할 수 있을 스키너는 비록 학습 이론의 요소를 동기적 요소와 따로 구분하지는 않았지만 동기 설계 모형이라 불릴 수 있는 형태로 행동주의 원리를 교육에 적용한 사람이었다. 그의 연구 결과는 동기 설계와 수업 설계의 종합이라 할 수 있는 프로그램 수업(programmed instruction)이라는 중요한 성과를 낳았다. 이 수업은 올바른 응답에 대해 즉각적으로 긍정적 강화를 제공해야 한다는 동기 원리를 실현시켰고, 가능한 한 모든 문제로부터 정답이 나올 수 있도록 수업 내용을 정교하게 구조화할 것을 요구했다. 그의 초기 시도는 이후 수많은 교수 설계 원리들이 탄생하는 계기가 되었으나(Markle, 1969), 정답을 알려 주는 형태의 긍정적 강화의 역할에 대한 설명이 미약하다는 문제가 끊임없이 제기되고 있다. 프로그램 수업은 학습을 강화했고 동기적 보상 효과도 갖고 있는 것으로 여겨졌다. 그러나 연구 결과 강화와 피드백이 학습과 동기에 미치는 영향은 강력한 증거를 얻지 못하는 것으로 나타났다. 토스티(Tosti, 1978)는 동기적, 교정적 피드백의 여부와 그 각각을 제시하는 최적 시점을 분리함으로써 이 연구 이슈를 명료화하는 데 기여했다.

강화 원리 기반의 동기 설계 모형들 중 학습과 관련된 동기에 주 초점을 맞춘 대표적인 연구 중 하나로 프레드 켈러(Fred Keller, 1968)가 개발한 개별화 교수 체제(PSI, Personalized System of Instruction)를 들 수 있다. 이는 프로그램 수업, 기타 수업 활동들, 그리고 완벽한 수업 관리 시스템을 통합한 것이라 할 수 있다. 이 체제에서는 학습자가 스스로 학습 진도를 조정할 것을 허용하고 학습자 스스로 준비가 되었을 때 시험을 볼 수 있으며, 처음 시험에 실패했다 하더라도 몇 번이고 다시 시험을 치를 수 있도록 허용했다. PSI는 교사와 학생 모두로부터 환영을 받았을 뿐만 아니라 매우 효과적인 교수 설계 형태였음에도 불구하고, 실제 사용이 거듭되면서 문제점들이 나타났다(Kulik, Kulik, & Cohen, 1979). 발견된 문제점으로는 교수들은 양질의 수업을 개발하고, 수업을 진행하기 위해 의외로 많은 시간을 소비한다는 사실을 들 수 있다(Gallup, 1974). 또 다른 문제점으로는 학생들이 학습 진도를 스스로 조절할 수 있다는 점을 이용하여, 과제 제출 기한을 미루거나 성적 향상이 부진하게 되는 많은 경우가 발생했다(Gallup, 1974). 따라서 동기를 유발하기 위한 도구로써 활용할 만한 외적 강화물이 적다 보니 다수 학생들은 학습하도록 충분히 자극받을 수 없었다. 결국 교수들은 공부를 게을리하는 학생들에게 과제 제출 기한을 엄격히 챙기는 등 규제를 강화하지 않을 수 없었다.

조금 다른 접근으로서 슬런과 잭슨(Sloane & Jackson, 1974)은 학생들의 동기를 통제하기 위해 조건 및 강화 개념이 어떻게 활용될 수 있는지를 모형화했다. 이 모형은 동시에 학생들로 하여금 외적 강화 체제로부터 내적 보상 조건으로 이행해 가는 방법에 대해서도 설명하고 있다. 이러한 시도는 달성이 매우 어려운 목표이다. 왜냐하면 외적 통제는 내적 동기에 부정적 영향을 미칠 잠재력을 갖고 있기 때문이다(Lepper & Greene, 1978). 그럼에도 불구하고 학습자 입장에서 아무런 내적 동기를 가질 만한 조건이 없는 학습 초기 단계에서는 외적 통제를 사용하는 것이 불가피하다. 데시와 라이언(Deci & Ryan, 1985)은 본 서의 1장 및 그 외의 부분들에서 그들이 제시한 자기결정성 이론(self-determination theory)과 연동하여 설계 과정에 대해 좀 더 종합적인 설명을 제공하고 있다. 자기결정성 이론은 내적 동기를 고양시키는 것 외에 외적 동기가 내면화되는 수준을 높일 수 있다는 점을 강조하고 있다.

상호작용 중심 모형

이 모형은 개인 또는 환경 그 어느 것만으로는 인간 동기를 이해하고 설명하는 데 충분한 기반을 제공할 수 없다고 가정한다. 때때로 사회 학습 이론(social learning theory) 또는 기대-가치 이론(J. M. Keller, 1983b)이라고도 불리는 이 접근법에 따르면, 인간의 가치와 생리적 능력은 환경의 영향을 받기도 하지만, 환경을 변화시키기도 한다. 최근 들어 이 **상호작용 중심 모형**은 교육적 맥락에서 이루어지는 인간 학습과 동기에 관한 연구에서 가장 널리 활용되는 접근법이라 볼 수 있다(Eccles & Wigfield, 2002; Pintrich & Schunk, 2002). 이와 관련하여 헌트와 설리번(Hunt & Sullivan, 1974)은 개인의 특질과 그 행동에 미치는 환경, 예컨대 수업 스타일이나 칭찬을 하는 방법 등 사회적 요인들 간의 상호작용에 초점을 맞추어 관련 문헌을 종합하여 이론을 제시한 바 있다(Brophy, 1981).

기대-가치 이론의 큰 틀하에서 연구했던 드샴스(deCharms, 1968)는 두 개의 주요 변수들, 즉 가치 요소를 대표하는 성취 동기와 기대 요소를 대표하는 개인적 인과성 추론으로 구성된 응용 모형을 개발했다. 드샴스 모형은 맥클러랜드와 앨슐러(Alschuler, 1973; McClelland, 1965)의 연구 성과를 본땄지만, 개인적 인과성 추론 요소는 새롭게 추가된 것이다. 이 모형의 주 관심은 학생들이 어떻게 하면 좀 더 자신감을 갖고 자신의 미래에 대한 통제권을 행사할 수 있도록 도울 것인지에 있으며, 일반적인 교수 설계 과정에 활용될 수 있는 다양한 동기 전략들을 포함하고 있다.

우로드코우스키(Wlodkowski, 1984)는 동기에 관하여 종합적이며 응용적인 접근을 제공한다. 이 연구에서 그는 인본주의에서 행동주의에 이르는 수많은 동기 요인들을 제시하면서, 이들을 태도(attitudes), 요구(needs), 시뮬레이션(simulation), 정서(affect), 역량(competence), 강화(reinforcement) 등 여섯 가지 범주로 분류하고 있다. 그는 이 범주들을 하나의 절차 모형 내에 통합했는데, 이 모형은 수업 지시 또는 모듈의 시작, 중간 과정, 그리고 끝에서 해야 할 전략들을 구체적으로 명시해 준다. 이 모형은 구성요소들 간의 논리적 조직화에 기반을 두지만 이론적 기초들을 종합해 내지는 못하고 있다. 이 모형에 대해 설명하면서 그는 중-고등은 물론 성인교육 수준에 이르기까지 다양한 동기 전략들에 대한 자세한 설명을 곁들이고 있다.

본 서의 근간이 되는 모형(J. M. Keller, 1983b)은 기대-가치 이론, 강화 이론, 인지적 평가 이론에 그 기초를 둔 상호작용적 설계 모형이다(그림 1.2). 이 기반 이론들 각각이 노력(effort), 수행(performance), 만족(satisfaction)과 관련하여 어떻게, 왜 연계되어 있는지가 체제적으로 통합되어 하나의 모형으로 형상화될 수 있다. 여러 관련 이론들로 구성된 통합적 형상화가 바로 주의집중, 관련성, 자신감, 만족 등 네 개의 동기 변수 범주들을 포함한 ARCS 모형이다(J. M. Keller, 1987b). 이 범주들은 동기 관련 개념과 연구 결과들에 대한 포괄적 분석 및 종합을 통해 도출되었다. 네 가지 동기 범주로 구성되어 있다는 점 외에, ARCS 모형이 갖고 있는 독창성은 학습자 동기 분석을 통해 어떤 동기 전략을 사용할 것인지를 결정하는 판단 근거로 삼는 체제적 설계 절차를 포함한다는 점이다(J. M. Keller, 1987c, 1999). 이 점은 수업 절차의 어떤 특정 부분에서는 이러이러한 동기 전략을 사용하라고 처방하는 다른 접근법들과 다른 ARCS 모형만의 특징이다.

옴니버스 모형

옴니버스 모형은 주어진 수업 목표 달성을 위한 모든 해결책을 망라하려는 접근법이라고 설명될 수 있다. 이 모형은 동기 설계 모형은 아니지만 학습 상황에 적합한 탁월한 동기 전략의 사례를 제시한다는 점에서 본 서에 포함시켜 다루고자 한다. 이 모형은 때로 이론적 근거로부터 출발하기도 하지만, 그 대부분은 특정 유형의 수업 목표 달성을 위해 설계된 교수 관리 체제들을 포함한다는 점에서 실용주의적(pragmatic) 성격이 근간을 이루고 있다. 동기 전략은 이 옴니버스 모형의 전체에 내포되어 있지만, 그렇다고 해서 동기 전략으로서 별도로 다루어지거나 강조되지는 않는 것이 일반적이다. 대신 이 모형은 **주의 획득**, **가치 명료화**, **진척도 관리**, 또는 **성취에 대한 보상** 등의 형태로 모형 내에 포함된다.

조이스와 웨일(Joyce & Weil, 1972; Weil & Joyce, 1978), 그리고 또 다른 학자들(Medsker & Holdsworth, 2001)은 이 옴니버스 모형들을 정리해서 보여 주고 있다. 이 연구자들은 다양한 수업 모형들을 그 모형의 핵심 목적이 사회적 상호작용, 정보 처리, 개인적 성장, 행동 변화 등 네 가지 유형 중 어디에 속하는가에 따라 일관된 기준과 형식에 따라 분류했다. 예컨대, '사회적 질의기법(social inquiry): 사회과학 분야에 적합한 질의 모형', '질의 훈련 모형(inquiry training model): (과학 교과에서 질의 능력 수업과 아동을 위한 이론 구축 교육을 위해) 이론 구축 활동을 학습 자원으로 활용하는 모형', '결부법(시네틱스): 창조성 개발 모형' 등이 옴니버스 모형의 예라 하겠다.

이 범주는 학습자들이 좀 더 유의미하고 맥락적인 지식 체계를 구축하는 것을 돕는 데 초점을 맞춘 구성주의 학습 환경 설계 접근들을 포함하고 있다. 구성주의자들의 주 관심사는 명시적 지식의 암기 학습과 같은 비교적 낮은 수준의 학습 과정에 실제적인 학습 경험을 녹여 넣음으로써 개인적으로뿐만 아니라 사회적으로도 유의미한 개념적 이해, 문제 해결 스킬, 복합적인 인지 기술들과 결합될 수 있도록 하는 데 있다.

프로세스 vs. 모형: 총체적, 체제 접근의 장점

앞서 논의한 대부분의 동기 설계 모형들은 어떤 동기 개념 또는 이론과 연관된 절차적 가이드라인이거나, 아니면 여러 변수들 또는 결과물들 간의 관련성을 보여 주는 구조적 모형이었다. 즉, 이 모형들은 동기적 문제를 해결하거나 또는 그 반대로 특정 상황에서 동기적 목표를 달성하는 구체적인 접근법들을 보여 주고 있다. 그러나 '설계' 라는 용어에 방점을 두는 동기 설계는 체제 분석과 체계적 문제 해결을 결합하는 포괄적 프로세스라는 관점에서 살펴보아야 한다. 체제 관점에서 볼 때, 동기적 특성이나 상태는 주어진 환경 내에서 서로 중첩되면서 동시에 상호작용하는 상위 체제(super system) 및 하위 체제(supra system)의 영향을 받는다. 이 점에 관하여 누군가의 동기는 그 자체로서 이미 다차원적인 것이다. 예컨대 교실에 있는 어떤 어린이에게서 관찰되는 동기는 학습하고자 하는 동기, 다른 급우들에게 영향력을 행사하려는 동기, 선생님으로부터 사랑을 받으려는 동기, 너무 눈에 띄지 않으려는 동기 등을 포함한다. 이러한 다양한 동기들은 그 어린이의 가정환경과 문화, 친구나 교사 등 가까운 역할 모델, 실내 온도나 소음 등 물리적 환경, 수업시간 동안 어린이가 받게 되는 많은 자극이나 수업 목표와 내용의 명료함, 과제의 도전성 등 수업 환경의 특징 등의 영향을 받게 된다. 원칙적으로 말하자면, 학습 환경 내의 이 수많은 요인들과 그 맥락들은 모두 하나의 체제 모형 내에 내포되며, 이 요인들 각각이, 그리고 이들이 서로 상호작용하면서 어떻게 어린이의 수업에 대한 동기와 수행에 영향을 미치는지도 체제적으로 연구될 수 있다. 이 다양한 체제 구성 인자들 간의 상호 연관성에 대한 이론 및 연구의 결과들 또한 체제 관점에서 해석될 수 있다.

동기와 관련된 설계상의 문제점

동기 설계에 관한 연구와 실천을 위한 공식적 접근법을 개발하는 과정에는 여러 난제들이 산재해 있다. 그 중에서 우리는 두 가지를 주목할 수 있다. 첫 번째 문제는 동기의 다차원적 성격으로부터 비롯된다. 이 문제는 각각의 차원들의 안정성이 낮기 때문에 더욱 증폭된다. 대체로 안정적이고 예측 가능한 인간 특성으로 여겨지는 능력처럼 동기 역시 상당히 안정적인 특성을 포함하고 있다. 예를 들어, 사람들은 대체로 자신들이 추구하는 방향이라든가 동기 성향에 일관성을 보이는 경향이 있다. 즉, 높은 수준의 성취 욕구를 가진 사람은 어떤 일에 대한 성취보다 일을 하는 집단에서의 소속감을 추구하는 사람과는 다른 행동을 취할 것이라는 예상을 하는 것이 가능하다. 그러나 이렇게 서로 다른 동기도 어떤 주어진 상황 속에서 신체적 위기에 처했을 때에는 이로부터 벗어나려는 강력한 동기에 의해 일순간 사라지기도 한다. 그런가 하면 동기의 다른 측면은 매우 쉽게 바뀌기도 한다. 예를 들어, 어떤 순간에는 강의에 온전히 몰두하던 학생이 의외의 소음이나 옆자리 학생의 자극 등으로 인해 쉽게 산만해시기도 한다. 나아가 사람의 동기 강도 또한 비교적 단기간 내에 급격히 변화하기도 한다. 동기 강도 또는 각성상의 이러한 변동은 수행과 역U자형의 비선형 상관관계를 갖는다. 낮은 수준의 각성은 관심 부족, 지루함, 그리고 낮은 수준의 노력으로 이어져 결국 수행 수준을 저하시키는 경향을 보인다. 학습 동기 또는 각성의 수준이 점차 올라가게 되면 학습 수행의 질과 양도 따라서 개선된다. 그러나 이러한 정적 상관관계는 적정 수준에 이르게 되면 사라지게 된다(그림 2.3). 또한 그 이상으로 각성 정도가 상승하면 학습 수행은 오히려 점차 악화되기 시작한다. 이는 마치 지루함에서 시작해서 최적 각성에 이른 후 최종적으로는 아무 일도 못할 정도의 불안에 도달하게 되는 궤적을 보이는 것과 같다. 수행은 역U자형의 좌우 양쪽 끝에서 공히 낮은 수준에 머무르게 된다. 이러한 현상에 대한 자세하고 정교한 논의는 여키즈와 도드슨(Yerkes & Dodson, 1908)의 연구에 잘 제시되어 있으며, 이를 역U자 곡선 또는 여키즈-도드슨 법칙이라 부른다. 동기라는 개념하에 포섭되어 있는 개념들의 다층성, 이 개념 구인들의 다양성, 수행과의 역U자형 상관관계 등으로 인해 동기 설계 모형을 개발하는 작업은 지난하기만 하다.

두 번째 문제는 지표의 **측정**과 관련된 것으로서 첫 번째 문제와도 긴밀히 연관

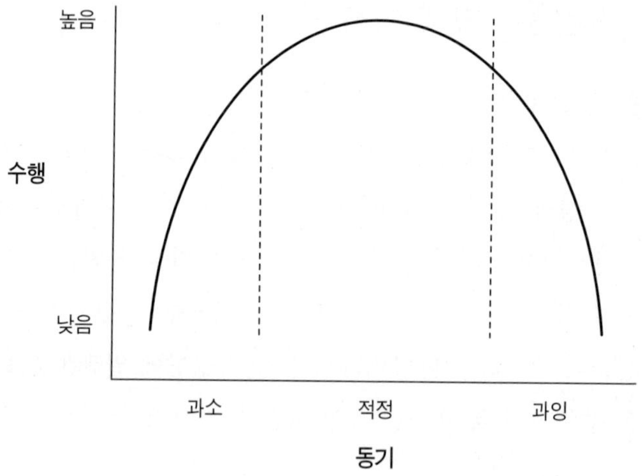

그림 2.3 각성/동기와 수행 간의 역U자형 비선형 관계

되어 있다. 동기에 관한 실용 가능한 총체적 이론을 확보하는 것이 어렵듯이 동기 설계의 효과를 나타내는 중요 지표들을 측정하는 일도 지난하다. 그 이유는 동기 지표들이 네 가지 유형, 때로는 그 이상의 유형들로 나누어지기 때문이다. 첫째 유형은 동기에 적용되는 인간의 본질적 특성이며, 둘째 유형은 동기에 영향을 미치는 설계 전략이며, 셋째는 동기 전략의 효과성을 매개하는 사회적, 환경적 조건이고, 넷째는 동기의 결과로서, 이는 특수한 문제들을 낳기도 한다. 동기 효과를 연구할 때 주요한, 때로는 유일한 종속 변수로서 성취도가 자주 활용된다. 그러나 이보다는 과제에 투입하는 시간 등 노력의 정도 및 강도, 반사 잠복기(latency of response) 등 동기를 직접 측정할 수 있는 지표를 활용하는 것이 좋다. 성취도는 능력, 사전 지식, 교수 설계 요인 등 수많은 동기 외적 요인들의 영향을 받기 마련이다. 측정 관련 논제, 유용한 설문지 예시 등은 11장에서 다루게 되며, 구체적인 심리적 구인 측정 도구들은 4, 5, 6, 7장에서 설명하고 있다.

동기 문제의 분리 및 정의

'동기적' 문제로서 정밀한 논의 없이 던져지는 문제들이 너무도 많고, 이는 무척 흔한 경우이다. 그러나 동기는 여러 요소들로 구성되어 있기 때문에 동기를 설계하는 것에 있어서 중요한 점은 주어진 상황에서 문제시되고 있는 동기 요소를 구체적으로, 정교하게 분리해 내느냐 여부에 달려 있다. 본 서에서 동기 설계 프로세스의 핵심부는 분석 단계이다(8장 참조). 분석 단계에서는 앞으로 4, 5, 6, 7장에서 다루어질 동기 구인들을 학습자의 동기 프로파일을 진단하기 위한 기초로서 활용한다. 동기 프로파일 진단은 주어진 상황에서 동기를 제고하는 방법, 어떤 부분의 동기가 부족한지를 파악 가능하게 한다. 부족한 것으로 규명된 동기 요소는 즉시 이와 같은 동기 문제를 개선하기 위한 전략을 적용해야 할 목표가 된다. 역U자형 동기 곡선 또한 이러한 분석의 필요성을 시사한다. 분석을 통해서 문제 상황이 동기가 빈약하기 때문인지, 반대로 동기가 과도하기 때문인지를 알 수 있기 때문이다. 따라서 동기 개념을 포괄적으로 파악하거나 변형시키기보다는 문제가 발생한 학습자 동기의 특정 영역을 분리해 낸 후 이에 적합한 전략을 설계하는 것이 주요하다.

사람을 바꿀 것인가, 환경을 바꿀 것인가

학습자의 동기 개선은 학생의 태도와 습관을 바꾸거나, 아니면 그 학생의 현재 특성에 맞도록 환경을 바꿈으로써 이루어진다. 이와 마찬가지로 인간 사고에 대한 심리학의 일부 학파들, 그리고 교육 철학은 인본주의적 참조틀을 가지고 주로 개인에 대해 초점을 맞추는 반면, 교수주의 이론이나 행동주의적 경향을 가진 다른 부류의 학자들은 학습을 촉진하는 데 있어 환경적 물질 및 제반 조건의 역할에 주목한다. 앞서 논의했듯이, 본 서는 학습 동기와 다른 인간 행동들이 내적 심리 및 생리적 조건과 환경적 자극 및 조건들의 상호작용에 의해 결정된다는 입장을 취하고 있다. 사람들이 가진 특별한 능력, 동기, 교육상의 목표 및 생애 목표, 열정의 수준 등은 주어진 동일 조건하에서 서로 다른 동기적 행동을 야기한다. 자원의 가용성 여부, 명확한 수업 목표, 공정한 평기 활동, 수업 방식의 다양한 변화 등 환경적 영향 요소들 또한 학습자의 동기에 영향을 미친다.

동기 설계 프로세스의 목표 중 하나는 학습자 및 환경 요소들에 대한 분석으로부터 시작해서 학습자의 현재 특성을 수용하거나, 혹은 학습자를 주어진 상황에서 가장 적합하다고 판단되는 바람직한 상태로 변화시킬 수 있는 전략 개발로 한 발 더 나아가는 것이다. 달리 말해, 사람들을 변화시켜 모두가 동일한 학습 스타일을 갖도록 하려는 시도는 비현실적일 뿐만 아니라 역기능마저 가져온다. 이는 학습 환경이 학습자 각자가 가진 학습 스타일의 특성들을 수용할 수 있도록 설계되어야 함을 시사한다. 달리 말하면, 어떤 학생에게 있어 자신의 이익을 추구하기 위해 반드시 필요한 어떠한 특성, 예컨대 학습 방식이 잘못된 학생들이 그들에게 부족한 자기조절 학습 기술을 결여할 경우, 그런 사람들에 한해서만 자기조절 학습 능력 개발 전략을 설계하는 것이 효과적이라는 것이다. 그러나 이와 유사한 사례로서, 만약 어떤 학생 집단이 정서적, 신경학적, 또는 다른 어떤 장애 요소로 인해 효과적인 자기조절 기술을 구사하지 못한다면, 오히려 그들에게 자주 과제를 내준다거나 그들을 더 꼼꼼하게 지도한다거나 "동기적 메시지"(J. Visser & Keller, 1990)를 활용하는 것이 좀 더 적절할 것이다. 학습자 적성과 수업 방법 간의 상호작용 유형에 관해서는 크론바하와 스노우(Cronbach & Show, 1976)가 방대한 문헌 분석을 통해 연구한 바 있다. 이 연구자들에 따르면 학습 스타일상의 개인 차, 예컨대 시각 지향성과 청각 지향성의 차이 등을 고려하여 각각의 학생에 맞도록 수업을 진행하는 경우는 거의 없었다고 한다. 이보다는 모든 학습 스타일들을 다 수용할 수 있도록, 예컨대 시각 요소와 청각 요소 모두를 포함한 한 가지 수업 자료를 만들어 모든 학습자들에게 두루 적용하는 편이 훨씬 비용이 적게 들었다. 그러나 크론바하와 스노우(1976) 연구의 결론은 학습자들의 동기상 차이들을 반영하는 데 있어 이와는 다른 대안적 접근법의 개발이 잠재적으로 가능해졌다는 것이었다.

동기 설계의 한계점

체제적 동기 설계 프로세스가 매우 효과적이라 하더라도 이를 실제 적용하려 할 때에는 몇 가지 해결해야 할 문제와 한계점들을 고려해야 한다. 이러한 한계들 중 하나는 학생들의 동기 상태의 책임 소재와 관련된 교사와 설계자의 태도이다. 이 이슈가 중요한 이유는 많은 교사들이 자신이 책임져야 할 것은 학생들에게 학습 내용과 기술을 효과적으로 가르치는 것이며, 그 수업을 열심히 공부하려 하는지에 대한 문제는 학생 스스로의 책임이라고 생각하기 때문이다. 교사들은 때때로 학생들의 동기를 유발하는 문제에 대해 그들이 할 수 있는 일은 없다고 말한다. 즉, 공부하기 싫어하는 학생을 억지로 공부시킬 수는 없다는 뜻이다. 이 말이 일리가 있기는 하지만 과도하게 일반화된 면이 없지는 않다. 교사들은 학습자의 동기를 통제할 수는 없지만 이에 영향을 미칠 능력은 분명히 갖고 있기 때문이다. 교사란 학습자들로 하여금 공부하고자 하는 열망을 지필 수도, 반대로 이를 꺾어 버릴 수도 있는 사람들이다. 교사의 열정과 노력으로 인해, 또는 교사가 학생에게 쏟은 개인적 관심으로 인해 학과목에 대한 흥미를 가지게 되었다는 이야기를 우리는 주위에서 얼마든지 발견할 수 있다. 이와는 반대로 엄격하기만 하고 지루하며 가르치는 과목이나 학생들에 대해 도무지 관심이 없는 교사로 인해 공부에 흥미와 자신감을 잃어 버린 학생들의 심각한 이야기도 그만큼 많은 것이 현실이다.

교사나 강사들이 학습자의 동기 문제를 자신의 책임으로 받아들이기 위해서는 그들이 부담해야 할 책임 범위를 명확히 이해해야 한다. 동기에도 여러 가지 차원이 있기 때문에 그만큼 다층적인 동기상의 문제들이 존재한다. 동기는 사람의 삶 곳곳에 스며들어 있다. 혼자 있고 싶거나 친구와 함께 있고 싶은 열망, 관계를 형성하고자 하는 관심, 공부하고 싶은 바람, 직업의 선택, 권위를 기꺼이 받아들이려는 태도, 자기 관리 방법, 심지어는 살고자 하는 열망까지도 동기와 관련되어 있다. 교사가 이러한 모든 동기 영역에서 학생들에게 영향을 미칠 수는 없을지라도, 적어도 그 일부에 대해서는 영향을 미칠 수 있으며, 또 영향을 미쳐야만 한다.

교사의 동기 관련 책임 범위: 광범위하게 말하여, 교사가 공통적으로 부딪히는 세 가지 영역이 있다. 이는 협력하고자 하는 자발성, 학습하려는 열망, 자기인식이다. 그 중 첫 번째 범주, 즉 **교실 내 행동**은 학습에 적합한 긍정적 환경을 만들기 위해 교실 내에서 볼 수 있는 학생들의 행동을 교사가 관리해야 하기 때문에 중요하다. 두 번째 범주는 **학습 동기**라 불리는데 교수와 학습에 핵심적 역할을 하기 때문에 이 또한 중요하다. 세 번째 범주는 **자기인식**으로서 나머지 두 가지에 비해 더욱 문제가 된다. 교사들은 학생들의 긍정적 자기인식의 개발을 도와줄 수 있지만 개인적 동기 문제를 다룰 수는 없다. 이는 학교 내 상담교사나 부모와 같이 영향력 있는 성인, 친구들 또는 전문적인 상담치료사들의 몫이다. 동기와 관련된 이 모든 영역들과 관련하여 본 서에서는 학습 동기에 관해서만 다룰 것인데, 이는 학습자의 내적 특성과 긍정적 학습 환경 창조를 위해 교사가 사용하는 동기적 전술이라는 두 가지 측면에서 비롯된다.

요약

사람의 동기에 변화를 가져오기 위한 접근 방법에는 여러 가지가 있다. 맥클러랜드, 앨슐러, 드샴스(Alschuler, 1973; deCharms, 1976, McCleland, 1965)의 연구처럼 사람의 인성을 변화시키려는 임상적 노력에서부터 기본적인 동기 구조를 바꾸거나, 우로드코우스키(Wlodkowski)와 켈러(J. M. Keller, 2008a; Wlodkowski, 1999)와 같이 학습하려는 열망을 자극하고 유지할 수 있는 학습 환경 설계에 주요 초점을 맞추고 있는 경우가 바로 그것이다. 이 모형들은 사람 중심, 환경 중심, 또는 옴니버스 모형처럼 동기 전략과 수업 전략을 통합하여 특정 유형의 목표 지향적 학습 환경 구축을 지원하려는 좀 더 종합적인 모형 등으로 분류될 수 있다. 나아가 이 모든 접근법들은 실용적일 뿐만 아니라 그 타당성을 입증할 만한 근거도 갖고 있다. 이 각각의 모형들은 나름대로 고유한 목적을 갖고 있으며, 적절하게 사용될 경우에 타당성을 발휘한다는 사실도 입증된 바 있다.

그 어떤 접근법이든, 전체 학습 환경과 얼마나 잘 통합되어 있는가에 따라 그 성패가 결정된다. 체제적 사고를 도입함에 따라, 우리는 새로운 혁신적 조치들이 성공적으로 정착되고 장기간 지속되기 위해 필수적인 조건, 즉 좀 더 큰 체제 내의 하위 체제들을 명확히 구분해 내는 작업을 할 수 있게 되었다. 예를 들어, 만약 여러분이 교실 또는 학교에서 학생들로 하여금 학습 목표를 성취하고자 하는 욕구를 성공적으로 증진시킬 수 있는 성취 동기 훈련 프로그램을 도입했다 하더라도, 가정이나 사회의 문화가 개인의 목표 추구와 경쟁을 허용하지 않을 경우 그 효과는 점차 감소하게 될 것이다. 1990년대 초, 인도네시아 정부는 출석을 요하는 일반 대학교에 다닐 경제적 여건을 갖추지 못했거나, 제한된 입학 정원으로 대학교에 입학하지 못한 수많은 사람들로 하여금 고등교육의 기회를 제공받도록 하기 위해 개방 대학(Open University)을 설립한 적이 있다. 개방 대학 시스템을 추진했던 배경에는 학생들이 이 새로운 형태의 교육 방식을 통해 입학, 교재 수령, 원하는 시간에 개인에게 적합한 학습 등이 가능하리라는 전제가 내포되어 있었다. 그러나 이 시스템은 그 시작 초기부터 중요한 난관에 봉착하게 되었다. 인도네시아의 사회문화 속에서 학생들은 거의 모든 학업을 협력적 그룹 활동을 통해 하는 것이 일반적이었기 때문이다. 개방 대학의 도입이 이루어진 순간, 학생들은 갑자기 개인화된 환경 속에서 자신의 목표와 학업 계획을 수립하고 그 목표 달성을 위해 부지런히 공부하지 않으면 안 되는 상황에 처하게 된 것이다. 따라서 학생들은 다른 나라에서는 일반적으로 사용되는 개인 성적기록부를 거의 사용하지 않았으며, 결국 이 대학 체제를 정착시키기 위한 수많은 제도 변경이 불가피하게 이루어졌다.

이 사례를 통해 우리는 동기 설계 프로세스에서 학습자 분석이 얼마나 중요한 것인가를 재확인하게 된다. 학습 동기에 체제적인 영향이 미치려 할 때, 우리는 인간의 동기 현상 속에 내재된 본질적 특성을 비롯하여 여러 유형의 문제들과 맞닥뜨리게 된다. 더구나 학생들의 동기가 역동적으로 변화한다는 점을 간과할 경우 이러한 문제들은 증폭되기 마련이다. 삶을 살아가는 보통 사람들과 마찬가지로 학생들 또한 늘 바쁘며, 따라서 자신의 목표 달성을 위해 가장 효율적인 방법을 찾으려 노력한다. 이는 대부분의 학습 동기가 외재적으로 결정되는 학교에서 특히 두드러지게 나타난다. 따라서 학생들은 자신의 학습 목표와 부합하지 않을 경우, 다시금 동기를 유발하기 위해 어설프게 설계된 조치들에 대해 저항하거나 심지어 분노를 표출하기도 한다. 이러한 현상은 성인교육 상황에서 더욱 심각하게 나타난다. 예컨대, 당신의 학생들이 새로운 직무 관련 기술이나 업무 절차를 배우려는 목적으로 단기 과정을 수강하고 있는 전문직 종사자라고 가정해 보자. 만약 이들에게 쓸데 없이 오랜 시간 동안 친교를 위한 집단 활동을 하라고 할 경우, 만약 이러한 사교 활동이 본 학습에 필수적인 집단 역학을 창출하지 못한다면, 아마 짜증과 저항을 자초하게 될 것이다. 그러나 이런 경우는 거의 발생하지 않으며, 수업의 학습 목표 달성을 위해 순기능을 담당하도록 연계된 친교 활동은 매우 효과적이다. 예를 들면, 이와 같은 활동은 워크숍이나 학업과정의 내용에 포함된 과제와 관련하여 각자의 경험이나 난관들을 기억해 내고 서로 토론하는 형태로 운영될 수 있다. 이 활동을 통해 참가자들은 서로를 좀 더 잘 알게 될 뿐 아니라, 교수자는 활동의 결과를 활용하여 학생들에게 구체적인 학습 목표 및 훈련 내용을 분명히 보여줄 수도 있다.

결론적으로 인간의 동기는 복합적일 뿐만 아니라, 동기와 관련된 수많은 어려운 개념과 설계 전략들이 계속 연구되어야 하겠지만, 학습 동기에 예측 가능한 영향을 미치고 매력적인 학습 환경을 설계할 수 있도록 도움을 주는 동기 설계 및 전략 창조 기법을 따를 경우, 동기에 관한 전체적인 윤곽을 잡아갈 수 있다. 이어지는 장에서는 이러한 프로세스에 대해 설명할 것이다.

제 3 장

ARCS 동기 설계 모형

생각해 두기

필자가 동기 설계를 가르칠 때 즐겨 쓰는 활동을 소개하고자 한다. 이 활동을 통해 동기를 경험하는 것과 동기를 설계하는 것의 차이에 관한 여러 이슈들이 드러난다 (그림 3.1).

당신이 방금 지금까지 그 어떤 것보다 재미있고 동기적인 수업을 마치고 나왔다고 상상하면서, 아래에 답해 보자.

1.
2.
3.
4.
5.

당신이 방금 지금까지 그 어떤 것보다 지루하고 재미없는 수업을 마치고 나왔다고 상상하면서, 아래에 답해 보자.

1.
2.
3.
4.
5.

그림 3.1 동기적 선호 및 비선호 요소

이 활동을 하고 나면 당신은 교실 수업을 흥미롭게 만드는 조건이 무엇인지에 대해 이미 상당히 많은 사실을 알고 있다는 것을 깨닫게 될 것이다. 그렇다면 이제 던져질 질문은 여러분이 경험을 통해 체득한 이러한 지식이 수업을 설계하거나 강의를 준비할 때 가이드가 되어 줄 수 있을 정도로 충분한 정도인가 하는 점이다. 동기적인 학습 환경을 창조하는 방법에 대한 당신의 지식은 포괄적이지 못할 것이다.

들어가기

일반적인 경우, 학생으로서 여러 해 동안의 경험을 갖고 있고 따라서 동기 유발 요인과 이를 방해하는 요인이 무엇인지를 나열할 수 있는 사람이라 하더라도 대개 수업을 설계하고 강의할 때 동기적 요소를 만들어 넣을 수 있는 합리적이고 체계적인 접근법을 갖고 있는 경우는 거의 없다. 어떤 사람들은 천부적인 재능을 타고난 경우도 있고 또 어떤 사람들은 수많은 경험을 통해 카리스마적인 성공을 거두기도 한다. 그러나 이러한 성공 스토리들조차 자신의 전문 분야나 노력하고자 하는 영역에 국한되는 경우가 대부분이다. 이들이 갖고 있는 노하우와 현실에 존재하는 다양한 수업 조건이 요구하는 동기 설계 지식 간의 격차는 다음 두 가지 유형으로 대변된다.

> "나는 학생들의 동기에 영향을 주는 모든 요인들에 대해 전부 알고 있지는 못한다. 대충은 알고 있지만 세부 요인들에 대한 명확한 이해는 부족한 편이다. 분명 굉장히 많은 동기의 측면들을 고려해야 할 것이라 생각하지만 너무 복잡하다."

> "어떤 동기 부여 전략을 사용할지, 몇 가지 방법을 써야 할지, 그리고 이를 수업과 어떻게 연결시킬지 알지 못한다."

ARCS 동기 설계 모형(Keller, 1978b, 1987c, 2008a)의 개발 목표는 이러한 두 가지 질문에 대한 답을 찾을 수 있는 가이드를 제공하는 데 있다. 이 장에서는 ARCS 모형에 대한 개요를 설명할 것이다. 이 개요는 이후에 이어질 4, 5, 6, 7장에서 A-R-C-S 각각에 대한 세부적인 내용을 파악하는 데 기초적인 틀을 제공한다. 본 장의 첫 번째 파트는 동기에 영향을 미치는 변수와 구체적인 전략의 예시에 대해 설명할 것인데, 이는 곧 ARCS 모델의 구성요소가 된다. 두 번째 파트는 체제적 수업 설계를 다루고, 마지막 파트에서는 동기 설계와 교수 설계 간의 관련성에 대해 논의한다. 1984년(Keller, 1984)에 처음 소개된 바 있는 ARCS 모형은 이후 본 저자에 의해 수많은 논문, 책, 워크숍 교재 등을 통해 설명될 기회가 있었다(예컨대, Keller, 1987a, 1987b, 1987c, 1999, 2008a; Keller & Suzuki, 1988). 따라서 본 장의 내용은 이와 같이 축적된 선행 연구에 그 기초를 두고 있다.

ARCS 모형의 범주

방대한 문헌 연구를 통해 동기 개념에 관한 합의된 속성들이 몇 개의 그룹으로 묶여질 수 있음을 발견한 켈러(Keller, 1979, 1983b)는 네 개의 범주를 규명해 낼 수 있었다. 최초로 각 범주에 붙였던 이름을 일부 수정한 후, ARCS 모형이 탄생했다(1984). 이 범주들은 학습 동기를 중심으로 인간 동기를 구성하는 주요 차원들을 손쉽게 개관할 수 있으며, 나아가 각 범주별 동기 수준을 자극하고 유지시키는 전략을 개발하는 지침이 되어 준다.

표 3.1 ARCS 모형의 범주, 정의, 프로세스 질문

주요 범주	정의	프로세스 질문
주의집중(Attention)	학습자 흥미 끌기; 학습하고자 하는 내용에 대한 호기심 촉발하기	어떻게 하면 이 학습 경험을 매력적이고 흥미롭게 만들 수 있을까?
관련성(Relevance)	긍정적 학습 태도 촉진을 위해 학습자의 개인적 요구 또는 목표에 부합시키기	내 학생들에게 이 학습 경험이 가치 있게 느껴지게 하는 방법은 무엇일까?
자신감(Confidence)	성공적 학습을 주도적으로 해 나갈 수 있다고 믿고 느끼게 돕기	수업을 통해 학생들이 성공적인 목표 달성을 하고, 동시에 그 과정을 스스로 통제할 수 있도록 돕는 방법은 무엇일까?
만족(Satisfaction)	학습 성취에 대해 보상을 주어 강화하기	학습 경험에 대해 긍정적 느낌을 갖고 향후에도 계속 공부하려는 열망을 갖도록 도울 방법은 무엇인가?

첫 번째 범주인 주의집중(Attention)은 학습자의 호기심과 흥미를 촉발하고 유

지시키는 활동과 관련된 동기 변수들을 포함하고 있다. 동기라는 맥락에서 주의집중은 교수 설계 및 학습과 관련하여 적용될 때 뭔가 다르다고 느끼게 하는 것들을 의미한다. 학습적 맥락에서 관심사는 학습자의 주의를 관리하고 그 방향을 이끌어 가는 것이다.이는 학습 목표와 직결된 자극에 학습자들이 초점을 맞출 수 있도록 실마리와 신호를 줌으로써 달성된다. 그러나 주의의 방향이 결정되기에 앞서 주의를 유발시킬 수 있어야 한다. 따라서 동기 문제는 주의를 환기시키고 나아가 이를 자신이 목표하는 내용으로 이끌어 가는 과정을 포함한다.

다음 단계는 학생들로 하여금 학습 체험이 개인적인 관련성을 갖는 것으로 인식하게 만드는 것이다. 학생들은 곧잘 "왜 내가 이걸 공부해야 하지?"라는 의문을 갖는다. 훈련 프로그램에 참여한 성인 학습자의 경우는 "나는 이것이 필요 없어. 이 내용은 내 일과 관련도 없으니 흥미가 생기지 않는군"이라고 생각(때로는 입밖으로 내뱉기도 함)한다. 이 두 사례에서 학습자들은 수업이 자신과는 관련성이 없다고 여기고 있다. 학습 내용을 공부할 필요가 있다고 느낄지라도 그 학생은 다른 학생들이나 학습 환경과 동떨어져 있다고 느끼는 경우도 있다. 학생들이 공부하겠다는 동기가 생기기 전에 그들은 자신의 개인적 목표 또는 인센티브와 수업이 상관관계가 있다는 믿음을 가져야 하고, 그럴 때에만 주위 학습 환경과 밀착될 수 있다.

당신의 강의를 듣는 청중들이 학습 내용을 적절하다고 느끼고, 또 호기심을 갖게 되었다 하더라도 학습 내용에 대해 과도한 자신감을 갖거나 혹은 반대로 도저히 따라가지 못할 것이라고 느낀다면 적절한 수준의 동기를 유지하기 어렵다. 학생들이 공부할 주제, 스킬, 또는 상황에 대해 공포심을 갖고 있다면 효과적인 학습이 지속되기는 불가능할 것이다. 반대의 경우, 학생들이 공부 내용을 이미 다 알고 있다고 오해함으로써 학습 활동 중 중요한 세부 사항들을 간과할 수도 있다. 이러한 상황에서 우리는 학습 자료와 환경을 설계함으로써 학습자들이 수업 내용을 배우고 과제를 성공적으로 수행하는 경험을 할 수 있도록 해야 한다. 학습 환경에는 교사의 행동도 포함된다.

독자 여러분이 이 세 가지 단계(주의집중, 관련성, 자신감)를 성공적으로 달성했다고 한다면 학습자들은 학습 동기를 갖게 될 것이다. 이제 마지막 단계에서는 향후에도 학습을 계속하려는 열망을 심어 주기 위해 그들로 하여금 학습 경험의 과정 및 결과로부터 만족감을 누리게 해 주어야 한다. 만족감은 외재적, 내재적 요인에 의해 결정된다. 외재적 요인들은 우리들에게 잘 알려져 있는 것들로서, 성적, 진학 기회, 자격증, 기타 포상 등을 말한다. 내재적 요인은 종종 간과되기도 하지만 매우 강력한 효과를 갖는다. 사람들은 본래 자기존중감을 제고시킬 만한 성취를 경험하고 싶어한다. 동료와의 긍정적 교류를 통해 자신의 관점과 생각이 경청되고 또 존중되기를 바란다. 나아가 어려운 문제들을 극복함으로써 자신의 역량을 증명하고 싶어한다.

지금까지 학습 동기에 영향을 미치는 주요 요인들을 포함하는 ARCS 모형의 네 가지 범주에 대해 살펴보았다. 이 요인들은 수업을 설계 또는 준비할 때 당신 자신에게 던져야 할 두 가지 중요한 질문과 관련되어 있다. 첫째, 학생들이 수업을 좀 더 가치 있게 여기도록 하기 위해 무엇을 할 것인가? 둘째, 어떻게 하면 학생들이 성공적으로 학습하고 그 성공의 원인이 자신의 노력이었다는 느낌을 갖도록 할 것인가?

연구에 의한 경험적 지지

ARCS 모형의 네 가지 동기 요소 구조는 학습과 관련된 동기 이론의 종합이자(Keller, 1983b), 인간 동기에 관한 다양한 영역에서의 실증 연구(예컨대, Brophy, 1981)에 의해 뒷받침되고 있다. 또 적절한 동기 목표를 달성하기 위해 사용 가능한 구체적인 전략들도 다수 개발되어 있다. ARCS 모형을 개발하는 과정에서 실용적인 가이드북, 관찰 결과, 출판된 연구 논문들로부터 추출한 관련 개념과 내용들을 적절한 범주 속에 삽입했다.

ARCS 모형은 수많은 연구 프로젝트 및 기타 타당성 지표를 통해 그 타당성이 검증된 바 있다. 예컨대, 우로드코우스키(Wlodkowski, 1984, 1999)의 방대한 연구는 종합 모형에서는 차이가 있으나 그 내부 요소들이 ARCS와 유사하다는 측면에서 ARCS 모형의 타당성을 입증하고 있다. ARCS 모형은 현장 적용 연구(Keller, 1984)를 비롯, 다양한 수업 조건들(Shelnut, Knowlton, & Savage, 1999)에서 그 실용적 가치가 확인된 바 있다. 이론적 타당화는 스몰과 글럭(Small & Gluck, 1994), 나임-디펜바하(Naime-Diffenbach, 1991)에서 이루어졌다. 장기간에 걸쳐 특수한 수업 환경을 고려한 변형 모형도 개발되었다. 서책형 교재(Keller & Kopp, 1987), 컴퓨터 기반 수업(Keller & Suzuki, 1988), 온라인 수업(Keller, 1999) 등이 그 예이다.

하위 범주 및 주요 지원 전략

네 개의 범주들은 동기 변수의 세부 특징별로 나뉜 각각의 하위 범주들을 갖고 있다. 하위 범주의 개발을 통해 학습자의 동기 프로파일을 진단하고 규명된 세부적인 동기상의 문제별로 적절한 동기 전술을 개발하는 데 도움을 얻을 수 있다. 이제부터 ARCS 모형의 각 파트별 하위 범주 및 해당 주요 지원 전략에 대해 설명하고자 한다. 자세한 추가 설명은 이어지는 후속 장에서 다루기로 한다.

주의집중 획득 전략

주의집중 범주는 지향 반응(orienting reflex), 호기심, 감각 탐색(sensation seeking) 등의 인간 특성을 포함한다. 이 각각에 대해 4장에서 자세히 다루게 되겠지만, 이들 간의 차이에도 불구하고 흥분(arousal)과 주의 지속에 영향을 미치는 요인들을 설명하는 데 도움을 준다.

주의집중의 중요한 측면으로는 일반적으로 지루함(boredom)으로 잘 알려진 니메시스(nemesis)를 들 수 있다(Kopp, 1982). "어떤 사람은 나를 지루하게 만든다. 그 사람은 바로 나다"라고 말했던 딜런 토마스(Dylan Thomas)와 같이 교육자들은 지루함을 회피해야 할 책임은 학생 본인에게 있다고 믿는다. 그러나 스스로 동기를 유발하고 유지해야 할 책임이 전적으로 학생에게만 있는 것은 아니다. 수업이 시작될 때,아무리 학생에게 학습하려는 동기가 형성되어 있다 하더라도 교육자가 충분히 노력하지 않는다면 학생은 지루함을 느낄 수 있다. 우리 모두는 교수나 강사가 수면제 역할을 하는 것을 경험한 적이 있을 것이다. 이러한 조건을 회피하기 위해 도움이 될 만한 활동들이 있다. 이들을 정리하면 세 가지의 일반적 범주로 나눌 수 있다.

A1 지각 각성(perceptual arousal): 그들의 관심을 사로잡기 위해 무엇을 해야 할까?

A2 탐구 각성(inquiry arousal): 질의하고자 하는 태도를 어떻게 촉발해야 하나?

A3 변동성: 어떻게 하면 그들의 주의집중을 지속시켜 갈 것인가?

지각 각성. 지각 각성은 자극에 대한 반사적 반응을 의미하며 호기심의 일종이다(Berlyne, 1965). 주위 환경상의 어떤 급격하고 예상하지 못한 변화는 사람의 호기심이라는 지각을 활성화시킨다. 목소리 크기, 조명 밝기, 온도의 변화, 신문 지상에 헤드라인으로 등장하는 깜짝 뉴스 기사 등이 그 예가 될 수 있다. 유머 또한 호기심을 자극할 수 있지만, 함부로 남용해서는 안 된다. 과도한 유머의 사용은 공부할 내용과 동떨어진 곳으로 관심을 돌려버릴 수 있기 때문이다. 지각된 호기심 각성은 주의집중을 위한 첫 단계이기는 하지만 일시적이다. 사람들은 변화된 상황에 곧바로 적응해 버리기 때문이다. 따라서 호기심 각성을 위한 다음 단계의 조치를 준비해야 한다.

탐구 각성. 좀 더 심화된 호기심은 지식의 탐구를 통해서만 해결될 수 있는 문제 상황을 통해서만 활성화될 수 있다. 교수자들은 수업 초기에 문제해결 경험 상황을 제시하고 질문 기법을 활용하는 워밍업 활동을 통해 학습자들이 자신의 탐구력을 활성화시킬 것을 시도하는 경우가 있다. 수수께끼를 풀고 있는 것 같은 느낌을 주는 학습 환경 설계 요인들 또한 학습자에게 있어 훌륭한 호기심 각성으로서의 역할을 한다. 캐플린과 캐플린(Kaplan & Kaplan, 1978)의 연구는 장애물 뒤로 구부러져 끝이 보이지 않는 길, 일부분이 가려져 보이지 않는 물체, 빛과 어둠이 섞여 있는 상황 등은 학습자들의 호기심과 탐구심을 촉진한다는 사실을 밝혀냈다. 수업 상황에서 이러한 효과들은 멀티미디어 설계, 교구 배치, 점진적 노출과 같은 프레젠테이션 기법 등에 녹아들어 있다.

변동성(variabilitry). 주의집중을 유지하기 위해 변동성을 확보할 필요가 있다. 자극의 속성상 변동이 적을 경우는 그것이 단조로운 목소리이건 할머니 방의 똑딱거리는 시계이건 사람들은 쉽게 익숙해지게 된다. 반복적인 기법을 사용하는 교수자들은 아무리 그 방법의 효과성이 입증된 것이라 해도 약간의 변동성을 가미함으로써 더욱 큰 성과를 거둘 수 있다. 전형적으로 강사들은 간단한 워밍업 활동을 하고 난 후, 짧게 강의를 하고 뒤이어 시연과 연습을 시킨다. 이는 탁월한 조합이지만 반복적으로 사용하면 이 역시 지루해진다. 유튜브와 같은 매체를 활용한 프레젠테이션, 또는 그룹 활동 등은 진행 속도에 변화를 주기 때문에 효과적이다.

관련성 제고 전략

관련성은 학습 동기를 결정하는 강력한 요인이다. 학생들은 "이 교재 내용이 내 삶과 무슨 연관성이 있는가?"라는 의문을 의식적 또는 무의식적으로 갖기 마련이다. 학생이 교재에 대해 개인적으로 의미를 갖게 되거나 혹은 그 중요성을 깨닫게 된다면, 그 학생은 공부하려는 동기를 높이게 될 것이다. 사람들은 종종 관련성이 직무 또는 실질적인 삶에서 자신이 공부한 내용을 사용할 때와 같이 공부하는 대상의 효용만을 의미한다고 생각하곤 한다. 그러나 관련성에는 또 다른 중요한 요소가 포함되어 있다.

가장 일반적인 의미에서 관련성은 욕구, 예컨대 개인의 목표 달성(Keller, 1983b) 등을 충족시켜 줄 수 있는 도구적 성격을 말한다. 사람들의 인지된 욕구를 추구하는 행위는 조직 성과, 특히 판매업이나 마케팅에서 목표 달성을 위해 가장 중요한 역할을 하며, 이는 수업과 학습에 있어서도 마찬가지로 중요하다(Sperber & Wilson, 1986). 이때 인지된 욕구는 반드시 실제로는 별로 필요하지 않은 욕구일 수도 있다. 성공적인 교수자는 가르칠 내용과 학습자의 필요, 욕구, 열망을 연결시켜 줄 수 있어야 한다.

- R1 목표 지향성(goal orientation): 어떻게 하면 학습자의 요구에 가장 잘 부합할 수 있을까?(그들의 요구가 무엇인지 나는 알고 있는가?)
- R2 동기 부합(motive matching): 어떻게 그리고 언제 학습자들에게 적절한 선택권, 책임감, 권한을 부여하는 것이 좋은가?
- R3 친숙함(familiarity): 수업을 학습자의 경험과 연결시킬 방법은 없는가?

목표 지향성. 목표를 설정하고 그 달성을 위해 노력하는 것은 관련성의 핵심 요소이다. 일반적으로 말해, 사람들은 새로 배울 지식이나 기술이 그들의 현재 및 미래의 목표 달성에 도움을 준다고 여길 때 좀 더 동기가 잘 유발된다. 목표 지향성은 교사나 강사가 학습자에게 자신의 수업이 대학 입시, 취업, 급여 인상, 승진, 실업 방지, 또는 교과 점수 개선 등에 도움을 줄 것이라고 설득할 때 자주 사용된다. 이러한 외재적 목표 지향성은 그 수업이 다른 수업을 듣기 위한 선수 교과목일 경우에도 적용된다.

이러한 유형의 실용성 동기는 아마도 관련성 요인들 중에서 가장 강력할 것이다. 실용성 동기를 촉진하기 위해 개념과 기술이 그들의 목표와 어떤 식으로 관련되어 있는지를 학습자들로 하여금 이해하도록 해야 한다. 이러한 관련성에 대해 교수자는 분명히 인식하고 있으며, 학습자 역시 직무 현장으로 돌아가게 되면 곧바로 깨닫게 된다. 그러나 수업을 듣는 중에 수업의 관련성에 대한 인식을 제고하기 위해서는 가급적 실제적 사례(authentic examples)와 과제를 제공하도록 한다. 즉, 직무와 관련된 예시를 사용함으로써 공부한 개념과, 학생들이 적용 사례를 통해 배우고 있는 스킬 간의 연결고리를 찾도록 하고, 이어서 그들에게 이 연결고리에 대한 자신의 인식에 대해 설명하도록 한다.

때때로 교수자들은 실제로는 별로 적절하지 않은 경우에조차 목표지향적 또는 직무지향적 관련성이 있다고 강변하기도 한다. 사실상, 수업 자료와 학생들이 미래 성공 간의 관련성이 다소 직접적이지 못할 경우도 있다. 지리나 통계 같은 기초과목의 경우, 수업 내용이 학생들의 인생에 직접적인 응용력을 갖는다는 설득을 하기란 매우 어려울 수 있다. 특히 학습자 또는 교수자가 자신의 목적과는 무관한 내용을 필수 과목이라는 이유로 수강해야 할 경우 더욱 그러하다. 이러한 상황에서 교수자가 의미 있는 실용적 관련성을 만들어 내지 못할 때에도 학습자 스스로 개인적 관련성을 느끼도록 촉진하는 몇 가지 방법들이 있다.

동기 부합. 학습 환경에는 여러 가지 유형이 있으며, 개별 학생들마다 편안하게 느끼는 선호 유형이 있다. 대인관계 구조와 협력학습 팀 동료 관계에 대해 학습자가 긍정적으로 느낀다면 그들은 좀 더 높은 수준의 관련성을 체험할 것이다. 학생들 개인의 동기 구조를 이해함으로써 우호적인 학습 환경을 개발할 수 있다. 예를 들어, 성취 동기 수준이 높은 사람은 목표가 명확한 수업, 자신에게 도전적 수행 과제를 제시하는 수업을 즐길 것이다. 그들은 또한 그 목표를 달성하는 데 필요한 도구와 자원에 대한 권한이 주어지기를 원하며 학습상의 성공 또는 실패의 원인을 자신에게 돌리는 경향이 강하다. 그들은 팀 학습 상황에서 동료들과 추진 계획에 대해 동의를 구하고 결과에 대한 책임을 팀원이 나누어야 할 때 불편함을 느낀다.

반면, 높은 '친밀감 욕구'를 가진 사람들도 있다. 이들은 친교 관계를 쌓을 기회, 협력적 학습 활동을 통해 대화를 나눌 기회가 많은, 비경쟁적 상황에 처할 때 즐거움을 느낀다. 경쟁적 동기와 친밀감 동기가 혼합된 학습 환경을 좋아하는 사람들도 있다. 이들은 상호작용 및 어느 정도의 협력 활동을 즐기기도 하지만, 궁극적으로는 자신이 통제할 수 있는 범위를 갖고 이에 대해 책임을 질 수 있기를 바란다. 요점은 게임처럼 협력적 집단 활동과 개인 경쟁이 섞여 있는 수업 전략을 활용함으로써 수업이 그 내용과는 무관하게 좀 더 매력적으로 느껴지도록 만드는 것이 중요하다는 것이다.

친숙함. 주의집중과 호기심에 대해 설명할 때 지적했던 바와 같이, 사람들은 예상을 깨는, 신기한 상황을 즐긴다. 그러나 반면에 자신이 이미 한 경험, 그리고 관심 있는 영역과 관련되어 있는 내용에 대해서도 큰 흥미를 느끼는 경향이 있다. 일정한 단계에서 친숙함은 글로 쓰인 정보 속에 들어있는 친밀한 단어처럼 매우 단순한 것에 끌린다. 글 속에서 일인칭 대명사나 개인의 이름을 보았을 때는 3인칭 대명사나 사람 일반을 가리키는 일반 명사를 보았을 때에 비해 더 큰 흥미를 나타낸다(Flesch & Lass, 1949). 좀 더 고차원적인 수준에서 볼 때, 학습자는 사전에 갖고 있는 자신의 신념이나 흥미를 인정하는 수업 교재를 접할 때, 더 관련성이 높다고 느끼게 된다. 수업에 학습자에게 친숙한 상황으로부터 이끌어 낸 구체적인 사례를 사용하면 학습자는 더 높은 관련성을 경험하게 된다. 교과 내용의 성격이 추상적일 경우, 그 효과는 배가된다. 이를 위한 방법으로는 수업 중에 학생 개인의 참여를 유도하는 것이 있다. 학생의 이름을 외워 자주 불러 주어라. 학생들에게 경험과 아이디어를 내도록 요구하라. 그들로 하여금 자신의 '무용담' 과 '아하!' 체험을 서로 나누도록 하라.

자신감 형성 전략

유능하다고 느끼고 싶은 열망은 인간의 기본적인 동기이며, 어떤 주어진 상황에서 자신이 유능하다고 느끼는 정도는 자신감이라는 정서로 나타난다. ARCS 모형의 다른 주요 요소와 마찬가지로 자신감 또한 개인적 통제감이나 성공 예감에서부터 반대편 극단에 위치한 무기력감에 이르기까지 다양한 동기 구인들을 포함하고 있다(Keller, 1983b). 주어진 학습 내용 또는 기술을 이미 숙지하고 있다고 믿는 과도한 자신감은 새로운 정보에 관심을 기울이지 않음으로써 오히려 학습에 해로울 수 있다.

교사와 강사들은 학생들의 불안감 수준을 과소 평가하는 경향이 있다. 이는 학생들이 의외로 자신의 감정을 숨기거나 실제 느끼는 것보다 아무렇지도 않은 듯 행동하는 데 능숙하기 때문이다. 이로 인해 워크숍이나 수업 중에 가급적 빠른 시간 내에 학습자들로 하여금 성공의 경험을 갖도록 할 필요가 있다. 성공의 경험은 학습자들에게 큰 의미를 가져다준다. 성공을 위해 높은 수준의 노력이 요구되는, 그러나 너무 어려워서 불안감이나 실패에 대한 두려움을 조성하지는 않을 만큼 도전적인 과제였다면, 학습자가 이후의 학습을 하기 위해 장기적으로 동기를 유지하는 데에 도움을 주기 때문이다. 자신감 형성에 도움을 주는 개념과 전략을 소개하면 아래와 같다.

C1 학습 요구(learning requirements): 성공을 향한 긍정적 기대를 낳기 위해 학습자를 어떻게 도와주어야 하나?

C2 성공 기회(success opportunities): 학습 경험이 학생들로 하여금 자신의 능력에 대해 확신을 가질 수 있는 감정을 지원하거나 고양시킬 수 있는 방법은 무엇인가?

C3 개인 통제(personal control): 학생들로 하여금 자신의 성공이 스스로의 노력이나 재능에 따른 것임을 명확히 알 수 있게 하는 방법은 무엇일까?

학습 요구. 당신은 배울 내용이 무엇인지, 시험 출제 범위가 어디까지인지 잘 알지 못하는 상태에서 수업이나 워크숍에 참여했던 기억을 혹시 갖고 있지 않은가? 이런 문제는 실제로 우리 대부분이 경험한 바로서, 그럴 때마다 당신은 일종의 불안감을 느꼈을 것이다. 따라서 학습자들에게 어떤 지식이나 기술을 기대하는지를 자세히 알려 주는 활동은 그들에게 자신감을 심어 주는, 쉽지만 효과적인 방법이다. 학생들이 수강에 필요한 적절한 수준의 능력과 선수 지식을 갖고 있는 경우, 그들에게 어떤 수행이 요구되는지, 평가 준거가 무엇인지 명확히 알려 줌으로써 훨씬 높은 수준의 성공 기대감을 갖게 할 수 있다.

학생들에게 요구되는 변화가 무엇인지를 알려 준다는 것은 수업 초에 구체적이고 세밀한 학습 목표 목록을 제시하고 수업 후에는 이에 따라 시험을 치른다는 것 이상을 의미한다. 문헌 분석 보고서를 제출하거나 소설 작품들을 읽고 공통 주제를 도출하도록 하는 경우, 교수자는 행동동사로 기술된 관찰 가능한 수준의 교과서적 학습 목표로 진술이 불가능한 좀 더 창조적 역량 개발을 기대할 수 있다.

그러나 이 경우에도 교수자는 적절한 근거의 제시, 핵심 포인트 간의 논리적 연관성 등 최종 보고서가 갖추어야 할 질적 요소를 평가하기 위한 준거를 정의할 수 있다. 다른 사람의 모범 사례를 제공하는 방법도 학습자의 자신감 고취에 도움을 줄 수 있다.

성공 기회. 성공에 대한 명확한 기대를 형성한 이후 학습자는 의미 있는 도전적 과제를 성공적으로 수행하는 경험을 가질 필요가 있다. 이 성공 기회는 처음으로 관련 지식과 기술에 대한 학습을 시작하는 학습자와 이미 어느 정도 내용을 알고 있으면서 전문가로 도약하기 위해 공부하려는 학습자 간에 차별적으로 제공되어야 한다. 초심자에게는 비교적 난이도가 낮은 과제를 부여하고, 그 수행 과정을 성공으로 이끌기 위해 피드백을 자주 제공해야 한다. 기초 수준을 습득한 이후라면 학습자들은 반복적으로 연습하고 자신의 지식을 정교화시키기 위한 상호 경쟁 등 좀 더 높은 수준의 도전을 감당해 낼 수 있다. 교수자와 설계자가 해결해야 할 문제는 이러한 수준의 변화 시점을 정확히 찾아내는 것이다. 너무 오랫동안 초보 단계에 머무르면 학습자가 지루함을 느낄 수 있고, 반대로 너무 빨리 도전 과제를 제시하면 학생들은 불안감에 빠질 수 있으므로 학습자의 역량 수준이 변화하는 속도에 따라 변화 시점을 조절해야 한다.

개인 통제. 자신감은 작업 중에 주어지는 과제 및 작업 후 만들어 낸 최종 결과물의 질을 개인의 노력으로 통제할 수 있는지의 여부에 따라 결정되는 경우가 많다(deCharms, 1976; Rotter, 1972). 그러나 학습 장면에서는 이러한 통제권이 교사에게 달려 있는 경우가 많다. 학습 동기를 제고하기 위해서 교사의 통제권은 학습자가 스스로 경험할 영역의 범위를 정하거나 학습자들로부터 기대하는 기준을 설정하는 데 한정되어야 한다. 이러한 최소한의 울타리 내에서 학습자는 자신의 학습 경험에 대해 개인적 통제권을 최대한 행사할 수 있도록 허용되어야 한다.

이는 여러 가지 형태로 구체화될 수 있다. 체험학습 기회 등 학습자로 하여금 스스로 문제를 해결하도록 하는 수업 방법들은 성공을 위해 개인적 통제를 행사할 기회를 학생들에게 제공한다. 객관식 문항 대신 단답형 문항을 사용하는 간단한 변화만으로도 답안 구성을 위한 다양한 접근법에 대해 고민하고 선택할 기회를 준다는 점에서 학생들의 자신감 획득에 도움이 될 수 있다.

학생들의 자신감 고취를 위해서 오류의 원인을 발견하고 이를 수정할 수 있도록 교정적 피드백(corrective feedback)을 제공해야 한다. 교정적 피드백을 통해 교사와 학습자는 실수가 허용되며 오히려 이를 통해 많은 것을 배울 수 있다는 편안한 분위기에서 목표 지향적 활동을 지속해 갈 수 있다. 최종 결과물을 내고 성적이 확정될 때까지 전혀 피드백을 받지 못한다면 학생들의 통제감은 떨어지게 되고, 그 결과 과제에 대한 이해보다는 단지 교수자에게 잘 보이기 위해 온갖 노력을 기울이게 된다. 그 결과 수업 문화는 과제에 대한 열중(task involvement)에서 자기 자신에 대한 열중으로 점차 바뀌게 된다(J. Nichols, 1984). 자기 자신에 의해 끌려가는 문화는 사람들로 하여금 실수를 두려워하게 만들며, 교실 상황에서는 교사와 동료들에게 좋은 인상을 심어 주는 데 급급하게 만든다. 표피적으로는 이와 같이 사기 사신에 대한 열중이 학습 성취도를 높이기도 하지만, 그 내면에는 불안감, 자신감 상실, 진정한 학습이 이루어지지 못하게 된다. 또 다른 간단한 전략으로 학습자들에게 귀인 피드백을 제공함으로써 성공의 원인이 다름 아닌 자신의 노력과 능력임을 상기시키는 방법을 들 수 있다. "봐라! 너 스스로 해 냈구나. 이 문제에 대해 네가 취한 접근법이 아주 맘에 든다"라는 식으로 말하라. "넌 이번에 운이 참 좋았어"라는 말은 하지 말라. 이 말은 성공(또는 실패)을 이끌어 내는 데 있어 학습자가 아무런 통제를 할 수 없음을 암시하기 때문이다. 보디 랭귀지 또한 조심해야 한다. 언어적 및 비언어적 메시지 모두가 학습자의 자신감 형성에 영향을 미치기 때문이다.

만족감 창출 전략

아래 제시된 결과들 중 수업 종료 후 당신을 만족하게 해 주는 항목은 무엇인가?

- 과정을 수료하고 당신의 최종 목표에 한 걸음 다가갔다는 만족감 얻기
- 성적우수상 또는 표창장 받기
- 유용한 기술과 지식의 획득
- 동료들과의 교제와 협력 경험
- 급여, 유급휴가, 상품권 등 구체적인 보상
- 도전과 성취의 체험

사람에 따라, 경우에 따라 만족을 주는 경우는 달라진다. 그러나 이 만족을 주

는 요소가 잘못 연결되면 매우 부정적인 결과를 낳을 수 있다. 동기화 프로세스에서 마지막 단계는 학습 만족감을 창출하여 이후에도 학습자에게 지속적인 학습을 유도하고 다른 잠재적 학습자들에게도 긍정적인 추천을 하기 위함이다. 본 절에서는 세 가지 부류의 전략을 통해 만족감을 고취하기에 적절한 전략을 수립하는 데 가이드를 제공하고자 한다.

S1 자연적 결과(natural consequences): 어떻게 하면 새롭게 배운 지식과 기술을 활용할 수 있는 유의미한 기회를 제공할 수 있는가?

S2 긍정적 결과(positive consequences): 학습자의 성공적 학습을 강화(reinforce)하는 방안은 무엇인가?

S3 형평성(equity): 학습자들로 하여금 그들이 이뤄낸 성취에 대해 긍정적 느낌을 가지도록 도울 수 있을까?

자연적 결과. 수업 전에는 달성할 수 없었던 도전적 수행이 수업 이후에 가능해질 수 있었다면 학습자들은 매우 강한 만족감을 느낀다. 수행지향(performance-oriented) 수업이 주는 가장 큰 보상은 학습한 지식과 기술을 실제 적용할 수 있다는 점이다. 수업의 관련성이 사전에 확보되어 있다면, 그리고 학생들에게 적용할 기회가 주어진다면, 학생들의 내재적 동기 수준은 높아지며 별도의 외재적 보상을 부여할 필요도 없게 된다. 사례 연구, 시뮬레이션, 체험학습 기회는 유의미한 적용 기회를 부여하는 훌륭한 전략이라 할 수 있다.

학습자의 내재적 동기를 고양하는 또 다른 유형은 적절하게 활용된 칭찬이다. 마땅히 칭찬받을 만한 구체적인 수행에 맞춰진 칭찬은 학생들로 하여금 자신의 노력에 대해 진정으로 자긍심을 느끼게 해 준다.

그러나 새로운 지식이나 기술을 곧바로 적용하기 어려운 경우도 있다. 하나의 유용한 지식 체계가 되기 위해 사전에 세부적인 여러 지식과 기술들을 배워야 하고, 따라서 적용하는 데 오랜 시간이 필요하다. 또 칭찬만으로는 만족감을 온전히 느끼기에 불충분한 경우도 많다. 통상 학생들은 자격증이나 학위를 받기 위한 목적 등 외재적 동기로 수업을 듣는다. 따라서 학생들의 필요에 부응했다는 긍정적 기분을 느끼도록 하기 위해 새로운 기술이나 지식 개발을 적절하게 강화할 수 있는 외재적 보상책을 강구하는 것 또한 중요하다.

긍정적 결과. 포상, 금전적 보너스, 상패, 기타 혜택 등 인센티브는 바람직한 학습 행동을 자극, 형성(shaping), 그리고 이를 유지시키는 데 적합할 경우, 이를 받는 사람들에게 만족을 가져다주는 결과물이 된다. 이러한 유형의 학습 결과물은 반복 훈련 등 학습 과제가 근본적으로 지루할 수밖에 없는 경우, 학습 상황이 고도로 경쟁적일 경우, 그리고 학습자가 내재적으로 동기화되기 어려울 때 사용하면 그 효과를 발휘한다. 그러나 이때 교사가 해결하지 않으면 안 되는 어려운 문제는 학교에 학습자에게 충분한 정도의 외재적 동기를 부여할 수 있을 만큼의 자원이 확보되기 어렵다는 점이다. 그럼에도 불구하고 비싸지 않고 상징적인 보상, 예컨대 표창장, 문구류, 학교 로고가 박힌 기념품 등은 학생들이 학업을 성취해야겠음을 외적으로 인식시켜 주는 데 효과적인 도구가 된다.

실제로 외재적 또는 내재적 동기 전략 중 한 가지만을 사용하는 경우는 거의 없다. 내재적으로 동기화된 사람이라 하더라도 타인의 인정이라는 외재적 보상을 받게 되면 더욱 크게 고무된다. 예를 들자면, 성적 우수자에 대한 공공연한 인정, 각종 혜택, 우수 사례 발표, 진심어린 긍정적 피드백 등은 일반석으로 좋은 효과를 보인다. 여기에 있어 핵심적인 이슈는 통제 권한의 문제이다. 학습자들은 자신이 처한 상황을 통제할 수 있기를 원하며 자신의 노력들이 하나의 커다란 결과물로 형성되는 것을 보고 싶어한다. 동시에 사람들은 자신이 하는 일의 가치를 외재적으로 인정받을 때 감사함을 느낀다.

형평성. 때때로 사람들은 동료들이 어떤 보상을 받았는지를 알고 나서야 자신의 성취 결과에 대해 희열을 느낀다. 만약 자신이 보기에 동료가 받은 보상이 그들의 성취 수준에 비해 과도하다고 느끼게 되면, 곧바로 실망하거나 심지어 강한 부정적 느낌을 가지게 되기도 한다. 사람들은 자신이 받은 보상을 그 절대적 가치만을 중심으로 독립적으로 평가하지 않는다. 사실 보수의 절대적 가치를 측정한다는 것 자체는 불가능에 가깝다. 예를 들면, 교사가 수업 목표를 매우 만족스럽게 달성했다 하더라도, 만약 그 성과가 학생들이 기대했던 바와 다르다면, 학생들의 만족감은 낮아지게 된다. 마찬가지로 어떤 학생이 자신이 받았던 과거 어떤 점수보다 높은 점수를 받았다고 할지라도, 자신의 점수가 다른 친구들이 받은 점수보다 상대적으로 더 낮은 수준임을 알게 될 때, 만족감이 사라질 수 있다.

형평성 문제를 해결하기 위한 가장 좋은 방법은 수업 초기에 안내했던 바와 수업 목표와 결과에 대한 기대와 접목된 토론이 학생들의 성적 처리 결과와 일관성을 유지하도록 하고, 과제 성취도 측정을 위해 표준적이며 예측 가능한 평가 지표를 사용하는 것이다. 특수한 학습 환경에서는 예외가 적용될 수도 있겠으나, 정상적인 수업 조건하에서는 탁월한 성과를 보이는 사람들을 희생시켜 가면서까지 일부 사람들에게 부당한 인정 및 포상을 허용해서는 안 된다.

네 가지 범주 간의 관계

ARCS 모형은 교수 설계자와 교사들에게 학습자 동기 및 그 활성화 전략에 대한 다양한 지식들을 유의미하게 조직화시켜 주는 분류 기준을 제공한다. 동기 처방은 이 모델을 구성하는 네 가지 요소들 중 하나에 집중될 수도 있고, 심지어 그 하위 요소 하나만을 위해 기획될 수도 있다. 예를 들어, 배관 시스템과 전기 회로를 대비시키는 것처럼 익숙하지 않은 내용을 친숙한 경험에 연결시켜 주는 은유적 방식을 사용하는 것은 하위 요소 3, 즉 관련성의 하위 요소인 친숙성에 국한된 동기 처방이다. 그러나 동기 전략은 이런 식으로 특정 요소에만 국한되어 활용되는 것이 아니다. 대개 동기적 행위는 다양한 효과를 낳는다. 예컨대, 헬리콥터에 밧줄을 매는 해안 경비대 훈련 과정의 도입부에 교수자는 이 밧줄을 제대로 사용함으로써 구출 작업이 성공적으로 이뤄질 수 있음을 보여 주는 짤막한 동영상을 보여 줄 수 있다. 이 전략은 동시에 호기심 유발, 교육 내용의 실제적 관련성, 만족감을 주는 주관적 경험의 제공 등 세 가지 서로 다른 범주에도 효과를 나타내게 된다. 그러나, 이 프로세스는 직무 위험성과 그 복잡성을 은연 중에 드러낼 수도 있으므로 교수자는 즉시 자신감 전략을 제시해야 할 수도 있다.

어떤 전략들은 여러 수업에 걸쳐 확대 적용되는 경우도 있다. 예컨대, 품질 개선 교육에서 교수 설계자와 교수자가 학생들에 의해 이루어진 추상적 개념과 절차를 구체적인 비즈니스 상황에 적용한 사례연구를 활용하려 한다고 하자. 이에 대한 관련성을 제고하기 위해 학습자들의 직무 배경과 유사한 가상의 회사를 중심으로 사례가 만들어질 것이다. 그러나 어쩌면 이 사례는 수업 초기에 학생들의 주의 집중을 촉진할 수도 있고, 학생들의 다양한 의사결정들에 대한 교정적 피드백을 주기 위한 장치일 수도 있다. 사례에 대한 해결방안을 학습자 스스로 찾아가는 과정은 관련성 제고를 의도한 것일 수도 있지만 동시에 또 다른 여러 가지 동기적 효과를 염두에 둔 것일 수도 있다.

어떤 완성된 수업 방법, 수업 또는 코스가 이 모든 동기적 필요 조건을 충족시킬 수 있도록 기대되는 경우도 있지만, 한편으로는 어떤 독특한 유형의 동기적 처방이 요구되는 상황이 있을 수도 있다. 예를 들자면, 어떤 직무 교육은 신입 직원에게 있어 적절한 것으로 학습 목표가 쉽게 달성될 수도 있다. 그러나 그 교육 내용 자체는 매우 절차적이며 문제해결이나 사회적 상호작용 요소라고는 거의 없이 본질적으로 지루할 수밖에 없는 것일 수도 있다. 이 경우, 교수 설계자와 교수자는 학습 일정, 경쟁 활동, 기대하지 않았던 의외의 이벤트 등을 개발함으로써 학생들의 주의를 집중적으로 유지하고자 노력할 수도 있다.

따라서 ARCS 모형이 정의한 네 가지 범주들은 동기 개념을 이해하는 것과 관련하여 '들어가기' 에 해당한다. 동기 변수들을 모아 놓은 이 범주들은 학습 동기의 주요 구성요소들에 대한 이해를 증진시키고 동시에 각 범주별 동기 촉진 전략을 구사하기 위한 가이드를 제공한다. 그러나 이 범주들 자체만으로는 몇 개의, 어떤 유형의 전략을 수업 내에 포함시킬 것인지를 판단하기 어렵다. 이러한 의사결정은 체제적 설계 프로세스 과정에서 내려지게 된다.

동기 설계의 체제적 프로세스

동기 개념들을 종합하고 분류하는 작업을 넘어서서 ARCS 모형은 **체제적 동기 설계 프로세스**를 포함한다. ARCS 설계 프로세스의 기본 가정은 동기 설계가 문제 해결 과정이지 처방적 과정이 아니라는 사실이다. 즉, 대부분의 상황에서 실행에 옮길 일련의 전략과 그 결과들을 일괄적으로 처방하는 것은 불가능하다. 추상적 수준에서는 원리를 구성하고 동기적 학습 환경을 창조하기 위한 보편적인 전략을 제시하는 것이 가능하다. 그러나 구체적이고 일반화가 가능한 처방전, 즉 주어진 시점에서 특정 상황에 처한 특정한 학습자를 위해 동기 전략을 마련해 둔다는 것은 불가능하다. 학습자의 태도, 가치관, 기대치들 간에는 너무나 커다란 변이가 존재한다. 이러한 이유로 동기 설계를 위해서는 처방적 또는 알고리즘적 접근보다는 문제해결적 접근, 즉 발견적 교수법적 접근이 더 적절하다는 ARCS 모형의 두 번째 가설을 수용하게 된다. 향후, 동기 설계에 관하여 광범위한 지식이 축적되어 가면 구체적인 전술적 처방전을 만들어 내는 정교한 진단 도구가 창조될 수도 있을지 모른다. 그러나 학습자 동기를 구성하는 수많은 상황의존적 요인들로 인해 처방적 모형이 완벽하게 개발될 것인지에 대해서는 의구심이 존재한다.

본 서에 제시된 설계 프로세스는 체제적 사고에 기초하며 체제적 문제해결 프로세스를 따른다. 이 프로세스가 성공하기 위한 결정적 요소는 얼마나 많은, 어떤 종류의 동기 전략이 사용될 것인지, 수업이나 코스에 이 전략을 어떻게 녹여 넣을 것인지를 판단하는 것이다. 이 문제는 본 장의 '서론' 에서 제시하고자 했던 두 번째 이슈, 즉 학습자 분석과 관련되어 있다. 비록 이 프로세스가 독자 여러분을 좀 더 체계적으로 만들어 줄 수 있겠지만 경험, 직관, 창조력의 도움 없이는 성공적 동기 설계는 불가능하다.

동기 설계

전통적 교수 설계 프로세스와 유사한 동기 설계 프로세스는 10개의 활동 또는 단계들로 구성되어 있다. 그림 3.2에 제시된 이 '폭포수' 형태의 시각적 모형은 10개의 단계 및 각각에 대한 핵심 활동들을 명세하고 있다.

이 프로세스의 처음 두 단계는 분석과 설계 과정에서 필요한 수업 목표와 내용, 학습자, 여타 정보에 관한 자료를 수집하는 활동으로 구성된다(8장에 상세한 설명과 절차가 제시되어 있음). 이어 다음 단계(그림 3.2, 단계 3)에는 동기 설계를 위해 특히 중요하며 교수 설계 과정에서 과제 분석(task analysis)과 교수 분석(instructional analysis)에 비견하는 학습자 분석(audience analysis)이 포함된다. 이 분석은 동기 문제가 무엇인지를 규명하는 데 기여한다. 수업 내내 학습자의 동기를 지속시키는 전술을 마련해 두는 것이 필요함에도 불구하고, 가장 결정적인 동기 설계 조건은 과연 동기 처치를 통해 적절한 수준으로 개선 가능한 어떤 유형의 문제점이 존재하는가를 밝혀내는지에 관한 것이다. 4단계 또한 분석 활동이지만 여기에서는 수업 자료와 학습 환경이 동기 유발 요소 또는 동기 저해 요소를 갖고 있는지를 발견하는 데 초점을 둔다. 부적절한 전략은 오히려 동기를 저해할 수 있다는 점을 유념해야 한다. 이러한 예에는 학생들이 이미 수업의 중요성을 인식하고 있는 상황에서 교사가 계속해서 수업이 왜 중요한가를 설명하려 드는 경우가 해당될 수 있다. 단계 3과 4의 분석 결과는 단계 5의 동기 목표 및 평가 도구 개발을 위한 정보로 투입된다(단계 5).

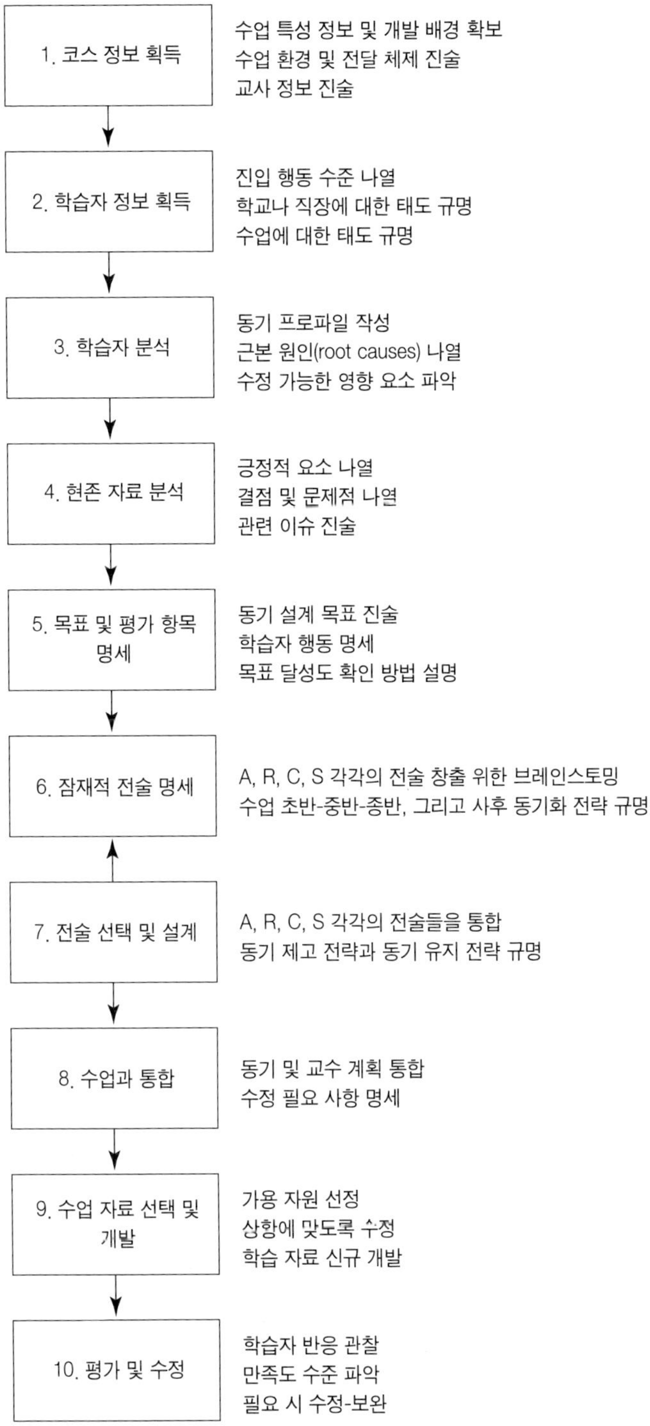

그림 3.2 ARCS 동기 설계 프로세스 단계

동기 설계가 수업 설계와 다른 점 중 한 가지는 동기 설계는 이미 개발이 완료된 수업 자료, 학습 환경, 또는 청사진 단계의 설계 문서(design document)를 동기적으로 개선하는 경우가 많다는 것이다. 교수 설계안이 이미 결정된 경우라면 각 동기 설계 단계에서 해결해야 할 문제는 그 분석 과정에서 이미 결정된 학습 필요점들을 충족시킬 수 있는 동기적 경험을 어떻게 창출할 것인가에 관한 것이다. 다음으로 동기 설계 단계는 일반적으로 브레인스토밍 또는 개방형 토론 활동으로부터 시작된다(단계 6). 다음 단계에서는 브레인스토밍 결과를 분석하여 가장 적합한 전략을 선정하고(단계 7), 이를 수업 자료에 통합시킨다(단계 8).

동기적 수업 자료가 획득 또는 개발된 된 후에는(단계 9), 딕과 캐리(Dick & Carey, 1996)가 '1대1 형성 평가' 라고 부르기도 했던, 개발물에 대한 파일럿 테스트를 실시하는 것이 바람직하다. 수업 자료가 공식적 테스트를 할 만한 수준에 이르렀다면, 최종적인 수업 및 동기 통합 패키지는 파일럿 테스트 또는 시범 운영에 들어가고(단계 9) 뒤이어 이에 대한 형성 평가가 이루어진다(단계 10). 그 이후에는 개발 단계에서 공식적인 운영 단계로 넘어갈 수 있다.

이 10개의 단계들은 각 활동의 목적에 따라 네 개의 그룹으로 나누어질 수 있으며, 여기에는 각 그룹별로 답을 얻어야 할 일반적 질문이 포함되어 있다(표 3.2). 이 10 단계 프로세스는 다양한 수업으로 구성된 코스 전체 또는 그 일부, 팀 학습법이 적용된 수업을 설계할 때 특히 유용하다. 팀원 간 활동의 점진적 단계별 기록물은 미래 후속 개발 프로젝트와의 소통을 개선하고 반복 적용 가능성을 높인다. 그러나, 교수자와 내용전문가에 의해 동기적으로 고양된 상태에서 짧고 단일한 수업을 개발할 때 유용한 단축형 모형도 있다(10장 참조).

본 모형의 단계들은 구체적이고 복합적인 활동들을 포함하고 있으나, 대부분의 훈련 상황에서 각 단계는 간단하고 직관적인 형태로 적용될 수 있다. 각 단계별 자세한 설명은 8, 9, 10장에 제시했으나, 본 장에서도 간략하게나마 개요를 소개하고자 한다. 이 개요에 대한 이해는 4, 5, 6, 7장의 기초로서 참조틀을 제공할 것이다. 이제부터 학습자 분석을 중심으로 동기 설계가 수행되는 과정에 대해 조금 더 자세히 개관해 보고자 한다.

표 3.2 동기 설계 활동 및 프로세스 질문

활동	질문
정의(define)	
1. 코스 관련 정보 수집	수업 개요서, 개발 배경, 환경, 강사를 포함하여, 현 동기 수업은 어떤 특징을 갖고 있는가?
2. 학습자 관련 정보 수집	직무 및 수업에 대한 선수 지식 및 태도 등 목표 학습자들은 동기와 관련한 어떤 특징을 갖고 있는가?
3. 학습자 동기 분석	제공될 수업에 대해 학습자들은 어떤 동기적 태도를 갖고 있는가?
4. 기존 수업 자료 및 조건 분석	현재 수업 자료 및 보조 자료 내에 어떤 동기 전술이 포함되어 있는가?
5. 목표 및 평가 방법 명세	학습자의 동기적 역동성과 관련하여 무엇을 개선해 낼 것인가? 학습자의 동기가 개선되었다면, 이는 어떻게 확인될 수 있는가?
설계(design)	
6. 잠재적 전술 명세	동기적 목표를 달성하기에 적절한 전술에는 무엇이 있을까?
7. 동기 전술 선정 또는 신규 개발	학습자, 교수자, 환경에 가장 적합한 전술은 무엇인가?
8. 수업과 통합	교수 및 동기적 요소들을 어떻게 통합할 것인가?
개발(develop)	
9. 동기 자료 선정 또는 신규 개발	목표 달성을 위한 동기 자료를 기존 자료 가운데 선택할 것인가, 혹은 신규로 개발할 것인가?
파일럿 테스트	
10. 평가 및 수정	수업이 가져올 것으로 기대한 또는 기대하지 않았던 효과들을 어떻게 측정할 것인가?

학습자 분석

학습자 분석(audience analysis)은 이후 단계에서 이루어질 모든 동기 설계 활동의 근간을 이룬다. 따라서 학습자 분석은 수업 시작 전은 물론이요, 그 설계 단계 중에서도 가장 먼저 수행될 필요가 있다. 이 분석을 통해 설계자는 수업 시작 시점에 학생들이 어떤 태도를 보일 것인지를 예상할 수 있고, 그에 적합한 동기적 전술을 준비해 둘 수 있다. 사전에 기획했던 동기 전술상에 보완이 필요한지를 알아보기 위한 분석은 수업이 진행 중일 때도 이루어질 수 있다.

학습자 분석은 ARCS 모형 내 4개 구성 범주, 또 필요하다면 그 하위의 12개 소범주 각각에 대해 학생들의 동기 수준을 추정하여 학습자 동기 프로파일을 만드는 것이다. 동기의 역U자형 특성에 따라 학습자 동기 프로파일들은 각각의 범주별로 때로는 너무 낮은, 때로는 너무 높은 수준의 동기를 나타낼 것이다. 예를 들면, 학생들은 주의집중 범주에 있어서는 과도하게 낮은 수준, 즉 지루함을 느끼고 있지만, 너무 높은 수준이라면 아마도 과잉충동 상태일 수도 있다. 따라서 학습자 분석은 수업 내 동기적 요소를 최적화시키기 위해 어떤 전략을 언제 사용할 것인지를 판단할 수 있게 해 준다.

학습자 분석은 교사나 설계자의 평소 경험과 직관에 의존한 '어림짐작' 에서부터 학습자 집단으로부터 수집한 데이터에 기초한 분석적 의사결정에 이르기까지 다양한 방법으로 이루어질 수 있다. 정식 데이터 분석이 불가능한 경우는 '어림짐작' 이라도 하지 않는 것에 비해 훨씬 효과적으로 분석이 이루어질 수 있다. 왜냐하면 어림짐작을 하기 위해서는 학생들의 동기적 태도를 ARCS 모형의 각 범주를 준거로 세밀하게 살펴봄으로써 그들에 대한 추상적이고 일반적인 가정들을 기각할 수 있기 때문이다. ARCS의 하위 범주와 각각의 '프로세스 질문' 들은 이때 매우 유용하다. 만약 충분한 경험이 부족하거나 학생 집단에 대해 잘 알지 못해서 어림짐작 방식을 사용하지 못할 때에는, 학생 모집단으로부터 추출된 표본 학생 또는 그들을 잘 아는 경험자들을 대상으로 인터뷰를 실시할 것을 권고한다. 이때에도 표에서 제시한 범주별 프로세스 질문을 활용하여 인터뷰 내용을 개발할 수 있다. 이 학습자 분석 관련 추가 설명은 8장을 참고하라.

학습자 분석 결과는 문서 형태로 요약되지만 2장에서 소개했던 역U자 다이어그램으로 표현될 수도 있다(그림 2.3). 그림 3.3에 제시된 예시 다이어그램은 직무교육을 처음 받게 된 어떤 신입사원의 동기 프로파일을 보여 주고 있다. 그는 직무영역에 대해 아무런 선수 지식이나 경험이 없는 상태이다. 이 학습자는 수업 내용이 자신이 맡은 직무와 관련성이 높다는 사실을 잘 알고 있다. 또 교육생 선발 과정이 있었기 때문에 대부분의 교육을 받는 신입사원들은 학습 목적을 달성할 수 있다는 자신감을 어느 정도는 갖고 있다. 그러나 다이어그램에서 C가 좌우로 길게 표현된 것에서 나타나듯이 일부 교육생들 간에는 자신감 수준상의 격차가 있는 것

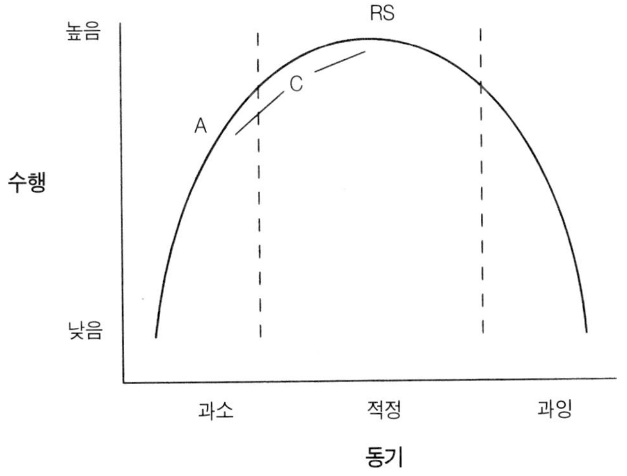

그림 3.3 학습자 분석 결과 그래프

을 알 수 있다. 그러나 대부분의 교육생들이 교육 내용과 관련해서는 지루해할 것으로 추정된다. 내용이 본질적으로 사실적 정보와 절차적 작업 순서만을 다룰 것이기 때문이다. 그러나 실제로 학습자들이 예상한 대로의 태도를 갖고 있는지를 확인해 보아야 하며, 개인의 선입견에만 의존하는 것은 위험하다.

본 저자와 동료들이 ISPI(국제수행개선학회; International Society for Performance Improvement) 연례 대회에 참석할 잠재적 참석자를 대상으로 실시한 학습자 분석 결과는 앞에 보여 준 다이어그램 예시와는 조금 다른 형태로 정리되었다. 첫째, 우리 연구진은 우리의 예상을 글로 쓴 보고서로 작성한 후(표 3.3), 이를 역 U자형 다이어그램에 도해했다(그림 3.4). 이는 두 명의 ISPI 학회 발표자가 '어림짐작' 분석법을 적용한 사례이다(Keller & Kopp, 1987). 학습자들의 피드백 결과는 이 분석 결과가 정확했음을 확인시켜 주었다. 그러나 이 분석의 결과는 상당히 유연해서 전문적인 학회에서 많은 청중들을 분석할 때도 적용 가능했다.

어느 정도로 구체적인 분석이 필요한지에 대한 의사결정은 그 의사결정의 결과가 가져올 사태의 심각성, 예상되는 장애물에 따라 달라진다. 예컨대, 필수 과목이기 때문에 어쩔 수 없이 수강해야 하는 참가자를 대상으로 수업을 준비할 때, 발표자는 적대감에 직면하거나 참석자의 짜증을 받게 될 수도 있다. 이 경우 학습자에 대한 분석은 더욱 중요하다; 발표자는 학습자의 특성을 좀 더 면밀히 파악함으로써 그들로 하여금 학습 과정에 집중시키고, 그들 자신과 학습 간에 존재하는 유의미한 관련성을 확보할 수 있을 것이다.

표 3.3 전문 학술대회 참석자의 예상 동기 수준

주의집중	초기에 높음. 참석자들은 초기에는 고도로 집중적일 것이지만 이 수준을 유지하기 위해서는 발표 속도에 변화를 주고 참여 활동을 제공해야 함.
인식된 관련성	초기에는 약간 높음. 본인의 자발적 선택으로 세미나에 참석했으므로 동기화라는 주제가 중요하다고 생각은 하겠지만, 유용한 결과를 얻을 수 있을 가능성에 대해서는 "학습 동기 설계가 과연 가능할까?" 와 같은 의구심도 갖고 있을 것임.
자신감	일부 참석자들은 타인을 동기화시킬 능력이 부족하다고 여길 것이며, 또 어떤 이들은 좋은 도구가 있을때에 한해서만 가능하다고 생각하며, 일부는 이미 동기화 기술을 익히고 있지만 세미나를 통해 확인해 보고자 할 것임.
잠재적 만족감	긍정적일 것임. 본 세션에서 뭔가 유용한 것을 얻을 수 있다면, 그리고 발표자가 지루하거나 헷갈리게 만들지만 않는다면, 참석자들은 투자한 45분이 아깝지 않다고 생각할 것임.

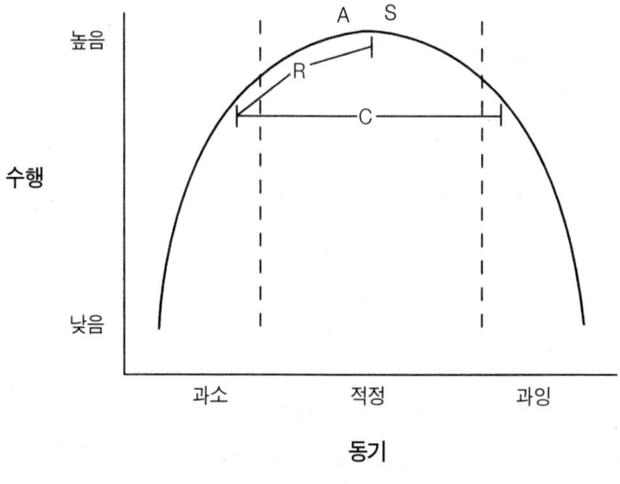

그림 3.4 전문 학회 참석자 대상 학습자 동기 분석 결과

요약하자면, 학습자 분석은 어떤 유형의 동기 전략을 활용할 것이며 네 가지 범주 중 어디에 초점을 맞추어야 할 것인지를 알려 준다. 어떤 범주는 이미 충분히 동기화되어 있기 때문에 추가적인 조치가 불필요할 수도 있는데, 이 경우에는 수업에 곧바로 들어가되, 초기의 동기가 저하되지 않도록 한다. 예를 들자면, 만약 수업이 시작되기도 전에 잠재적 학생들이 이미 수업 교재의 관련성이 충분히 높다고 인식하고 있다면 관련성을 높이기 위한 강의나 실습을 추가하지 않도록 한다.

추가된 강의나 실습이 이루어지는 시간은 귀중한 수업 시간을 깎아 먹는 것이며 오히려 학생들의 짜증만 유발할 것이다. 그 대신 수업의 관련성을 재인식시켜 주는 짤막한 코멘트를 제공한 뒤, 실무와 관련된 사례와 실습을 활용하라.

동기 목표

학습자에 대해 분석하고 이후, 필요한 경우 추가적인 분석을 마치고 난 뒤, (8장) 다음 단계에서 해야 할 것은 달성하고자 하는 동기 목표들을 나열하는 것이다. 이것들은 당신의 프로젝트 목표가 되며, 학습자 스스로를 위한 정의적 목표와 늘 일치하는 것은 아니다. 예를 들어 보자. 만약 당신이 예상컨대 학생들이 수업 초기에 불안해한다거나 실패에 대해 과도하게 두려워할 것 같다면, 당신은 수업 시작 30분이 지난 후 학습자들이 긍정적인 수업 태도를 가지도록 변화할 것을 목표로 삼을 수도 있다.

ISPI 학회 세미나 예상 참석자에 대한 동기 분석 사례를 다시 살펴보자. 구체적인 동기 목표들을 자신감과 관련성을 중심으로 정리해 보았다(표 3.4). 주의집중 범주는 포함되지 않았는데 그 이유는 참석자들이 세미나 발표 초기에 주의집중상의 문제점을 나타내 보이지 않았기 때문이다. 분명히 호기심 제고를 위한 전략이 사용되었으나 이 범주 영역에는 문제가 없었다. 그러나 어떤 동기 범주에 있어 학

표 3.4 동기 목표 및 평가 도구

동기 목표	자기보고식 설문 문항
참가자들은 동기 설계에 필요한 자신의 능력에 대해 좀 더 높은 수준의 자신감을 나타낼 것이다.	동기 설계에 필요한 나 자신의 능력에 대한 나의 자신감은... a. 상당히 크게 향상되었다. b. 약간 향상되었다. c. 수강 전과 동일하다 d. 해당 사항 없음(사전 검사 또는 연습을 하지 않아 내 의견을 제시하기 어려움) e. 기타(의견 진술)
참가자들은 세미나가 재미있고 가치 있었음을 나타낼 것이다.	전반적으로 평가해 볼 때, 이 세미나는... (선분 위의 적절한 위치에 체크) 흥미로웠다 ________ 지루했다 가치있었다 ________ 시간 낭비였다

습자들이 문제를 겪고 있지 않는 경우에도 발표자는 그 범주에 대해 목표를 설정해 두는 것이 도움이 된다. 특히 발표자가 경험이 부족하거나 무엇을 해야 할지 명확하지 않을 경우에 그에 대한 필요성은 더욱 커진다. 목표를 몇 개나 설정해야 할 것인지는 그 실용성에 의해 결정된다. 교수 설계자나 발표자가 분석 결과를 기초로 필요하다고 판단할 때, 그리고 개인적 경험에 비추어 볼 때 어떤 목표는 반드시 별도로 관리되어야겠다고 느낄 때에는 그러한 판단에 따르는 것이 대체로 좋다. 합리적인 범위 내에서라면 대개 너무 적은 수의 목표보다는 다소 많다고 생각되는 수의 목표를 설정하는 것이 낫다. 단, 시시콜콜한 세부 목표들이 나타나기 시작한다거나 비용이 과다하게 들기 시작하는 시점에서는 목표 진술 작업을 종료하도록 한다.

동기 측정도구

어떤 유형의 프로젝트와 마찬가지로 당신의 목표가 달성되었는지를 안다는 것은 늘 도움이 된다. 어떤 측정 방법을 쓸 것인지를 결정할 때, 가능한 한 모든 측정 가능성을 열어 둘 필요가 있다. 측정 방법에는 특정 행동에 대한 직접 관찰법에서부터 자기보고형 설문지법에 이르기까지 다양한 대안들이 존재한다. 누구나 익숙해서 잘 알고 있는 자기보고형 설문지 측정도구(표 3.4)는 사전에 규명된 영역이나 문제점에 초점을 맞추고자 할 때 매우 유용하다. 이때 중요한 포인트는 어떤 측정 상황에서와 마찬가지로 측정은 목표와 내적 일관성을 확보해야 한다는 점, 그리고 결과를 해석할 때 편의(bias)의 효과를 통제해야 한다는 점이다.

동기 전략 설계

설계자 또는 교수자들이 흔히 범하는 실수가 있다. 즉, 수업 청사진을 먼저 만든 뒤에 학생들에게 동기를 부여할 방법을 생각해 보고, 제일 마지막에 동기 전략을 위한 아이디어를 기획해 내는 경우가 그것이다. ARCS 프로세스에 따르면, 아이디어 목록을 만드는 것도 좋지만 이 작업은 그 전에 취했어야 할 조치 및 단계를 거친 이후에 고려하는 편이 낫다. 학습자 분석을 위해 투자한 시간의 가치는 이미 경험적으로 확인된 바 있다(Farmer, 1989; Suzuki & Keller, 1996). 교수 설계자가 적절한 분석을 수행하지 않은 채 최종 동기 전략을 선정해 버리면 부적절한 전략들이 남용될 가능성이 아주 높다.

전략 설계는 세 가지 단계로 진행되는데 이 작업은 너무 급하게 서두르지만 않는다면 그 과정에서 창조적이면서도 동시에 분석적인 사고를 통합하는 즐거운 경험이 될 수도 있다. 이 세 가지 단계는 생성(generation), 선별(selection), 통합(integration)으로 이루어진다.

생성 단계는 마치 브레인스토밍과 같다. 그 목표는 동기 목표를 달성할 수 있는 가급적 많은 수의 전략들을 생각해 내는 데 있다. 다른 훈련 교재를 살펴보고 정기간행물을 검토하고 당신이 참여했던 워크숍 자료를 찾아보거나 동료들과 이야기를 나누어 보라. 다양한 자료와 전략—예컨대 만화, 사례 연구, 역할 연기, 체험 학습 활동 등—과 흥미를 돋우고 참여를 촉진시키는 경향이 있는 방안들을 빠짐없이 고려하라. 여기에서 요점이 되는 것은 개방적이고 창조적인 관점을 갖고 가능성들을 만들어 가야 한다는 것이다.

아이디어들이 모이고 나면, 이제는 좀 더 분석적인 태도로 선별 작업에 들어가게 된다. 어떤 전략에 대해 생각할 때에는 그에 따르는 시간 및 비용, 그리고 이 수업에 참여할 교수자와 학습자의 개인적 성향을 함께 고려하는 것이 중요하다. 또한 동기 전략이 학습 목표 달성에 기여할 것인지 여부를 판단해야 한다. 어떤 참여적 활동이 매우 참신하고 사람들을 몰입시킴에도 불구하고, 수업 목표에 기여하는 바가 미미하다면 결국 학습자들은 짜증을 낼 것이고, 향후 이와 유사한 방법을 다시 사용할 경우 학생들의 반응은 냉소적일 가능성이 크다.

세 번째 단계는 통합이다. 동기 전략을 선정한 후 이들을 고유한 수업 상황에 맞도록 보완하고 수업 설계안에 적는다. 이를 통해 동기 전략들에 할당할 수 있는 시간이 어느 정도인지를 전체 수업 계획을 고려하면서 판단해 볼 기회를 가지게 된다. 또 수업의 기본 구조 및 내용과 동기 전략 간에 내적 일관성이 충분히 확보되었는지도 확인할 수 있다.

개발 및 파일럿 테스트

개발 단계에서 동기적 자료는 수업 자료와 연계되도록 준비한다. 실제로 이 둘 사이의 구분이란 모호할 때가 많다. 그 이유는 사례 연구 방법에서 볼 수 있듯이 어떤 하나의 학습 활동은 관련성 동기를 높이면서 동시에 개념 또는 절차의 이해를 돕는 수업 전략이기도 하기 때문이다.

동기 전략과 자료에 대한 파일럿 테스트가 이루어질 때 또한 수업과 동기를 구분해서 분석할 필요가 있다. 동기적 평가는 형성 평가 과정에서 측정되는 성취도 및 기타 수업 효과성 지표와 함께 활용된다. 만약 동기 측정 결과가 기대한 바와 다르게 나타난다면 수업 효과성에 결함이 발견된 경우와 마찬가지 방식으로 대응해야 하며 곧바로 수정-보완 작업을 시작해야 한다.

동기 설계와 수업 설계의 통합

동기 설계 프로세스는 구조적으로 교수 설계 절차와 유사하다. 따라서 이 두 가지 설계 절차가 서로 조화를 이룰 방법에 대한 연구가 수행되었다. 켈러(Keller, 1983b, 1987c)는 이 두 절차의 대부분이 병렬적으로 이루어질 수 있음을 보여 줌으로써 조화의 문제를 해결하고자 했다(표 3.5). 표 3.5의 왼쪽에 도시한 교수 설계 모형은 전형적으로 단계 간의 계열성을 잘 보여 주고 있다. 어떤 모형에서는 정의(Define)와 분석(Analysis)을 분리하기도 하고 또 어떤 모형에서는 목표(Objectives)를 정의 또는 분석이 아닌 설계(Design) 단계에 넣기도 한다. 그러나 이러한 차이에도 불구하고 다루려고 하는 동기 설계-교수 설계 간의 기본적 연관성에 영향을 미치지는 않는다.

표 3.5에 제시했듯이 학습자 동기 분석은 교수 설계 프로세스 내 활동과 병행해서 수행될 수 있다. 교수 설계자들은 자신의 취향과 상황에 맞는 모형을 찾고 또 일부 변형시키겠지만 동기 분석은 대개 교수 분석(instructional analysis)이 이루어진 이후에 실시된다. 학생들이 배워야 할 지식과 기술의 범위가 규명되고 난 후에라야 비로소 그들이 이 수업이나 학습 자료를 대하는 동기적 태도를 가늠해 볼 수 있기 때문이다. 학습자 집단의 배경 정보는 직무-과제 분석(job-task analysis)이 이루어질 때 이미 확보될 수 있지만, 그 정보에 대한 동기적 목적의 분석과 음미는 교수 분석이 이루어진 후에 하는 것이 적절하다. 학습자 동기 분석 결과는 동기 목표 진술을 위한 정보를 제공하는 역할 외에 학습 목표에 대한 의사결정에도 영향을 미칠 수 있다.

설계(Design)와 개발(Develop) 단계에서 두 절차(동기 설계-수업 설계) 간의 상호작용은 매우 긴밀하며 동시적으로 이루어지는 것이 바람직하다. 예외가 있다면 형성 평가 활동으로서의 개발 과정 중 평가이다. 동기 제고 전략이 포함된 수업 자료 초안을 내용 전문가와 학습자 대표에게 보여 주고 정확성, 명료성, 학습 소요 시간, 효과성에 대한 피드백을 받게 한다. 이때 수업 초안이 그 내용 및 외양에서 학습자에게 매력적인지 여부["학습자들은 교재(온라인 또는 프린트)에 대해 긍정적으로 '보고 느끼고(look and feel)' 있는가?], 그리고 동기 활동이 실제로 실행 가능한 것인지 여부에 대한 피드백도 함께 받는 것이 효율적이다.

파일럿 테스트, 또는 소집단 시험운영(small group tryout)(Dick & Carey, 1996) 중에는 전체 개발물들이 실행되고 또 형성적으로 평가된다. 이때 기억해야 할 핵심 사항은 학습과 수행 평가 외에 동기에 대한 평가도 반드시 포함되어야 한다는 점이다. 동기 평가는 만족도(smiley face) 측정 유형의 간단한 자기보고식 문항을 주로 사용하여 이루어진다. 이러한 측정 활동의 효과를 극대화하기 위해서는 학습자 동기 분석을 통해 드러난 결정적인 동기 문제 영역에 집중할 필요가 있다.

표 3.5 동기 설계와 교수 설계 프로세스 간의 병행

단계	교수 설계 절차	동기 설계 절차
분석(정의)	프로젝트 이선 분석 과제, 직무, 또는 내용 분석 실시 교수 분석 실시 학습자 진입 행동 규명 수행 목표 및 준거 측정 변수 기술	 학습자 동기 분석 실시 동기 목표 및 관련 측정 변수 기술
설계	수업 계열성 설계 교수 방법	동기 전략 생성 동기 전략 선정 동기 설계와 교수 설계 통합
개발	학습자들의 성공적 학습 및 그 과정상의 통제권 행사에 대해 긍정적 느낌을 갖도록 지원 학습과 수행을 위한 개발 평가 ("일대일" 시험 운영)	수업 자료 선정 또는 신규 개발 동기 자료 준비 수업 자료 개선 동기 전략에 대한 개발 평가 (developmental test)
운영 및 평가 (파일럿 테스트)	목표 집단 대표 표본을 대상으로 과정 운영 형성 평가 수행 교육 과정에 인증 부여 또는 보완	

마지막으로 기억해야 할 핵심 사항은 표 3.5상의 두 가지 절차 간에 나타난 관계를 공식적 처방으로 보아서는 안 된다는 것이다. 사실 표로 표현된 관계는 초보 설계자보다는 전문가의 활동을 나타내고 있다. 초보 설계자, 그 중에서도 체제적

동기 설계에 대해 깊이 생각해 본 적 없는 설계자는 학습자 동기상의 난제와 씨름하기 전에 교과서적 절차를 하나 하나 충실히 적용해 보는 것이 좋다. 이 과정에서 설계자는 학습자가 느끼는 매력이라는 관점에서 수업 패키지 전부를 평가하고 필요 시 수정-보완을 해야 한다. 점차 경험이 축적되면 이 두 가지 설계 절차를 통합하는 작업도 그만큼 수월해진다.

이와는 다른 접근법이 메인(Main, 1993)에 의해 소개된 바 있다. 전통적인 교수 설계 모형 내에 동기적 요소가 취약하다는 점에 주목한 메인은 표 3.6에 나타난 바와 같이 교수 설계와 동기 설계의 통합 방안을 제시했다. 이 접근에 따르면 교수 설계의 각 단계마다 A, R, C, S 요소 각각에 대한 검토가 이루어져야 한다. 즉, "ARCS 모형은 (교수 설계의) 각각의 다섯 단계에 대해 동기적 고려를 하기 위한 준거틀을 제공한다"(p.39). 이는 곧 두 절차가 고도로 통합되는 것을 시사하며, 동기 설계 절차와 수업 설계 절차를 구분하는 것이 불가능하게 된다.

표 3.6 동기 및 수업 설계의 통합(Main, 1933에서 수정 인용)

동기 범주	교수 설계 단계				
	분석	설계	개발	실행	평가
주의집중 관련성 자신감 만족감					
	타당성 검증 및 피드백				

오키와 산티아고(Okey & Santiago, 1991)는 ARCS 모형을 기반으로 하여 동기 설계를 딕과 케리의 교수 설계 모형에 접목시키고자 했다. 이 연구자들은 동기 설계 단계별 활동들이 교수 설계 절차와 통합될 수 있는 방안에 대해 설명하고 있다. 그러나 이들은 동기 설계와 교수 설계를 대등하게 바라보는 메인(1993)의 방법과는 다른 교수 설계 절차에 동기 설계 요소들을 내포시키는 접근법을 사용했다. 메인의 접근법에서는 모든 교수 설계 단계마다 A-R-C-S의 네 가지 요소들이 고려되고 있지만, 그러다 보니 일반적인 학습자 분석과는 다른 특성을 가진 학습자 동기 분석의 경우와 같이 동기 설계의 고유성을 살리기 어려웠다. 이에 비해 오키와 산티아고는 딕과 케리 모형에서 제시된 교수 설계 프로세스에서 동기 설계가 어떤

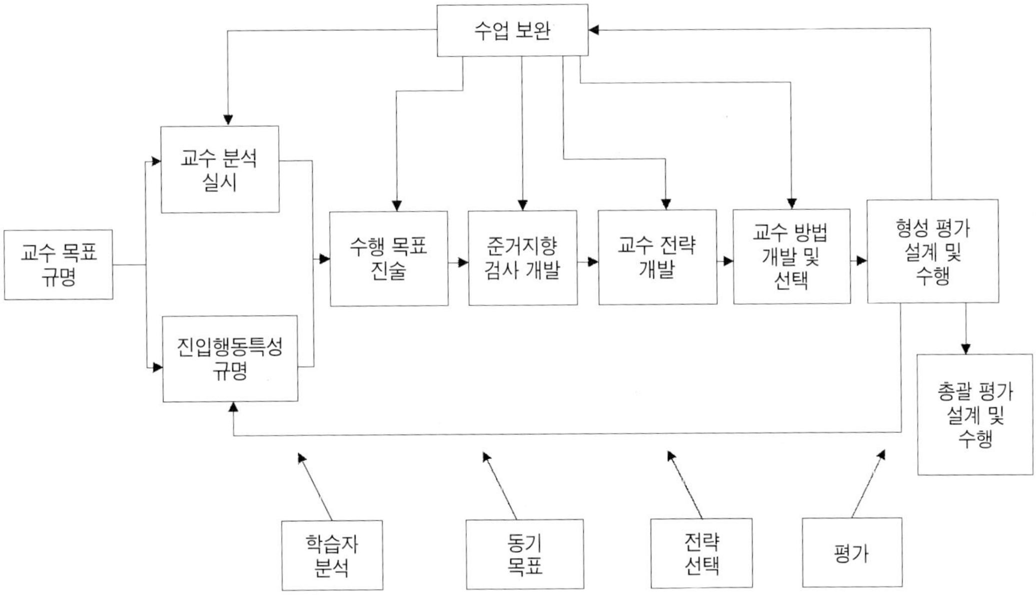

그림 3.5 동기 설계와 교수 설계 간의 관련성(Okey & Santiago, 1991, p.18 참고)

식으로 연계될 수 있을 것인지를 설명하고 있다.

ARCS 모형과 교수 체제 설계: 단계별 비교

오키와 산티아고 연구의 한계는 동기 설계와 교수 설계 프로세스 간의 연결 관계가 비교적 느슨하게 설명되고 있다는 것이다. 그러나 그들의 연구는 ARCS 설계 모형의 10개 단계와 딕과 캐리 교수 설계 모형 간의 상호 연관성을 좀 더 정교하게 표현할 수 있다. 예를 들어, 그림 3.6에는 ARCS의 10개 단계 중 8개가 도시되어 있다. 여러분들은 나머지 2개의 연관성을 찾을 수도 있겠지만, 이 8개 단계만으로도 두 가지 모형이 상호 공생 관계에 있음을 충분히 확인할 수 있다. 그러나 이러한 상호 연관성에 대해 설명하기 전에 오키와 산티아고는 이 두 가지 절차가 동일한 투입 정보, 예컨대 코스 개발 프로젝트의 정당성, 개발하고자 하는 코스와 관련된 기존 학습 자료, 학습자 특성, 동기 설계 및 수업 설계가 달성하고자 하는 공통의 목표 기대 등에 관한 분석을 통해 도출된다는 점을 강조하고자 한다.

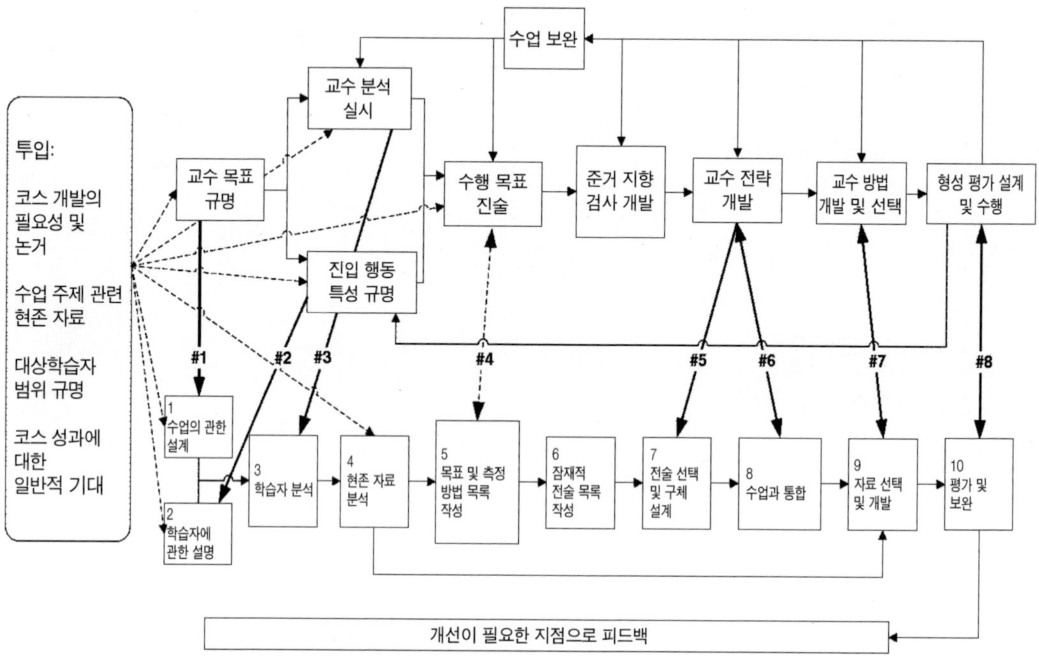

그림 3.6 동기 설계와 교수 설계 절차 간의 일대일 대응도

연관성 1: 교수 목표와 코스 개요

교수 설계를 할 때 목표 분석의 결과물은 현 상황에 대한 기술, 바람직한 상황에 대한 기술, 그리고 현재 수준과 바람직한 수준 간의 격차들에 대한 규명 및 목록화 등을 포함한다. 특히 목표 분석의 결과는 조직의 목표 달성을 위해 직무 현장에서 수행해야 할 직무와 관련된 역량 유형을 규명해 낸다. 학교 환경에서는 진학 또는 진급을 위한 수학 능력의 달성, 그리고 학습자의 현재와 미래에 걸친 발달 단계에 적절한 기술의 개발이라는 맥락에서 바람직한 목표 역량을 기술한다.

연관성 1은 동기 설계의 첫 단계도 이와 유사한 목적을 갖고 있음을 보여 주지만, 그 초점은 학습자 또는 근로자의 태도상의 문제와 관련된 환경 요인 및 그 환경 요인을 실질적으로 개선시킬 수 있는 변화 전략에 집중되어 있다. 이 첫 번째 단계에서 도출된 결과물은 해결해야 할 문제, 목표, 전략의 선정 및 개발을 위한 실천적 의사결정과 관련하여 교수 설계자뿐만 아니라 동기 설계자에게도 가이드라인을 제공해 준다.

이러한 예비적 분석을 통해 얻을 수 있는 이점 중 하나는 설계자들에게 코스 또는 다른 처방이 왜 필요한지에 대한 설득력 있는 논거를 제공한다는 점이다. 학교가 아닌 실용 교육 맥락에서 교육은 직무 수행을 직접적으로 향상시키기 위한 지식, 스킬, 태도를 개선하는 것에 목적을 둔다. 그러나 실용 교육 장면에서도 구체적인 기술의 개발이 아니라 일반적인 역량 강화를 위해 교육이 시행되는 경우도 있다. 이러한 교육은 훈련(training)이 아니라 개발 코스(development course)라고 불린다. 교육이 시행되는 이유로는 다음과 같은 것이 있다.

- 문서화된 니즈에 기초하지는 않았지만 필수 이수과목일 경우
- 논리적으로 구조화된 커리큘럼의 일부일 경우
- 단지 관행적으로 해 왔기 때문에 계속해야 하는 경우

설계 과정에서 그 교육이 시행되는 이유가 위의 세 가지 유형 중 어떤 것인가를 파악했다면 그에 적합한 내용 구성 및 동기 전술-전략 구사가 용이해진다.

이와 같은 예비적 분석이 주는 또 다른 이점은 교수 설계자가 문학, 교수 자료, 학생, 교사, 종업원, 경영자 내용 전문가, 행정가, 교직원, 교육 전문회사 등 다양한 사람과 정보원으로부터 유용한 정보를 얻을 수 있다는 것이다. 이 정보는 설계자가 설계 단계에 돌입했을 때 가능한 동기적 문제점들에 대한 통찰력 있는 대안을 발견해 내는 데 도움을 준다.

연관성 2. 진입 행동 특성 및 학습자 특성 기술

"진입 행동과 특성 규명" 단계를 통해 두 가지 결과물을 기대해 볼 수 있다. 그 중 하나는 수업 전에 대상 학습자들이 이미 섭렵하고 있어야 할 진입 행동 또는 기술의 목록이다. 다른 하나는 학생들에 대한 일반적인 지식이다.

진입 행동을 규명하는 것은 동기 설계자로 하여금 학습자들의 동기, 특히 자신감을 어떻게 다루어야 할지에 대한 풍부한 아이디어를 제공한다. 우리는 기초 지식이나 기술을 갖추지 못한 교육생이 그들의 지식과 연관되지 않는 새로운 내용을 배울 때 어떤 고충을 겪게 될 것인지를 파악할 수 있다. 따라서 학생들의 선수 지식에 대한 정보는 이미 알고 있는 지식과 새로이 공부할 지식 간의 격차를 이어 주는 교량 역할을 한다.

연관성 3. 교수 분석 및 학습자 동기 분석

교수 설계를 구성하는 한 단계로서의 교수 분석은 수업 또는 코스 목표와 관련된 지식, 기술, 태도에 대해 기술하는 것이다. 교수 분석의 결과물은 직무 수행 절차별로 상세하게 기술될 수도 있고 혹은 개념과 기술들 간의 상-하 간 위계적 관계를 도시한 그림일 수도 있다. 또한 학생들이 배우고자 기대하는 것이 무엇인지를 안다면, 그와 같은 학생들의 기대에 맞춰 공부하려는 그들의 동기적 태도를 추정할 때 도움이 된다.

또한 학습자 동기 분석 단계를 통해 학습자 기술 단계, 즉 동기 설계 프로세스의 세 번째 단계에 포함된 다른 정보들과 더불어 진입 행동에 대한 지식으로부터 다양한 의사결정 정보를 얻을 수 있다. 수업 초기 단계에 학습자들이 어떤 태도를 갖고 있을지를 파악하려는 노력은 수업 내용에 관하여 학습자들이 어느 정도 이해하고 있는지에 따라 그 일부가 결정된다. 그러나 이와 같은 정보가 유용하다 할지라도 학습자 동기 분석에는 교육 주제 영역에 대해 학습자가 과거에 보인 태도 및 동료 집단이 주는 영향력과 관련된 여타 요인들이 역시 포함된다.

연관성 4. 교수 목표와 동기 목표의 조화

5단계의 동기 설계(목표 및 평가 방법 진술)는 교수 설계 중 "수행 목표 진술"과 동시에 또는 그 이후에 실시하는 것이 바람직하다. 이는 두 가지 이유에서이다. 첫째, 적절한 수준에서 학습자의 동기를 유지시킬 수 있다면 학습 목표 달성이 지극히 유리해지기 때문이다. 또 잘 정리된 동기 목표는 학습 목표가 잘못되었을 경우, 또는 수업 내용이 부실할 경우에도 이를 보완해 준다. 실제 교실 또는 학습 환경에서 수업 목표는 때때로 불명확한 경우도 있고 수업 내용이 학생들이 알아야 하기에는 불필요하거나 유용하지 않은 것일 수도 있다. 또한, 설계 단계가 제대로 진행되었다 하더라도 실행 역시 그러하리라는 보장은 없다. 그러나 만약 학생들이 충분히 동기화되어 있다면 수업 설계상의 난제들을 스스로 잘 극복해 낼 수 있을 것이다.

연관성 5, 6. 수업 및 동기 전략 설계

어떤 교수 설계자들은 교수 설계의 동기 측면이 수업 전략을 개발하는 과정 중에 고려되어야 한다고 간주한다(Dick & Carey, 1996). 그러나 이와 같은 접근법이 오랫동안 긍정적 성과를 거두었다 할지라도 다른 한편으로는 부정적 결과를 가져올 가능성이 있다. 이는 적절한 동기 분석이 이루어지지 않았을 경우, 교수 설계자들은 일반적으로 필요 이상의 과도한 동기 제고 전략을 사용하는 경향이 있기 때문이다. 또한 동기 전략 설계 프로세스가 교수 전략 수립과는 본질적으로 다르다는 점도 간과해서는 안 된다.

교수 전략 선정은 수업 목표의 성격에 기초를 둔, 논리적이고 처방적인 작업이다. 예를 들자면, 만약 어떤 학생이 어떤 특정 지식의 내용이나 긴 절차 중 하나의 단계를 기억해 내야 한다면, 이에 합당한 교수 전략은 단순 암기법이 될 수 있다. 그러나 수업 목표가 어떤 문제를 해결하는 데 적절한 절차를 찾아내어 이를 적용하는 능력을 길러 주는 것이라면 이에 적합한 교수 전략은 문제 해결형 사례 연구가 될 것이다. 그러나 학습자의 호기심을 유발하거나 자신감을 북돋아 주는 동기 전략을 선택하는 작업은 그렇게 논리적으로 명료하지 않다. 동기 전략 설계는 바람직한 결과를 달성하기 위한 목적으로 가능한 많은 잠재적 전략들을 브레인스토밍하여 찾아내는 작업으로부터 시작된다. 이어 전략 설계의 두 번째 단계에서 설계자는 분석적 태도를 바탕으로 수업 할당 시간이 제한되어 있는 조건에서 정해진 학습 목표를 최적으로 달성할 것을 지향한다. 또한 가능한 한 동기 전략은 그 투명성이 극대화되어야 한다. 예를 들자면, 전기공학 과목에서 고장 처리 수업을 시작할 때, 특히 학습자들이 어차피 현장에 가면 고장 진단 자동화 기기를 사용할 것이기 때문에 사람이 고장 처리에 대해 공부할 이유가 전혀 없다고 여기는 경우에, 교수자는 자동화 기기가 고장 났을 때를 대비해야 하는 사례 연구를 시도해 볼 수 있다. 실생활에서 도출된 경험에 기초한 사례 연구는 학습자의 호기심과 관련성을 진작시킬 뿐만 아니라 그와 동시에 수업 내용이 어떤 식으로 활용될 수 있는지를 보여 준다.

동기 전략 선정이 마무리 단계에 이르러 최종적으로 수행되어야 할 교수 및 동기 개발 단계는 동기적 전술을 교수적 전술에 통합시키는 것이다(단계 8, 그림 3.6). 이제 적절한 동기 전술들이 선정 및 상호 통합되었다. 이제 이 동기 전략을 교수 설계 전략의 구성요소인 수업 내용, 프레젠테이션 방법, 학습 활동 등과 통합시킬 차례이다. 어떤 경우 설계자들은 교수 전략과 동기 전략이 많은 부분에서 서로 중복된다는 사실을 발견하게 될 것이다. 예를 들면, 비판적 검토 기회를 주는 것은 자신감 제고 전략이자 동시에 교수 전략으로 간주될 수 있다. 중요한 점은 이 전술들이 갖고 있는 동기 및 학습적 전제 조건들을 파악해 두는 것이다. 엄격히 말해서, 학습자가 이미 고급 수준에 도달한 경우에는 교수적 관점에서 볼 때 비판적 검토 기회는 불필요하다. 그러나 그렇더라도 그들의 자신감이 낮다면 검토 기회를 추가적으로 제공함으로써 학습자의 동기를 유발시키고자 하는 목적에 큰 효과를 가져올 수 있다.

연관성 7. 수업 및 동기 자료 개발

이제 수업 및 동기 자료를 새로 개발할 것인지 아니면 기존 자료를 수정 및 보완할 것인지를 결정해야 할 시점에 왔다. 두 가지 중 어떤 경우라도 동기 자료 개발은 수업 자료 개발과 분리하여 진행되어서는 안 된다. 앞 절에서 언급했듯이 동기 전략이 수업 전략에 온전히 통합된 만큼 그 결과는 좋아진다. 비록 어떤 동기 제고 활동이 수업 활동에 결합되어 있지 않았다 할지라도 그 활동은 수업 목표와 명료한 관련성을 가져야 한다. 만약 그렇지 않을 경우 문제가 발생한다. 예를 들어 보자. 새로 임관된 해안경비대 교관이 헬리콥터 지원 구난 작전을 최소한의 시간 내에 수행하는 기초 훈련을 진행하고 있는데, 교육생들이 이 훈련에 몰입하지 못하고 있다고 가정해 보자. 구조함에 승선한 해안경비대 남녀 요원들은 이 교육을 분기마다 한 차례씩 반복적으로 받고 있는 실정이며, 이에 따라 그 작전에 대해 이미 잘 알고 있다고 생각하고 있기 때문에 교관은 교육생들의 훈련에 대한 관심을 이끌 방법을 놓고 골머리를 앓고 있는 중이다. 그는 우연히 선실 검사를 하러 온 방문객 중 한 명이 최근 위험스러운 구조 작전에 참여했던 적이 있다는 사실을 알게 되었다. 교관은 이 방문객을 자신의 수업에 특강 강사로 초대했고, 그 결과는 매우 성공적이었다. 이 교관은 다음 수업 시간에도 이 사례를 반복적으로 활용했지만 실제 당사자가 없는 상황이라서 그런지 그 효과는 신통치 않았다. 그래서 그는 인터넷을 뒤져 YouTube에서 "해안경비대 구조 동영상 Top 10"이라는 동영상 클립을, 디스커버리 채널의 "SOS: 해안경비대 구조 활동"이라는 시리즈물 등 몇 가지 자료를 찾아낼 수 있었다. 그는 이 자료 중 일부를 수업 시간에 반복해서 사용하기 시작했다. 처음에는 동영상을 틀어 주는 동안에만 교육생들의 흥미가 유발되는 것 같았다. 교육생들은 본 훈련 연습 장면에 이르러서는 흥미를 가지지 않게 되었다. 상당한 시간이 흐른 뒤 교육생들은 동영상 자체에조차 흥미를 잃어가기 시작했다. 이 사례에서 보듯이, 실제 사건을 다룬 이야기가 수업에 포함되어 있고 그 이야기와 수업 주제와도 연계되어 있었지만, 그 이야기는 학습해야 할 과제, 즉 반복연습을 통한 숙달 행동과는 직접적인 연결고리가 없었다. 그와 같은 방법보다 차라리 이 교관이 문제 상황을 반영한 시나리오를 작성하고 이에 따라 교육생들로 하여금 이 학습 과제를 수행하는 것의 일환으로써 경쟁적 게임을 실시하게 한 후 실제 구조 상황 동영상을 보여 주며 학습자로 하여금 성찰하는 학습 시간을 갖도록 했다면 더욱 큰 동기적 효과를 거두었을 것이다. 이런 방식을 통해 동기적 요소들은 수업과 온전히 통합되며, 교육생들은 대체로 도전과 경쟁을 좋아하는 경향이 있으므로, 이 시나리오를 자연스러운 활동처럼 인식하게 될 것이다.

연관성 8. 평가와 보완

평가 단계에서의 동기-교수 설계 간 연관성은 형성적 및 총괄적 평가가 이 두 절차 모두에 있어 중요할뿐더러 학습 효과와 동기를 위해 수업을 개선하기 위한 가이드라인을 제공해 준다. 동기 전략의 효과에 대한 평가는 학습자 성취도를 포함하는 효과성 평가와 연계하여 계획 및 실행이 이루어진다. 그러나 계획을 실행할 때 동기 설문지를 나누어 주기 전에 앞서 성취도 평가를 실시하는 것이 바람직하다. 여기에는 두 가지 이유가 있다. 첫째 이유는 동기 설문이 성취도 평가 점수에 영향을 미칠 수 있기 때문이며, 둘째 이유는 성취도 검사도 전체 수업 경험의 일부로서 동기적 반응을 일으키기 때문이다.

프로세스 적용

요약하자면, 이 여덟 가지 연관성은 동기 설계 활동이 교수 설계 활동에 통합되는 방법들을 보여 준다. 그러나 사람이 관리하는 모든 절차들에서와 마찬가지로 실제 운영 방법은 가용한 투입 정보, 개발 납기, 예산, 기다 설계 자원 등 환경 요소에 의존하기 마련이다. 또 설계자의 개인적 스타일과 수업 내용 특성과도 독립적일 수 없다. 예컨대, 최신판매기법 교육의 소개 시간에 교수 설계자는 이 모든 단계들을 적용하지 않을 것이다. 그러나 설계자가 이를 어길 경우, 재난에 가까운 피해가 발생하게 되는 핵발전소 안전 절차와 관련된 고도로 핵심적인 기술을 가르칠 수업을 개발해야 하는 가설적 상황을 생각해 보자. 이런 상황에서 학습자들이 이미 자신들은 충분한 경험과 기술이 있다고 자기 과신하고, 이에 따라 수업 내용을 지루하게 여긴다면, 그 설계자는 아마도 이 모든 단계들을 꼼꼼하게 따를 것이다. 이런 심각한 상황 속에서라면 당연하게 여겨지겠지만, 이보다 상대적으로 간단한 상황에서도 학습자 분석, 예비적 동기 전략 목록화, 최종 전략 목록화, 수업과의 통합과 같은 핵심적 성공 요인들은 빼놓지 않도록 하는 것이 중요하다. 차이라고는 상황에 따라 어떤 절차는 좀 더 단기간에, 덜 공식적인 방법을 사용할 수 있다는 것이다.

요약

ARCS 모형은 그 내부에 포함된 설계 프로세스로 인해 순수하게 기술적 또는 처방적 이론이 아니라 실용적이고 응용지향적인 이론으로 인식된다. 이 모형은 동기 관련 개념과 이론들을 동기 설계를 위한 체제적 접근법과 함께 A-R-C-S라는 네 개의 범주로 종합하고 있다. 이 문제해결형 설계 접근법은 ARCS 모형에 독창성을 부여할 뿐만 아니라 폭넓게 적용될 수 있는 기반을 부여한다.

그러나 이 프로세스를 효과적으로 적용하기 위해서는 탄탄한 지식이 기반될 것을 요구한다. 파머(Farmer, 1989)와 스즈키(Suzuki & Keller, 1996)는 설계자와 교사가 학습자 동기 분석을 하는 데 능숙하지 못하다면, 또 그들이 이 단계를 건너뛰고 곧바로 동기적 아이디어를 고안해 내고자 한다면, 그 결과물은 학습자의 동기를 오히려 저하시킬 수도 있음을 밝혀냈다. 이는 아마도 결과물이 과도하게 많은 동기 전략을 포함하고 있을뿐더러 실제 문제를 직접적으로 다루지 못하는 전략들로만 가득 차 있을 수 있기 때문이다.

앞으로 다루게 될 4개 장에는 학습자 분석을 할 때 고려해야 할 기본적 동기 변수들에 대한 설명과 함께 동기 전략과 전술의 다양한 사례들이 포함되어 있다. 그 이후 3개 장에서는 동기 설계 프로세스를 어떻게 수행하는지에 관한 자세한 설명을 사례와 함께 제공하고자 한다.

제 4 장

주의집중 유발과 지속

생각해 두기

호기심은 좋은 것인가?

그림 4.1 호기심에 관한 태도

당신은 어떻게 생각하는가? 당신의 견해는 무엇인가?

들어가기

몇 해 전 동기부여에 관한 수업을 하면서 나는 교육학, 심리학 분야에서 호기심에 관한 연구를 무시해 왔다고 말했다. 그러나 이제는 상황이 바뀐 듯하다! 그 이유는 멀티미디어에 관한 관심이 새롭게 일어났기 때문일 수도 있고, 우리 사회에서 발명이나 특허 지원이 감소하는 것에 대해 우려하는 목소리가 커졌기 때문일 수도 있으며, 혹은 단순히 이 주제가 다시 연구자들의 흥미를 끌기 시작했기 때문일지도 모른다. 그 이유야 어찌되었건, 이 장에서는 호기심이라는 개념과 그와 연관된 지루함과 감각 추구(sensation seeking)에 관해 논의하고자 한다. 호기심, 혹은 그보다 더 광범위한 개념인 주의집중의 세 가지 주요 하위 범주를 설명하고, 학습자의 주의집중과 호기심을 이끌어 내고 지속시키기 위한 전략을 제시할 것이다.

주의력의 심리학적 기초

학습자의 주의집중은 동기부여와 학습 모두를 위해 필수적이다. 동기부여에서 중요한 것은, 어떻게 학습자의 주의를 자극하고 지속시킬 것인가이다. 학습에서는, 어떻게 학습자로 하여금 가르치고자 하는 개념과 규칙, 기술, 사실에 주의를 기울이게 할 것인가가 중요하다. 즉, 학습자가 교육의 핵심 요소에 관심을 기울이도록 암시(cues)와 신호(prompts)를 제시하는 것이 중심이 된다. 동기부여에서, 특히 ARCS 모형에서 주의집중이라는 용어는 각성 이론, 호기심, 지루함, 감각 추구를 비롯한 몇 가지 연관된 개념을 종합한 개념을 의미한다. 이 분야에 대한 초기 연구의 대부분은 1950년대와 1960년대(Berlyne, 1954b; Maw & Maw, 1966; Schachter, 1964; Zuckerman, 1971)에 이뤄졌다. 그 후로 수십 년 동안 이 주제에 관해 연구가 거의 이루어지지 않다가, 비교적 최근 다시 관심을 끌고 있는 듯하다(Lowenstein, 1994; Renninger, Hidi, & Krapp, 1992). 멀티미디어 교육, 웹 기반 교육, 그외 여러 가지 형태의 전자학습(e-learning)에 대한 관심이 커진 현재 상황을 감안할 때, 이는 대단히 시의적절한 현상이다. 이러한 전달 체계에서 학생의 효과적인 학습을 방해하지 않는 동시에 주의집중을 유발하고 유지할 수 있는 방법을 모색하고 활용하는 것은 쉽지 않은 일이다(Harp & Mayer, 1998).

각성 이론과 초기 관념들

각성 이론(arousal theory)에서는 행동이 어떻게 활성화되며 각성의 정도가 변화함에 따라 행동은 어떻게 바뀌는가를 설명하고자 한다. 이 분야에 관한 연구와 이론은 많은 부분 심리학에 의존한다. 이 이론에서는 각성(Hebb, 1955)과 스트레스(Selye, 1973)의 정도와 관련해 다양한 신체 기능과 체계가 어떻게 기능하는가를 이해하고자 한다. 그러나 심리적 각성과 인지적 속성 모두를 아우르는 각성 이론을 제시하고자 하는 이들도 있다(Schachter, 1964). 각성의 정도는 수면과 같은 매우 낮은 각성 수준으로부터 분노 등의 적극적 정서적 행위나 그와 반대로 극도로 무기력하게 하는 공포로 표출되는 매우 높은 스트레스 수준에 이르는 하나의 연속체 안에서 규성된다. 일반적으로 이것은 뒤집어진 U자 곡선(inverted-U curve; 2장 참조)이라고도 알려진 여키스-도드슨 법칙(Yerkes-Dodson Law)에서처럼 곡선 형태를 이루는 것으로 간주된다. 이처럼, 낮은 각성 수준을 낮은 성취도와 연관시키고 최적의 각성과 높은 성취도를 연결시키며, 극도의 스트레스는 성취도를 떨어뜨리는 요인으로 해석하는 패턴은 ARCS 모형의 중요한 구성 요소다. 특히, 3장 표 3.3에서 간략히 설명하고 있듯이, 이 개념은 학습 대상 분석을 위한 기초를 제공할 뿐만 아니라 어떤 종류의 동기부여 전략을 사용할지를 결정하는 데에도 도움이 된다. 학습자를 분석하고 구체적인 문제를 확인하고자 할 때, 이 곡선상에서 낮은 동기부여 수준과 높은 스트레스 수준 모두를 고려해야 한다. 두 요소 모두 학습자가 최적의 청취도에 이르지 못하고 산만한 행동을 하게 하는 원인이 될 수 있다.

호기심

호기심이란 무엇인가? 일반적인 관점에서 모든 사람은 호기심이 무엇인지를 직관적으로 이해한다. 그러나 다른 한편으로는 이 개념을 전혀 다른 방식으로 이해할 수도 있다. 예를 들어, 다음의 관점을 생각해 보자.

- 고대 그리스 신화 〈판도라의 상자〉에 따르면, 제우스가 이끄는 올림피아의 신들이 타이탄 족을 격퇴한 후, 제우스는 지상의 모든 피조물을 지배하며 지상에서 살아갈 인간을 창조했다. 그의 이름은 에피메테우스였다. 시간이 흐르자, 그의 행동은 신들에게도 그 자신에게도 완전히 예측가능한 것이 되

었다. 그 때문에 신들이 매우 지루해지자, 제우스는 바다의 신 포세이돈과 상의해 에피메테우스와 닮았지만 다른 존재, 여자를 만들기로 했다. 제우스는 말했다. "포세이돈, 이 피조물은 남자와 모든 점에서 달라야 한다. 남자가 딱딱하다면 여자는 부드러울 것이다. 남자가 강하다면 여자는 약할 것이다. 남자가 어리석다면 여자는 지혜로울 것이다. 남자가 용감하다면 여자는 겁이 많을 것이다. 남자가 두려워한다면 여자는 대담할 것이다" (Hoffman, 2007). 시간이 흐르자 신들은 또다시 지루해졌다. 이번에는 제우스가 지하세계의 신인 하데스를 불러 그에게 어둠 속에서 살고 있는 요정(질병, 기아, 절망, 잔인함 등)을 모아 달라고 부탁했다. 제우스는 이 요정들을 아름답게 장식한 상자에 넣어 봉인한 후, 다른 신에게 인간 나그네의 모습으로 변신해 그 상자를 지구에 가져다 놓게 했다. 나그네는 에피메테우스와 판도라를 만나 자신은 서둘러 길을 떠나야 하니 상자를 잘 지켜봐 달라고 부탁하는 한편, 상자 안을 들여다보면 끔찍한 일이 벌어질 거라며 절대로 그 안을 들여다보지 말라고 경고했다. 결국 판도라는 호기심에 사로잡혀 상자를 열고 말았다. 그러자 그 즉시 온갖 어둠의 요정들이 상자 바깥으로 뛰쳐나와 도망치는 그녀와 에피메테우스를 물어뜯었다. 그때, 상자 안에 남아 있던 요정 하나가 판도라에게 와 상처를 돌보아 주고 치유해 주었다. 그런 다음 그 요정은 판도라의 마음으로 들어가 그녀에게 희망이라는 선물을 주었다. 이로써 판도라는 자신이 겪은 피해와 고통을 없애 버릴 수는 없지만 그래도 희망을 가질 수 있음을 깨닫게 되었다.

- 휠라이트(Wheelwright, 1951)가 번역한 아리스토텔레스의 「형이상학」은 "본성적으로 모든 사람은 앎에 대한 욕망을 가지고 있다."라는 말로 시작된다. 그는 우리가 실제적인 이익을 얻지 못함에도 불구하고 지각과 통찰을 통해서 기쁨을 얻는 것이 그 증거라고 말했다.
- 윌리엄 제임스(William James, 1980)는 두 종류의 호기심이 존재한다고 주장했다. 첫째는 부분적으로 감지되는, 예상하지 못한, 놀라운 주위 환경의 자극에 의해 환기된 본능으로서 심리학적 토대를 지닌 호기심이다. 둘째는 과학적 호기심이나 형이상학적 경이처럼 더 인지적인 토대를 지닌 호기심이다.
- 벌린(Berlyne, 1954b)은 호기심이 질문과 같은 특정한 자극에 의해 환기된 충동이며 그 호기심을 야기한 질문이나 자극이 해소되면 호기심도 감소된

다고 말한다(Berlyne, 1954b).

위와 같이 호기심에 관한 다양한 견해로부터 어떤 결론을 얻을 수 있을까? 마치 배고픔처럼, 그것은 적절한 충동이 제시될 때 활성화되었다가 심신의 욕구가 충족되면 사라져 버리는 내적인 충동인가? 자기활성화되는 행위로서 성공에 의해 충족되지 않는 쾌락의 행위인가? 다시 말해, 호기심을 딴 곳으로 돌림으로써 호기심이 집중된 행동을 더 많이 하도록 만들 수 있는가? 호기심은 인류에 유익한가, 아니면 조심스럽게 다뤄야 할 위험한 것인가? 즉, 호기심은 자발적이며 자기 주도적인 지식 추구인가? 갈등을 해소할 욕구로부터 생겨난 내적 본능 혹은 충동인가? 인류에게 유익한 쾌락의 상태인가? 불쾌의 상태이며 본질적으로 악한 힘인가? 이제 여러분은 그림 4.1의 젊은 여사가 처음에는 확신에 찼으나 나중에는 혼란스러워했던 까닭을 이해할 수 있을 것이다!

호기심의 개념적 기초

신화와 철학의 역사가 그러하듯, 호기심에 관한 연구에도 위에서 제시한 모든 관점들이 드러난다. 호기심에 관한 심리학적 연구에는 기본적으로 세 가지 이론적 관점이 존재한다. 첫째는 호기심이 피해야 할 불쾌한 각성의 상태를 초래한다고 이해하는 충동 이론이다. 이 이론에서는 호기심이 호기심을 불러일으킨 상황을 해소하고자 하는 탐색적 행동(exploratory behavior)을 초래한다고 본다. 둘째는 주위 환경의 불일치를 인식할 때 호기심을 갖게 된다고 가정하는 불일치 이론(incongruity theory)이다. 이 이론에서는 적절한 호기심은 바람직하지만 바람직하지 않은 호기심도 존재한다고 본다. 셋째 관점은, 호기심이 환경을 지배하려는 욕망과 연관된 인간의 특징이라고 이해한다.

호기심에 관한 경험적 연구가 시작된 것은 비교적 최근의 일이다. 이 분야에서 가장 유명한 심리학자인 벌린은 "지금까지 심리학에서는 행동에 영향을 미치는 충동에 관해 놀라울 정도로 논의가 없었다. 충동이라는 개념 자체가 새로운 것이기 때문이다."라고 말했다(Berlyne, 1950). 그는 동인 이론(drive theory)에 기초한 예비적 호기심 이론을 도입했다(Hull, 1943). 벌린은 한 유기체가 새로운 자극을 지각할 때 충동의 자극이 만들어 낸 반응이 일어난다고 주장했다. 또한 그는 일정한 시간이 지나면 호기심은 감소한다고 주장했다. 쥐들을 실험용 상자 안에서 지내게 한 후, 한 그룹의 쥐 상자 안에는 세 개의 정육면체를 넣고 두 번째 그룹의 쥐 상자 안에는 세 개의 고리를 넣었다. 두 경우 모두 쥐들은 그 물체에 접근해 한동안 살펴보더니 이내 무시해 버렸다. 다음 단계로, 벌린은 정육면체 중 하나를 고리로, 고리 중 하나를 정육면체로 바꾸었다. 두 그룹 모두, 쥐들은 익숙한 물체는 무시하면서 새로운 물체를 살펴보았다. 이에 따라 벌린은, 새로움은 호기심의 충동을 활성화해 그 자극이 더 이상 새로운 것으로 지각되지 않을 때까지 탐색적 행동을 하게 만든다고 결론 내렸다.

후속 연구에서 벌린(1954a)은 충동에 의해 생성된 좀 더 복잡한 형태의 탐색적 행동을 연구했다. 그는 이것을 지적인 호기심(epistemic curiosity)이라고 불렀다(Berlyne, 1954b). 예를 들어, 이런 유형의 충동은 질문이 제기될 때 생겨났다가 답을 얻으면 줄어든다. 이 연구에서는 한 그룹의 학생들에게 예비 질문을 던진 다음 수업을 실시하고 나서 사후설문을 실시했다. 다른 그룹에는 예비 질문 없이 수업 후 사후설문만 실시했다. 그 결과 예비 질문을 제시했을 때 사후설문에서 나타나는 호기심과 기억의 수준이 더 높았다는 것을 발견했다. 또한 더 익숙한 동물에 관해 호기심을 자극하는 질문을 했을 때 관심이 더 높다는 것을 발견했다. 이 연구에서 더 익숙한 동물에 관한 질문을 선호한 것은, 낯선 내용에 관한 질문이 과도한 수준의 스트레스를 유발했기 때문일 수도 있다. 그러나 학생들은 예상을 벗어나거나 자신을 놀라게 하는 요소를 지닌 물음과 해답에 대해 가장 큰 관심을 기울였다. 그러므로 벌린은 이처럼 복잡한 상황의 연구에서 이전 연구와 일치하는 결과를 얻었다. 즉, 호기심은 새롭고 예상치 못한 충동에 의해 환기되며 그 대상이나 주제가 주체에게 익숙해진 후에는 호기심도 줄어든다.

이 이론은 호기심이 환경의 자극에 의해 환기된다는 관념에 기초해 있다. 그러나 사람들은 특정한 자극이 없을 때도 탐색적 행동을 한다. 벌린은 **수렴적 탐색**(specific exploration)과 **확산적 탐색**(diversive exploration)을 구별함으로써 이를 설명했다(Berlyne, 1965). 수렴적 탐색은, 새롭거나 예상치 못한 자극에 의해 시작되며 반사적인 반응을 이끌어 내거나 불일치를 인식하게 한다. 예를 들어 사람의 눈에 바람을 훅 불면 눈을 깜박인 다음 그 원인을 알아보려 한다. 이처럼 새로운 자극이 주어지면, 반사적으로 반응하거나 혹은 새로운 자극과 호기심에 관한 벌린의 연구에서 쥐에게 정육면체와 고리를 넣어 주었을 때처럼 환경의 불일치를 인식하게 된다(Berlyne, 1950). **감각적 호기심**(perceptual curiosity)이라고도 불리는 수렴적 탐색은 특정한 대상에 초점을 맞추며 정보를 추구한다. 일단 그 대상과 관련된 불확실성이 줄어들 정도로 충분히 많은 정보를 얻게 되면, 이 호기심도 약해진다. 벌린은 이처럼 수렴적 탐색을 자극하는 요인을 대조 변인(collative variables)이라고 부른다. 이것은 자극이 지닌 새로움, 변화, 놀라움, 불일치, 복잡성, 모호성, 불분명함 등의 속성을 일컫는 용어다(Berlyne, 1965).

그와 반대로 확산적 탐색은 단조롭거나 지루한 상황에서 나타나며 구체적인 대상도 없다. 무엇이든 흥미롭거나 새로운 것을 추구하며, 구체적인 정보를 수집하는 데에는 관심이 없다. 그러므로 확산적 탐색은 호기심보다는 지루함을 달래는 것과 더 관계가 깊다. 그러나 이 분야의 문헌에서는 "수렴적(또는 구체적) 호기심(specific curiosity)"과 "확산적(또는 다양한) 호기심(diversive curiosity)"이라는 용어가 사용된다. 데이(Day)는 수렴적 호기심이 새로움과 모호함처럼 고도로 대조적 특성을 띤 "태도와 탐색적 반응"이라고 설명한다(p.491). 또한 비들러(Vidler, 1977)를 인용하면서, 확산적 호기심을 지닌 사람의 특징은 "가만히 있지 못하며, 쉽게 지루해하고, 계속해서 변화를 추구하지만, 온전한 이해에 이르기까지 이런 상황에 집중하지는 못하는" 것이라고 말했다(p.25).

이 분야의 문헌에서는 이처럼 감각적 호기심과 지적 호기심, 수렴적 탐색과 확산적 탐색을 구별하는 경향이 뚜렷하다. 그리고 이런 구분은 우리가 일상에서 경험하는 호기심과도 잘 들어맞는다. 우리는 쉽게 자극의 근원을 인식할 수 있으며 짧은 시간 동안만 우리의 주의를 사로잡는 일시적인 사건과, 구하는 답을 얻을 때까지 관심이 가는 주제를 연구하게 하는 사건 사이의 차이를 쉽게 구별할 수 있다. 또한 구체적인 대상을 지닌 집중적인 유형의 호기심과, 단조로움이나 지루함을 달래기 위해 주변 환경을 우발적, 임의적으로 살펴보는 것 사이의 차이점도 구별할 수 있다. 이런 개념은 비록 동인 이론에 초점을 맞춘 호기심 연구로부터 발전된 것이기는 하지만 우리가 흔히 하는 경험과도 잘 들어맞는다.

또 다른 호기심에 관련된 개념은 불일치(incongruity)의 개념에 기초한다. 케이건(Kagan, 1972)에 따르면, 동기(motive)는 불확실성을 제거하고자 하는 욕망이다. 이것은 벌린의 지적 호기심과 유사하지만, 결핍 상태나 긴장 완화 과정의 결과가 아니다. 따라서 동인(drive)이 아니라는 것이다. 이는 세상을 이해하려는 인간의 성향을 반영한다. 이러한 동기 개념은 인지 부조화(cognitive dissonance)와 형태 심리학(gestalt psychology)에 관한 페스틴저(Festinger, 1957)의 연구에 의해 뒷받침된다. 두 관념이나 행동이 불일치하거나 모순된다고 인지될 때 인지 부조화가 발생한다. 이것은 기피 상태(aversive state)를 만들고, 불일치의 원인을 제거하거나 그 상황에 대한 인지적 해석을 수정함으로써 불일치를 제거하려는 동기를 활성화한다. 예를 들어, 자신의 아버지는 강하고 자제심이 많다고 믿는 한 남자 아이가 리틀 야구를 하는 도중 아버지가 평정심을 잃고 심판에게 소리지르다 퇴장당하는 것을 본다면, 그 아이는 인지 부조화의 상태에 빠진다. 그 아이는 아버지의 성격에 대한 자신의 생각을 바꾸거나, 아버지가 이해하는 야구 경기 규칙에 대한 표현이었다고 아버지의 행동을 정당화함으로써 이 상황을 해소할 수 있다.

이처럼 세상을 이해하고자 하는 인간 동기에 관한 전제는, 1912년 독일의 막스 베르트하이머(Max Wertheimer)에 의해 시작된 형태 심리학의 핵심 원리이기도 하다(Koffka, 1935). 많은 실험을 통해 이들은 지각(perceptions)을 유의미하고 익숙한 모양 혹은 패턴으로 조직함으로써 간격을 메우려 하는 인간의 경향 때문에, 전체가 부분의 합보다 더 클 수 있음을 보여 주었다. 그 예로, 그들은 동그라미 모양이지만 두 끝이 서로 만나지 않은 선의 사례를 제시한다. 회상 검사에서 실험 대상자는 완벽한 원을 그리는 경향이 있다. 이 심리학파가 지각 연구 외의 분야에서 더 이상의 활동을 보여 주고 있지는 않지만(Banks & Krajicek, 1991), 인지 부조화와 같은 기본 원리는 호기심을 불일치로 설명하는 이론과 일맥상통하며 이를 뒷받침해 준다. 로웬스타인(Lowenstein, 1994), 헵(Hebb), 피아제(Piaget), 헌트(Hunt) 등의 연구자들도 이런 관점을 지지하는 이론을 주장하거나 그에 관련된 실험을 했다.

세 번째 이론적 관점 역시 호기심을 동인(drive)보다는 동기(motive)로 보면서, 환경을 지배하려는 인간의 욕망을 강조한다. 흔히 인용되는 모와 모가 제시한 호기심에 관한 설명이 이런 관점을 반영한다(Maw and Maw, 1964). 이 주제에 관한 기존 연구와 초등학생에 관한 조사에 근거해 이들은 다음과 같은 상황에서 호기심이 표현된다고 결론 내렸다.

1. 주위 환경 중에서 새롭거나 이상하거나 부조화를 이루거나, 신비한 요소를 만날 때 그것을 향해 움직이거나 그것을 조작함으로써 그에 대해 적극적으로 반응할 때
2. 자신과 주위 환경에 관해 더 많이 알고자 하는 욕구나 욕망을 드러낼 때

3. 새로운 경험을 찾기 위해 주위 환경을 살필 때
4. 자극에 관해 더 많이 알기 위해 계속해서 그것을 살펴보고 조사하려 할 때 (p.31)

호기심에 관한 이들의 설명에 따르면, 호기심은 의문점에 대한 대답이 되는 지식과 정보를 적극적으로 추구하는 태도로서 더 깊은 수준의 이해에 이르게 해 주며 능력과 통제력을 향상시킨다. 이런 관점은, 호기심을 불확실성에 의해 초래된 기피 상태를 완화시키기 위한 노력으로 보는 동인 이론과도 다르며, 동기에 기반한 행동에 근거를 두지만 여전히 불확성을 기피 상태로 보는 부조화 이론과도 다르다. 동기 설계의 관점에서 볼 때, 이 이론들은 모두 학습 환경에 포함되는 특정 유형의 분석과 전략을 뒷받침한다. 이에 관해서는 나중에 더 자세히 설명할 것이다.

호기심에 관한 연구

호기심에 관한 연구 중에는 심리학적 구성 개념(psychological construct)으로서의 그 나낭성을 입증하기 위한 연구가 있다. 여기에는 예측 타당성(predictive validity)을 지니는지를 결정하기 위한 연구가 포함된다. 다시 말해, 호기심이 많은 사람은 호기심이 적은 사람들과 비교하였을 때 예측 가능한 방식으로 행동하는가를 알고자 한다. 또한 이런 연구에는 동시적 타당성(concurrent validity)과 판별 타당성(discriminant validity)에 관한 연구도 포함된다. 즉, 이런 연구에서는 호기심이 그것과 연관될 것으로 예상되는 다른 구성 개념과 상호 연관이 있는지, 아니면 그것과 독립적일 것으로 예상되는 다른 구성 개념과 무관한 것인지를 결정하고자 한다. 구성 개념의 타당성과 이론적 토대를 입증하기 위해 해결해야 할 문제 중 하나는, 그것이 다른 무엇과 연관되어 있는지 연관되어 있지 않은지를 묻는 기본적인 질문에 답하는 것이다. 예를 들어, 호기심은 지능과 관련이 있는가, 그렇지 않은가? 서로 연관성을 갖는다고 예상해야 하는가? 개념에 관한 이론적 기초에만 근거해서는 이런 문제에 대한 분명한 답을 얻을 수 없으며, 경험적인 연구를 통해서 이를 입증해야 한다. 다음 절에서 지능, 학습, 부모의 태도, 학교 교육, 자아 개념, 창의성, 모호성 감수, 지각적 엄밀성, 성취, 동기부여, 불안 등과 호기심이 어떤 관련이 있는지에 대한 연구 결과를 간략히 소개한다.

호기심과 지능

호기심은 지능과 정적 상관관계에 있다고 예상할 수 있다. 흔히들 호기심이 많은 사람은 더 많이 알고 싶어하며 새로운 것을 배우고자 하는 욕구가 더 강하다고 생각하기 때문이다. 그러나 이에 관한 연구는, 호기심과 지능 사이에 특별히 강력한 상관관계가 있는 것은 아님을 보여 준다. 모와 모에 따르면, 로지-손다이크 지능검사(Lorge-Thorndike Intelligence test)에 따른 5개 학급 148명의 5학년 학생의 지능지수와, 그들의 호기심 수준에 관한 교사들의 평가 사이의 상관계수는 0.43부터 0.67까지인 것으로 나타났다. 이 결과는 통계적으로 유의미하긴 했으나 두드러지게 높은 결과는 아니었다(1964). 동일한 5학년 학생들의 지능지수와 그들의 호기심에 관한 또래 친구들의 평가 사이의 상관계수는 0.32에서 0.65까지로서 통계적으로 유의미했지만 오히려 더 낮게 나타났다. 이 때문에 이 연구자들은 호기심 측정도구를 개발하고 구성 개념의 타당성을 연구할 때 지능지수 변인을 통계적으로 제어했다.

반대로, 거의 비슷한 시기에 페니와 매캔(Penny and McCann, 1964)은 호기심과 지능 사이에 거의 아무런 연관이 없음을 발견했다. 이들은 반응적 호기심을 측정하는 모형을 개발하고 그 타탕성을 입증했다. 이들은 반응적 호기심을 "(1) 상대적으로 새로운 자극에 대해 다가가 탐색하려는 경향, (2) 부조화하며 복잡한 자극에 대해 다가가 탐색하려는 경향, (3) 자주 경험하는 자극에 대해 그 자극에 변화를 주려는 경향"이라고 정의했다(p.323). 이들은 호기심을 띠는 상태와 실제로 호기심에 따라 행동하는 상태를 구별하고자 했다. 4, 5, 6학년 남학생 120명과 여학생 154명을 대상으로 한 연구에서, 이들은 남학생들의 호기심과 지능 사이에 0.06에서 0.14로 정적이지만 통계적으로 유의미하지 않은 상관관계를 발견했다. 4, 5학년 여자 아이들의 경우는 상관계수가 각각 0.03과 0.07이었다. 6학년 여자 아이들의 경우는 그보다 훨씬 높았지만(0.24) 여전히 통계적으로 유의미한 수준은 아니었다.

데이(1968b)는, 벌린(1963)이 처음으로 개발한, 28개의 복잡한 시각적 패턴으로 이뤄진 도구를 활용해 395명의 7, 8, 9학년 학생들을 대상으로 수렴적 호기심을 측정했다. 수렴적 호기심과 지능지수 사이에는 아무런 상관관계가 없었다(상관계수 = −0.05). 그러나 그가 만든 호기심에 관한 자기보고식 설문과 웩슬러지능검사(WISC)의 언어 부문 점수 및 총점수를 비교한 결과 정적 상관관계가 있음을 발견했다(1968b). 호기심과 지능이 창의력과 어떤 상관관계를 가지는가에 관한 연구(Day & Langevin, 1969)에서 그는 하트포드-쉬플리 지능지수 검사(Hartford-Shiply IQ test)의 총점수로 측정한 지능지수와 호기심 사이에 전혀 상관관계가 없다고 말했다. 그러나 언어 부문 점수에 관해서는 유의수준 0.05에서 작지만 유의미한 상관관계를 보였다(상관계수 = 0.26, n = 75). 호기심과 시험 불안, 수렴적 사고, 발산적 사고, 지능 사이의 연관관계에 관한 비들러(1974) 연구에서는 호기심과 지능은 정적 상관관계는 미약하나마 유의미한 수준으로 나타났다.

요약하자면, 기존 연구에 따르면 호기심과 지능 사이에는 아무런 관계가 없거나 중간 정도의 정적 상관관계가 나타난다. 그러나 기존 연구에서는 호기심을 측정하는 방법들이 많이 달랐기 때문에 이로부터 확실한 결론을 이끌어 내기는 어렵다. 호기심에 대해 더 일관되고 널리 받아들여지는 정의가 나타나기 전까지는, 이 상관관계가 실제로 얼마나 강한지는 여전히 불확실할 것이다. 당분간은, 모와 모의 사례를 따라 호기심에 관한 연구에서 지능지수 변인을 제어하는 것이 최선일 것이다.

호기심과 학습

호기심과 지능의 관계처럼, 호기심과 학습 사이에도 전반적으로 정적인 상관관계가 있다고 가정하는 것이 논리적이며, 여러 연구들이 이런 가정을 뒷받침한다. 호기심과 학습 사이에는 중간 정도에서 강한 정도까지의 상관관계가 존재하는 것으로 보인다. 이 상관관계는 호기심과 지능 간의 상관관계보다 훨씬 더 강할 수도 있지만, 연구 결과를 놓고 보면 이 점은 그리 분명하지 않다. 모와 모(1961)는, 5학년 학생으로 이뤄진 두 대집단에 관한 조사에서 지능지수와 별개로, 호기심이 낮은 아이들보다 호기심이 높은 아이들이 기억력이 더 좋다는 사실을 발견했다. 기억력이 좋고 호기심이 많은 아이들은 지능지수가 평균 이상이었다. 캐런(Caron, 1963) 역시 호기심과 학습 능력 사이에 양적 상관관계가 있음을 발견했다. 암기 학습과 이해력 모두 호기심과 상관관계가 있었지만, 특히 이해력과 관계가 깊었다. 호기심을 측정하기 위해, 그는 주어진 지식을 습득하겠다는 주관적 기대와 학습 과제에 대한 참여도를 점수화했다. 그는 1천 명의 대학 2학년생을 대상으로 한 연구에서 유의미한 정적 상관관계를 발견했으며, 이 결과가 이전의 학업 성취도와도 상관관계를 지닌다는 사실도 발견했다. 그러므로 이런 맥락에서 호기심은 학습에 도움을 준다는 것이 분명하다.

이와 관련된 또 다른 관심 주제는 의도적 학습(intentional learning)과 우연적 학습(incidental learning)을 구별하는 것에 관한 문제다. 기존의 연구 결과는 불안과 기타 동인 상태가 기피 상태를 초래해 학습에서 단서 활용 능력을 떨어뜨릴 수 있음을 보여 준다. 이 연구에서는, 이런 상황에서 의도적 학습과 관련된 과제에서는 성취도 향상을 보이지만 우연적 학습의 경우는 성취도가 떨어진다는 것을 보여 준다. 구체적인 과제와는 거의 무관한 학습 환경에서 단서에 집중하게 하면 우연적 학습 능력이 향상될 것이다. 문제는, 이것이 호기심과 무슨 관계가 있는가 하는 것이다. 동인 감소 이론(drive reduction theories)에서는 다른 동인과 마찬가지로 호기심을 회피 상태로 간주한다. 그러나 다른 이론에서는 호기심을 긍정적인 정서와 접근 행위와 연관된 하나의 동기로 이해한다. 파라도프스키(Paradowski, 1961)는 이를 알아보기 위해, 대학생들에게 흔히 볼 수 있는 동물과 낯선 동물의 그림과 문서를 제시한 후 새로운 자극과 익숙한 자극이 의도적 학습과 우연적 학습에 어떤 영향을 미치는가를 알아보는 실험을 실시했다. 익숙하지 않은 동물을 제시한 것은 호기심을 불러일으키기 위해서였다. 호기심이 높은 집단은, 의도적 학습(동물에 관한 자세한 내용을 묻는 질문)과 우연적 학습(배경 디자인과 색상을 묻는 질문) 모두에서 높은 점수를 얻었다. 호기심이 불안감을 만들어 내고 외부 단서를 처리하는 능력을 감소시킨다고 보는 전통적인 동인 이론의 관점에서 보면 이런 결과는 예상 밖이다. 오히려 호기심을 동기의 요소로 이해하는, 비교적 적극적인 관점을 뒷받침한다. 물론 호기심에 동인을 유발하는 측면과 동기를 유발하는 측면이 둘 다 있을 수 있는 가능성을 배제할 수는 없다.

발달의 영향: 부모의 태도와 학교 교육

다른 성격 특성들처럼, 발달이 어린이의 호기심에 미치는 영향이 존재하는가에 대한 의문을 가질 수 있다. 흔히들 어린이는 대개 호기심이 많지만 일정 기간 학교 교육을 받은 후에는 호기심이 감소한다고 생각한다. 그러나 많은 사람들이 학교에 들어가고 나서도, 더 나아가 성인이 된 후에도 여전히 높은 수준의 호기심을 유지한다. 모와 모(1966)는 어린이의 호기심 수준과 부모의 태도 사이에 상관관계가 있는가를 연구했다. 이들은 교사와 친구들의 평가를 결합해 중산층 교외 지역의 5학년 남녀 학생의 호기심 수준을 알아보았다. 아이들의 부모들은 부모태도연구 측정도구(Parental Attitudes Research Instrument, PARI)에 응답했다(Schaefer & Bell, 1958). 이 연구에서 부모의 태도와 남자 아이들의 호기심 사이에는 일정한 관계가 있지만 여자 아이들의 경우는 그렇지 않다는 것이 발견되었다. 호기심이 높은 남자 아이의 아버지들은 호기심이 낮은 남자 아이의 아버지들보다 의존성 조장, 가혹한 처벌, 남편의 우세, 성의 억압에 관한 항목에서 점수가 상당히 낮았다. 호기심이 높은 남자 아이의 아버지들은 호기심이 낮은 남자 아이의 아버지들보다 평등 의식에 관한 하위 항목에서 점수가 더 높았다. 호기심이 높은 남자 아이의 어머니들은 호기심이 낮은 남자 아이의 어머니들보다 세 가지 하위 항목−의존성 조장, 외부 영향력 배제, 간섭−에서 점수가 상당히 낮았다. 여자 아이들에 관해서는 차이점을 발견하지 못했다. 그러나 여자 아이들은 30명으로서 57명이었던 남자 아이들보다 그 표본수가 훨씬 적었음을 감안해야 한다. 또한 호기심이 높은 남자 아이들의 부모는 높은 독립성과 부모와 자녀 간의 평등, 양성 간의 평등을 지지하는 경향이 있었다.

색스와 스톨락(Saxe and Stollak, 1971)은 네 집단으로 이뤄진 40명의 1학년 남자 아이들의 행동을 연구했다. 각 집단은 특정한 성격(높은 호기심과 사교성, 낮은 호기심, 높은 공격성, 높은 신경과민)을 대표한다. 각 아동은 자신의 어머니와 함께 여러 가지 친숙한 물체와 장난감, 그리고 새로운 물체와 장난감이 갖춰진 놀이방으로 들어간다. 어머니에게는 자녀가 장난감을 어떻게 가지고 노는지가 관찰 대상이며 어머니는 아이와 놀아 줘도 되고 그렇지 않아도 된다고 말했다. 호기심이 많고 사교적인 아이의 어머니들이 공격성이 높은 아이의 어머니들보다 더 긍정적인 감정을 보여 주었고 제한을 덜 가했으며 무관심한 태도도 적게 나타냈다. 또한 호기심이 많고 사교적인 아이의 어머니들은 호기심이 낮은 아이의 어머니들보다 더 긍정적인 감정을 많이 드러냈으며, 어머니의 긍정적인 감정은 자녀의 주의력, 손재주, 정보 제공 능력과 상관관계가 있었다. 새로운 자극에 대한 아이의 호기심은 새로운 것에 대한 어머니의 호기심과 상관관계가 매우 컸다. 또한 어머니의 교육 수준은 서로 묻고 대답하는 상호작용의 횟수와 중간 수준 정도의 상관관계를 보였다.

전체적으로 이 두 연구는, 다른 성격의 특성과 마찬가지로 부모의 태도와 행동과 호기심 간에 분명한 상관관계가 있음을 보여 준다. 사회경제적인 요소도 영향을 미칠 수 있지만, 이 연구에 따르면 이런 요소는 부모의 성격과 자녀양육 방식만큼 중요한 영향을 미치지는 않는 것으로 보인다.

부모의 행동과 별개로, 학교 교육이 호기심에 어떤 영향을 미치는가에 관한 질문이 제기된다(Vidler, 1977). 호기심은 나이가 들수록 줄어드는 경향이 있으나(Vidler, 1977), 이것이 나이가 들어 성숙하기 때문인지 학교와 같은 환경의 영향 때문인지가 분명하지 않다. 호기심이 학교에서 길러 낼 수 있는 성격 특성 중 하나라는 점에 관해서는 광범위한 의견 일치가 나타난다(Maw & Maw, 1977; Messick, 1979; Piaget, 1952; Wohlwill, 1987). 그러나 교사가 호기심을 중시한다고 말하면서도 호기심을 항상 권장하는 것은 아니라는 연구도 존재한다. 토런스(Torrance, 1963)는 호기심의 가치를 높이 평가한다고 말한 교사들에게 가장 훌륭한 학생을 꼽아 보라고 했다. 그러나 교사들이 꼽은 학생들은 가장 호기심이 많은 학생들이 아니었다. 그리고 아른스틴(Arnstine, 1966)은 대부분의 교실에서는 호기심을 자극하는 대조 변인(새로움, 역설, 놀라움)의 요소를 수용하지 않는다는 것을 발견했다. 또한 환경의 영향에 있어서, 학년이 올라갈수록 교실 환경은 호기심을 개발하는 데에 도움이 되지 않을 수도 있다. 일부 학자들은 호기심을 표출하는 것을 격려하는 교사들의 비율이 초급 학년에 비해 중급 학년에서는 현저히 줄어든다는 점을 발견했다(Englehard, 1985; Goodlad, 1984; Torrance, 1965). 엥겔하드와 몬새스(Engelhard and Monsaas, 1988)는 두 개의 공립학교와 한 개의 가톨릭학교에서 3, 5, 7학년 학생들의 학교와 연관된 호기심을 조사했다. 학년이 높을수록 학교와 관련된 호기심이 감소했지만, 어떤 학교에 다니느냐는 전혀 영향을 미치지 않았다.

기존의 증거만 놓고 보면 학생의 호기심을 감소시키는 것은 학교의 잘못인 것처럼 보인다. 학년이 올라갈수록 특정한 물음에 대해 정답을 말해야 하고 기성의 사고 체계를 습득해야 한다는 점을 더 강조하는 경향이 있다. 그러나 이것이 단순히 현재의 상황만을 말해 주는 것인지, 아니면 필연적인 결과인지는 분명치 않다. 구성주의적 학습 모형이나 문제 기반 학습과 같은 혁신적인 교육 방법을 채택한 교실과 전통적인 교수법을 사용하는 교실을 비교해, 두 개의 교실에서 나타나는 호기심의 수준이 두드러진 차이를 드러내는지를 조사해 보는 것도 흥미로운 일일 것이다.

호기심과 창의성

학자들은 이론이나 개념적 정의에 근거해 호기심과 창의성 사이에 관계가 있을 것이라고 주장해 왔다(Day, 1968a). 그리고 이런 주장을 뒷받침하는 증거도 있다. 토런스(1969)는 학업 성취가 우수한 6학년 학생 75명에게 얼음에 관한 특이한 질문을 만들어 보라고 말했다. 그 중 절반은 교사들이 반에서 가장 호기심이 많은 학생으로 꼽았고, 나머지 절반은 모와 모의 측정 기준을 적용했을 때 가장 호기심이 약한 아이들이었다. 그는 학생들에게 사람들로 하여금 새로운 방식으로 얼음에 관해 생각해 보게 하는 질문을 만들라고 말했다. 학생들 중 절반에게는 5분 동안 가능한 한 많은 질문을 만들라고 말했으며, 다른 절반에게는 떠오른 생각을 적어 둘 수 있는 작은 노트를 나눠 주고 집에 가져갔다가 그 다음날 가져오라고 말했다. 그 결과, 시간 제한을 두고 문제를 만들게 한 그룹의 경우, 호기심이 많은 아이들과 적은 아이들 간에 만들어 낸 문제의 개수에 관해서는 차이가 없었다. 그러나, 비록 그 차이가 유의미한 수준은 아니었지만, 호기심이 적은 아이들은 호기심이 많은 아이들보다 약간 더 다채로운 질문을 만들었다. 하지만 시간 제한을 두지 않고 집으로 가져가게 했을 때는 호기심이 강한 아이들이 더 다채로운 질문을 만들었으며, 그 차이는 유의미한 수준을 보였다. 이 실험의 결과는, 호기심이 강한 아이들에게는 창의적인 결과물을 만들어 내기 위해 문제에 깊이 파고들고 처리할 수 있는 시간이 더 많이 필요할 것이라는 연구자의 예상과 일치했다.

이 밖에도 호기심과 창의성의 상관관계를 뒷받침하는 연구가 몇 가지 더 있다. 요인판별분석(factorial discriminant analysis)에 기초해, 교사와 동료 학생들에게 호기심이 강하거나 약하다고 꼽힌 5학년 남녀학생 416명을 대상으로 실시한 일련의 실험에서, 모와 머군(Maw and Magoon, 1971)은 호기심이 강한 아이들이 창의성도 높다는 것을 발견했다. 비들러(1974) 역시 호기심과 창의성의 상관관계를 발견했다. 교육학 개론을 수강하는 대학생 212명을 대상으로 한 이 연구에서, 그는 호기심이 창의성과 연관된 발산적 사고와 정적 상관관계가 있음을 확인했다. 데이와 랭거빈(Day and Langevin, 1969)은 75명의 간호학과 여자 대학생을 대상으로 호기심과 창의성 사이에 정적 상관관계가 있음을 발견했다. 또한 교사와 동료 학생이 평가한 호기심 수준에 따라 분류한 224명의 5학년 남자 아이들을 대상으로 한 요인분석연구를 통해 모와 모는 창의성과 일반적인 호기심 요인 사이에 정적 상관관계가 있음을 발견했다.

이러한 상관관계를 평가할 때의 어려움은 호기심이나 창의성을 분명하고 명확하게 정의 내릴 수 없다는 점이다(Maw and Maw, 1970a). 연구가들은 판별함수분석(discriminant function analysis)을 사용해 높은 호기심이 효율성과 성실성, 신뢰성, 책임감, 지능, 창의성, 사교성, 모호성 감수, 개인적 가치 인식 등과 상관이 있음을 발견했다. 이 결과는 인지 능력, 성격, 사회적 행위 지표에 관한 26개의 측정 기준에 기초한 것이다.

호기심, 모호성 감수, 지각적 엄밀성

호기심이 강하려면 새로운 생각과 경험에 개방적이어야 하고, 그렇게 하기 위해서는 상당한 수준의 불확실성을 경험하는 것에 대해 지나치게 예민해서는 안 될 것이다. 호기심을 발휘하고자 할 때는 모호함이나 다른 불확실성의 본질을 피하기가 어렵다. 이를 피할 수 있는 유일한 방법은, 시작하기 전에 이미 해답을 가지고 있는 것이며, 물론 이것은 호기심의 개념과 모순된다.

어떤 점에서 호기심과 모호성의 관계는 상호적인 것처럼 보인다. 스마크와 홀트(Smock and Holt, 1962)는 어린이들을 연구한 후, 다른 종류의 자극에 의해 유도된 개념적 충돌의 유형에 차이가 있으며, 어떤 자극은 다른 자극보다 더 많은 호기심을 이끌어 낸다는 것을 발견했다. 또한 그들은 지각적 엄밀성과 호기심의 동기부여 사이에는 부적 상관관계가 있음을 발견했다. 엄밀한 지각 체계를 가지고 있는 아이들은 부조화를 그다지 많이 지각하지 못하는 경향이 있었다. 이는 그들이 새롭거나 모순적인 정보에 그만큼 개방적이지 않기 때문일 것이다. 즉 똑같은 자극에 대해, 호기심이 많은 아이들은 부조화를 지각하는 반면, 지각적으로 엄밀한 아이들은 동일한 자극 안에서 부조화를 지각하지 않음으로써 모호함이라는 불쾌한 상태를 회피했다.

학생들은 주위 환경과 학습 과제에 관해 편안함을 느낄 때 더 개방적으로 호기심을 표출하는 듯하다. 이는 아마도 환경이나 과제가 낯설거나 불편할 때는 불안감을 더 심하게 느끼기 때문일 것이다. 레너핸 등(Lenehan, Dunn, Ingham, Signer, & Murray, 1994)은 선호하는 학습 방식에 기초해 숙제를 내준 학생들을 전통적인 학습 지침만 받은 학생들과 비교했을 때, 과학에 관한 호기심 지수가 훨씬 더 높은 반면 불안과 분노의 지수는 더 낮았다.

호기심, 자아 개념, 불안

호기심과 다른 성격 특성 사이의 관계에 대해서도 연구해 볼 수 있다. 예를 들어,

모와 머군(1971)은, 높은 호기심은 효율성과 성실성, 신뢰성, 책임감, 지능, 창의성, 사교성, 모호성 감수, 개인적 가치 인식과 관계있음을 발견했다. 이 결과는 인지 능력, 성격, 사회적 행위 지표에 관한 26개의 측정 기준에 기초한 것이다. 그러나 여기서는 학습 동기부여에 도움이 되는 환경을 계획하고 만들어 내는 데에 특별히 유용한 상관관계에 초점을 맞추고자 한다. 앞서 설명한 상관관계 외에 호기심이 자아 개념, 성취 동기, 불안과 어떤 관계를 갖는지 생각해 보는 것이 좋다.

자아 개념: 호기심과 자아 개념의 정적 상관관계에 대해서는 비교적 안정적인 연구 결과들이 있다. 모와 모(1970b)는 19개의 5학년 학급에서 15명의 호기심이 강한 남자 아이와 14명의 호기심이 약한 남자 아이를 골랐다. 조사자들은 이들의 자아 개념을 알아보기 위해 자립심, 자신의 가치에 대한 생각, 자신의 자유에 관한 생각, 소속감, 쉽게 물러서지 않는 성향 등 다양한 요인을 측정했다. 모와 머군(1971)은 5학년 남자 아이와 여자 아이들에 대한 판별함수분석을 통해 긍정적 자아 개념을 나타내는 몇 가지 요인과 호기심 사이에 연관이 있음을 발견했다.

불안: 호기심과 불안은 대개 부적 상관관계를 나타낸다. 다시 말해, 불안감의 수준이 낮을수록 호기심의 수준은 높은 경향이 있다. 데이(1968b)가 지적하듯이, 표출불안척도(manifest anxiety scale)에 의거해 측정된 고도의 불안은 상황으로부터 후퇴하는 성향과 무력감에 연관성을 가진다. 즉, 고도의 불안은 탐구적 행동을 중단하는 데에 영향을 미친다. 불안 상태가 일정 수준 이상으로 강할 때는, 호기심이 강한 사람과 약한 사람 모두 호기심이 저하된다. 피터스(1978)는, 가르치는 사람이 위압적이지 않다고 인식할 때, 호기심이 강한 대학생들은 호기심이 약한 학생들보다 세 배 이상 많은 질문을 한다는 것을 발견했다. 그러나 가르치는 사람이 위압적이라고 인식할 때는, 두 집단 사이에 아무런 차이도 없었다.

비들러(1974)는 호기심과 시험 불안, 발산적 사고 사이의 상관관계를 연구했다. 그는 수렴적 사고는 전통적인 지능의 척도와 밀접한 연관이 있으며, 발산적 사고는 창의성과 관계있음을 발견했다. 시험 불안과 지능 사이에서는 부적 상관관계를 발견했다. 창의성과 지능 사이에는 약한 정적 상관관계가 있다고 말했다. 호기심과 창의성 사이에는 중간 정도의 정적 상관관계가 있었다.

요컨대, 호기심의 개념에는 다양한 차원이 있다. 이것은 사람들이 큰 관심을 기울이는 인간의 특성이다. 더 나아가, 호기심을 조장하는 요소에 관해 사람마다 생각이 다르다. 교육자와 상담자에게 어려운 점은, 내담자와 학생, 교사, 부모로 하여금 이 중요한 생존 기술을 개발하도록 도울 수 있는 방법을 알아내기 위해 어떤 조건 아래서 호기심이 더 잘 발휘되는가를 이해하는 것이다.

지루함

에릭 프롬(1955)은 "최악의 정신적 고통 중 하나는, 자신과 자신의 삶에 대해 어찌할 바를 모르는 지루함이다."라고 말했다(253쪽, Healy, 1979, 38쪽에서 재인용). 이런 생각은 오랜 세월 동안 다양한 방식으로 표현되어 왔다. 프로이트와 동시대인이었던 유명한 정신분석학자 칼 융(Carl Jung)은 같은 생각을 다른 관점에서 표현했다(그림 4.2).

지루함이라는 인간 특성은 대부분 호기심에 관한 연구와 별개로 연구되어 왔다. 그러나 호기심과 마찬가지로, 지루함이라는 개념 역시 오랫동안 철학적, 사회학적, 심리학적인 연구의 주제였다! 예를 들어, 규범 부재나 가치 상실의 감정을 일컫는 아노미(anomie)와 결합된 지루함이나 권태는 페테리코 펠리니(Federico Fellini)의 유명한 영화 "달콤한 인생(La Dolce Vita)"의 중심 주제였다. 1960년에 발표된 이 영화는 두 차례의 세계대전 직후 핵무기에 의한 대학살의 가능성을 지속적으로 느꼈던 1950년대를 배경으로 한다. 영화에서는 신앙, 교회에 대한 신뢰, 다른 전통적 가치에 대한 믿음을 잃어버리고 밀려오는 무목적성과 권태감으로부터 일시적으로나마 도피하기 위해 끊임없이 자극적인 것을 추구하는 부유한 "한량"들을 묘사한다. 이들과 대비를 이루는 지식인들은 자신의 아파트에 철학자, 시인, 화가들을 초대하지만 그들은 공허한 허

"이따금 나는 미친 사람들보다 따분한 사람들이 더 시급한 치료를 요한다는 결론에 이르곤 한다."

그림 4.2 지루함에 관한 칼 융의 말(출처: 개인 소장품)

세에 불과한 이야기를 나누고 결국에는 주인공이 비극적인 행위를 하고 만다. 이 영화는 영화 예술로서도 훌륭하고 심오하지만, 이 시기의 중요한 사회상을 탁월하게 포착한 작품이기도 하다.

션 힐리(Sean Healy)의 책 「지루함의 근원(The Roots of Boredom」(1979)에서도 해리(disassociation)와 지루함에 관한 사회학적 관점을 잘 포착하고 있다. 그의 핵심 주장은, 지루함이 언제나 인간의 관심사였지만, "지난 3백 년 동안 그 범위와 성격이 완전히 바뀌었으며, 예전에는 드문 현상이었지만 이제는 서양 문화 전반에 널리 퍼져 있다"는 것이다(1쪽). 기술 발전과 사교의 기회, 맞벌이 부부 가정의 증가로 사람들의 주의를 산란하게 하는 것들이 수없이 많아서 사람들이 지루할 틈이 없어 보이는 오늘날에도 힐리가 같은 결론을 내릴 수 있을 것인가. 하지만 지루함에 대한 대안들 중 많은 부분은 삶과 지적 발전에 의미 있게 참여하는 것보다는 본질적으로 도피적 것이라고 할 수 있다.

이런 생각들은 비록 경험적 연구에 근거한 것은 아니지만, 사람들의 동기와 행동에 영향을 미치는 문화적 지향점과 가치를 보여 준다는 점에서 매우 중요하다. 심리학적 연구에 관해 가이비츠는 지루함에 관한 연구서를 검토한 바 있다(Geiwitz, 1966). 그는 더불어 언급되는 경향이 있는 네 가지 구성 개념을 발견했다. 첫째는, 일반적으로 지루함과 부적 상관관계를 지닌 것으로 간주되는 **각성**(arousal)이다. 다시 말해 낮은 수준의 각성은 높은 수준의 지루함과 연관이 있다. 둘째는, 지루함과 동의어는 아니더라도 많은 사람들이 정적 상관관계를 지닌다고 생각하는 단조로움(monotony)이다. 그러나 일부 연구에 의하면 지루함의 정도가 단조로움의 정도와 무관하고, 대신 단조로움의 한 요소인 **반복성**(repetitiveness)과 연관이 있음을 발견했다. 세 번째 개념인 **제약**(constraint)의 경우는, 지루함과 관련이 있다고 가정하는 사람들이 있기는 하지만 경험적으로 증명되지는 않았다. 네 번째 개념은 불쾌함(unpleasantness)이나 부정적 정서나.

이것은 학교 교육과 어떤 관계가 있을까? 너무 지루해 깨어 있기가 거의 불가능한 교실에 앉아 있다고 상상해 보라. 듣기 싫거나(불쾌함), 종이 울릴 때까지 떠날 수 없거나(제약), 교사가 단조로운 목소리로 말하거나(낮은 각성도), 반복되는 내용만 계속 이야기하는(반복성) 수업을 듣고 있다고 가정해 보라. 지루함을 불러오는 가장 완벽한 시나리오다! 더불어 잠까지. 이것은 현실적인 시나리오인가 현실의 과장인가? 대답은 당신에게 맡기도록 하겠다.

가이비츠(1966)는 실험 연구 결과를 통해, 네 개념이 지루함에 각각 다른 영향을 미친다는 것을 발견했다. 몇 가지 대단히 반복적인 과제(종이에 체크 표시를 하게 하는 것)를 수행하게 했을 때 피험자들은 각성, 반복성, 제약, 불쾌함의 수준이 높다고 답했으며, 모두가 지루함과 의미 있는 상관관계를 나타냈다. 그러나 세 변수를 상수로 만들고 각각 그 별개로서 지루함과 어떤 상관관계가 있는지를 조사했을 때는, 낮은 각성의 정도와 높은 제약의 정도는 독립적으로 지루함과 상관관계가 있었다. 반복성이 존재할 때 불쾌함은 지루함과 다소 연관이 있었다. 그러므로 낮은 각성, 높은 제약, 높은 불쾌함이라는 세 조건이 지루함과 가장 밀접하게 연관되어 있었다.

가이비츠(1966)와는 별도로, 메러비언과 오레일리(Mehrabian & O' Reilly, 1980)는, 이와 유사하게 기질(temperament)의 다양한 차원을 설명하는 데 사용될 수 있는 세 쌍의 성격으로 구성된 3차원 모형을 제안했다. 유쾌-불쾌, 각성-비각성, 지배-종속이다. 마지막 지배-종속의 경우 가이비츠의 제약과 유사하다. 이 세 상의 개념으로 규정된 감정 상태와 그 특성을 예로 들자면, 열광(유쾌, 각성, 지배), 불안(불쾌, 각성, 종속), 편안함(유쾌, 비각성, 지배), 경멸(불쾌, 비각성, 지배) 등이다. 콥(Kopp, 1982)은 지루함을 각성, 유쾌함, 지배(그는 지배를 자기결정이라 부른다)가 낮은 상태라고 규정했다.

이런 연구에서는, 지루함의 개념을 이루는 주요한 속성을 이해하는 데에 도움이 되는 연관된 성격을 통해 지루함을 정의하고자 한다. 그러나 이런 식의 접근법이 지니는 한계는, 상관관계로부터의 추론에 근거하기 때문에 간접적일 수밖에 없다는 것이다. 또 다른 방향에서 이루어진 지루함에 관한 연구로는, 주관적이기는 하지만 직접적인 평가를 제공하는 자기보고 측정 방법을 개발하는 노력이 대표적이다. 보다노비치(Vodanovich, 2003)는 지루함을 측정하는 것과 관련된 25년 동안의 연구를 재검토한 후 학습 및 노동 환경과 관련된 몇 가지 도구를 설명했다.

이런 다양한 연구로부터 얻을 수 있는 결론은, 지루함을 최적의 자극 수준에 미치지 못하는 상태로 이해할 수 있다는 것이다. 이러한 환원론적 개념 이해에도 유익한 점이 있다. 그러나 특히 학습 환경에서 지루함의 원인을 분석하고 이를 억제할 수 있는 전략을 설계하고자 할 때는, 지루함의 속성과 여러 상황에서 이를 측정할 수 있는 여러 방법에 관한 지식을 얻는 것은 훨씬 더 유익하다.

감각 추구

감각 추구라는 개념은 지루함과 대조를 이룬다(Zuckerman, 1971, 1978, 1979). 이것은 사람이 특이하고 새로운 경험을 얼마나 추구하는가를 가리키는 개념이다. 예를 들어, 기구를 타고 여행하는 것을 더 좋아하는가, 아니면 텔레비전에서 여행에 관한 다큐멘터리를 보는 것을 더 좋아하는가? 높은 감각 추구 욕구는 과속 운전, 도박, 과도한 음주, 성적 방탕, 법적으로 사용이 제한된 약물의 사용과 같은 다양한 위험 행위와 연관이 있다. 그러나 이것은 극단적으로 위험한 행위의 몇 가지 사례이며, 이런 위험한 행위는 고도의 감각 추구 욕구를 지닌 사람들이 지향하는 목표가 아니라 새로움과 변화, 흥분을 추구하는 욕망을 충족시키기 위한 추구 행위에 뒤따르는 결과라고 할 수 있다. 감각 추구 욕구를 충족시키기 위한 다른 형태의 행동으로는 등산, 행글라이딩처럼 육체적으로 어려운 활동, 공포 영화나 다른 서스펜스 영화와 같은 정서적 자극이 강한 오락, 고도의 사회적 활동, 해외 여행과 같은 모험 등이 있다(Zuckerman, 1979).

전통적으로 감각 추구 성향을 측정하는 주된 방법은 주커먼의 "감각추구척도(Sensation Seeking Scale, SSS)"를 활용한 측정 방법이다. 이 측정 방법은 원래 34항목으로 이뤄졌지만 후에 72항목으로 확대되었다(Zuckerman, 1971). 이 측정 방식에서는 피험자에게 여러 선택지 중에 하나를 고르라고 말한다. 예를 들어,

1. 나는 차가운 물에 들어갈 때 적응할 시간을 얻기 위해 천천히 들어간다.
2. 바다나 차가운 웅덩이로 다이빙하거나 곧장 뛰어들기를 좋아한다.

감각 추구는 일차적 개념이 아니다. 이 측정 방식에서는 일반적인 감각추구척도뿐만 아니라 다른 네 요인, 즉 흥분과 모험 추구, 경험 추구, 탈억제, 지루함에 대한 민감성에 관한 점수도 제공한다. 위험을 감수하는 성향이 높은 것으로 규정되는 사람은 소수에 부과하며, 이 경우에는 흥분과 모험 추구하는 것에 관해서도 그 점수가 높다. 하위 항목인 지루함에 대한 민감성은, 어떤 사람들은 고도의 위험을 추구하는 욕망보다는 지루함을 피하고자 하는 욕망에 의해 더 큰 영향을 받는다는 것을 보여 준다. 또한 이를 통해 감각추구척도에서 높은 점수를 받은 사람들이 그러한 행동을 보이는 까닭을 이해할 수 있다.

감각 추구 욕구와 지루함에 관한 연구를 통해, 사람마다 자극의 양의 최적 수

준이 다르며, 이런 성격의 차이를 통해 그 특성과 상태에 차이가 있음을 알 수 있다. 각성 욕구가 낮은 사람에게는 편안하다고 여겨지는 상태가 감각 추구 욕구가 높은 사람에게는 견딜 수 없을 정도로 지루한 상태일 수도 있다. 그렇기 때문에 효과적인 동기부여 설계를 위해서는 다양한 접근 방식과 대상 분석을 결합시켜야 한다. 학습 대상자들이 얼마나 다양한지, 어느 정도의 자극이 적절한 수준인지를 알고 있어야 한다.

주의집중과 호기심을 유발하기 위한 전략

지금까지의 논의를 통해 주의집중이라는 범주가 얼마나 중요한지를 이해했을 것이다. 학습이 이루어지기 전에 학습자의 주의를 끌어야 한다. 아무리 교육 내용을 잘 설계해도 학습자의 정신이 딴 데 가 있으면 아무런 소용이 없다. 학생이 배우고 싶어할 때에도, 너무 단조롭거나 반복적인 환경에 정신이 무뎌지거나 너무 시끄러운 환경에 주의가 산만해진다면 공부하기가 어렵다고 생각할 것이다. 주의집중 유발에 관련된 어려움은 일관성, 새로움, 다양성에서의 올바른 균형점을 찾는 것이다. 자극에 대한 용인은 사람마다 다르기 때문이다. 어떤 사람은 쉽게 지루해하는 반면, 어떤 사람은 상대적으로 더 안정적 환경을 선호한다. 학습자들의 차이점을 이해한 후 어떤 방법을 활용할지, 학습 대상에 맞게 그 방법을 어떻게 조정할지를 이해할 때 비로소 그들로 하여금 집중하고 관심을 갖게 할 수 있다. 주의집중에는 몇 가지 다른 하위 구성 요소가 있다(표 4.1).

표 4.1 주의력의 하위 범주, 관련 질문, 주요 지원 전략

개념과 관련 질문	주요 지원 전략
A1. 감각적 각성 학습자의 흥미를 유발하기 위해 무엇을 할 것인가?	새로운 접근 방식을 사용하고 개인적, 정서적 소재를 도입해 호기심과 놀라움을 만들어 내라.
A2. 탐구 유발 어떻게 학습자의 탐구하는 태도를 이끌어낼 것인가?	질문을 하고, 역설적인 상황을 만들고, 탐구하는 태도를 이끌어내고, 생각을 자극해 호기심을 증가시키라.
A3. 변동성 어떻게 학습자의 주의집중을 유지할 것인가?	다양한 제시 형식, 구체적인 비유, 흥미로운 사례, 예상치 못한 사건 등을 통해 흥미를 유지시키라.

그 각각은 주의집중을 정의하는 데에 도움이 되는 핵심 질문과 이를 뒷받침하는 전략을 포함한다. 또한 그 각각은 주의집중에 관한 주요 개념에 근거를 둔다. 첫째, 지각적 각성은 벌린의 개념에 기초한 것으로서 각성 이론의 다른 기초 요소를 결합한 것이다. 둘째, 탐구 유발은 벌린의 인식적 호기심이라는 개념과 직접적으로 연관이 있다. 그리고 셋째, 다양성은 지루함과 감각 추구에서 다루는 이슈를 포괄한 개념이다.

A.1. 흥미 포착(Capture Interest)

짐은, 지게차 운전이 식은 죽 먹기라고 생각해 한 친구가 운전하는 것을 지켜보기만 한 후 지게차를 운전하려 했던 프레드라는 사람의 실화를 들려줌으로써 "안전한 지게차 운전"에 관한 워크숍을 시작했다. 다행히 프레드는 살아 남았지만, 지게차와 세 줄로 쌓여 있던 상품을 모두 버리고 말았다. 짐은 극적인 동작과 얼굴 표정을 섞어 효과적으로 이 이야기를 전달했다. 가능했다면, 이야기 대신 이를 드라마화한 비디오를 보여 주었을 것이다.

예상치 못한 소리나 움직임은 자동적으로 사람의 주의를 끈다. 교사들이 극적으로 동작을 멈추거나, "주목"이라고 외치거나, 책으로 책상을 내려치거나 학생들의 주목을 끌기 위한 여러 가지 방법을 동원할 때 바로 이런 일이 일어난다. 그러나 이런 방법은 가끔씩 사용해야만 효과가 있고, 그나마도 일시적인 효과를 얻을 수 있을 뿐이다. 더 깊은 차원의 호기심을 유발시킬 무언가가 필요하다. 그렇지 않으면 학생들의 집중을 잃어버리고 만다.

감각적 각성의 더 강력한 요소는 구체성이다. 일반적으로, 사람들은 추상적인 것보다 구체적인 인물이나 사건에 더 큰 관심을 느낀다. 예를 들어, 아래의 두 문장을 비교해 보라.

미국혁명이 시작되기 직전 한 유명한 애국파 인사가 말하기를, 사람들이 이 나라 시민의 자유를 쟁취하기 위해 죽음도 불사해야 한다고 말했다.

미국혁명 진아, 유명한 미국의 애국파 인사인 패트릭 헨리(Patrick Henry)는 "다른 사람들이 어떤 길을 택할지 나는 모르겠다. 하지만 내 입장은 분명하다.

자유가 아니면 죽음을 달라!"라고 외쳤다.

당신이 생각하기에는 어느 쪽이 더 주의를 끌겠는가? 굳이 연구 결과를 인용하지 않더라도 두 번째가 더 주의를 끈다는 것은 자명하다. 두 번째 진술은 구체적인 인물과 격한 감정을 담고 있는 그의 말을 직접 인용하고 있기 때문에 훨씬 더 높은 수준의 관심을 불러일으킨다.

아래 열거한 전략은 학습자의 감각을 자극하거나 무언가 흥미로운 것이 제시될 것이라는 그들의 기대를 자극함으로써 학습자의 주의를 얻거나 되찾기 위한 방법들이다. 인쇄물이나 멀티미디어 자료를 준비할 때 적용할 수도 있고, 강의할 때 활용할 수도 있다.

1. "인류"나 "사람들" 기타 추상적인 표현 대신 구체적인 인물을 예로 들라.
2. 구체적인 사례나 시각 자료를 활용해 일반적인 원리나 생각, 기타 추상적인 관념을 설명하라.
3. 은유나 비유를 사용해 복잡한 개념이나 관계를 더 구체적인 것으로 만들어라.
4. 항목을 제시할 때 단락 형식보다는 목록 형식을 사용하라.
5. 흐름도, 스토리보드, 도표, 만화, 기타 시각 자료를 활용해 순차적 과정이나 개념 사이의 관계를 더 구체적인 것으로 만들어라.
6. 교수자는 학습자와 눈을 맞추고 그들에게 열정을 보여 주어라.

A.2. 탐구 유발(Stimulate Inquiry)

교사인 수잔은 학생들에게, 이틀 만에 300개의 기계 장치를 만들어 달라는 요청을 받았는데 첫날 오후에 정전이 되었다면 어떻게 하겠느냐고 물었다.

학습자의 주의를 끄는 것은 매우 중요하다. 그러나 더 어려운 것은 학습자의 주의집중을 유지시키는 것이다. 그저 감각을 흥분시키는 게 아니라 더 깊은 차원의 호기심을 불러일으킬 수 있다면 주의를 기울이고자 하는 학습자들의 욕망이 더 커질 것이다. 동기의 다른 구성 요소들 역시 학습자의 동기부여 상태를 유지하는 데 도움이 된다. 그러나 이 범주의 틀 안에서는 호기심 유발이라는 개념이 핵심 요소다. 이런 호기심은 지적 호기심(Berlyne, 1965)이라고 불리는데, 학습자로 하여금 질문에 대한 대답을 알고자 하거나 새로운 것을 배우고자 하는 욕구를 일깨웠을 때 나타난다.

동기부여의 모든 하위 범주와 마찬가지로 이러한 목표를 달성하는 데는 여러 가지 방법이 있다. 이렇게 스스로에게 물어보는 것이 좋겠다. "어떻게 학습자들의 예상을 뛰어넘을 수 있을까?" 이에 관해 생각해 본다면, 지적인 호기심을 자극하는 방식으로 학습 주제를 소개할 수 있다. 예를 들어, "패스트푸드는 식생활에 중요하다."라는 말처럼 뭔가 예상 외의 말을 할 수 있다. 그런 다음 왜 이 말이 참일 수 있는지 학생들에게 물어보라. 그런 다음 다른 성분과 달리 패스트푸드에 들어 있는 특정한 성분은 유익한 영양을 제공한다고 설명하라. 그리고 한 사람이 다른 식단에서 이 유익한 성분을 섭취하지 못한다면, 패스트푸드가 도움을 줄 수도 있다고 말하라. 수준이 더 높은 과학 수업에서는 상반되는 원리나 사실을 제시할 수 있다. 예를 들어, 빛의 성질에 관한 수업을 시작할 때 처음에는 빛을 파장이라고 설명하고 나서 나중에는 입자라고 설명해 보라.

인식적 호기심을 유발하는 방식으로 주제를 소개한 다음에는, 학생들로 하여금 문제를 조사하고 대답이나 의견을 생성하는 임무를 부여하는 것이 효과적이다. 이런 식으로 그들은 학습 내용 외에도 수많은 연구와 의사소통에 관한 기술을 배울 수 있다. 모든 주제를 이런 식으로 가르치는 것은 시간이 너무 많이 걸릴 수 있지만, 가끔씩 활용한다면 학습자로 하여금 탐구에 초점을 맞춘 집중력을 갖게 할 수 있다. 아래의 네 가지 제안은 이 목표를 성취하기 위한 방법을 찾고자 할 때 도움이 될 것이다.

1. 문제를 제시하는 방식으로 주제를 소개하거나 발전시켜라.(즉, 새로운 지식이나 기술을 통해 해결될 수 있는 문제를 제시함으로써 탐구심을 자극하라.)
2. 심리적 갈등을 자극함으로써 호기심을 유발하라.(예를 들어, 과거의 경험과 상충되는 사실이나 역설적인 사례, 상반되는 원리나 사실, 예상치 못한 견해를 제시하라.)
3. 해답이 있을 수도 있고 없을 수도 있는 풀리지 않은 문제를 묘사함으로써 신비감을 불러일으켜라.
4. 시각 자료를 활용해 호기심을 자극하거나 신비감을 조성하라.

A.3. 주의집중 유지(Maintain Attention)

일레인은 마케팅 부서 직원과 외부의 컴퓨터 소매 운용자 사이의 관계를 소개했다. 먼저, 그는 실제 운용의 간략한 사례를 통해 소매라는 개념을 소개하는 비디오를 보여 주었다. 둘째, 그는 이와 관련된 세부적 개념과 절차에 관해 짧게 강의했다. 셋째, 학생들로 하여금 마케팅 직원과 소매 운용자 사이의 문제에 관한 짧은 시나리오를 읽고 토론하게 했다.

사람들은 자고 싶을 때 어떻게 하는가? 비정상적이고 예상치 못한 자극을 피하려 한다. 조용해지도록, 혹은 익숙한 소리만 들리도록 주위 환경을 통제하려 한다. 아직 어리다면 누군가 책을 읽어주기를 바랄 것이다. 다른 사람의 안정적이고 조용한 목소리는 그들의 마음을 진정시켜 잠들 수 있게 해 줄 것이다.

불행히도, 교실 안에서 이런 수면을 유도하는 상황이 만들어지는 경우가 많다. 학생들은 책상에 앉아 움직일 수 없고, 창문도 있으며, 창문 바깥을 쳐다보는 것을 금하는 규칙이 없는 상황에서, 교사의 단조로운 목소리는 지루함과 졸린 상태를 만들어 내는 데 대단히 효과적이다.

아래의 하위 범주는 지루함을 극복하고, 속도와 학습 방식에 변화를 가하고 시청각적 자극을 제공하는 미디어를 활용함으로써 학습자의 감각 추구 욕구를 충족시킬 수 있는 환경을 이루는 구성 요소들이다.

시각적 형식(format)의 변화성

1. 종이나 멀티미디어 스크린의 여백을 활용해 정보 덩어리(텍스트나 실례)를 나누어라.
2. 다양한 활자를 사용해 제목, 인용문, 규칙, 핵심어 등을 강조하라. 그러나 일관된 스타일을 유지하라.
3. 레이아웃에 변화를 주어라. 즉, 정보 덩어리의 공간 배치에 변화를 주어라.
4. 다양한 형식의 자료를 활용하라.(예를 들어 텍스트, 도형, 표, 그림을 번갈아 가며 사용하라.)

기능적 형식(style)과 배치의 변화성

1. 글의 기능적 형식에 변화를 주어라.(예를 들어, 설명, 묘사, 서술, 설득)

2. 다양한 어조를 사용하라.(예를 들어, 진지한 이야기, 우스갯소리, 충고)
3. 학습 요소의 배치에 변화를 주어라.(예를 들어, "도입," "제시," "사례," "연습"의 배치 순서를 바꾸거나 연습을 추가하라.)
4. 학습 내용 제시와 대응 활동 사이에 변화를 주어라.(예를 들어, 질문, 문제, 연습, 퀴즈 등)

요약

주의집중은 매우 중요한 요소다. 극단적으로 말하자면, 학생들로 하여금 학습의 동기를 부여하기 위해서는 먼저 그들이 깨어 있어야만 한다. 동시에, 지나치게 활동적이어도 그들에게 학습하고자 하는 적절한 자극을 줄 수 없다. 주위 환경에 주의를 흩트리는 자극이 지나치게 많으면, 단순화시킬 필요가 있다. 일단 기본적인 수준의 주의집중을 유발하는 데 성공했다면, 활동을 자극하는 물음을 활용해 그들에게 더 깊은 수준의 동기부여를 제공할 수 있으며, 그들을 그 다음 필수 요소인 관련성(relevance)으로 이끌 수 있을 것이다.

제 5 장

관련성 확립과 지원

생각해 두기

교육에서 관련성이라는 요소의 중요성을 드러내는 질문이 있다면, 그것은 "내가 왜 이것을 공부해야 하는가?" 일 것이다. 그 질문에 대해 학교에서 흔히 들을 수 있는 대답은 그림(그림 5.1)에서 나타나는 상황, 또는 교과과정의 일부이기 때문에 공부해야 한다는 것이다. 직장에서는 "당신의 업무에 도움이 되기 때문" 이라는 대답을 가장 흔하게 들을 수 있을 것이다. 혹은 단순히 그 과목이 필수이기 때문이라고 말하는 교사나 강사도 있다. 대개 이런 식의 대답은 그다지 도움이 되지 못한다. 왜냐하면 만일 그 내용이 정말 도움이 되고 유익하게 느껴진다면 학생들은 애초에 그러한 질문을 하지도 않았을 것이기 때문이다! 또 다른 문제는, 교사가 그 과목이 필수라는 말 말고는 다른 좋은 대답을 갖고 있지 못한 경우가 많다는 점이다. 학습자로 하여금 해당 주제에 대한 관련성을 제대로 깨닫게 해 주기 위해, 교사는 가르치는 내용의 중요성을 분명히 이해해야만 한다. 교수 내용이 정말 유익하고 학생들에게 이를 설득력 있게 설명할 수 있다면, 그 유익함 자체를 설명하는 것이 가장 효과적인 해답이 될 수 있을 것이다. 그러나 내용이 실제로 유용하지 않다 하더라도, 적절한 학습 환경을 조성함으로써 관련성을 확립할 수 있다. 그러나 한 가지는 분명하다. 교사나 강사는 학습 내용의 유용성에 대해 학생들을 설득하기 전에 먼저 그들 자신이 가르치는 내용의 관련성을 확신하고 있어야 한다.

그림 5.1 관련성에 관한 물음에 답하려는 시도

들어가기

사람들이 어떤 행동을 하기로 선택하는 이유는 무엇일까? 철저히 구체적인 관점에서 바라볼 때, 다양한 상황들만큼이나 많은 이유가 존재한다. 모든 상황은 그 자체로 무언가 독특한 특성을 지닌다고 이해할 수도 있다. 그러나 더 일반적인 관점에서는 심리학적 개념과 이론의 다양성이라는 관점에서 사람들의 선택을 이해할 수도 있다. 그 중에 가장 널리 받아들여지는 이론 중 하나는 2장에서 간략히 소개한 기대-가치 이론(expectancy-value theory; Steers & Porter, 1983; Vroom, 1964)이다. 이 이론에서는 기대되는 결과가 자신이 바라는 무언가이고 이를 성취할 낙천적인 기대치가 있을 때 사람들은 주어진 목표를 추구하기로 선택한다고 가정한다. 이 관계는 행동 잠재력(BP: behavior potential)이 기대치(E: expectancy) 곱하기 가치(V: value)의 함수를 이루는 곱의 관계로 이해된다[BP = f (E x V)]. 즉, 두 변수 모두 양의 값을 가져야 하며 그렇지 않으면 결과는 행동 잠재력이 0으로 나올 것이라는 뜻이다. 목표, 동기, 가치에 기초한 방정식의 두 번째 항이 관련성에 해당하는 부분이다.

그러나 우리가 알고 있듯이, 학교에 다니는 것은 강제된 사항이며 그 사람의 가치와 기대치에 근거한 자발적 선택의 결과인 경우는 거의 없다. 그렇다면 관련성에 대해 사람들이 수업에 거는 기대는 무엇일까? 이 장에서는 관련성을 설명하는 데에 도움이 되는 몇 가지 심리학적 개념을 다룬다. 행동 잠재력 방정식의 다른 항목, 즉 성공에 대한 기대치에 관해서는 자신감을 다루는 다음 장에서 논의할 것이다.

관련성이란 무엇인가?

관련성이란, 자신이 원하는 결과, 관념, 타인에 대해 이끌리는 느낌이나 지각을 일컫는데, 이때 이러한 느낌과 지각은 자기 자신의 목표, 동기, 가치에 근거하게 된다. 주어진 목표에 대한 끌림이 클수록, 그 목표가 성취 가능하다고 생각해 그 목표를 추구하기로 선택할 가능성이 더 높아진다. 관련성이라는 개념은 전적으로 실용적인 관점에서 이해되는 경우가 많다. 연수에 참가하는 성인을 비롯한 학생들에게 주어진 주제에 대해 공부해야 하는 이유를 물을 때, 그들은 대개 그 주제가 자신의 직업에 어떤 방식으로 도움이 되는지, 삶의 다른 어떤 부분에 실용적으로 적용될 수 있는지에 관해 듣고, 보고 싶어한다. 이것은 정당한 기대이기는 하지만, 한두 번의 수업이나 강좌가 그러한 기대를 항상 즉각적으로 만족시켜 줄 수 있는 것은 아니다. 자동차 정비 수업에서 토크(torque)나 가속도의 개념과 그것을 어떻게 적용할지를 배우는 것은 즉각적인 실용적 유익을 줄 수도 있다. 그러나 고등학교 수준의 이론 물리학 수업에서 같은 개념을 가르쳤을 때는 아마도 위와 같은 즉각적인 유익을 얻지 못할 것이다.

그러나 즉각적인 유용성을 얻지 못하는 경우에도 관련성을 의식하게 하는 것이 가능하다. 왜냐하면 관련성은 다양한 심리학적 특성들과 관련되어 있기 때문이다. 사람들은 아무런 실용적인 혜택이 없을 때에도 어떤 주제에 관해 고도의 내적 동기부여를 느낄 수 있다. 예를 들어, 내 아들은 네 살이었을 때 공룡에 대해 큰 관심을 갖게 되었다. 그 아이는 공룡의 이름, 습성, 서식지에 관한 세부 지식을 습득했고, 유치원 담임선생님은 가정통신문에서 내 아들의 공룡에 관한 지식을 칭찬했다. 그 선생님은 학급에서 공룡에 관한 수업을 하면서 "나보다 공룡에 관해 훨씬 더 잘 아는 전문가"라며 내 아들을 칭찬했다고 했다. 어떤 이유에서인지, 많은 미취학 아동과 초등학생들은 공룡에 관한 흥미를 갖고 있다. 그렇다면 관련성의 개념을 설명하는 데에 도움이 되는 요인에는 어떤 것이 있을까?

관련성의 심리학적 기초

관련성에 관한 핵심 질문

이 학습 경험은 어떠한 면에서 나의 학생들에게 가치 있는 것이 될 것인가?

물론, 사람들은 배우는 내용이 자신의 일에 유용하다고 느낄 때 관련성을 인지한다. 그러나 교수 형식과 학습 형식이 일치를 이룰 때, 내용과 개인적 관심이 서로 잘 맞을 때, 이전의 지식이나 경험을 현재의 학습 내용과 연결시킬 수 있을 때, 학습 내용과 학업 요구사항이 학습자의 개인적, 문화적 가치와 일치할 때, 관련성에 대한 인지는 강화될 수 있다. 그러므로 관련성의 기초는 목표 선택, 심리적 욕구와 동기, 미래 지향, 흥미, 내적 동기부여, 개인적, 사회적 가치, 그리고 연결된 느낌이나 공감과 같은 정서적, 감정적 상태 등의 개념을 이해하는 데 있다.

목표 선택

사람들은 많은 목표를 선택한다. 그러나 특정한 시점에는 어떤 목표를 성취하는 것을 무엇보다 훨씬 더 바라게 된다. 사람들은 목표 그 자체의 중요성과 예상되는 결과로부터 얻을 수 있는 혜택을 고려해 다른 목표와 비교했을 때 가장 큰 유익을 주는 목표를 선택한다. 목표에 대한 정서적 태도를 규정하는 한 방법은 유인가(誘意性, valence)이라는 개념을 사용하는 것이다(Vroom, 1964). 만약 한 사람이 어떤 결과를 달성하는 것을 달성하지 않는 것보다 선호한다면, 그 결과는 정적 유인가를 지닌다. 그 사람이 그 결과를 피하고 싶어하거나 그 결과를 달성하는 것에 무관심하다면, 그것은 부적 유인가를 나타낼 것이다. 유인가의 힘은 그 목표의 도구적 가치로부터 나온다. 다시 말해, 차후의 목표를 성취하기 위한 수단으로서 주어진 목표를 성취하는 것과 그 목표 본연의 가치 사이에 얼마나 관계가 있는가가 중요하다. 즉, 목표가 그 자체로서 얼마나 가치가 있는지가 중요하다. 도구적 가치와 본연적 가치 모두 결과를 성취함으로써 얻을 수 있는 만족에 기여한다. 다시 말해, 기대되는 만족은 본연적 결과와 도구적 결과 모두에 영향을 받는다. 어떤 결과를 그 자체로 가치 있다고 여기기도 하고, 다른 가치 있는 결과를 달성하는 데에 도움을 준다고 생각하기 때문에 가치 있다고 여기기도 한다. 예를 들어, 대중교통이 잘 갖춰진 대도시의 아파트에서 사는 사람은 자동차에 대한 기능적 욕구를 갖고 있지 않을 수도 있지만, 자동차를 운전하는 것 그 자체가 유쾌한 경험으로서 만족을 줄 것이라고 기대하기 때문에 자동차를 매우 갖고 싶어한다. 좀 더 전형적인 경우를 예로 들자면, 자녀들을 데려다주고 장을 보고 쇼핑을 다니고 친구집을 방문하기 위해 차를 사용할 어머니의 경우처럼 자동차를 얻으면서 다른 여러 가지 결과를 성취할 수 있기 때문에 차를 갖고 싶어할 것이다. 그녀에게 차를 갖는다는 것은 매우 높은 유인가를 지닌 목표다. 그리고 전혀 다른 상황을 가정하자면, 전문직에 종사하는 한 젊은 남자는 본연적 이유와 도구적 이유 때문에 스포츠카를 갖고 싶어할 것이다. 순전히 차를 운전할 때의 즐거움, 그런 차를 갖고 있다는 것을 다른 사람들이 우러러봐 줄 것이라는 기대감, 출근 등을 위한 기능적 쓰임새 등이 그 이유가 될 것이다.

목표 지향적 행동을 설명하고자 했던 초기 심리학 이론들은 환원론적이었다. 즉, 이들 심리학자들은 행동의 이유를 가장 기초적인 구성요소로 축소시키고자 했다. 그 두 가지 접근법은 **본능**(instinct) 이론과 **동인**(drive) 이론이었다. 제임스(James, 1890)와 맥두걸(McDougall, 1908, 1970)과 같은 본능 이론가들은 동기에 의해 유발된 모든 행동을 학습된 행동이 아닌, 본능적인 행동으로 이해하는 경향이 있다. 이 이론은 일차적으로 동물에 대한 연구로부터 발전되었지만 인간에게도 적용될 것이라고 추정된다. 그러나 인간의 경우, 몇몇 행동은 본능적이지만 언제나 똑같은 종류의 행동을 초래하지는 않는다. 음식을 구하는 것에서는 비슷한 행동을 보이지만 무엇이 먹을 수 있는 음식인지에 관한 문화적 관념에 따라 다를 것이다. 그러나 사회성과 같은 다른 본능은 훨씬 더 모호하며 인간 사이에서 보편적이지 않다. 따라서 진정한 의미의 본능이라고 보기 어렵다. 그런 점에서 본능 이론은 사실상 관찰 가능한 모든 행동을 본능이라고 명명한다는 약점을 지닌다. 표 5.1에서 몇 가지 예를 열거했다. 더욱이 어떤 행동에 이름을 붙인다고 해서 그것에 대한 설명이 될 수는 없다. 어떤 것을 본능이라고 말해 버리면 예측과 검증이 가능한 동기부여 이론을 이야기할 수 없게 된다. 또한 본능의 목록을 만들 때 중요한 이론이나 분류의 기준이 될 규칙이 존재하지 않는다. 심리학자들은 그저 끊임없이 행동에 대한 명칭을 만들어 내고 그것을 본능이라고 부를 뿐이다.

표 5.1 제임스(1890)와 맥두걸(1908)이 제시한 본능의 예

본능의 예			
제임스		맥두걸	
경쟁(rivalry)	호기심(curiosity)	부모의 돌봄(parental care)	공감(sympathy)
호전성(pugnacity)	사교성(sociability)	싸움(combat)	자긍심(self-association)
공감(sympathy)	수줍음(shyness)	호기심(curiosity)	복(submission)
추구(hunting)	은밀함(secretiveness)	음식찾기(food seeking)	짝짓기(mating)
공포(fear)	청결(cleanliness)	혐오(repulsion)	협력(constructiveness)
물욕(acquisitiveness)	절제(modesty)	도피(escape)	매력(appeal)
협력(constructiveness)	질투(jealousy)	사회성(gregariousness)	
놀이(play)	부모의 사랑(parental love)		

동기에 의해 유발된 행동을 설명하는 다른 이론을 통틀어 동인 이론이라고 부른다. 동인 이론의 기본 원리는, 유기체가 지닌 균형감각을 유지하려는 성질을 뜻하는 항상성(homeostasis)의 관념에 근거한다. 동기부여는 육체적, 심리적 필요와 욕망과 관련한 결핍에 의해 야기된 불균형 상태로부터 기인한다. 모든 필요가 자동적으로 동인을 야기하지 않으며, 동인이 단순한 필요가 아니라 욕망으로부터 기인할 수도 있음을 지적해 둘 필요가 있다. 그러므로 동인의 기원과 작동 방식을 설명할 이론이 필요하다. 그 중에 가장 유명한 것은 헐(Hull, 1943)의 이론이다. 그러나 **동인**이라는 개념을 처음 소개한 것은 우드워스(Woodworth, 1918)였다. 그는 동인이 세 가지 특징, 즉 **강도**, **방향**, **지속성**을 가진다고 주장했다. 강도는 동인의 활성화 정도와 그에 수반되는 감정의 세기를 가리킨다. 방향은 동인의 목적이나 목표를 가리키며, 지속성은 목표가 성취되고 평정 상태가 회복될 때까지 계속해서 목표를 추구하는 행동을 지속하려는 경향을 말한다.

헐은 동인감소이론(drive reduction theory)을 제안했다. 이 이론에 따르면 행동의 세기는 습관의 강도와 더불어 동인의 강도에 따라 결정된다. 습관의 강도란, 동인의 감소를 초래하는 행동의 형태가 얼마나 잘 학습되었는가를 가리킨다. 동인이란 불균형 상태에 있는 필요나 욕망을 지칭한다. 다시 말해, 유기체가 음식을 찾는 행동과 배고픔 동인의 강도를 약화시키는 음식 획득 사이의 관계를 학습하지 않았다면, 배고픔과 같은 불균형 상태가 자동적으로 음식을 찾는 행동을 일으키지는 않는다. 또한 헐은 이 관계를 곱의 관계로 가정했다. 즉, 행동(behavior) = 동

인(drive)×습관(habit).

동기부여이론이나 행동이론 같은 다른 이론과 마찬가지로, 동인 이론은 행동의 몇몇 양상을 상대적으로 고정되고 기계적인 것으로 설명한다. 그러나 더 전인적인 관점을 취하는 인지 이론과 같은 다른 종류의 이론들이 동기에 유발된 많은 행동을 더 효과적으로 설명한다. 인지란 우리가 자신의 행동을 이해하고 우리 주위의 세계를 해석하고 무언가에 관해 결정을 내리려고 할 때 우리 안에서 일어나는 사고의 과정을 뜻한다.

톨먼: 의도적 행동

톨먼(Tolman, 1932)의 이론은 동인 이론의 대안이 되는 초기의 인지 이론 중 하나다. 동인의 기제를 가정하는 대신, 톨먼은 행동이 언제나 특정한 결과를 지향하거나 회피하기 위한 것이라는 점에서 의도적이라고 가정한다. 다시 말해, 행동은 **목표 지향적**이며 **집요하고 양식화**되고 **선택적인** 성향을 가진다. 이 세 가지 특징 중 첫 번째 것으로 사람들은 목표를 이룰 때까지 끈질기게 노력하는 경향이 있다. 그러나 이 단순한 가정은 복합적인 의미를 지닌다. 왜냐하면 사람들은 여러 가지 목표를 가지고 있으며, 첫 번째 목표를 이루려고 애쓰는 과정에서 목표 갈등(goal conflicts)이 발생할 수도 있기 때문이다. 예를 들어, 살을 빼려고 애쓰는 사람은 잠자리에 들 때, 그리고 그 다음 날 일어날 때 그 날만은 건강에 유익한 식단을 철저히 따르겠다고 다짐할 것이다. 그러나 하루 동안 시간이 지남에 따라 이 목표는 즉각적인 만족을 주고 스트레스를 줄여 주는 식습관과 관련된 다른 목표에 의해 대체되는 경우가 많다. 이에 관한 극적이고 우스꽝스러운 사례는 이른바 "스트레스 식단"이다. 여러 가지 다른 형태가 존재하지만, 전형적인 형태는 그림 5.2와 같을 것이다.

지속성에 영향을 주는 행동의 특징은 톨먼의 두 번째 가정, 즉 목표 달성을 추구하는 행동은 **일관된 양식**을 띠는 경향이 있다는 것이다. 예를 들어, 집에서 직장까지 출근할 때 항상 가던 길로 가고 일을 할 때도 일정한 양식에 따라 행동한다. 그렇기 때문에 상대적으로 가까이 살지만 일상의 패턴이 다른 사람들을 만나지 못할 때가 많다. 또한 이것은 행동을 바꾸기 어려운 이유이기도 하다. 일단 그림 5.2에서 제시한 것과 같은 패턴이 확립되면, 그것을 바꾸기가 대단히 어려워진다. 그것은 습관이 되고 스트레스를 줄여 주는 강력한 목표를 충족시켜 주기 때문이다.

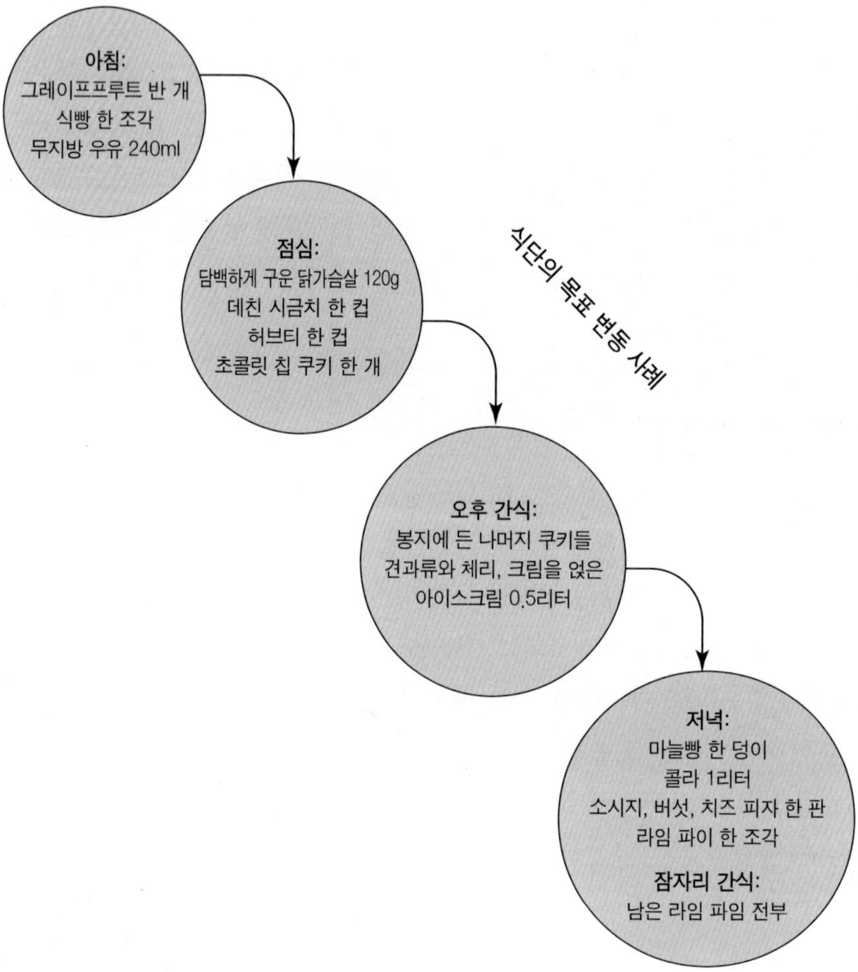

그림 5.2 식단의 목표 변동 사례

톨먼의 세 번째 특징은 **선택성**이다. 이것은 우리가 목표를 이루기 위해 어떤 길을 택할지에 관해 의도적인 결정을 한다는 것을 뜻한다. 또한 우리가 정각에 출근하는 것처럼 실용적인 목표와 연관된 가장 쉽거나 가장 직선인 길을 택하는 경향이 있다는 뜻이기도 한다. 다른 종류의 목표에 대해 우리는 다른 길을 택할 수도 있다. 예를 들어, 남북전쟁 격전지를 둘러보는 것이 우리의 목표라면, 가능한 시간 안에 최대한 많은 유적지에 가볼 수 있는 길을 택할 것이다. 그러나 이 경우에도 원칙은 동일하다. 우리는 목표를 성취하기 위해 가장 효과적인 길을 택한다.

또한 톨먼은, 일정한 행동이 특정한 목표를 이루게 해줄 가능성이라는 뜻으로 **기대치**(expectancies)라는 개념을 도입했다. 기대치라는 개념은 단순한 믿음이나

"직감"이 아니라 목표를 이루기 위한 일군의 행동을 습득하는 것에 기초한다는 점에서 엄밀한 개념이다. 이 기대치는 유기체가 환경에 관한 인지 지도(cognitive map)를 개발하는 동안 시간이 지나면서 발전된다. 인지 지도에는 목표의 위치와 목표 달성에 이르는 일련의 단계에 관해 습득된 지식을 포함한다. 이 개념이 반드시 메타인지(metacognition)를 내포하는 것은 아니며, 그저 일군의 습득된 관계를 반영할 뿐이다. 이 개념은, 쥐처럼 인간보다 하등한 실험 대상에 대한 연구를 통해 입증되었지만, 심리학적 상황과 인간의 행동에도 적용된다. 예를 들어, 이 책은 상당 부분 동기부여가 학습에 미치는 영향들과 그 영향력들 사이의 관계, 그리고 1장에서 제시한 것처럼 그것을 통해 얻어진 학습과 학업 성취에 관한 거시적 모형에 관한 인지 지도에 기초한다. 이 인지 모형은, 이론과 모형에 기초한 동기부여 설계 과정에 의해 규정된 일련의 단계를 따름으로써 주어진 동기부여의 목표를 성취할 수 있다는 기대치의 개발을 지지한다. 인지 지도는 사람의 지각, 결정, 기대치, 인지 지도를 설명하기 위해 개발될 수 있는 정신 모형(mental models)과 밀접한 관계가 있다(Craik, 1943, Johnson-Laird, 1983). 인지 지도와 정신 모형은 아직까지도 교수 이론과 학습 과학 분야의 중요한 연구 주제다(Johnson-Laird, 2005; L. Westbrook, 2006).

레윈: 장 이론

환경을 다루는 동인 이론이나 톨먼의 인지 이론과 달리, 레윈(Lewin, 1935, 1938)은 기대-가치(expectancy-value) 개념에 기초한 상호작용 이론인 **장(field) 이론**을 주장했다. 레윈의 이론에서는, 여러 가지 요소들이 주어진 시간에 어떻게 상호작용함으로써 행동에 영향을 미치는지, 어떤 점에서 특정한 행동이 이런 다양한 영향력들의 결과인지를 설명하고자 한다. 레윈(1935)은, 한 사람의 행동은 그 사람과 그가 인지한 환경 또는 그의 심리적 현실이라고 할 수 있는 생활 공간(life space) 사이의 상호작용의 결과라고 생각했다. 이 이론에서는 인지된 환경과 물리적 환경의 차이점을 파악하는 것이 중요하다. 레윈에게 한 사람의 현실은 인지, 태도, 선 지식 등의 총합이며, 이것은 실제의 물리적 환경과 크게 다를 수도 있다. 이 개념은, 레윈의 저작보다 훨씬 더 최근에 등장한 구성주의 이론(constructivist theory)의 핵심 전제이기도 하다(Duffy, Lowyck, & Jonassen, 1993). 레윈의 이론에서, 한 사람의 생활 공간은 기하학적으로 여러 부분으로 나뉜 바깥 테두리 안의 공

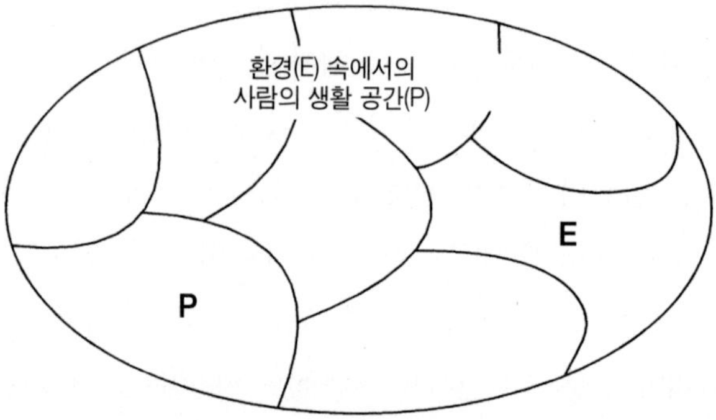

그림 5.3 레윈의 생활 공간(Lewin, 1935)

간으로 표현할 수 있다(그림 5.3). 각 부분은 지역이라 불리며 투과성이 다른 경계선에 의해 구분된다. 다양한 지역 사이는 서로 연결되어 있으며, 이 관계는 "긴장" 즉 연결성의 강도로 표현된다.

한 사람은 적절한 결과를 성취함으로써 지역 사이의 긴장을 줄이려고 애쓴다. 예를 들어, 자동차 소유가 허용되고 자동차를 얻음으로써 다양한 결과를 성취할 수 있는 환경 속에서 사는 어머니는, 자동차 소유에 대해 강한 양의 유인가(valence)를 가진다. 왜냐하면 이 목표들은 서로에 대해 거의 분리되지 않은 상태이며, 차를 획득함으로써 이 지역 간의 긴장을 해소할 수 있기 때문이다. 이것은 그림 5.4의 가운데와 왼쪽 위의 인접한 네 지역에 해당한다. 다른 부분에서도 긴장이 약간 감소될 수 있다. 왜냐하면 이 어머니가 채소를 키울 필요성이 줄고, 저녁거리를 마련하기가 상대적으로 쉬워지고, 독서 등 개인적인 여가 시간을 더 많이 가질 수 있기 때문이다. 그러나 종교적인 이유 때문에 개인적인 편의를 위한 자동차와 심지어는 전기도 사용할 수 없는 전통적인 아미쉬(Amish) 농부는 자동차 소유에 대해 강한 음의 유인가를 부여한다. 왜냐하면 자동차를 사용함으로써 얻을 수 있는 실용적인 유익이 두 가지 목표와 신념 사이에 긴장을 일으키지 않기 때문이다. 자동차 소유와 교통수단 확보 사이에 투과할 수 없는 경계가 존재하는 셈이다. 이 사람은 말과 마차, 혹은 좋은 신발을 갖는 것처럼 자동차 소유를 대체할 수 있는 다른 목표를 가지게 될 것이다.

레윈의 연구는 다양한 목표들 사이의 상호작용을 더 잘 이해할 수 있는 토대를 마련했다. 학습자와 학습 동기부여에 관해 다양한 종류의 목표가 존재한다. 그 목

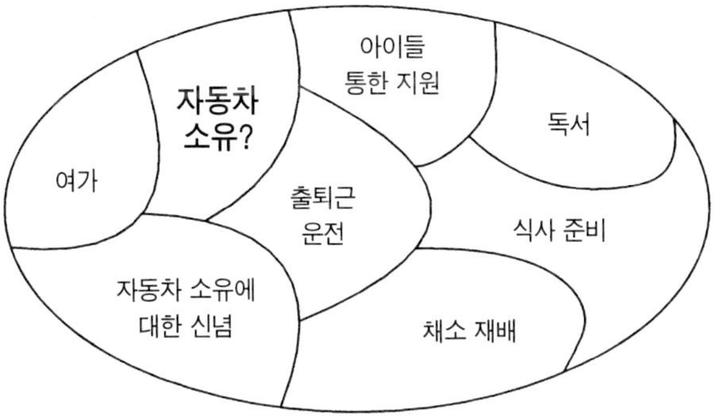

그림 5.4 지역 행동과 태도의 예

표 중 어떤 것은 학교 상황에서 바람직할 것이고, 어떤 것은 그렇지 않을 것이다. 예를 들어, 우리는 학생들이 성취하고자 하는 동기를 얻기 바란다. 그들이 부정행위를 하거나 공부를 미루려는 마음을 품지 않기를 바란다. 우리는 그들이 협력하고 끝까지 해내고자 하는 마음을 품기를 바란다. 그들이 협력하지 않거나 게으름 피우고 싶은 마음을 품지 않기를 바란다. 교육자로서 우리의 과제는 우리의 가르침을 학생들이 이미 가지고 있는 바람직한 목표와 연결시켜 주고 바람직하지 않은 목표는 고쳐 주는 것이다. 레윈 이후의 연구자들은 이에 관해 더 자세한 지침과 명확한 설명을 제시했다.

동기

레윈의 저작을 비롯한 행동의 목표 지향성에 관한 연구는 그 역사가 길다. 초기의 동인 이론(Hull, 1943)에서는 동기부여가 일차적이며 육체적인 기본적 동인과 관련된 결핍으로부터 기인하지만 연상(association) 작용에 의해 심리학적인 것이 될 수도 있다고 주장한다. 예를 들어, 사람들이 배고픔이나 갈증, 두려움, 외로움을 느낄 때, 그런 욕구를 충족시키기 위해 목적 지향적이게 된다. 만족의 상태, 즉 항상성에 도달하면 그들은 이런 욕구와 관련된 목표를 추구할 동기를 더 이상 느끼지 않는다.

톨먼(1949)은 다른 전제로부터 시작했다. 그는 행동이 목적성을 띤다고 가정했다. 사람들은 욕구와 욕망으로부터 기인한 동기와 목적을 가지고 있으며 이것이 행동을 활성화한다는 것이다. 그러나 이런 욕구가 반드시 결핍에서 오는 것은 아니다. 그의 연구는 레윈(1935)이 제시한 개념에 기초한다. 레윈은 목표를 규정하고 우리로 하여금 행동하도록 자극하는 힘은 우리 내부에 있을 뿐만 아니라 환경에도 있다고 주장했다. 이런 관점은 머레이(Murray, 1938)의 저작에서도 찾아볼 수 있다. 그는 동기부여가 내적 욕구와 외적, 환경적 압력의 결합으로부터 기인한다고 보았다.

이 모든 작업들이 매슬로우(Maslow, 1954)와 맥클레런드(McClelland, 1976)의 유명한 연구를 위한 기초를 제공했다. 이전의 연구가 지닌 문제점 중 하나는, 욕구(needs)의 분류법이 존재하지 않았다는 것이다. 연구자들은 새로운 양상의 행동을 관찰할 때마다 새로운 "욕구"를 만들어 냈다. 이런 문제를 해결하기 위해 매슬로우는 욕구에는 위계가 존재하며, 고차원 욕구를 추구하기 전에 저차원의 욕구가 충족되거나 개인의 "눈"에 의해 충분히 통제되어야 한다는 이론을 제안했다. 욕구의 다섯 차원은 다음과 같다.

- 배고픔이나 갈증 같은 생리적 욕구(physiological need)
- 주거와 기초적인 생리적 욕구를 지속적으로 해결하는 능력을 뜻하는 안전과 안정성(safety and security)
- 사귐과 장기적인 관계를 뜻하는 사랑과 소속감(love and belongingness)
- 무언가를 성취하고 인정 받음으로 얻는 자긍심(self-esteem)
- 자신이 지닌 최고의 잠재력을 활용한다는 의미에서의 자기 실현(self-actualization)

이 목록은 직장과 교육 분야에서 활동하는 사람들에게 매우 매력적이다. 그러나 연구자들로부터는 이를 실증하기 어렵다는 비판을 받았다. 그러나 실제적인 적용의 관점에서 이 이론은, 어떤 아이가 먹을 것을 충분히 얻지 못하고 두려워하고 또래 친구들로부터 고립되어 있다면, 주로 네 번째 차원의 자긍심과 관련이 있는 학교 공부를 잘하고자 하는 동기부여가 완전히 활성화될 수 없다는 것을 이해할 수 있게 해 준다. 그러나 이 이론의 화제는 충족된 욕구(a satisfied need)가 무엇을 뜻하는지를 이해하는 것이다. 이것은 대단히 주관적인 문제다. 예를 들어, 첫 학기를 맞는 대학 1학년생은 안락한 아파트, 자동차, 넉넉한 용돈을 얻을 수 있어야 저차원의 욕구가 충족되었다고 느낄 것이다. 그러나 고도로 성취 동기가 부여된 사람들은 고도의 결핍을 감내할 수 있다. 예를 들어, 예술가와 야심이 있는 배우들은 자신의 꿈을 추구하는 동안 최소한의 음식과 거처만으로도 만족을 느낄지 모른다. 그러나 그런 경우에도 학습의 동기부여를 느끼기 전에 저차원의 욕구가 일정한 수준으로 충족되어야만 한다.

매슬로우의 작업과 대조적으로, 맥클레런드(1976)는 세 가지 욕구, 즉 성취(achievement), 소속감(affiliation), 권력(power)에 초점을 맞췄다. 그의 개념적 토대는 욕구를 결핍으로 본 이전의 이론과는 다르다. 욕구나 동기가 실현될 때에도 결핍이 감소하기보다는 오히려 증가할 수 있음을 설명하지 못한다. 예를 들어, 성취 욕구가 높은 사람들은 성공한 후에도 욕구 이론이 예측하는 것처럼 평형(equilibrium) 상태에 이르지 못한다. 그 대신 그들은 더 크고 높은 성공을 이루고자 하는 자극을 받는다. 그러므로 맥클레런드는 평형 상태는 잠시동안만 지속되며, 바랐던 정서적 상태에 근접했을 때에 발생한다고 보았다. 그리고 목표를 성취한 후에는 욕망이 다시 바뀌어 새로운 불균형(disequilibrium) 상태를 초래할 수도 있다고 생각했다. 그렇기 때문에 어떤 사람들은 바라는 목표에 관해 결코 충분함을 느낄 수가 없는 것이다. 영업사원들은 끊임없이 지난 해의 목표를 초과하기 위해 노력하고, 운동선수들은 새로운 "개인 최고 기록"을 달성하기 위해 계속해서 노력한다.

성취, 소속감, 권력

맥클레런드와 그의 동료들이 연구한 세 가지 동기는 학교와 직장에서 사람들의 행동을 이해하고 개인의 학습 성향에 맞는 학습 환경을 조성하는 데에 매우 유용하다. **성취 욕구**(need for achievement)가 높은 사람들은 위험을 감수하기를 좋아하기 때문에 적당한 도전을 즐기지만 그들도 성공하기를 원한다. 과제가 너무 쉬우면 성공을 해도 아무런 즐거움을 느끼지 못한다. 반대로 너무 어려우면 성공을 경험할 수 없으며 그들은 실패를 좋아하지 않는다. 그들은 개인적인 기준을 세운 다음, 자신만의 방식으로 다른 이들과 경쟁함으로써, 혹은 더 높은 차원의 개인적인 성취에 도달함으로써 그 기준을 성취하려고 한다. 이들은 그룹으로 일하기를 좋아하지 않는 경향이 있으며, 자신의 방향을 세운 다음 그 결과를 개인적으로 책임지기를 원한다.

성취 욕구를 측정하는 가장 전통적인 방법은 주제통각검사(Thematic Apperception Test, TAT)이다. 이 검사는 모호한 자극을 제시한 다음 응답자로 하여금 상상을 통해 그 자극에 관한 이야기를 만들어 보게 하는 투사검사다. 투사검사는 로르샤흐검사(Rorschach test)만큼 조직화가 매우 부족할 수도 있다. 흔히 잉크 반점 검사로 알려진 이 검사는 응답자에게 흰 종이 위에 검은 잉크로 그린 추상적인 그림을 보여 준다. 이 추상적인 이미지는 흰 종이 위에 검은 잉크를 몇 방울 떨어뜨린 다음 반으로 접어서 눌러 만들어진 것으로서 임상 심리학자들은 이 이미지를 제시함으로써 환자로 하여금 마음속 깊이 품은 감정과 생각, 가치를 드러내는 이야기를 하도록 유도한다. 훈련된 심리치료사들이 이 검사를 적절히 사용할 경우, 유익한 결과를 얻을 수 있다. 그러나 성취 욕구와 같은 구체적인 심리학적 구성 개념에 관한 연구를 위해 만들어진 것이 아니다. 주제통각검사에서는 응답자에게 그림이나 제시어를 제시한 다음 상상력을 활용해 생생한 이야기를 만들어 보라고 지시한다. 응답자의 상상력을 자극하기 위해 네 가지 물음이 사용된다. 첫 번째 물음은 "무슨 일이 일어나고 있는가? 그들은 누구인가?"다. 응답자들에게 여섯 개의 자극에 대해 각각 5분 정도의 응답할 시간이 주어진다. 자극제는 그림에 대한 방대한 연구의 결과물이며, 상황에 대한 암시와 모호함을 효과적으로 결합시켜 다양한 동기적 성향을 촉발한다. 응답자가 한 이야기는 엄격히 규정된 항목에 근거해 점수가 매겨지고, 훈련된 검사자는 0.90 이상의 평가자 간 신뢰도를 얻을 수 있다.

대조적으로, **소속감의 욕구**(need for affiliation)가 높은 사람들은 인간 관계에 더 관심이 많다. 그들은 따뜻하고 만족스러운 대인관계를 맺고 싶어한다. 이것은 그저 낭만적인 애착이 아니라 우정을 뜻한다. 그들은 친구에 관해 생각하고, 우정을 키워 간다. 또한 문제나 결별이 발생하면 화를 낸다. 그들은 그룹으로 일하기를 즐긴다. 그룹과 자신을 구별하려 하지 않으며 굳이 개인적으로 인정받지 못하더라도 그룹 전체가 결과에 대한 영예를 얻는 것으로 만족한다. 규칙이나 기준을 세우고 이를 적용하고 있는가보다는 사람들이 좋아하는가에 더 관심이 많기 때문에 좋은 지도자가 되지 못하는 경향이 있다.

마지막으로, **권력의 욕구**(need for power)가 높은 사람들은 다른 사람들의 행동에 영향력을 행사할 수 있을 때 기분이 좋다. 성숙하지 못한 사람들에게 이 영향력은 이기적이며 파괴적일 수도 있다. 그러나 성숙하면서 높은 권력의 욕구를 지닌 사람들은 조직과 다른 사람들에게 유익한 방향으로 자신의 영향력을 행사하기를 즐긴다. 이런 특성은 좋은 관리자와 교사의 자질과 연관이 있다.

이런 욕구들은 상호 배타적이지 않다. 한 사람은 모든 욕구나 특정한 두 욕구에 대해 높거나 낮은 수준을 나타낼 수 있다. 교사들은 높은 권력 욕구를 지닌 아동들로 인해 어려움을 겪곤 한다. 이런 아이들은 교실 안에서 아이들의 행동을 통제할 수 있는 교사의 능력에 이의를 제기한다. 이런 상황에서 학습자들이 성취와 같은 다른 동기부여를 보이기 전에 교사가 먼저 리더십을 확립해야 한다. 이런 욕구를 복합적으로 지닌 아동들에 대해서는, 그에 맞게 다양한 과제와 학습 조건을 활용해 볼 수 있다. 예를 들면, 그룹 활동을 통해 어떤 경우에 학생들이 좌절을 느끼기도 하지만 대부분의 경우에는 학생들의 욕구가 충족된다.

능력

능력(competence)은 화이트(White, 1959)가 소개한 개념으로서 "환경과 효과적으로 상호작용할 수 있는 유기체의 역량"을 가리킨다. 다른 "동기 이론"처럼 화이트도 결핍 상태의 해소에 근거해 동기부여를 설명하는 동인 이론에 반대한다. 유쾌한 상태로 귀결되는 자발적 행위를 설명하지 못하기 때문이다. 그는 충동이나 본능과 관련된 에너지로부터는 능력을 습득할 수 없으며, 더 나아가서 다른 종류의 생명체와 달리 인간의 경우 평형 상태는 지루함을 초래하는 바람직하지 않은 상태라고 주장했다. 화이트가 지적했듯이, 사람들이 전쟁이나 과도한 업무량 때문에 지나친 스트레스를 받을 때는 스트레스를 줄이고 평형을 이루는 것은 꽤 바람직하게 보인다. 그러나 일단 그것을 이루고 나면 사람들은 이내 가만히 있지 못하게 되며 외적인 충동을 추구한다. 사람들은 스트레스가 없는 상태를 바라는 대신, 적절한 수준의 자극을 바랄 뿐만 아니라 필요로 한다. 충동이 결여된 상태에 있는 사람들의 행동에 관한 헵(Hebb, 1958)의 광범위한 연구는, 외부 환경으로부터의 자극이 전혀 없을 때 사람들은 환각의 형태로 스스로 자극을 만들어 내기 시작한다는 것을 보여 준다. 심각한 사회적 결핍을 경험한 고아나 유아들은 제대로 성숙하지 못한다. 헵(1958)의 말처럼, "고립된 상태에서 기른 동물은 성숙에 있어서 영영 별종이 되고 만다. 즉, 동기부여에 관해, 사회적, 지적으로 비정상일 수밖에 없다."(109쪽) 그는 일차적으로 개와 사람에 관한 연구를 지적했다. 그러므로 탐구적(exploratory) 행동에 의한 능력의 개발은 인지적, 사회적 발전의 중요한 구성요소다.

화이트(1959)는 능력 개발을 유도하는 기제를 설명하기 위해 **유능 동기**(effectance motivation)라는 개념을 도입했다. 예를 들어, 놀이 활동에서조차도 아이들은 환경에 미치는 영향과, 역으로 환경이 그들에게 미치는 영향을 발견하며 기뻐한다. 만족감은 이런 상호작용으로부터 기인한다. 항상성을 초래하는 과정 속에서 이를 해소함으로써 만족감을 얻는 것이 아니다. 화이트는 이러한 활동의 결과를 **유효성의 감정**(feelings of efficacy)으로 정의했는데, 이를 목표를 좇는 데에 성공할 것이라는 기대감을 뜻하는 자기효능감(sefl-efficacy)과 혼동해서는 안 된다(Bandura, 1977). 유효성의 감정은 환경과의 상호작용을 통해 얻는 만족스러운 숙달(mastery)과 통찰(insight)의 감정을 가리킨다. 더 나아가, 자극 환경이 과제의 난이도에 비해 상대적으로 적정 수준의 복잡성을 띨 때, 사람들은 능력을 만드는 탐구에 더 적극적으로 임하는 경향이 있다. 과제가 너무 쉬우면 금세 지루해한다. 반면에 너무 어려우면 인지하고 처리하는 능력의 초점을 더 협소하게 맞추며 환경에 있는 잠재적 관련성을 띤 모든 단서에 대해 덜 집중하게 된다(Tolman, 1949).

능력(competence) 동기와 성취(achievement) 동기가 분리된 발전 과정을 나타내기는 하지만, 이 둘은 몇 가지 공통점을 지닌다. 엘리엇과 드웩(Elliot & Dweck, 2005a)은, 능력이 성취 동기의 핵심이라고 주장한다. 이들은 기존 연구에서 성취의 개념이 명확히 정의되지 않았다고 주장하면서, 기존 연구의 두 가지 근본적인 약점을 지적한다. 첫째, 이들은 그것이 "일관성과 명확한 구조적 매개변수를 결여한다" 고 말한다(4쪽). 이 개념은 운용하기 어려우며, 성취 동기 연구에서는 핵심 개념과 일관성 있게 연결되지 않는 다수의 개념과 방법론을 사용했다. 둘째, 그들은 성취 동기에 관한 연구가 지나치게 협소한 초점을 지니고 있어서, 성취를 추구하는 행동을 어떻게 이해할 것인가에 관한 더 일반적인 물음과 관련된 다양한 행동의 양상을 고려하지 않았다고 말한다. 이런 가정을 출발점으로 삼아 이들은 성취 동기라는 개념 대신, 능력 동기라는 개념으로 사용해야 한다고 주장한다. 이들과 이들의 책(2005b) 속에 등장하는 수많은 저자들은 이 근본 문제를 탐구하는 개념적, 경험적 논문을 제시한다. 성취 동기에 관한 방대한 연구가 이들의 주장처럼 재개념화될지는 아직 판단하기 이르다. 이 책의 여러 부분에서 제시한 성취 동기와 능력 동기의 특징에 관해서도 의문을 제기할 수 있다. 그러나 이것은 분명 도발적인 주장이며, 그 자체로 유용한 이 문제를 더 전인적인 방식으로 이해하는 데 도움이 된다.

미래 지향성과 미래 시간 전망

목표의 유인가(valence)에 영향을 미치는 또 다른 요소는 그 사람의 **미래 지향성**이다. 레이너(Raynor, 1969, 1974)는 일차적으로 즉각적인 목표가 미래의 목표를 이루는 데에 얼마나 도움이 되는가의 관점에서 미래 지향성을 정의했다. 다시 말해, 만약 즉각적 목표가 미래의 목표를 달성하는 것과 연관이 있다고 생각한다면, 미래의 목표가 지닌 가치만큼 즉각적 목표의 유용성도 크다고 인식할 것이다. 그러므로 원하는 학문적 혹은 직업적 진로로 나아가기 위해 선수 과목이나 자격 시험을 이수해야 하는 목표는 높은 유인가를 지닐 수 있으며, 유용성이 높을수록 실패의 대가도 커지기 때문에 심지어 불안감까지 야기할 수도 있다. 이 관계는, 최종 목표를 성취하기 위해 선형적인 진보가 아니라 일군의 성취를 이루어야 하는, 성취에 초점을 맞추는 상황에도 적용된다. 예를 들어, 보이 스카우트에서는 이글 스카우트라는 영예로운 단계에 이르기 위해 필수 훈장 배지와 선택 훈장 배지를 골고루 획득해야만 한다. 이것은, 톨먼의 장 이론에서 이야기하는 주어진 목표와 부수적 목표 사이의 긴장 관계에 관한 목표의 강도라는 개념을 다듬고 확장한 것이다.

미래 지향성과 관계된 또 다른 개념은 **미래 시간 전망**(future time perspective, FTP)이다. 이것은 현재와 미래 사건이 시간적으로 떨어져 있는 정도에 대해 인지하는 것을 가리킨다. 어떤 사람들은 다른 사람들에 비해 미래 시간이 훨씬 더 가깝다고 생각한다. 짧은 미래 시간 전망을 지닌 사람들은 현재에 더 집중한다. 즉각적인 목표를 성취하고자 하는 그들의 동기부여는 미래에 얻을 혜택을 인지한다고 해서 강화되지 않는다. 반대로, 긴 미래 시간 전망을 지닌 이들은 현재의 활동과 미래의 목표가 훨씬 더 밀접하게 연결되어 있다고 본다. 이들에게는 미래의 혜택에 대한 기대가 즉각적인 동기부여를 강화해 준다. 드 볼더(De Volder)와 렌즈(Lens)는 11학년 학생들의 동기부여는 미래의 목표에 얼마나 가치를 부여하는가와 이 목표를 성취하는 데에 현재의 학업이 얼마나 도움이 된다고 생각하는가와 양의 상관관계가 있음을 발견했다.

그러나 이 상관관계와 관련해 미래에 대한 학생들의 태도를 고려해야 한다. 판 칼스테르 등의 연구자들(Van Calster et al., 1987)은 230명의 네덜란드어를 말하는 17세에서 19세 사이의 남자 고등학생을 대상으로 한 연구에서, 인식된 유용성

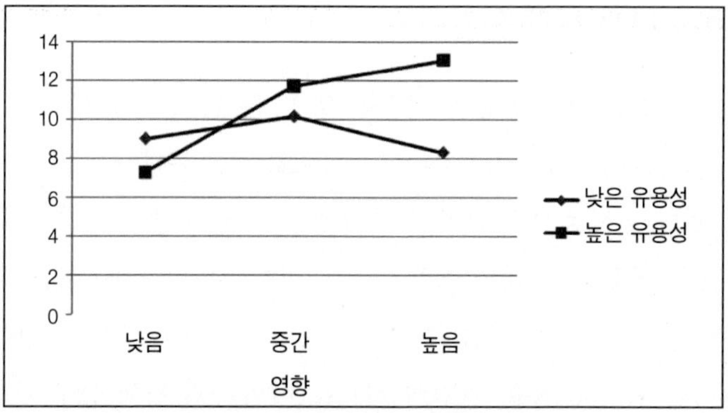

그림 5.5 미래에 대한 태도와 공부하고자 하는 동기부여 사이의 인식된 유용성 사이의 상관관계 (Van Calster, Lens, & Nuttin, 1987에 기초함)

(Perceived Instrumentality, PI)이 높든 낮든 관계없이, 미래에 대해 부정적인 태도를 지닌 학생들 사이에서는 배우고자 하는 동기부여와의 상관관계가 상대적으로 낮았다(그림 5.5). 그러나 미래에 대한 태도가 긍정적일수록 인식된 유용성과 배우고자 하는 동기부여 사이의 상관관계가 꾸준히 증가했다. 반대로, 미래에 대해 긍정적인 태도를 지녔지만 인식된 유용성은 낮은 학생들의 경우는 동기부여와의 상관관계가 훨씬 더 약했다. 학업 성적이 저조한 학생의 수는, 미래에 대한 긍정적인 태도가 중상 수준이고 인식된 유용성은 낮은 학생들 사이에서 가장 많았다. 그러므로 저자들은, 미래에 대해 긍정적인 태도를 지닌 학생들에게는 즉각적인 과제의 인식된 유용성을 높이고자 하는 노력이 동기부여를 강화하는 데 도움이 되지만, 부정적인 태도를 지닌 학생들에게는 그런 효과를 내지 못할 것이라고 결론 지었다.

성차와 미래 지향성에 관한 광범위한 연구를 검토하면서, 그린과 드배커(Greene & DeBacker, 2004)는 다섯 가지 이론적 지향성의 성차, 즉 성취 동기, 미래 시간 지향성, 미래의 자아에 관한 인식, 기대치-가치 이론, 인식된 유용성에 관한 사회 인지적 연구를 살펴보았다. 그들이 검토한 연구 중에는 교차문화적 다양성이 존재했지만, 그들은 남성들은 긴 미래 시간 전망과 고용, 금융에 있어서의 안정성과 관련된 다소 협소한 목표를 가지고 있는 경향성을 보여 주는 상당히 일관되고 역사적으로 안정된 패턴을 발견했다. 반대로 여성들은 미래에 대한 목표 지향성에 관해 훨씬 더 다양한 양상을 나타냈다. 그들의 목표는 결혼과 가정에 초점을 맞추고 있지만 점점 더 많은 여성들이 고용과 직업과 관련된 목표에도 집중하고 있다. 또한 남성과 여성의 전반적 미래 지향성과 목표 지향성에 사회문화적 요소가 강한 영향을 미치는 것으로 보인다.

그러나 동기부여 학습 환경을 설계하는 데에 영향을 미칠 수 있는 미래 지향성의 또 다른 요소는, 개인이 자신의 미래를 제한된 것으로 보는가, 제한이 없는 것으로 보는가이고, 이것은 연령과 상관관계가 있다(Lang & Carstensen, 2002). 장기적 관점이나 한계를 두지 않는 시간 관념을 가지고 있을 때, 사람들은 원하는 미래 상태와 관련된 지식 습득 목표에 더 집중하는 경향을 보인다. 미래 시간 전망이 단기적이고 제한적일 때는 목표를 개인적인 관계망을 관리하는 데 집중시킨다. 20세에서 90세까지의 성인 480명을 대상으로 독일에서 실시한 한 연구에서, 랑과 카르스텐슨(2002)은 젊은이들은 한계를 두지 않는 시간 관념을 지닌 반면, 나이가 많은 사람들은 더 제한적인 시간 관념을 지니고 있었다고 단언했다. 그리고 예상할 수 있는 것처럼 지향성이 다를 때 그 목표도 달랐다. 제한적 시간 전망을 지닌 사람들은 개인적인 관계망의 크기를 축소해 사회적, 개인적으로 만족을 주는 관계에 집중하는 경향이 있었다. 개방적 시간 전망을 지닌 사람들의 개인적 관계망은 더 커지는 경향이 있었으며 목표와 미래의 성취와 관계된 지식에 도움이 되는 사람들을 아울렀다. 그러나 나이 외의 다른 요소들도 미래 시간 지향성에 영향을 미칠 수 있다. 프레드릭슨 카르스텐슨(Fredrickson and Carstensen, 1990)은, 사람들이 인식하거나 상상한 자신의 상황에 근거한 목표 선택에서는 연령별 차이가 사라지기도 한다는 것을 발견했다. 예를 들어, 새로운 환경으로 이사하는 것처럼 중대한 변화를 예상하고 있는 젊은이나 생명을 연장하는 의학 기술이 등장할 것이라고 상상하는 나이 든 사람들은 자신의 실제 나이에 구애받지 않는 목표를 설정하는 경향이 있다. 또한 나이와 관계없이 남은 수명에 대한 예상치에 영향을 미치는 조건들은 목표 선택에도 영향을 미친다. 카르스텐슨과 프레딕슨(1998)은 HIV 환자인 젊은이들 중에서 상대적으로 개방적인 수명 기대치를 가지고 있는 이들은 미래 시간 전망 역시 장기적인 반면, 생의 마지막에 더 가까운 사람들은 나이가 더 많은 사람들이 가지는 특성을 보였다. 그러므로 실제로, 혹은 자신이 생각하기에 생의 마지막에 근접한 사람들로서 이들은 직업에 초점을 맞춘 목표보다는 정서적으로 의미 있는 목표에 집중하는 경향을 보인다. 그럼에도 불구하고, 나이에 영향을 받지 않는 지향성이 존재할 수도 있다. 즉, 미래를 두려워하는 젊은이들은 나이가 많은 사람들처럼 행동하고, 나이가 많은 사람들 중에서도 심리적으로 젊은 사람들은 다양하고 우발적인 목표로 넘치는 생활 공간을 가지고 있다.

목표 지향성

지금까지 사람들의 행동에 영향을 미치는 몇 가지 동기에 관해 이야기했다. 또 다른 동기는 **목표 지향성**이다. 이것은 사람들이 목표 추구 행위의 결과에 더 초점을 맞추는가, 아니면 목표로 향해 가는 과정의 활동에 더 초점을 맞추는가를 말한다. 이와 관련해 가장 자주 언급되는 두 가지 개념은 과제 지향성(task-orientation) 대 자아 지향성(ego-orientation), 숙달 지향성(master-orientation) 대 성과 지향성(performance-orientation)이다.

니콜스(1984)는 아동의 행동 발달을 연구하면서, 과제 지향적인 아동 및 성인과 자아 지향적인 아동 및 성인 사이의 특징적인 차이점을 발견했다. **과제 지향적** 사람들은 어떻게 과제를 성취하는지에 초점을 맞추는 경향이 있다. 자아 지향적인 사람들은 과제를 수행하는 중에 어떤 일이 일어나는지에 초점을 맞추는 경향이 있다. 그들은 외부의 평가와 그들에 대해 사람들이 어떻게 생각할지에 관해 염려한다.

이와 유사하게, 드웩(Dweck, 1986)은 **학습 목표**(learning goals)와 **성과 목표**(performance goals)를 구별했다. 학습 목표에 의해 동기부여되는 사람은 어려운 과제를 추구하기를 좋아하며, 기술을 습득할 수 있다고 믿고, 과제 숙달에 초점을 맞추며, 노력을 통해 능력을 향상시킬 수 있다고 믿는다. 반대로, 성과 지향적인 사람은 다른 사람들에게 능력 있는 사람으로 보이는 것에 더 관심이 있으며, 최소한의 노력으로 성공하기를 원하고, 능력은 정해져 있다고 믿으며, 다른 사람과의 비교와 성공의 상징에 더 관심이 많다.

높은 수준의 불안감은 자아 지향성이나 성과 지향성과 관련이 있다. 실패의 두려움이나 큰 성공을 거두지 못할 것에 대한 두려움이 너무 강해지면 사람들은 아무런 발전을 이루지 못하게 된다. 결과가 부정적일 수도 있다는 이들의 두려움은 그들을 무력하게 만든다. 반대로, 과제 지향적이거나 학습 지향적인 사람은 어떤 상황에서든 최선의 것을 성취하는 데에 집중하는 능력이 더 뛰어나다.

이런 특성을 이분법으로 나누는 경향이 많다. 그러나 이런 이분법을 제한하는 많은 자격조건에 대해서도 고려해야 한다. 예를 들어, 성과 지향성에 관한 앞의 예에서 볼 수 있듯이, 어떤 방향이든 극단적 지향성은 부정적인 영향을 초래할 수 있다. 그러나 기준이 너무 높아지거나 지나치게 완벽주의를 추구해 달성할 수 없는 것이 될 때는 과제 지향성이나 학습 지향성조차도 부정적인 결과를 초래한다. 그러나 대체로 사람들은 두 지향성 모두를 다양하게 지닌다. 부정적인 영향을 초래하지 않고도 실패나 성공의 결과에 대해 고려할 수 있다. 그럴 때에 과제에 완벽하게 초점을 맞출 수 있다. 그리고 중간 정도의 성과 지향성은 집중력을 높이고 더 나은 성과를 거둘 수 있게 해 준다.

학습 환경을 설계할 때 이 개념들을 고려하는 것이 유용하다. 거의 경험하지 않았거나 자신이 없는 기술을 가르치고자 할 때는, 성과 요구에 대한 강조는 최소화하는 한편 과제 지향성을 최대화하는 환경을 설계하는 것이 가장 좋다. 나중에 학습자가 일정한 수준의 숙달 단계에 이르기 시작한 다음에는 그들의 기술을 강화하는 데 도움이 되도록 성과 조건를 증가시켜 볼 수 있다. 예를 들어, 학생들로 하여금 수학능력시험(Scholastic Aptitude Test, SAT)과 같은 어려운 시험을 준비하도록 할 때, 처음에는 유추 문제처럼 시험을 치르는 데 필요한 기술을 숙달하도록 하는 것이 좋다. 처음에는 시간 제한 없이 학생들에게 연습 문제를 풀게 한다. 그런 다음 실제 시험을 치를 때와 동일한 조건에서 문제를 풀게 한다. 악기 연주나 체조와 같은 기술을 가르칠 때도 비슷한 방식이 사용된다.

이 개념은 학업상의 문제를 진단하는 데에 특히 유용하다. 과도하게 높은 자아 지향성이나 수행에 대한 불안감 때문에 새로운 기술을 습득하는 데 어려움을 겪는 학생들이 적지 않다. 이런 학생들의 경우 과제 자체에 집중하고 수행 환경과 관련된 탈민감화 활동(desensitization activities)을 하게 함으로써 불안감을 경감시킬 수 있다.

흥미

존 듀이(John Dewey)는 "흥미와 노력 그 교육적 의의(Interest and Effort in Education)" 라는 논문에서 학습과 흥미가 어떤 관련이 있는지를 논했다(Dewey, 1913). 그의 논지는, 노력 그 자체로는 효과적인 학습 효과를 거둘 수 없으며, 진정한 학습이 이루어지기 위해서는 노력과 더불어 흥미가 수반되어야 한다는 것이다. 그는 "그저 노력하라고만 해서는 아무런 소용이 없다. 한 아동이 자신이 하는 일이 하나의 과제라고 느낄 때는 강제성이 있어야만 그 일에 몰두한다. 외적 압력이 약해지고 구속으로부터 자유로워질 때 그의 주의력은 자신의 흥미를 끄는 쪽으로 달아나고 만다. '노력' 에 기초해 키운 아이는 흥미롭지 않은 주제에도 몰두하는 듯이 보이는 놀라운 기술을 습득한다. 그러나 그의 에너지는 정작 다른 곳에 초점을 맞춘다" (1쪽)라고 말했다.

흥미에 관한 그의 개념은 현재의 개념 이해나 연구와는 다소 차이가 있다. 그러나 많은 점에서 그의 주장은 현재의 연구를 예상했다. 그는 흥미를 내재적 동기와, 노력을 외재적 동기와 어느 정도 동일시했다. 이것은 흥미는 접근 행동을 취하게 하고, 외재적 동기는 기피 행동을 취하게 한다는 것을 암시한다. 물론 학습 상황에서는 내재적 흥미를 갖는 것이 바람직하지만, 사람들은 외재적 목표에 의해서도 고도로 동기부여되고 효과적으로 학습할 수 있다.

흥미 연구와 관련해 교육 및 학습과 관련이 있는 분야 중 하나는 담론 처리(discourse processing), 다시 말해 문자 자료로부터의 학습이다. 이 분야에 초기 연구자로서 특히 '이야기하기' 에 관해 연구했던 섕크(Schank, 1979)는 정상적인 예상로부터 빗나가는 사건이 예상할 수 있는 사건보다 흥미를 더 많이 유발한다고 주장했다. 예를 들어, 편의점에서 물건을 사다가 심장마비로 죽은 83세의 남자에 관한 이야기는 그다지 흥미롭지 않지만, 만약 그가 강도를 당하던 점원을 도우려다가 심장마비를 일으켰다면 흥미로운 이야기가 될 것이다. 섕크는 죽음, 위험, 권력, 섹스처럼 확고하고 예상가능한 흥미를 불러일으키는 사건을 일컬어 "절대적 흥미(absolute interests)" 라고 불렀다. 반면에 개인의 상황에 따라 예상하지 못하거나 새로운 사건일 수도 있는 것을 "상대적 작용 요소(relative operators)" 라고 부르며 이를 절대적 흥미와 대조시켰다. 그는 흥미를 불러일으키는 상황(기대에 반하는 일이 일어날 때와 탐정 소설에서처럼 관련된 정보가 빠져 있을 때)을 열거했는데, 그 중 둘은 호기심의 개념에 관한 벌린(Berlyne)의 연구와도 유사하다(4장). 세 번째 상황은 절대적 흥미처럼 두드러지는 주제와 관련된 내용을 담고 있는 경우다. 이것은 관련성의 범주에 속한다. 흥미라는 개념이 호기심 유발의 요소를 지니기는 하지만, 그 핵심 속성은 개인적 목표, 과거의 경험, 확립된 흥미 등과 같은 관련성의 문제와 더 밀접한 관련이 있다.

섕크(1979)의 연구를 비롯한 흥미에 관한 초기 연구 중 다수는 텍스트로부터의 학습, 즉, 담론 분석을 그 배경으로 했으며, 그렇기 때문에 교수 설계와 학습과 관련성이 크다. 하이디와 베어드(Hidi & Baird, 1986)는 기존 연구를 검토하면서, 이야기, 즉 재미를 일차적인 목적으로 삼고 있으며 호기심을 유발하는 사건들이 지닌 속성을 활용하는 담화를 다루는가(Berlyne, 1954b), 아니면 정보를 전달하거나 설명하거나 설득하는 것을 목표로 삼는 설명문을 다루는가에 따라 기존 연구를 분류했다. 이야기에 관한 논의에서 하이디와 베어드(1986)는 흥미가 정서적 요소와 인지적 요소 모두를 포함한다는 점을 지적한다. 전자는 인간의 극적인 상황(Wilensky, 1983), 혹은 섕크의 절대적 흥미에 의해 유발되는 경향이 많지만, 인지적 흥미는 불일치, 예상치 못함, 새로움, 역설 등, 벌린(1954b)이 "대조 변수"라 부른 것들이 특징적으로 가지고 있는 자극을 유발하는 호기심으로부터 기인하는 경우가 많다. 외적 자극에 의한 흥미 유발과 개인 내부의 흥미 유발을 구별하는 일부 연구자들의 주장과 달리, 하이디와 베어드(1986)는 흥미가 자극과 개인의 상호작용의 결과로부터 기인한다고 생각했다. 이를 통해 비슷한 자극을 주는 사건에 대해 사람들이 전혀 다른 방식으로 반응하는 것을 설명할 수 있다는 것이다.

하이디와 베어드(1986)에 따르면, 설명문에서의 흥미 유발에 관한 연구는 어려움이 있다. 왜냐하면 이런 형식의 텍스트 안에서 독자들이 어떤 종류의 구절에 흥미를 느끼는지에 관해 알려진 바가 거의 없고, 기존 연구 대부분이 대학 수준의 교과서, 특히 연구 목적으로 쓰인 글을 다루고 있기 때문이다. 인간의 흥미를 끄는 일화와 글들이 다수 포함된 유치원에서 고등학교 3학년 과정까지의 교과서에 대해서는 연구가 거의 이뤄지지 않았다. 플레쉬(Flesh, 1948)는 교과서의 등급을 매기는 데 사용될 수 있는 흥미에 관한 공식을 만들어 냈지만, 이 분야의 연구에서는 사용되지 않은 것으로 보인다.

또 다른 어려운 문제는, 특히 흥미로운 내용이 중요한 내용의 보조적 요소인 경우 흥미로움을 기억해 낼 수 있는가의 문제다. 하이디와 베어드(1986)는, 그 정보가 중요한 내용인지 그저 부수적인 내용인지에 상관없이 학생들은 자신에게 흥미롭거나 개인적으로 의미 있는 내용을 가장 잘 기억한다는 것을 발견했다. 하이디, 베어드, 힐디어드(Hidi, Baird, & Hildyard,1982)는 실제 학교 교과서로부터 세 가지 형식의 글, 즉 설명문, 흥미로운 이야기, 중요한 내용을 설명하기 위해 흥미롭지만 중요하지 않은 구절이 섞여 있는 글을 가지고 그 내용을 얼마나 기억하는지에 관한 실험을 했다. 이 연구자들은 섞여 있는 글의 경우 중요한 내용을 기억하는 비율이 상당히 낮다는 것을 발견했다. 이들은 이야기를 삽입하는 것은 사실 중요한 정보에 대한 기억 능력을 떨어뜨린다고 결론 내렸다.

가너와 길리엄, 화이트(Garner, Gillingham, and White, 1989)는 내용과 무관한 정보, 즉 흥미롭지만 중요하지 않은 정보를 가리키는 "매혹적인 첨가물(seductive augmentation)"이라는 개념을 도입했다. 문헌에서 사용된(예를 들어, Harp & Mayer, 1998) 이 표현은, 주어진 글의 일차적인 메시지나 교육 프로그램의 학습 목표와 관련이 없지만 그렇다고 반드시 일반적인 주제와 무관한 것은 아닌 정보를 가리킨다. 무관하다는 것이 주제와 전혀 관계없다는 뜻으로 쓰이는 다른 광범위한 연구 분야와 달리 여기서는 이 개념이 훨씬 더 제한적인 의미로 사용된다. 이 맥락에서, 허리케인이 만들어지는 원리를 설명하는 글에 삽입된 허리케인 카트리나로 인해 파괴된 미시시피의 바닷가 집들에 관한 일화나 위험에 빠진 배를 찍은 사진, 바람의 힘으로 휜 나무 그림(그림 5.6 오른쪽)과 같은 매혹적인 첨가물은, 허리케인의 파괴력을 예시함으로써 주제와 간접적인 연관이 있기는 하지만 본문의 핵심 목적과는 무관하다. 대조적으로, 허리케인 전의 열대에서의 구름 형성을 보여 주는 사진(그림5.6 왼쪽)은 직접적인 관련이 있다. 가너 등(Garner et al., 1989)은 설명문의 요점과 같은 흥미로운 내용(매혹적인 세부 사항)이 포함된 글에 대한 기억력을 비교함으로써 하이디 등(1982)의 연구를 확장했다. 실험은 대학생 나이의 성인과 중학교 1학년 학생을 대상으로 이뤄졌다. 두 경우 모두 매혹적인 세부 사항이 요점의 기억을 방해했다.

직관적으로 생각할 때, 텍스트, 특히 과학에 관한 텍스트를 더 흥미롭게 만들기 위해 다른 자료를 첨가하는 것은 독자로 하여금 더 주의 깊게 책을 읽게 하고, 그렇게 함으로써 더 많은 것을 배울 수 있게 할 것처럼 보인다. 그러나 이전 연구

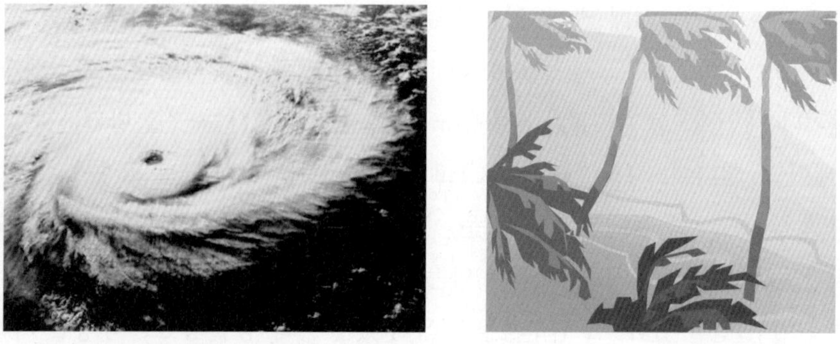

그림 5.6 허리케인의 형성에 관한 교육에서 적합한 예시와 무관한 예시의 사례

에서는 이런 결과를 얻지 못했다. 흥미롭지만 무관한 자료는 글의 핵심 내용으로부터 주의를 분산시키기 때문이라는 것이다. 하프와 메이어(Harp & Mayer, 1997)는 정서적 흥미(emotional interest)와 인식적 흥미(cognitive interest)를 구별해야 한다고 주장했다. 전자는 이전 연구에서 다루었던 매혹적인 세부 사항에 관한 흥미이며, 후자는 내용을 자세히 설명하는 정보와 관련된 흥미다. 또한 이들은 텍스트와 삽화를 조합했다. 텍스트에 있는 매혹적인 세부 사항은 흥미롭지만 무관한 정보를 포함한다. 이를테면, "해마다 약 1만 명의 미국인들이 번개에 의해 부상을 입는다. 메릴랜드 주 버튼스빌에서는 연습 중이던 고등학교 미식축구 선수에게 번개가 쳐 헬맷의 구멍이 갈라지는 것을 본 사람들도 있다. 번개는 그의 운동복을 태웠고, 그의 신발을 날려버렸다. 1년이 훨씬 지난 지금도 이 젊은이는 죽을 뻔했넌 경험에 대해 이야기하기를 꺼린다"(94쪽).

매혹적인 삽화는 텍스트에서 설명하는 것과 같이 사건을 묘사하는 그림으로 이뤄졌으며, 인식적 흥미는 번개가 만들어지는 여섯 단계를 설명하는 일련의 그림으로 이뤄졌다. 이들이 얻은 결과는, 매혹적 세부 사항이 간섭 효과를 나타낸다는 이전 연구나, 적절한 삽화가 텍스트를 이해하는 데에 도움이 된다는 이전의 연구와 일치하는 것이었다(Fleming & Levie, 1978). 하프와 메이어는 후속 연구서(Harp & Mayer, 1998)에서 매혹적 세부 사항의 간섭 효과(interference effect)는 독자의 주의를 분산하거나 혼란스럽게 만들어서라기보다는 부적절한 조직적 체계를 만들어 내기 때문이라고 결론 내렸다.

전혀 다른 관점에서, 두 언어 학자(Sperber & Wilson, 1986)는 관련성이 의사소통과 지각에 있어서 가장 중요한 요소는 아닐지라도 핵심 조건에 해당한다고 주장했다. 우리는 어떤 상황에서든 우리 삶에서 중요한 무언가와 연관이 있다는 것을 지각하는 한, 새로운 자극에 관심을 기울이는 성향이 있다. 연관이 전혀 없다면 그 자극을 무시할 것이다. 예를 들어, 어떤 방에 들어갔을 때 거기 이미 한 무리의 사람들이 있으면, 그 방을 둘러보게 될 것이다. 몸집이나 외모, 태도 때문에 잠재적으로 위협이 될 수 있다고 생각하는 사람들을 눈여겨볼 것이다. 이 위협을 느끼는 한, 간접적인 방식으로라도 그들에게 계속해서 주의를 기울일 것이다. 그러나 추가적인 정보가 유입되면 잠재적 위협에 대한 주의가 분산되고 그에 대한 관심을 잃게 되기도 한다. 예를 들어, 어떤 평범한 남자가 잘 생긴 남자를 바라보면서 자신의 아내나 여자 친구와의 관계에 잠재적인 위협이라고 생각한다면 그는 불안감을 느낄 것이다. 그러나 이 남자가 행복한 결혼 생활을 하고 있어 "한눈을 팔지" 않는다는 것을 알게 되면, 다른 근거를 발견하지 않는 한, 이내 그를 무시하게 될 것이다. 그러나 당신이 친구나 친구의 친구로 인식한 사람들은 당신의 주의를 끌 것이다. 다른 사람들은 중립적이다. 그들에게는 특별히 당신의 주목을 끌 만한 것이 아무것도 없다. 다음 날 거리에서 만나도 그들을 알아보지 못할 것이다. 전에 몰랐던 누군가와 이야기를 나누기 시작한다면, 당신은 계속해서 대화를 나누고 아는 사이로 지낼 수 있을 정도로 그와 흥미나 경험을 공유하고 있는지를 판단하려고 노력할 것이다. 그렇지 않다면 그 사람을 지나쳐 버린다. 스퍼버와 윌슨(1986)에 따르면, 이 모든 행동의 기저에는 관련성의 원리가 자리잡고 있다. 우리의 시각적, 언어적 의사소통은 모두 이 원리에 따라 이뤄진다. 우리는 우리 삶과 관련성이 있을 때 시각적, 언어적 의사소통을 시작하고 유지한다.

내재적 동기

내재적 동기라는 개념은, 특정한 목표나 활동이 그 자체로서 흥미롭기 때문에, 또는 특히 능력과 자기 결정의 필요성과 관련해 주어진 내재적 흥미를 추구함으로부터 필요가 충족되기 때문에 자기 주도적으로 그것에 이끌리는 것을 뜻한다는 점에서 흥미와 다르다(Deci, 1975). 반대로 앞서 살펴보았듯이 흥미란 우리의 가장 근본적인 필요와 두려움, 혹은 절대적 관심을 건드리기 때문에 어떤 사건이나 대상에 대해 매력이나 관심을 느끼는 것을 말한다(Schank, 1979). 또한 새로움, 예상치 못함, 그 밖에 호기심을 불러일으키는 특징을 지닌 사건에 의해서도 흥미가 유발될 수 있다. 그러므로 흥미는 내재적인 동기부여라는 더 광범위한 개념보다는 상황에 더 많이 좌우되는 경향이 있다.

처음에 목표나 과제가 외재적으로 동기부여될 때조차도 어떤 주제에 관한 내재적 흥미를 발달시킬 수 있다. 예를 들어, 대학원을 다닐 때 나는 학기말이 다가오면 과제 논문을 쓰고 시험 준비를 하는 것에 엄청난 스트레스를 받았다. 하지만 그때, 전에는 별로 관심이 없었던 주제에 대해 연구하면서 그 주제에 대해 큰 관심을 갖게 되었다. 나는 내 주제와 직접적으로 관련이 있지만 당장에 닥친 과제의 범위를 벗어나는 수많은 자료를 발견하곤 했다. 나는 원래 관심이 있던 주제와 거의 무관한 참고자료를 만나곤 했다. 참고자료를 따로 적어 두면서 학기가 끝난 후에 읽어 보겠다고 계획했다. 하지만 나는 한 번도 그러지 않았다! 나중에 내재적 동기부여와 외재적 동기부여를 비롯한 학습, 인지, 동기부여 등의 이론을 가르치기 시작하면서 나는 이 경험을 떠올렸고 그것에 대해 스스로 설명해 보려고 노력했다. 그것은 어떤 범주에도 맞아 들어가지 않는 것 같았다. 왜냐하면 수업 과제는 외재적이며 수업을 잘 마치는 것은 박사학위를 얻는 데에 도움이 되기 때문이다. 그러나 내재적 동기처럼 보였던 무언가를 고도로 발전시켰음에도, 학기가 끝나자마자 그것은 이내 사라지고 말았다. 그러므로 나는 그것을 "상황의존적 내재적 동기(situational intrinsic motivation)"라고 불렀다. 왜냐하면 과제물 마감시한을 맞추기 위해서는 고도의 흥미를 발전시켜야만 했다. 그 상황에 있을 때는 이 흥미가 깊고 지속적이며 내재적 동기부여의 상황에 해당한다고 생각했다. 그러나 학기가 끝나면 그것은 이내 사라져 버린다. 자기 결정 이론(self-determination theory, SDT)(Deci & Ryan, 1985)을 읽고 나서야 내재화된 외재적 동기(internalized extrinsic motivation)라는 차원에서 설명할 수도 있음을 알게 되었다. 나의 경우 동기부여는 다소 내재화되기는 했지만, 학기의 마지막 몇 주 동안만큼 강렬하지 못했을 뿐이다.

데시(Deci, 1975)는 내재적 동기는 기본적 욕구 만족, 특히 능력(competence)과 자기 결정(self-determination), 즉 자율(autonomy)의 욕구와 연관이 있다고 설명한다. 그러나 데시와 라이언(Deci & Ryan, 2000)은 이런 욕구를 충족하기 위한 목적으로 내재적으로 동기부여된 행동을 하는 것이 아니고, "흥미롭기 때문에 자유롭게 그런 행동을 하는 것"이라고 지적한다(Deci & Ryan, 2000, 233쪽). 내재적 동기를 지속시키기 위해서는 능력과 자율의 욕구를 충족시킬 수 있어야 한다. 하지만 그 역도 참이라고 가정해서는 안 된다. 즉, 내재적으로 동기화된 활동에 참여하는 것은 내재적으로 동기화되지 않은 활동에 의해서도 충족될 수 있는 이런 욕구를 충족시키는 데에 필수적이다. 그러나 내재적으로 동기화된 상태를 유지하기 위해서는 능력과 자율의 감정을 경험하는 것이 필수적이다. 이 개념은 자기 결정 이론을 통해 구체화되었다(Deci & Ryan, 1985). 이 이론에서는 목표 선택과 목표 지향적 행동을 유지시키는 근거가 되는 심리적 욕구를 설명하고자 한다. 그러므로 자기 결정 이론에서는, 흥미라는 개념을 내재적 동기의 근거를 이루는 능력과 자율성과 결합시키는 방식으로 설명한다.

기존 연구서에서는 내재적 동기와 외재적 동기를 이분법적 대조를 이루는 것으로 묘사하는 경우가 적지 않았다. 그러나 자기 결정성 이론의 하위 이론인 유기적 통합 이론(Organismic Integration Theory, OIT)을 통해, 데시와 라이언(Deci & Ryan, 1985; Ryan & Deci, 2000)은 인간의 동기부여를 여섯 가지 범주, 즉 무동기(amotivation), 네 종류의 외재적 동기, 내재적 동기로 분류했다(표 5.2). 이 분류법은 서로 다른 종류의 외재적 동기와 특정한 동기 지향성의 개발에 기여하는 맥락 요인들을 설명하기 위해 개발되었다.

표 5.2 데시와 라이언의 동기 분류법(Deci & Ryan, 1985; Ryan & Deci, 2000에 기초함)

동기의 종류	특징
무동기(amotivation)	행동하고자 하는 의지의 부재, 다시 말해 목표나 활동에 대해 무관심한 상태
외재적 동기(extrinsic motivation)(네 종류)	
외부적 규제 (external regulation)	외부의 강요나 요구에 의한 동기부여. 외재적 동기에 대한 전통적인 관점으로 초기 연구(Condry, 1977)에서는 내재적 동기부여와 대조되는 것으로 이해했다.
내면화된 규제 (introjected regulation)	외부적으로 통제를 받는 상태이기는 하지만, 좋은 성과를 거둠으로써 칭찬과 존경을 받겠다는 욕망에 의해 내적 동기를 부여받는다. 이것은 니콜스(Nicholls, 1984)의 자아 지향성 개념과 일맥상통한다.
동일시(identification)	이것은 동일시를 통한 규제다. 즉, 외부적으로 요구를 받지만, 그것이 중요하다고 스스로 동일시하게 하며 이를 통해 일정 정도 내재적 동기부여를 초래한다. 체력 훈련을 받아야 하지만 전투에서의 생존을 위해 중요하기 때문에 이를 받아들인 신병이 그 예다.
통합된 규제 (integrated regulation)	이 경우에 해당하는 동기부여의 특징은 요구를 받은 것이지만 완전히 내재화된 행동이다. 그러므로 이 사람은 자기 동기부여적인 특징을 보인다. 이것은 내재적 동기와 유사하지만, 외부적 결과를 성취하기 위해 행동을 한다는 점에서 다르다.
내재적 동기 (intrinsic motivation)	이것은 그와 연관된 다른 무언가 때문이 아니라 그 본연의 즐거움 때문에 어떤 행동을 하는 상황을 일컫는다.

이것은 분류법일 뿐이며 서열이 아니라는 점을 분명히 인식해야 한다. 반드시 더 낮은 단계에서 더 높은 단계로 순차적으로 움직일 필요는 없다. 어떤 상황의 특징에 점점 더 익숙해짐에 따라 전적으로 외부적으로 규제되었던 행동들이 점점 더 내적으로 규제되는 행동으로 바뀌는 경우가 많다. 예를 들어, 신입사원은 시간 엄

수, 공손한 말투, 복장 규정, (면도 등에 관한) 용모 규정 등의 규칙에 대해 처음에는 전적으로 불쾌한 상황을 피하겠다는 욕망에 의해 동기부여될 것이다. 따라서 외부적으로 규제된다. 그러나 경험이 쌓이고 사람들이 "팀 플레이어"가 되기를 거부하는 것이 업무 환경에 얼마나 파괴적인 결과를 초래하는지를 직접 눈으로 확인한 후에 이 사원은 동일시(identification)의 단계로 이동할 것이다. 외적인 요구와 내적인 규제를 결합한 단계다. 요컨대, 어떤 활동이나 과제에 대한 한 사람의 초기 동기부여는 이 분류법에서 어떤 범주든 들어갈 수 있으며, 그 상황 속에서의 그 사람의 경험에 따라 그 범주가 바뀔 수도 있다.

홍미와 내재적 동기에 관한 연구로부터 얻을 수 있는 중요한 결론 중 하나는, 학습자가 관련성을 경험하게 하기 위한 학습 환경에서 교육이 즉각적으로 실용적인 결과로 이어지는 것은 아니라는 점이다. 당신의 수업 내용을 학생들의 내재적 흥미(intrinsic interest), 혹은 최소한 그들의 상황적 흥미(situational interest)와 연결시킬 수 있다면, 그들에게 긍정적인 학습 동기부여를 제공할 수 있을 것이다.

몰입(flow)

몰입(Csikszentmihalyi, 1975)이라는 심리학적 개념은, 주의를 분산시키는 것조차 의식하지 못하고, 고도의 내적 동기부여 상태에 이르며, 성공이나 실패에 대해 생각하지 않고, 주의력을 전적으로 과제에 집중하며, 무의식적으로 하나의 생각이나 활동으로부터 다음 것으로 넘어갈 정도로 어떤 활동에 완전히 몰두한 상태를 가리킨다. 몰입의 상태에 있다는 것은 인식된 관련성의 최고상태에 이르렀다는 말이다. 칙센트미하이(1990)에 따르면, 몰입 상태를 나타내는 세 가지 주요 요소는 흥미(interest), 집중(concentration), 향유(enjoyment)이다.

지금까지 몰입에 관한 연구는 교육과 놀이, 운농, 다양한 직업 등 다양한 맥락에서 진행되었다. 많은 연구는 사람들이 몰입 상태에 있을 때 무슨 일이 벌어지는가에 초점을 맞췄다(Csikszentmihalyi, 1975). 그러나 어떻게 이런 상태에 이를 수 있는가에 대한 관심도 있었다. 칙센트미하이(1990)에 따르면, 과잉학습(overlearning)이 몰입 상태에 도달하는 데에 도움이 된다. 이를 통해 과제를 수행해야 할 일련의 개별적인 행동이 아니라 하나의 통합된 행동으로 바라봄으로써 과제에 전인적으로 접근할 수 있게 된다는 것이다. 이 상태는, 솔로나 오케스트라에서 악기를 연주하는 것처럼 잘 숙달된 수행의 맥락에서 성취될 수 있다. 그러나 그렇게 잘 구조화되지 않은 과제를 할 때에도 성취될 수 있는데, 예를 들어 연구를 하고 필기를 하고 논문의 주제를 만들어 가는 과정에서도 시간 감각이 사라질 정도로 과제에 몰두할 수 있다.

그러나 어떤 경우에는 몰입이 일어나고 어떤 경우에는 일어나지 않는 까닭을 과잉학습이나 목표 지향적인 과정에서 고도로 과제 지향적인 태도를 갖는 것으로는 설명할 수 없다. 몰입과 환경의 다른 요소들 사이의 관계를 더 잘 이해하기 위해, 셔노프 등(Shernoff, Csikszentmihalyi, Schneider, & Shernoff, 2003)은 고등학생들의 적극적인 수업 참여와 관련된 조건에 관해 연구했다. 이들은 526명의 중고등학생을 대상으로 추적 연구를 실시했다. 미국 전역에서 12개의 대상 지역으로부터 연구의 첫째, 셋째, 다섯째 해에 해당하는 자료를 수집했다. 조사 대상이 된 학생들은 임의로 선택되었으며 성적, 성차, 인종 등에 따라 분류되었다. 자료는 경험표집법(Experience Sampling Method, ESM)에 의해 수집되었다. 각 참가자에게 종이 한 장에 앞뒤로 45항목의 물음을 담은 질문지를 한 묶음씩 제시했다. 참가자들에게는 전자 호출 장치를 통해 신호를 수신할 수 있도록 만든 손목시계를 차게 했다. 참가자들은 신호를 받으면 즉시 멈추고 질문지 하나를 꺼내 답해야 했다. 그들에게 현재 장소와 참여하는 활동, 생각에 관해 0(낮음)에서부터 9(높음)까지 점수를 매기는 리커트(Likert) 척도 형식의 물음에 대답해 달라고 부탁했다.

한 가지 척도는 주어진 과제에 대한 참여도였다. 이것은 몰입의 구성요소인 흥미와 집중, 재미의 수준에 관한 물음을 통해 측정했다. 두 번째 범주는 주의집중이다. 이것은, 학교와 관련된 주제(수학, 필기, 보고서 작성 등)에 관해 생각하고 있었는지, 아니면 공부와 상관없는 주제(친구, 식사, 학교, 이성에 대한 관심에 관해 생각했는지, 아니면 아무 생각이 없었는지)에 관해 생각하고 있는지에 관한 대답을 통해 확인되었다. 마지막 범주는 경험의 질로서 네 개의 하위 변수를 포함한다. 즉, 기분(행복, 사교성, 강함, 자랑스러움, 활발함), 존중(자기 가치, 능력, 성취, 기대 충족, 개인적 통제), 학문적 강도(어려움, 개인적 목표와 관련된 주제의 중요성, 집중, 개인적 중요성), 내재적 동기(흥미, 재미, 활동에 참여하고자 하는 욕구) 등이다.

이러한 척도는 세 범주의 독립변수와 상관이 있었다(표 5.3). 하나는 네 가지 차원의 어려움/숙달 수준이었다. 즉, 몰입(flow), 불안(anxiety), 여유(relaxation), 무관심(apathy)이다. 다른 하나는 응답 당시 교실에서 행하던 활동의 유형이며, 다섯 가지 수준이 있었다. 세 번째 범주는 아홉 가지의 하위 범주로 나뉘는 학교 수업 주제였다.

표 5.3 독립변수와 몰입 수준(Shernoff, Csikszentmihalyi, Schneider, & Shernoff, 2003)

어려움/숙달	교실 활동	과목
몰입(고도의 어려움, 고도의 숙달)	강의	수학
불안(고도의 어려움, 낮은 숙달)	텔레비전/비디오	영어
여유(낮은 어려움, 고도의 숙달)	시험	과학
무관심(낮은 어려움, 낮은 숙달)	개인 활동 그룹 활동	외국어 역사 사회 과목 컴퓨터 미술 직업 교육

대체로 이 연구의 결과는, 고도의 어려움과 고도의 숙달로 정의하는 몰입 상태를 참여의 세 하위 구성요소를 포함한 고도의 참여 수준과 상관이 있다고 보는 이론적 예상과 일치했다(표 5.4). 높은 참여 수준은 높은 관련성과 통제 수준과도 상관이 있었다. 학교에서 시간을 보내는 방법을 살펴보면, 학생들은 실험실(15%), 대화 참여(9%), 텔레비전이나 비디오 시청(7%) 등 그룹 활동에 참여했다. 나머지 시간 동안 학생들은 개인 활동(23%), 강의 듣기(21%), 숙제와 공부(7%), 시험 치르기(13%)에 참여했다. 그룹 활동과 시험을 치를 때 학생들은 모든 종속변수에 관해 높은 수치를 나타냈다. 또한 개인 활동을 할 때도 높은 수준의 집중력을 나타냈다. 표 5.4에서는 수업과목과 관련된 이들 사이의 중요한 관계를 보여 준다. 전체적으로 학생들은 학문적인 과목에 대해 더 열심적이고, 학문적이지 않은 과목은 더 내재적으로 흥미롭다고 답했다.

요컨대, 이 연구는 학교에서 나타나는 특징과 정서적 특징 사이에 많은 상관관계가 있음을 보여 준다. 이 연구는, 학교 교실 환경에서 다양한 과목과 교수 방법들이 안고 있는 여러 가지 강점과 문제점을 보여 준다는 점에서 특히 유익하다. 그러나 자기 주도 학습에서 강사와 학생 간 상호작용과 결합하는 컴퓨터 기반 자기 주도 학습 프로그램과 전자학습(e-learning) 수업이 널리 활용되고 있기 때문에 온라인 활동에 대한 몰입에 영향을 미치는 요인을 검토하는 것 역시 흥미로울 것이다.

표 5.4 셔노프 등의 연구 결과 요약(Shernoff, Csikszentmihalyi, Schneider, & Shernoff, 2003)

<table>
<tr><th rowspan="2">종속 변수</th><th colspan="4">독립 변수</th></tr>
<tr><th>어려움/숙달</th><th>교육적 관련성과 통제</th><th>교실 활동</th><th>과목</th></tr>
<tr><td>참여</td><td rowspan="10">모든 종속변수에 대해, 몰입의 조건(높은 어려움, 높은 숙달)은 가장 높은 상관관계를 보였으며, 무관심의 조건(낮은 어려움, 낮은 숙달)은 가장 낮은 상관관계를 보였다. 몇 가지 예외가 있기는 하지만, 다른 조건도 예상과 같은 결과였다.</td><td>높은 관련성과 통제는 높은 참여도와 연관이 있었다.</td><td rowspan="10">집단 활동 및 시험 치르기의 경우 모든 종속변수에 관해 학생들이 더 높은 수준을 보였다. 더 나아가 개인 활동을 할 때 더 높은 주의력을 나타냈다.</td><td>미술 및 컴퓨터 과목에서 참여도가 가장 높았으며, 그 다음으로는 직업 교육과 사회 과목이었다.</td></tr>
<tr><td>흥미</td><td></td><td rowspan="3">흥미와 재미에 대해서는 위와 같지만, 집중은 그렇지 않았다.</td></tr>
<tr><td>집중</td><td></td></tr>
<tr><td>재미</td><td></td></tr>
<tr><td>주의력</td><td></td><td>수학, 과학, 컴퓨터의 경우가 가장 높았다. 역사, 영어, 사회 과목의 경우 가장 낮았다.</td></tr>
<tr><td>경험의 질</td><td></td><td></td></tr>
<tr><td>기분</td><td rowspan="2">높은 통제는 긍정적인 기분 및 존중과 상관관계가 있었다.</td><td rowspan="4">미술은 기분, 강도, 동기부여와 상관이 있었지만, 존중과는 연관이 없었다.
수학과 과학은 강도가 가장 컸지만 동기부여가 가장 큰 것은 아니었다.</td></tr>
<tr><td>존중</td></tr>
<tr><td>강도</td><td>높은 관련성은 높은 강도와 연관이 있었다.</td></tr>
<tr><td>동기부여</td><td></td></tr>
</table>

웹 활동에 참여하는 상황에서의 몰입에 관한 연구는, 특히 자기 주도 학습의 상황에서 최적의 온라인 학습 경험을 위한 웹 설계에 영향을 미칠 수 있는 관계에 관한 통찰을 제공할 수 있다. 첸, 위글랜드, 닐런(Chen, Wigland, and Nilan,

1999)은 몰입의 개념이 웹 상황에도 의미 있는 방식으로 적용될 수 있는지, 그렇다면 웹에서 몰입 상태와 연관이 있는 조건은 무엇인지에 관해 연구했다. 칙센트미하이는 이렇게 말했다(Geirland, 1996).

> 몰입을 촉진하는 웹사이트는 맛있는 식사와 같다. 전채 요리로 시작해, 샐러드와 주요리를 먹은 후 후식을 먹는다. 불행히도 많은 웹사이트는 구내식당처럼 설계되어 있다. 당신이 원하는 것을 고른다. 처음에는 좋은 생각인 것 같지만, 이내 당신이 무엇을 택하는지는 중요하지 않게 된다. 모든 것이 개성이 없이 똑같아진다. 웹사이트 설계자는 방문자들이 무엇을 택할지 이미 알고 있다고 생각한다. 그러나 사실은 그렇지 않다. 사람들은 웹사이트에 들어오면 어딘가로 안내를 받고 무언가를 얻을 수 있기를 바란다.

이런 류의 비유는 이 상황과 연관된 감정을 개념화하고 이해하는 데에 도움이 된다. 그러나 더 자세한 정의로 보충할 필요가 있다. 웹에서 학습할 경우에는 좌절(frustration), 재미(fun), 회의(skepticism)와 같은 다양한 감정을 경험할 수 있다. 웹에서의 몰입 상태를 다른 조건과 구별하기 위해, 첸, 위글랜드, 닐런(1999)은 네 가지 특징을 정의했다.

1. 즉각적인 피드백을 제공해야 한다.
2. 웹 사용자가 따라야 할 분명한 규칙과 추구해야 할 분명한 목표를 제공해야 한다.
3. 쉽게 지겨워하지 않도록 충분한 복잡성을 유발해야 한다.
4. 정태적인 어려움이 아니라 역동적인 어려움을 만들어 내야 한다(589쪽).

이들은 활동 중인 웹 사용자들에게 설문지를 나눠 주고 327명으로부터 응답을 받았다. 설문지는 칙센트미하이(1975)가 만들었고 다른 연구(McQuillan & Conde, 1996)에서도 사용된 몰입 상태에 대한 세 가지 설명을 제시했다. 이 설명은 암벽 등반가, 작곡가, 무용수의 말이다.

> 나는 다른 데에 정신을 팔지 않는다. 다른 어떤 것도 생각하지 않는다. 내가 하는 일에 전적으로 몰두한다. 기분이 좋다는 것을 몸으로도 느낀다. 어떤 소리도 안 들리는 것 같다. 세상은 나로부터 단절되어 있는 것 같다. 나 자신과 내 문제

에 대해서도 덜 의식한다.

> 나에게 집중은 마치 숨을 쉬는 것과 같다. 결코 그것에 대해 생각하지 않는다. 일에 빠져들 때 주변 환경은 거의 다 잊어버린다. 전화 벨이 울리거나, 초인종이 울리거나 집이 불에 타도 모를 것이다. 일을 시작하면 세상에 대해서는 관심을 완전히 끊어버린다. 일을 멈추면 다시 관심을 회복할 수 있다.

> "내가 하는 일에 완전히 몰두한다. 나 자신이 내가 하는 일로부터 분리되어 있다고 생각하지 않는다."

설문지에서는 응답자들에게 웹에서 작업할 때 이런 상태를 경험한 적이 있는지 묻는다. "그렇다"라고 답하는 사람들에게는 무엇을 하고 있었는지를 묻고, 마지막으로 그런 느낌을 경험했을 때 어떤 기분이었는지를 더 설명해 달라고 부탁한다. 또한 설문지에서는 그들에게 시간이 너무 빨리 지나가는 느낌, 즐거움, 통제하는 기분, 어려움 등의 감정을 경험했는지를 묻는다. 이런 기분을 느낄 때 무엇을 하고 있었는지를 묻는다.

이 연구자들은 과반수의 응답자들이 몰입을 경험했다고 답한 활동을 세 가지 범주로 나눴다. 즉, 웹에서의 연구, 웹에서의 정보 탐색, 웹 페이지를 만들 때였다. 흥미로운 사실이기는 하지만, 중요한 것은 몰입에 선행하는 것들이었다. 즉, 몰입에 이르게 하는 조건들은 분명한 목표, 즉각적 피드백, 상응하는 기술과 능력이었다. 그러나 최근의 연구에서는 개인적인 재미를 위해 인터넷을 이용하는 것에 관해 문제를 제기한다. 다시 말해, 웹상에서 작업을 하는 사람들이 웹을 이용해 자주는 아니더라도 이따금씩 일로부터 주의를 분산하기도 하고 그것이 재미있다고 느낀다는 것이다. 몰입과 이런 꾸물거리는 행위(procrastination) 사이의 관계에 관한 문제가 제기된다. 연구자들은 온라인 게임, 온라인 채팅, 온라인 전화, 블로깅과 같은 인기 있는 주의 분산 행위는 인터넷 사용의 문제, 즉 사회적으로 용인될 수 없으며 심지어는 불법적인 인터넷 사용, 인터넷을 하며 일을 미루는 것, 몰입과 관련된 문제를 가장 잘 보여 준다고 결론 내린다. 이들의 연구는, 이런 문제에 관해 연구가 더 필요하며 이것들이 교육학에서 문제가 될 것이라는 점을 보여 준다. 많은 교육자들이 교실 안에서 랩탑 컴퓨터 사용을 금지하는 것을 규칙으로 삼는다. 학생들은 기회가 있을 때마다 쇼핑이나 소셜 네트워킹처럼 주의를 분산시키는 행동을 하기 위해 컴퓨터를 사용하기 때문이다.

흥미로운 점은, 첸 등이 지적한 몰입의 세 가지 선행 단계는 웹 기반 학습 활동의 목표—실제로 이뤄지는 웹 학습의 특징은 아니지만—라는 것이다. 그러나 이 세 선행 단계가 그 자체로 몰입과 꾸물거림(procrastination)을 구별시켜 주는가라는 물음을 던질 수 있다. 웹 기반 교육의 어려움은, 한편으로는 수많은 종류의 주의를 분산시키는 요소를 활용해 학습자로 하여금 웹 활동에 온전히 참여하게 할 수도 있지만, 다른 한편으로는 그것 때문에 학습자들이 학습 목표에 집중하지 못하고 주의가 분산되기도 한다는 것이다. 데이먼과 켈러(Deimann and Keller, 2006)는 하이퍼스페이스에서의 **방향 상실**, **인지적 과부하**, **매혹적 세부사항** 등을 제시하면서, 이 모두가 인터넷에서 작용할 때 접하게 되는 여러 가지 형태의 주의 분산 요소라고 설명했다. 또한 이런 행위가 얼마나 의지적(volitional)인 것인지를 설명했다. 다시 말해, 학생들이 과제에 집중할 수 있도록 돕기 위해 이따금 자기 관리 전략을 활용해야 한다는 것이다. 이것은 몰입이 본연적으로 유익한 정신 상태인가, 아니면 주의를 산만하게 하는 정신 상태인가에 관해, 그리고 시성된 목표 지향 활동 내에서 몰입을 어떻게 촉진할 것인가에 관해 흥미로운 문제를 제기한다.

전환

분명히 관련성이라는 개념에는 풍부한 근거가 존재한다. 다양한 이론과 개념들은, 몇 가지 하위 범주와 학습자에게 관련성의 의식을 심어 주기 위해 많은 구체적인 전략을 열거하기 위한 기초를 제공한다. 이것은 단순한 유용성(usefulness)이나 진위성(authenticity)의 개념을 뛰어넘어 개인적인 스타일과 배경이 되는 경험의 요소까지 포괄한다. 아래에서는 관련성의 하위 범주와 구체적인 전략에 대한 사례에 관해 설명할 것이다.

관련성을 촉진하기 위한 전략

"왜 우리가 이것을 공부해야 하는가?" 이런 질문을 몇 번이나 들었는가? 아니면 스스로 그렇게 물었는가? 이것은 고전적인 "관련성"에 대한 물음이다. 지금까지 논증한 것처럼 학생들이 교육 내용에 대해 관련성을 인지하지 못한다면 학생들에게 배우고자 하는 동기를 부여하기란 몹시 어렵다. 인정, 승진, 물질적 보상과 같은 외재적 보상이 충분히 강하다면, 학생들은 교육이 이런 목표를 성취하는 것과 관련성이 있다고 생각할 것이다. 그러나 이런 보상이 주어진다고 해서 교육 내용이 개인적 관련성이 있는 것이 되지는 못한다. 학교에서의 학업 수행과 관련해서는 외재적 보상이 거의 언제나 존재한다. 그러나 이로부터 기인된 동기부여는 배우고자 하는 동기가 아니라 성취하고자 하는 동기라고 불러야 한다. 학습 동기를 자극하기 위해서는 학습자의 배경, 관심, 목표와 교육 내용을 연결시켜 관련성을 구축하는 것이 최선이다. 아래(표 5.5)에서는 관련성 전략의 세 가지 주요한 범주, 각각에 관해 물어야 할 가장 주요한 물음, 각 범주와 관련된 전략의 예를 제시한다. 첫째 범주는 외재적 목표와 내재적 목표 모두를 포함할 수 있지만, 두 번째와 세 번째 범주는 근본적으로 내재적인 것이다.

표 5.5 관련성의 하위 범주, 관련 물음, 주요 지원 전략

개념과 처리 질문	주요 지원 전략
R1. **목표 지향성**(goal orientation) 어떻게 학습자의 필요를 잘 충족시킬 수 있을까?(그들의 필요를 알고 있는가?)	교육의 유용성을 설명하는 문장이나 사례를 제공하라. 그리고 목표를 제시하거나 학습자로 하여금 목표를 정의하게 하라.
R2. **동기 부합성**(motive matching) 학습자의 학습 유형이나 개인적 관심사와 나의 교육 내용을 어떻게, 언제 연결시킬 수 있을까?	개인적 성취의 기회, 협력 활동, 지도력의 책임, 긍정적인 역할 모델을 제공함으로써, 학습 내용을 학습자의 동기나 가치와 부합하게 하라.
R3. **친밀성**(familiariy) 어떻게 학습자의 기대와 교육 내용을 연결시킬 수 있을까?	학습자의 일이나 배경과 관련된 구체적인 사례와 비유를 제공함으로써, 학습 자료와 개념에 대해 친밀감을 느끼게 하라.

R.1. 목표 지향성(Relate to Goals)

자료 처리에 관한 과목을 가르칠 때, 짐은 학습자가 자신이 하는 일 속에서 만나는 유형의 자료와 고객에 근거한 적용 사례와 연습 문제를 활용했다.

동기부여를 통한 자기 계발 서적이나 처세술에 관한 책에서는 언제나 분명히 정

의된 목표가 필수적이라고 말한다. 당신의 인생에서 고도로 동기부여되었던 때에 대해 생각해 보라. 오랫동안 바랐던 직업을 얻거나 "특별한 누군가"의 관심과 주목을 받는 것, 혹은 학위나 특별한 상을 얻는 것처럼 성취하고 싶은 목표를 지니고 있었는가? 대개의 경우 "그렇다"라고 답할 것이다. 사람들이 분명히 정의된 목표를 지니고 있을 때는, 비록 그 연관성이 다소 간접적인 것이라고 할지라도 그들과 당신이 가르치는 것을 연결시킬 수 있는지 그렇지 않은지를 판단하기가 훨씬 용이하다.

그러나 만약 학습자가 분명히 정의된 목표를 지니지 않거나, 학습 내용과 그들이 개발할 목표 사이에 분명하거나 즉각적인 연관이 존재하지 않는다면 어떻겠는가? 밑에 제시된 중간과정에 관련된 질문에 암시된 전략들은 학습자로 하여금 실제적, 혹은 잠재적 목표와의 연관성을 이해하도록 도와줄 것이다. 두 가지 구체적 전략은 "이전과 이후"의 비교와 미래 예측(future wheels)이다. 새로운 상품의 혜택을 보여 주기 위해 가장 흔히 사용되는 광고 기법 중 하나다. 같은 기법을 활용해 당신이 가르치는 내용을 숙달할 때 미래에 좋은 것을 얻을 수 있다고 설명할 수 있다.

이와 관련된 기술은, 학생들이 현재 배우는 과목의 미래 가치를 인식하지 못할 때 미래 예측을 활용하는 것이다. 이 기법의 장점은, 당신이 아니라 그들이 학습 내용과 자신의 미래의 필요와 목표 사이의 잠재적 연관성을 만들어 낸다는 것이다. 이 기법은 마인드 매핑(mind mapping)과 다소 유사하다. 각 학생에게 빈 종이의 한가운데 원을 그리도록 지시해라. 그런 다음 이렇게 말하라. "이 내용을 성공적으로 학습했다고 상상해 보라. 그것이 미래에 어떤 유익을 줄까? 이로부터 얻을 수 있는 모든 결과나 도움에 관해 생각해 보라. 각각에 대해 원으로부터 선을 긋고, 선의 끝에 다시 원을 그려라. 그 안에 그 항목을 적어라. 생각한 각 항목에 대해 하나씩 선을 긋고 원을 그려 넣어라." 이것을 마친 후에는 그들로 하여금 새로운 원에 대해서 각각 이 과정을 반복하도록 하라. 그런 다음 이를 한 번 더 반복하라. 학생들이 이것을 마친 후에는 지금 배우는 과목으로부터 얼마나 많은 잠재적 유익을 얻을 수 있는지를 깨닫고 놀랄 것이다. 학생들이 만들어 낸 연관성의 개수와 종류에 대해 당신 역시 놀라게 될 것이다.

모든 목표를 미래에 투사해야 하는 것은 아니다. 어떤 목표는 매우 가까운 시간 안에 이뤄 낼 수도 있다. 아래의 질문 목록에는, 미래 목표의 성취를 예측하는 기법뿐만 아니라 학습 내용의 현재적 가치를 강조하는 기법이 포함되어 있다.

현재적 가치

1. 자명하지 않더라도 학습 내용의 즉각적 유익을 진술하라.
2. 교육 주제의 내재적 만족을 강조하는 말이나 일화, 사례를 제시하라.

미래적 가치

3. 이 학습 내용을 다 배운 후에 학습자가 무엇을 할 수 있는지를 설명하라.
4. 적어도 몇 가지 사례와 연습 문제를 제시함으로써 학습자가 미래에 필요하게 될 지식과 기술과 학습 내용이 분명한 관련이 있음을 보여 줘라.
5. 이 학습을 성공적으로 마치는 것이 미래 목표의 성취와 어떤 연관이 있는지를 학생들에게 이야기해 줘라.(예를 들어, 지금의 교육 단계를 성공적으로 이수하는 것이 다음 단계의 과목 수강을 허락받거나, 전공 분야를 선택하거나, 다음 단계의 학교에 입학 허가를 받거나, 월급이 인상되거나, 일자리를 유지하거나 승진하는 데에 중요한지에 대해)
6. 학습자에게 이 학습 내용이 삶을 살아가는 데 필요한 기술을 어떻게 향상시켜 줄 것인지를 이야기해 줘라.
7. 이 학습 내용이 공부와 자기 발전에 관해 내재적으로 관심 있는 분야를 발전시켜 나가는 데에 도움이 될 수 있다는 것에 대해 생각해 보도록 격려하라.

사례

그림 5.7에 제시된 활동은, 어떻게 교수자(facilitator)가 수업이나 워크숍의 주제와 관련해 학습자가 가지고 있는 문제를 발견할 수 있는지를 보여 준다. 이 활동은 교수자로 하여금 자신의 수업 목표를 학습자의 필요나 관심과 어떻게 연결시킬 것인지를 알아내기 위해 필요를 즉석에서 평가할 수 있게 해 준다. 이 활동의 1부에서 참가자 각자는 물음을 나열한다. 그런 다음, 교수자는 각 참가자가 차례로 한 가지 문제에 대해 이야기하게 한다. 그리고 아무도 더 이상 제시할 문제가 없을 때까지 학급 학생 모두가 돌아가면서 문제에 대해 이야기하게 한다. 그런 다음 학급은 그 목록에 관해 토의하고 비슷한 항목들을 통합한다. 2부에서는, 모든 사람이 자신이 가지고 있는 종이에 그 목록을 베껴 적게 한 다음 각 항목에 대해 다음과 같은 방식으로 등급을 매기게 한다.

학생들에게 동기부여를 제공하는 것에 관해 당신은 어떤 문제를 겪었는가?

1부: 동기부여와 관련된 문제점의 목록

교실이나 교재를 만들 때 동기부여와 관련해 어떤 문제를 겪었는가? 당신, 혹은 당신이 가르치는 강의에서 다른 개발자나 교수자들이 경험한 동기부여에 관련된 문제점을 세 가지 이상 나열하라. 다시 말해, 참가자(학생)나 상황은 동기부여와 관련해 어떤 문제점을 나타냈는가?

1. ______________________
2. ______________________
3. ______________________
4. ______________________
5. ______________________
6. ______________________

2부: 동기부여 문제점의 등급

(교수자의 지시를 따르라.)

Y = ______________________

N = ______________________

?? = ______________________

Y	N	??	문제군의 목록
___	___	___	1. ______________________
___	___	___	2. ______________________
___	___	___	3. ______________________
___	___	___	4. ______________________
___	___	___	5. ______________________
___	___	___	6. ______________________
___	___	___	7. ______________________

더 강한 관련성 의식을 만들기 위해 어떤 기법을 사용할 수 있을까?

그림 5.7 학습자의 관심사와 연관 맺기

Y = 이것은 나 스스로 풀어야 할 책임이 있는, 동기부여와 관련된 문제다.

N = 이것은 내가 통제할 수 없는 동기부여와 관련된 문제다. 이에 관해 내가 할 수 있는 것은 아무것도 없다.

?? = 이 문제를 어떻게 분류해야 할지 잘 모르겠다.

모두 작성을 마친 후에, 교수자는 모든 사람들이 노트를 비교하고 다양한 견해에 대해 토론하게 했다. 교수자는 문제를 수업 목표와 연결시키고, 학급이 동기부여 설계 과정을 배운 후에 흔히 발생하는 "통제 불가능한" 문제를 해결할 수 있는 방법이 있음을 지적한다.

R.2. 관심과의 부합(Match Interests)

기본적인 마케팅의 개념과 기법을 가르치는 수업에서 마크는 경쟁적인 형식의 연습 훈련에서 각 그룹이 마케팅할 대상과 전략을 고르도록 했다.

관련성에는 유용성 이상의 무언가가 있다. 즉, 교육을 목표와 연결시키는 것은 외적인 결과를 성취하는 것에 기반을 둔다는 점에서 실용주의적이다. 관련성에 대한 전인적인 접근법을 개발하기 위해, 그리고 교육 내용과 학습자의 목표의 연관성이 매우 약한 상황을 보충하기 위해 학습자를 북돋을 수 있는 몇 가지 방법이 있다. 사람들은 개인적으로 인정을 받을 때, 동시에 인간으로서 무언가에 기여함으로써 가치 있다고 여겨지는 상황에서 더 큰 성취 동기를 부여받는다. 교실에서 학습자는 교사가 자신을 알고, 자신에 관해 개인적인 관심을 갖고 있으며, 학업을 성공적으로 하고 있는지를 걱정한다고 느낄 때 더 큰 흥미와 관련성을 느낀다. 그렇기 때문에, 교사가 눈을 마주치고 학생의 이름을 외우고 학생들과 스스럼 없이 대화할 때 학생은 더 높은 수준의 관련성을 경험할 수 있는 것이다.

주제와 관련된 분야에서 개인적인 목표를 성취하기 위해 노력해야 했던 실제 인물들이 겪었던 어려움에 대한 이야기를 들려주고 역할 모델로서 활용하는 것은 고대로부터 내려오는 교수 방법이다. 그러나 여전히 효과가 있다. 그렇기 때문에 이것은 문학이나 영화, 심지어 영화에서도 흔히 등장하는 주제다. 또한 교사가 열정이나 어려움과 성취와 같은 여러 가지 감정을 정서적으로 표현할 때 학생들에게 영감을 불어넣고, 새로운 학습 내용에 대한 대리 관심을 일깨워 줌으로써 그것이 새로운 내재화된 관심, 심지어는 직업에 대한 관심으로 이어지게 할 수도 있다. 우리가 어떤 열정적인 인물에 대한 관심을 그대로 받아들이지는 않더라도, 그런 사람에 의해 동기를 부여받고 그들이 제시하는 것에 관심을 갖게 된다.

주제를 가르치는 방식 역시, 적어도 그 수업을 하는 동안에는 관련성의 감정을 불러일으킬 수 있다. 예를 들어, 성취하고자 하는 강한 욕망을 지닌 사람들은, 당신이 경쟁이나 그들이 개인적인 목표를 설정하고 그것을 능가할 수 있는 다른 기회를 제공하는 방식으로 교육 내용을 구성할 때 더 높은 수준의 관련성을 느낄 것이다. 많은 학생들은 다른 학생들과 더불어 대화하고 협력할 수 있는 편안한 환경을 제공하는 협력적 집단 학습에 대해 긍정적으로 반응한다. 그러나 개인적 성취에 대한 욕망이 강한 일부 학생들은 자신의 점수가 그룹의 수행에 따라 결정된다면 아마도 그룹 학습을 좋아하지 않을 것이다. 교사들은 다양한 학생의 필요를 만족시켜 줄 다양한 교수 방법을 사용할 수 있어야 한다. 이것은 그 상황에서 주어지는 요구사항들이 자신들의 필요와 관련성이 있다는 학생들의 자각을 강화시켜 줄 것이며, 주제 자체의 관련성이 명백하지 않더라도 그들로 하여금 학습 내용을 더 잘 받아들일 수 있게 해 줄 것이다.

기본적 동기 자극

1. 학습자가 개인적으로 대화를 나누고 있다는 느낌을 받을 수 있도록 개인적인 언어를 사용하라.
2. 업적 추구와 성취를 예증해 줄 사례(일화, 통계 등)를 제시하라.
3. 성취와 관련된 감정을 예증할 수 있는 진술이나 사례를 포함시켜라.
4. 학습자로 하여금 성취와 성공의 과정, 그리고 그와 관련된 감정을 상상해 보라고 권하라.
5. 개인적인 목표 설정, 기록 유지, 피드백을 제공하는 연습을 포함시켜라.
6. 협력적 집단 학습을 필요로 하는 연습을 포함시켜라.
7. 문제 해결, 성취 추구 행동을 자극하는 퍼즐, 게임, 자극을 포함시켜라.
8. (퍼즐, 게임, 자극을 비롯한) 연습에서 학습자로 하여금 서로와 자신(이를테면, 자신의 목표를 갱신하기 위한 노력)에 대해, 혹은 기준에 대해 경쟁하도록 부추겨라.

역할 모델

9. 이 분야의 유명한 인물의 일화, 그들이 겪었던 장애물, 그들의 업적, 그 결과에 관한 일화를 활용하라.
10. 현재의 학습 과정을 성공적으로 마친 후 더 높은 목표를 달성했던 사람들의 사례와 증언 등을 활용하라.
11. 특정한 기술/지식 분야의 유익을 설득력 있게 설명하는 사람들을 예로 들

거나 그들의 말을 인용하라.

R.3. 경험과의 관련성(Tie to Experiences)

레슬리는 각 참가자에게 회계 소프트웨어에 대해 어떤 경험을 가지고 있는지 이야기해 보게 함으로써 회계 소프트웨어의 활용에 관한 워크숍을 시작했다.

오래전 미국에 본부를 둔 세계 최대의 호텔 중 하나가 "놀라울 것 없다(no surprises)"라는 광고 문안을 사용했다. 이 회사에서는 당신, 즉 소비자가 언제나 이 호텔의 수준 높은 서비스와 낯익은 부대 시설을 똑같이 기대할 수 있다는 생각을 심어 주려고 노력했다. 그렇게 함으로써 낯선 환경에 대처해야 하고 무엇을 예상할 수 있는지 모르는 지친 여행자들의 스트레스를 줄여 줄 수 있다는 것이다. 이 광고 문안은 이미 가지고 있는 관심사와 관련된 것들에 흥미를 느끼는 사람들의 성향을 잘 보여 준다. 오래전부터 알려진 바대로, 논쟁적인 연설가의 연설을 듣는 청중은 대부분 이미 그 연설가의 입장에 동의하는 사람들이다. 청중은 이미 믿고 있는 바를 확인하고 싶어한다.

학생들의 정신을 확장하고 비판적이며 창의적인 사고를 자극하고자 하는 교육의 일차적 목적은, 친밀성의 욕구와 모순되는 것처럼 보일 수도 있다. 두 가지 목적을 이루는 공통된 방법은, 새롭고 낯선 내용을 학습자의 과거의 지식과 경험과 연결시키는 것이다. 그런 다음 그것을 새로운 지식과 관점으로 전환한다(표 5.6의 활동을 보라). 아래의 분석 질문은 이에 관해 몇 가지 시사점을 제공한다.

과거 경험과의 연결

1. 학습 내용에 학습자가 이미 가지고 있는 기술이나 지식을 어떻게 발전시킬 수 있는지에 관한 명시적인 진술을 포함시켜라.
2. 현재의 학습 자료를 학습자에게 이미 익숙한 과정, 개념, 기술과 연결시켜 줄 수 있는 유비(analogies)나 비유(metaphors)를 활용하라.

개인에 따라 다른 접근법

3. 과제의 내용에 관해 학습자에게 선택권을 줘라.(예를 들어, 학습자가 적어도

일부 과제에 대해서는 개인적으로 관심 있는 사례나 주제를 선택할 수 있도록 허용하는가?)

4. 과제의 형식에 관해 학습자에게 선택권을 줘라.(예를 들어, 학습자가 주어진 목적을 달성하기 위해 다양한 수단을 선택할 수 있도록 허용하는가?)

표 5.6 익숙한 것과 익숙하지 않은 것을 연결시키는 사례

사례: 사회 과목의 어려움

9학년 사회 교과 수업에서 길 퍼킨스(Gil Perkins)는 도시에 관한 주제를 가르쳐야 했다. 그것은 정치, 경제, 교육, 분배 체계(음식과 상품)와 의사소통과 같은 도시의 하부 구조에 해당하는 다양한 측면에 초점을 맞췄다. 중서부 농촌 지역에 있는 이 학교에서 학생들에게 이 주제에 관한 관심을 불러일으키기란 쉽지 않았다. 대도시에 가본 적이 있는 사람이 거의 없었다. 도시에 대한 학생들이 인상은 대도시를 배경으로 한 텔레비전 프로그램에서 묘사하는 흥분, 드라마, 그리고 대개는 폭력에 영향을 받고 있었다. 그와 대조적으로 이 사회 교과의 정보는 그들에게 흥미롭지도 관련성이 있지도 않았다.

"질문 교수법"에 관한 글을 읽은 후, 길은 반 학생들에게 "만약 하룻밤 사이에 식량 공급이 절반으로 줄어든다면 1만 2천5백 명이 사는 마을에 무슨 일이 벌어질까?"라는 물음을 던짐으로써 수업을 시작했다. 학생들은 놀라움과 흥미를 느꼈다. 자신들이 살고 있는 마을과 비슷한 규모의 마을에 관한 물음이었기 때문이다. 이 물음에 대해 역동적인 대화가 오갔다. 처음에는 그저 추측에 근거한 이야기들이었지만, 차츰 도시와 주변 농장과 목장에서 사는 사람들 사이의 긴밀한 상호작용에 대한 그들의 지식에 근거한 토론으로 발전했다.

20분 후 길이 나서서 인구 125만 명의 도시에서 하룻밤 사이에 식량 공급이 절반으로 준다면 무슨 일이 벌어지겠느냐고 물었다. 그런 다음 그 정도 규모의 도시 몇 개를 예로 들었다. 토론은 전혀 다른 방식으로 이어졌다. 훨씬 더 추측에 가까웠으며, 학생들의 배경과 여행 경험, 선호하는 텔레비전 프로그램에 기초한 학생들의 가치와 신념을 반영하는 대화가 오갔다. 학생들이 추측만 하고 상황을 의미 있는 방식으로 분석하지 못한다는 점이 이내 분명해졌다.

이 때, 길은 새로운 주제를 소개하면서, 그들이 배울 내용이 그런 상황에서 어떤 일이 벌어질지를 더 잘 이해할 수 있게 해 주는 데에 도움이 될 것이라고 설명했다. 시작하기 전 길과 학생들은 핵심 질문과 예상 답변의 목록을 정리했다. 준비한 자료를 가르치면서 길은 학생들이 그것을 작은 마을의 상황과 연관시키고 질문과 예상 답변 목록과 비교해 보도록 했다.

요약

관련성의 원리는 교실에서 적용할 점이 많다. 아동들은 개인적 관련성을 인식할 경우 훨씬 더 효과적이고 효율적으로 정보를 처리하고, 주의를 집중하고, 배우고자 하는 더 강한 동기부여를 느낀다. 여러 가지 방법으로 이 관련성의 감각을 전달

할 수 있다. 그것은 의사소통의 내용, 개인적인 따뜻함, 주의집중, 학생으로 하여금 대리적 관심을 불러일으키게 하는 교사의 열정으로 나타난다. 그리고 학생의 과거 경험과 연결 고리를 만들 수 있도록 의도적으로 설계된 여러 활동으로부터 나오기도 한다.

동기부여 설계 분야의 일부 연구자(Means, Jonassen, & Dwyer, 1997)들은 다른 전문 분야 출신인 스퍼버와 윌슨(Sperber and Wilson, 1986)처럼 관련성이 동기부여의 가장 중요한 구성요소라고 생각했다. 그러나 이들은 동기부여의 다른 측면 역시 중요하다는 것을 깨달았다. 동기부여의 다양한 개념과 그들이 종합한 ARCS 모형이 보여 주듯이, 그 자체로서 가장 중요한 단 하나의 동기부여 개념은 존재하지 않는 것으로 보인다. 그렇기 때문에 전인적인 접근법을 취하는 것이 바람직하다. 그러나 관련성이 가장 중요한 영향력을 발휘하는 요소 중 하나임은 부인할 수 없다.

제6장

자신감

생각해 두기

그림 6.1 속의 사람은 왜 이렇게 혼란스러워할까? 어쩌면 그는 이 물음에 답하려는 것인지도 모른다.

> 다음에 제시된 예측과 통제에 관한 헤라클리토스(Heraclitus, 기원전 540~475, 소크라테스 이전의 철학자)의 말은 어떤 의미를 담고 있을까? 시간은 게임에서 패를 움직이는 아이와 같다. 아이는 왕과 같은 권력을 가진다.
>
> 헤라클리토스의 말은 2500년 후에 아인슈타인(1879~1955)이 한 말과 어떤 공통점이 있을까? 신은 우주를 놓고 주사위 놀이를 하는가?

마지막으로 이 질문들은 삶에 대한 당신의 전망 및 예상과 어떤 관계가 있는가?

그림 6.1 어려운 문제들을 생각 중

들어가기

일반적으로 자신감은 삶의 다양한 부분에서 성공할 수 있다는 기대감을 뜻한다. 자신의 행동의 결과를 어느 정도까지 예측하고 심지어 통제할 수 있는가에 관해 사람들이 가지고 있는 기대와 관련된 믿음을 설명하기 위한 여러 심리학적 개념과 태도에 관한 개념들이 있다. 이것은 자신감 부족이나 성공에 대한 낮은 기대감을 의미하는 '자신감 하락' 의 측면도 포함한다.

자신감에 관한 핵심 이슈는 통제에 관한 인식(perceptions of control)이다. 일상적으로 일어나는 사건이나 미래의 목표에 대해 당신이 전혀 통제력을 지니지 못한다고 느낀다면, 삶은 두렵고 우울할 것이다. 당신이 안전할지, 아니면 당신보다 더 강력한 타인들로부터 불공평하고 좌절감을 느끼게 하는 행동을 당하게 될지 전혀 알 수 없는 상태에서 하루를 시작하는 것보다는, 무엇을 기대할 수 있을지 아는 상태에서 하루를 시작하고 무언가를 성취했다는 만족감을 느끼며 하루를 마감하는 것이 훨씬 더 좋다. 그러나 삶을 통제하고 있다는 인식에 근거해 전반적으로 긍정적인 자신감을 지니고 있다고 하더라도, 예상치 못한 사건은 일어나기 마련이다. 그런 사건은 유익한 경우도 있고 그렇지 않은 경우도 있다. 자신의 인생에서 어떤 시점에 자동차 사고가 일어날지는 예상할 수 없지만, 운전을 하는 사람이라면 언제든 그런 사고가 일어날 수 있다는 가능성을 인식하고 있을 것이다. 그렇기 때문에 실제로 사고가 일어난다 하더라도, 그 사고로 인해 신체적, 재정적으로 엄청난 피해를 입지 않는 한 당신은 아마도 그 현실을 받아들이고 이내 잊어 버릴 것이다. 그것은 바람직하지 않은 사건이지만, 당신의 전반적인 인생에서 절대로 예상할 수 없는 종류의 사건은 아니다. 그러나 통제할 수 없는 사건의 가능성에 대해 모든 사람이 이런 합리적인 견해를 가지고 있는 것은 아니다. 당신이 부서에서 가장 유능한 영업사원이라고 가정해 보자. 당신은 영업 매니저로 승진할 것이라고 기대하고 있지만, 그 자리는 실무 경험이 거의 없는 경영학 석사 출신의 신입 사원에게 돌아갔다. 이것은 당신이 예상하지 못했고 불공평한 일이며, 당신의 정서적 태도는 물론이거니와 예측과 통제에 대한 당신의 감각에도 파괴적인 영향을 미칠 수 있다! 이런 경험이 당신 삶의 경험 전체와 전반적인 개성과 결합될 때, 삶에 대한 당신의 신념 즉, 당신이 삶의 모든 측면을 통제할 수 있는가 아니면 임의적이며 통제 불가능한 사건들에 쉽게 영향을 받을 수밖에 없는가에 관한 신념에 엄청난 영향을 미칠 수 있다. 더 나아가서, 당신의 근본적인 종교적, 철학적 신념 역시 당신이 삶을 통제하고 있다고 느끼는지 아니면 숙명론적인 태도를 지니는지에 큰 영향을 미친다.

통제와 예측 가능성에 대해 인간은 오래전부터 관심을 가졌다. 이에 대한 관심은 심리학, 문학, 철학 등에도 반영되어 있으며, 그 입장도 매우 다양하다. 소크라테스 이전의 고대 그리스 철학자들 사이에서도 정반대의 관점이 존재했다(Wheelwright, 1966). 예를 들어, 앞에 인용된 헤라클리토스는 전적인 변덕스러움까지는 아니더라도 변화와 임의성이 삶의 특징이라는 관점을 제시했다. 그는 "같은 강물에 발을 두 번 담글 수는 없다. 계속해서 다른 물이 흘러가기 때문이다."라는 격언으로도 유명하다. 이 말은, 사물이 상당한 안정성을 지닌 듯이 보이지만 실제로는 계속해서 변화가 진행되고 있다는 뜻이다. 한편, 동시대의 또 다른 그리스 철학자인 파르메니데스(Parmenides)는 정반대의 견해를 주장했다. 그는 물리적 세계는 만들어지지 않고, 파괴될 수 없으며, 영원하며, 변화되지 않는 완전체라고 생각했다. 그러므로 이성을 적용해 외형으로부터 실체를 구별해 냄으로써 지식을 얻을 수 있으며, 예측과 통제가 가능하다는 것이다. 우리가 변화라고 인식하는 것은 환영, 혹은 외형일 뿐이다. 참된 실체는 변하지 않는다.

아인슈타인의 입장은 이러한 관점과 어느 정도 일치한다. 그는 신이 우주와 주사위 놀이를 하는가라는 물음에 대해 "신은 우주와 주사위 놀이를 하지 않는다."라고 답했다. 다시 말해, 그는 사물의 항구적인 실체를 설명해 줄 변하지 않는 진리가 존재한다고 믿었다. 파르메니데스와 헤라클리토스가 반대 입장을 지녔듯이, 물리학자 스티븐 호킹(Steven Hawking)은 아인슈타인과는 달리 양자역학과 불확실성 원리의 관점에서 우주에는 임의성이 존재하며, 그렇기 때문에 완벽한 예측이란 불가능하다고 지적한다. 따라서 호킹(2005)은 "신조차도 불확실성의 원리에 구속을 받으며 입자의 위치와 속도 모두를 알 수는 없는 듯하다. 그러므로 신은 우주와 주사위 놀이를 한다고 말할 수 있다. 모든 증거를 통해 볼 때 그는 기회가 있을 때마다 주사위를 던지는 상습 도박꾼이다."라고 말했다(1쪽).

이 인용문들을 소개한 것은, 인류가 오래전부터 예측 가능성과 통제의 문제에 관심을 기울였으며 소크라테스 이전의 철학과 현대 과학의 엄밀한 탐구 주제일 뿐만 아니라 사람의 삶과 밀접하게 연관된 문제라는 점을 강조하기 위해서다.

심리학에서 예측과 통제의 문제에 관한 연구는 이분법적이지 않다. 그러나 이것은 성공 기대에 관한 많은 개념과 이론의 기초가 된다. 이 장의 전반부에서는 자신감과 통제의 문제와 관련된 주요 개념을 설명할 것이며, 후반부에서는 학생들이 성공에 대한 긍정적인 기대감을 갖게 하기 위한 전략을 만드는 데 필요한 구체적인 지침을 소개할 것이다.

자신감의 심리학적 기초

자신감에 관한 핵심 질문

학생들이 성공하고, 또한 그들 자신의 성취 능력을 신뢰할 수 있도록 하기 위해 어떻게 해야 할까?

학생들은 교사가 인식하는 것보다 불안과 두려움을 더 많이 경험한다. 나의 발표되지 않은 연구에서 중학생들을 대상으로 동기부여에 관한 조사를 실시한 적이 있다. 질문지 중에는 실패의 두려움에 대한 것도 있었다. 교사들에게는 비슷한 질문지를 통해 각 학생의 동기부여 태도를 평가해 달라고 부탁했다. 과목의 차이 때문에, 그리고 학생들의 실제 견해와 학생들의 견해에 대한 교사들의 추정 간에 존재하는 차이 때문에 큰 폭의 격차가 나타났다. 예를 들어, 미술 수업을 듣는 학생들은 영어 수업보다 관련성이 떨어진다고 평가한 반면, 미술 교사들은 학생들의 관련성 인식을 과대평가했다. 영어 교사와 수학 교사는 모두 학생들의 견해를 과소평가했다. 즉, 학생들은 교사들의 예상보다 이 과목들의 관련성이 더 크다고 생각했다. 그러나 한 가지 비교에 관해서는 이 연구에서 일관된 결과를 나타냈다. 즉, **거의 모든 교사가 학생이 느끼는 실패에 대한 두려움과 불안감을 과소평가했다.** 불안과 두려움은 다양한 방식으로 표현된다. 결석이나 미루는 버릇(procrastination)과 같은 기피 유형으로부터 교실 안에서의 버릇 없는 행동, 교실 밖에서 다른 학생들을 공격하거나 괴롭히는 반항적인 행동에 이르기까지 다양했다. 심지어 성적이 좋은 학생들조차도 실패의 두려움과 다른 사회적 준거 집단을 실망시킬지도 모른다는 두려움을 심각하게 느끼며, 그럴 때마다 부정적인 영향을 받는다. 이런 두려움을 극단적으로 느낄 경우 자살에 이르는 경우도 드물지 않다.

대부분의 학생에게 불안과 두려움은 스스로 관리할 수 있을 정도이며 학업 수행에 해로운 영향을 미치지 않는다. 사실 교실에서든, 운동장에서든, 일터에서든,

공연장에서든 어려운 일을 해야 할 때 불안이나 두려움의 형태로 적당한 정도의 각성을 느끼는 것은 정상적인 일이다. 이는 사람들이 수행을 극대화할 수 있도록 자극하는 요소이기도 하다. 그러나 그것은 누구에게든 부정적인 영향을 미칠 수도 있으며, 어떤 학생들은 항상 그러한 부정적인 영향력 아래에서 생활한다.

이런 현상을 어떻게 해석할 수 있으며, 더 높은 수준의 자신감을 길러 학생들로 하여금 이런 부정적인 영향력을 극복하도록 하기 위해 무엇을 할 수 있을까? 학생들의 학습 동기와 관련한 우리의 목표는 그들로 하여금 성공에 대한 긍정적인 기대감을 갖도록 돕는 것이다. 이러한 긍정적인 기대감은 학생들 자신에게서 결과가 비롯된다는 관점으로부터 나온다. 그리고 이러한 관점은 자신의 행동의 결과물에 대한 통제력, 행동의 성패가 자신의 노력에 달려 있다는 인식, 효율적으로 행동할 수 있다는 사기 신뢰, 성취에 관한 예측과 기대, 무력감의 정도, 그리고 낙관적인 태도를 기반으로 한다.

통제 소재

자기 행동의 결과에 대한 책임이 자기에게 있는지, 아니면 외부의 힘이 그 일차적 원인인지에 관해 사람들은 저마다 다른 생각을 가지고 있다. 예를 들어, 찰리가 보고서에서 A를 받을 것이라고 예상했지만 B를 받은 후, 보고서 작성을 위한 명확한 지침을 제공하지 못했다거나 보고서를 공정하게 채점하지 않았다며 교수를 비난한다고 가정해 보자. 반면에, 역시 A를 예상했지만 B를 받은 캐롤라인은 자신이 지침을 주의 깊게 읽지 않았거나 최선을 다하지 않았음을 인정한다고 하자. 만약 두 보고서가 적절하게 비교 가능하고 채점 기준이 객관적이었다면, 우리는 찰리와 캐롤라인이 그들의 삶을 통제하는 영향력에 관해 전혀 다른 견해를 지니고 있다고 결론 내릴 수 있다. 로터(Rotter, 1966)는 이런 특징을 **통제 소재**(locus of control)라고 불렀다. 일을 잘 하면 성적, 타인의 인정, 돈, 특권, 그 밖의 가시적인 결과를 통해 적절한 보상을 받을 것이라고 믿는 사람은 내부적 통제 소재를 가지고 있다고 간주된다. 반대로, 얼마나 잘했나 못했나에 관계없이 행운, 개인적인 호의, 그 밖의 통제 불가능한 영향력에 따라 보상을 받는다고 믿는 사람들은 외부적 통재 소재를 가지고 있다고 간주된다. 물론, 줄넘기처럼 특정한 기술이 필요한 게임에서 구체적인 수행 결과에 따른 보상이 확정된 경우에는 거의 대부분의 사람들은 게임을 잘 수행하면 보상을 받는다고 예측한다. 반대로 룰렛 테이블에서는 기계가 조직되지 않는 한 그 결과가 일차적으로 운에 의해 결정되므로 보상에 대한 통제권을 거의 가지고 있지 않다고 인식하는 상황도 있다. 그러나 로터와 다른 연구자들은, 한 상황의 객관적인 통제 가능성의 정도와 무관하게, 어떤 사람은 대체로 더 내적인 통제 신념을 지닌 반면 다른 사람들은 더 외적인 통제 신념을 지니고 있음을 발견했다. 다시 말해, 사람들은 자기 행동의 결과에 대한 통제력이 내적으로 결정되는지 외적으로 결정되는지에 관해 서로 다른 견해를 가지고 있다.

이 개념을 소개한 후(Rotter, 1954), 특히 이를 측정하기 위해 무료로 사용할 수 있는 **내외통제성 척도**(I-E Scale)를 발표한 이후(Rotter, 1966) 아주 짧은 시간 안에 엄청난 양의 연구가 이뤄졌으며(Phares, 1976; Rotter, 1972) 지금도 연구가 계속되고 있다(Declerck, Boone, & DeBrabander, 2006; Ifamuyiwa & Akinsola, 2008). 삶의 거의 전 영역에 걸친 행동에 있어 통제 소재의 역할에 대한 연구가 이뤄졌다. 그러나 여기서는 이 개념의 의미와 타당성, 동기부여와 학습에서의 역할에 관련된 연구에 초점을 맞출 것이다.

이 점에 관해 로터와 다른 연구자들이 행한 연구에 따르면, 다른 사람들이 결과를 통제하고 있다고 인식하는 상황에서 이루어지는 학습은 학습자가 결과에 대해 자신의 능력이나 기술, 노력을 통해 내적 통제력을 지니고 있다고 인식할 때에 이루어지는 학습과 전혀 다를 수 있다. 이것은 전통적인 행동 조건화 연구와 사뭇 다른 기술 조건하의 학습 결과에 의해 증명된다. 강화와 수행에 관한 행동 조건화 연구를 통해 잘 증명된 바와 같이, 한 집단은 정답을 맞출 때마다 강화를 받게 하고(100% 강화), 두 번째 집단은 정답의 50%에 대해서만 단속적으로 강화를 받게 하면 더 이상 강화가 주어지지 않게 될 때, 정답을 맞춘 이후 응답 집단 간에 서로 다른 소거 유형이 나타난다. 두 집단 모두 한동안은 계속 정답을 말하지만, 100% 강화를 받았던 집단은 50% 강화를 받았던 집단에 비해 정답을 더 일찍 응답하는 것을 멈춘다. 그 이유는, 100% 집단은 50% 집단보다 게임의 규칙이 바뀌었다는 결론을 더 일찍 내리기 때문이라고 추정했다(Rotter, Liverant, & Crowne, 1961).

그러나 기술과 우연과 같이 서로 대비되는 개념을 도입하면 그 결과가 달라진다. 한 집단에게는 어떤 모호한 과제를 내주고 이것을 성공적으로 달성하기가 너무 어렵기 때문에 과제를 잘 수행하는 것이 거의 학습자의 운에 달려 있다고 말한 반면, 다른 집단에게는 과제를 성공적으로 수행할지의 여부는 학습자가 가진 기술에 달려 있으며, 어떤 사람들은 다른 사람들보다 그 과제를 더 잘 수행한다는 기존 연구 결과도 있다고 말해 주었다. 이 실험에서 기술 지침을 받은 집단은 행동 조건화 연구의 일반적인 결과와 정반대되는 소거 유형을 나타냈다. 기술 지침을 받은 집단에서는, 강화가 보류되었을 때 단속적인 강화를 받았던 이들이 100% 강화를 받았던 이들보다 과제 수행을 먼저 중단했다. 다시 말해, 50%의 시간 동안만 성공적이었던 집단보다는 100% 강화를 받았던 이들에게서 과제를 성공하기 위한 요소가 자신이 가지고 있는 기술 때문이라는 인식을 포기하는 데 시간이 더 오래 걸렸다. 과제의 성공 여부가 학습자의 운에 달려 있다고 들었던 집단의 경우에는 그 결과가 전통적인 연구에서도 동일했다. 즉, 50%의 강화를 받은 경우에는 성공이나 실패가 운에 달려 있다고 생각했기 때문에, 자신이 100%의 성공을 거두다가도 갑자기 성공하지 못하게 되는 경우보다 더 오랜 시간 동안 노력한다는 것이다. 여기서 지적해 두어야 할 점은, 이 모든 조건에서, 과제의 성공 여부는 실험자가 통제할 수 있었으며, 과제의 모호한 성격으로 인해 실험 대상자로 하여금 과제를 성공적으로 수행하는 것이 학습자 자신의 기술, 혹은 운에 좌우됨을 납득시키는 것이 가능했다는 점이다(Holden & Rotter, 1962; Rotter, Liverant, & Crowne, 1961).

이것은 학교 학습 환경과 관련해 흥미로운 의미를 지닌다. 페이즈는 자신의 책(Phares, 1976) 4장("아동의 통제 소재와 성취")에서, 1960년대 말과 1970년대 초에 이뤄진 많은 연구들이 몇 가지 세부적 차이가 있기는 하지만 내적 통제 소재와 학교에서의 높은 성취도 사이에 전반적으로 일관된 상관관계를 보여 준다는 것을 지적했다. 한 연구에서는 심지어 통제 소재와 창의성 사이에도 정적 상관관계가 있음을 밝혔다(DuCette, Wolk, & Friedman, 1972). 이 연구들 대부분에서는 지적 성취 책임 조사도구(Intellectual Achievement Responsibility Questionnaire, IAR)(Crandall, Katkovsky, & Crandall, 1965)나 바이앨러(Bialer, 1961)의 통제 소재 척도(Locus of Control Scale)를 활용했다. 이 결과들은 일부 불일치가 존재하고, 교사들이 이 환경에서 "강력한 타자"이며 채점 기준에 관해 언제나 분명하고 공정한 것은 아니라고 하더라도, 전반적으로 학생들은 자신이 받는 성적이 자신의 통제하에 있다고 인식하고 있음을 보여 준다.

내적 통제 소재를 지닌 사람들의 성취도가 더 높을 수 있는 까닭은 이들이 인지 과정의 몇몇 측면에서 더 우월한 경향이 있기 때문이다. 이들은 외적 통제 소재를 지닌 사람들보다 모호한 학습 상황에서 적절한 암시와 규칙을 더 빨리 추론해

낸다(DuCette & Wolk, 1973). 또한 내적 통제 소재를 지닌 사람들은 의도적인 학습뿐만 아니라 우발적인 학습에 대해서도 더 나은 성취도를 보인다. 월크와 듀셋(Wolk and DuCette, 1974)은 텍스트 자료를 실험 대상자에게 제시하였을 때, 내적 통제 소재를 지닌 사람들이 그렇지 않은 사람들보다 의도적 과제인 오류를 찾는 것에 뛰어날 뿐만 아니라 그 내용을 기억해 내는 우발적 학습에 대해서도 더 나은 성취도를 나타낸다는 사실을 발견했다. 3학기 동안에 이뤄진 세 가지 연구를 통해, 달링거(Dollinger, 2000)는 자신이 가르치는 인격 심리학 수업에서 내적 통제 소재를 지닌 사람들이 수업과 관련된 우발적 지식을 더 많이 습득한다는 것을 발견했다. 연구의 날이라 불려진 3주차 수업에서, 그는 이번 학기가 끝난 이후에 이루어질 강의에서 다룰 질문지를 포함시켜 만들었고, 학생들로 하여금 이에 답하게 했다. 이 중 한 가지 질문은 "잡다한 정보에 관한 시험"으로 교수 면담 시간, A를 받기 위해 필요한 점수, 다음 시험 날짜, 서점에서 파는 강의 자료집의 색깔, 수업의 주요 주제, 교수의 아내 이름(아내 역시 심리학과 교수다), 첫 두 주 동안 언급했던 그 밖의 것들에 관한 물음들이 포함되었다. 세 학기 동안 그는 내적 통제 소재를 지닌 사람들이 우발적인 정보를 더 많이 기억했으며, 학교성적(GPA) 변인을 배제하고 보더라도 시험을 더 잘 치른다는 사실을 발견했다.

그러나 구체적인 상황에서 통제에 대한 인식은 차이가 있을 뿐만 아니라, 외적 통제 소재를 지닌 학생들과 비교해 내적 통제 소재를 지닌 학생들이 보이는 성공과 실패에 대한 반응 방식에도 차이가 있다. 예이(Yeigh, 2007)는, 특성-수준(trait-level) 통제 소재와 연산-단어 과제(Turner & Engle, 1989)에 대한 응답에 있어서 기억력의 정보 처리량을 극대화하는 조건하에서 성공-실패 귀인 사이의 관계를 검토했다. 이 실험에서는 참가자들에게 일군의 단어를 제시한 다음 비교적 간단한 수학 문제 하나를 암산으로 풀게 했다. 그런 다음 그들에게 앞서 제시한 단어를 기억해 보라고 말했다. 예이는 특성-수준이 높은 통제 인식을 지닌 참가자들은 성공의 결과를 자신의 노력과 능력 때문이라고 생각한다는 것을 발견했다. 여기서 노력과 능력은 모두 내적 원인이다. 그러나 그 학생들은 자신의 실패에 대해서는 일차적으로 외적 원인의 탓으로 돌렸다. 반대로 특성 수준이 낮은 통제 인식을 지닌 학생들은, 성공의 결과를 내적 원인인 능력에 따른 것으로 생각하는 경우와 운과 과제의 난이도 등 두 가지 외적 원인에 따른다고 생각하는 경우로 나뉘었다. 흥미로운 점은, 이들이 일차적으로는 내적 원인(능력과 노력)에, 부분적으로는 과제의 난이도라는 외적 원인에 과제의 결과가 나타난 것으로 생각했다는 것이다.

예이는, 회상 검사에 관해 특성-수준 내적 지향성이 높은 사람의 경우에는 성공을 내재화하고 실패를 외재화하는 한편, 특성-수준 내적 지향성이 낮은 사람(다시 말해, 특성-수준 외부 지향성이 높은 사람)은 성공을 외재화하고 실패를 내재화한다고 결론 내렸다. 더 나아가, 내부 지향적 특성이 강한 사람이 처음에는 과제를 더 잘 수행했다. 이는 아마도 과제 수행 결과를 스스로 통제할 수 있다는 기대를 바탕으로 불안감을 적게 느꼈기 때문일 것이다. 그러나 부정적인 피드백에 직면하면 그들의 과제 수행은 악화되었다. 이것은 자신감 저하 때문일 수도 있지만, 과도한 인지 부하(excessive cognitive load) 때문일 수도 있다(Sweller, 1988, 1994). 내적 통제 소재를 지닌 사람들은 대개 학교 상황에서 능력과 노력을 수행 결과의 일차적 원인으로 보는 인과 도식(causal schemata)을 개발한다. 그러나 이 상황에서 이들은 실험자가 의도적으로 수행 결과를 조작함으로써 자신들이 마땅히 성공하리라 믿었던 과제를 실패하게 된다. 그러므로 이들은 자신의 실패를 설명하기 위한 내재화된 원인을 찾기 시작한다. 이런 유형의 메타인지적 활동은 한정된 용량을 지닌 작업 기억에 가해지는 부담을 가중시킴으로써, 문제 해결 활동을 방해한다.

인지된 통제 가능성(perceived controllability)과 같은 동기부여 요소와 작용 기억(working memory) 내 정보 처리 활동 간의 상호작용이 인지 부하와 학생의 효과적 학습 능력에 영향을 미칠 수 있다는 점에서, 이 연구는 교수 설계와 관련해 중요한 의미를 지닌다. 이를 보여 주는 일례는, 동기부여와 정보 처리 사이의 관계 속에서 심적 자원의 관리를 이해하고자 하는 켈러의 동기부여, 학습, 수행 이론이다(Keller, 2008b, Figure 5, p. 94). 효과적인 학습 환경을 설계하기 위해서 교사는, 과제의 난이도 수준과 주어진 피드백 유형과의 상관관계 속에서 인지된 자기효능감(self-efficacy)을 비롯한 학생의 귀인 모형을 감안해야 한다.

인종적, 문화적 차이를 고려하는 것 역시 중요하다. 과거에 행해진 연구들은, 사람들의 통제 소재 인식이 부분적으로는 사회경제적 지위의 반영이기도 한 인종적 영향력과 문화적 배경에 영향을 받는다는 것을 보여 준다. 제서, 그레이브스, 핸슨, 제서(Jessor, Graves, Hansen, and Jessor, 1968)는 영국계 미국인, 라틴계 미국인, 북미 원주민을 비교함으로써 영국계 미국인들이 가장 높은 내적 통제 소재 성향을 지녔으며 북미 원주민들이 그 뒤를 이었음을 밝혀냈다. 그 중 라틴계 미국인들은 내적 통제 소재 성향 점수가 가장 낮았다. 아프리카계 미국인들이 영국계 미국인들에 비해 외적 통제 소재를 나타내는 경향이 더 많음을 보여 주는 연구는 매우 많다(Phares, 1976, 152쪽을 보라). 그러나 인종과 관계없이 사회경제적 지위(SES)가 낮은 학생들은 사회경제적 지위가 높은 학생들에 비해 외적 통제 소재를 나타내는 경향이 더 많다. 뮬러와 스테이지, 킨지(Muller, Stage, and Kinzie, 2001)는 대학에 입학하기 전 학생들에게 있어 인종, 통제 소재, 과학 과목 성취도 사이의 관계를 연구했다. 조사 대상 학생들은 아프리카계 미국인, 아시아계 미국인, 라틴계 미국인, 백인, 남자와 여자가 골고루 섞여 있었다. 이들은, 8학년 학생들 사이에는 아시아계 미국인 남학생을 제외한 모든 하위 그룹에서 통제 소재가 과학 과목 성취도와 강한 상관관계를 보임을 발견했다. 더 나아가, 이 시기의 차이가 고등학교 내내 안정적으로 유지되는 경향이 있었다. 이 같은 경향은 고등학교 과학 및 수학 교실에서 아프리카계와 라틴계 미국인 학생들의 참여가 전반적으로 낮은 수준을 보이는 것과, 대학의 과학 및 수학 강의실에 이 두 인종 집단의 참여가 전반적으로 저조하다는 것을 통해서도 확인된다.

파슨스와 슈나이더, 핸슨(Parsons, Schneider, and Hansen, 1970)은 미국 학생과 덴마크 학생 사이에서는 아무런 문화적 차이가 없음을 발견했다. 이들은 덴마크는 중앙 정부의 권위가 미국보다 강하기 때문에 덴마크 학생들이 외적 통제 소재를 나타내는 성향이 미국 학생들보다 강할 것이라고 예상했지만, 사실은 그렇지 않았다. 다른 종류의 문화적 비교 연구를 통해, 시에, 샤이벗, 라초프(Hsieh, Shybut, and Lotsof, 1969)는, 시카고의 영국계 미국인 고등학생들이 홍콩의 중국인 고등학생들에 비해 내적인 통제 소재 성향이 더 높지만, 부모 중 적어도 한쪽이 중국계로서 미국에서 태어난 시카고의 학생들은 영국계 미국인들과 더 비슷하다는 사실을 발견했다. 연구자들은 이에 대해 중국 문화에서 운, 재수, 운명은 삶의 일부이며 그곳에 사는 사람들은 자신의 삶의 상황이 통제 불가능한 요인들에 의해 지배된다고 생각하기 때문이라고 설명했다. 아시아인들의 외재적인 성향은, 불교 등의 종교적/철학적 신념과 자신의 환경을 순순히 받아들이는 것을 중요하게 여기는 그 밖의 신념 체계로부터도 영향을 받은 것이라고 볼 수 있다. 아시아와 미국의 문화에 대한 또 다른 연구에서, 브라운, 아오시마, 볼른, 치아, 고하마(Brown, Aoshima, Bolen, Chia, and Kohyama, 2007)는 미국과 일본, 대만 학생들의 통제 소재와 학습 방법을 비교했다. 이들은 일본과 대만 학생들은 미국의 학생들보다 외재적 경향성이 더 높았다는 것을 발견했다. 그러나 이들이 서양 학생들보다 학습 결과를 외적 요인이나 내적 요인에 귀인하는 경향이 더 큰 것은 아니었다.

1970년대 초부터 최근까지의 연구들은 통제 소재의 지향성과 문화적, 인종적 요인, 학업 성취도 사이에 상당히 안정적인 상관관계가 존재한다는 것을 보여 준다. 그러나 이런 결과를 해석할 때 주의해야 할 점이 있다. 각 집단 내에서도 상당히 중요한 차이가 존재하는 경향이 있다. 그러므로 다른 집단보다 외적 지향성이 큰 집단 내에도 통제 소재에 관한 매우 내적인 견해를 지닌 사람들이 많을 것이다. 그러므로 이런 범주적인 특징에 근거해 사람들을 유형화하는 것을 피해야 한다. 그러나 이를 위해서는, 연구 결과에 따른 일반화에 의존하기보다는 특정한 상황에 속한 학생들로부터 자료를 수집해야 한다.

오리진-폰 이론

오리진(origin)과 폰(pawn) 개념은 사람들이 자신의 삶을 얼마나 통제하고 있다고 믿는지에 대한 것이다. 폰은 서양 장기에서 가장 이동성이 제한적인 말이다. 폰은 자신의 행동의 인과성 소재가 자신의 외부에 존재한다고 느끼는 사람들이다. 다시 말해, 이 개념을 도입한 드샴스(de Charms, 1968)에 따르면, "폰은 자신이 남에게 휘둘린다고 느끼며, 자신은 꼭두각시처럼 다른 누군가에 의해 줄로 조종되고 있다고 생각한다"(deCharms, 1976, 4쪽). 폰은 도전을 회피하며, 방어적으로 행동하고, 스스로가 무력하다고 느끼며, 부정적으로 동기부여되는 경향이 있다. 반대로 (de Charms, 1968), 오리진은 자신의 운명을 스스로 통제하고 있다고 느끼는 사람이다. 그는 자신이 행동하는 원인은 자기 안에 있다고 느낀다"(deCharms, 1976, 4쪽). 오리진은 자신이 능력 있다고 생각하며 낙관적이고 자신감이 넘친다. 또한, 기꺼이 도전을 받아들이고 긍정적으로 동기부여된다.

다른 동기부여의 특징처럼, 사람들이 언제나 삶의 모든 측면에서 오리진, 혹은 폰인 것처럼 행동하는 것은 아니다. 만약 그런 식으로 행동하는 사람이 있다면, 그는 비합리적인 사람일 것이다. 왜냐하면 비행기의 승객이 될 때처럼 통제력을 거의 혹은 전혀 갖지 못하는 상황이 있는가 하면, 자기 차를 운전할 때처럼 고도의 통제력이 요구되는 상황도 있기 때문이다. 그러나 다른 동기부여 관련 개념과 마찬가지로, 이 개념이 가치를 지니는 것은, 통제력을 인지하는 것과 객관적 현실 간의 차이가 존재하고, 그 차이가 개인에게 긍정적인 혜택을 주기도, 부적응의 행동과 낮은 성취도를 초래하기도 한다는 것을 말해 주기 때문이다. 이 점에 관한 이 개념의 타당성(deCharms, 1976, 16쪽에 소개된)은 몇몇 연구를 통해 입증되었다. 이 연구들에 따르면, 오리진은 더 높은 성취도를 가지며, 자신이 오리진처럼 느껴질 때, 사람들은 자신과 다른 사람들에 대해 더 긍정적인 감정을 갖게 되고, 오리진의 특성을 나타내는 다른 사람들을 향해서도 더 긍정적인 감정을 갖게 된다. 그뿐만 아니라, 폰의 생산물보다 오리진의 생산물(재현물)을 훨씬 더 오래 기억했다. 바이니와 카푸티(Viney & Caputi, 2005)는, 오리진-폰 측정 설문에 대한 사람들의 대답은 한 상황에서의 실제 통제 가능성 정도와 상관관계가 있지만, 사람들이 오리진-폰 지향성을 반영하는 것에 있어서는 개인적 차이가 존재한다고 요약했다. 오리진은 더 긍정적인 태도를 보였고, 직장에서 더 높은 지위를 차지했으며, 더 긍정적인 대인관계 기술을 가지고 있었다. 이들의 점수는 숙명론과 부적 상관관계가 있었다.

일반적으로 이 개념은 응답자가 만든 프로토콜의 내용 분석을 활용해 측정된다. 주제 통각 검사(Thematic Apperception Test)에서처럼, 개인들은 녹음을 하거나 손으로 글을 쓰거나 이메일을 통해 다음과 같은 자극에 대해 반응한다..

> 나는 당신이 몇 분 동안 당신의 삶에 있어 좋은 것과 나쁜 것에 관해 제게 이야기해 주기를 바랍니다. 일단 당신이 이야기를 시작하면 저는 여기에 와서 당신의 말을 들을 것입니다. 그러나 5분의 시간이 지날 때까지 당신이 가지고 있을지도 모르는 물음에 대해서는 아무런 대답도 하지 않을 것입니다. 시작하기 전에 묻고 싶은 것이 있습니까?(Viney & Caputi, 2005)

혹은 학생들에 대해서는 다음의 사례(deCharms, 1976)처럼 구체적인 단서를 사용할 수도 있다. "한 어린이가 집단 활동에 참여하지 않으려고 할 때…" 혹은 "이따금 그는 …하기를 바랐다" "나 자신에 관해 내가 가장 좋아하는 것은…"

이에 대한 대답으로 학생들이 한 이야기는, 내용 분석을 통한 오리진, 폰 점수를 통해 평가된다. 표 6.1에 제시된 특징의 목록에서 볼 수 있듯이, 채점자들은 오리진과 폰 지향성의 지표를 분명히 구별하고자 한다. 훈련된 채점자들은 프로토콜을 채점할 때 0.87부터 0.93까지 높은 수준의 채점자 간 신뢰도를 보인다(Westbrook & Viney, 1980).

표 6.1 내용 분석에서의 오리진과 폰 특성의 지표(Westbrook & Viney, 1980에 기초함)

오리진 성향 지표	폰 성향 지표
1. 자기 표현 의사(자신이 의도하고, 계획하고 결정했다고 말한다. 예를 들면, "내가 파티를 계획했다"나 "우리는 아이를 갖기로 결정했다"처럼 계획과 목적, 목표를 언급한다.)	6. 결과를 자신이 의도하지 않았다고 스스로 말한다.(예를 들어, "나는 이 아기를 의도적으로 가지려 하지 않았다." "나는 교통사고를 당했다.")
2. 자기 표현 노력 혹은 시도(예를 들면, "나는 알아내려고 노력하고 있다" "상자를 다 싣기 위해서는 꽤나 힘이 많이 들었다"처럼 명시적, 암시적 결과를 성취하기 위한 자신의 노력에 대해 이야기한다.)	7. 어떤 사건을 일으키려고 노력하지 않았다고 스스로 말한다.(예를 들어, "나는 그것을 고치려고 하지 않았지만 그것을 버리자 고치기 시작했다." "나는 과수원을 돌보기 위해 아무런 노력도 하지 않았는데, 풍성하게 꽃을 피웠다.")
3. 자기 표현 능력("나는 학교에서 최우수 선수가 되었다"나 "나는 잘 해내고 있다"처럼 자신의 기술이나 능력에 관해서 이야기한다.)	8. 스스로 능력이 부족하다고 말한다.(예를 들어, "나는 남자에게 매력이 없다"나 "나는 어쩔 수 없었다"처럼 자신을 무력하고 쓸모없고 무능한 사람으로 묘사한다.)
4. 자신이 다른 사람들이나 환경을 극복하거나 영향을 준다고 이야기한다.(예를 들어, "나는 그가 나를 가로막도록 내버려두지 않았다." "언덕이 가팔랐지만, 나는 꼭대기까지 오르는 데 성공했다.")	9. 다른 사람이나 환경의 힘, 우연과 같은 외적인 힘에 의해 통제되거나 강요받거나 제한을 받는 사람으로 자신을 묘사한다.(예를 들어, "그는 내가 아이들을 데리고 가도록 허락하지 않을 것이다." "나는 이런 곳에 갇혀 지내기 싫다.")
5. 자신을 원인이나 기원으로 인식한다.(예를 들어, "일하는 동안 내가 통제했다." "내가 그 연극을 제작했다.")	10. 자신을 폰으로 인식한다.(자신에게 일어난 사건이 예측할 수 없거나 통제할 수 없는 것이라고 묘사한다.)(예를 들어, "나는 병 때문에 쓰러지고 말았다. 내 차가 다리의 한쪽 면을 들이받고 반대 쪽으로 기울어졌다.")

이 개념은 통제 소재와 비교되거나 심지어 동일한 것으로 취급되기도 한다. 두 개념에는 공통점이 있지만, 중요한 차이점도 존재한다. 오리진-폰 개념은 자신의 삶과 자신에게 일어나는 사건에 대해 통제권을 가지고 있다는 일반적인 감각에 초점을 맞추는 반면, 통제 소재는 일차적으로 사람들이 자신의 행동 결과에 대해 어느 정도의 통제권을 가지는가에 관한 믿음이라고 정의된다. 또한 이 개념은 개인이 자신의 신념이나 태도를 표현하는 것을 전제하며, 통제 소재처럼 하나의 특성으로 간주되지 않는다. 이 특성의 공식화하는 것과 측정하는 것에 있어 존재하는 또 하나의 차이점은, 각 측면들이 별개로 점수화된다는 것이다. 로터가 소개하고

로터의 내외통제성 척도(I-E Scale; Rotter, 1966)에 따라 측정된 통제 소재는, 짝을 이루는 수많은 항목을 포함하며, 각각의 짝에서 한 항목은 내적 지향성을, 다른 항목은 외적 지향성을 나타낸다. 응답자는 각각의 짝 중에서 하나를 택해야 한다. 이 때문에 이 검사의 결과는 연속체 안의 한 지점으로 나올 수밖에 없다. 그러나 실제로 사람들 안에는 내부성과 외부성이 복잡하게 섞여 있다. 오리진-폰 개념의 점수화에 사용된 방법이 이렇게 복잡하게 섞여 있는 신념들을 더 잘 드러낸다.

오리진 성향을 지닌 사람들이 학교에서 더 나은 성취도를 보이는 경향이 있음을 고려해 볼 때, 드샴스는 학생의 오리진 인식이 강화될 수 있는지, 그리고 그렇게 했을 때 더 높은 성취도를 얻을 수 있는지를 밝히기 위한 대규모 연구를 계획하고 실행했다. 그는 오리진 성향의 행동을 뒷받침해 주는 학습 환경을 조성하는 데에 도움이 되는 방법을 습득하도록 교사들을 훈련시켰다. 교실 학습 활동과 과제는 학생들에게 더 많은 자유와 자율을 부여했고, 교사는 관리하는 역할만 수행하게 했다. 1년 동안 오리진 훈련을 받은 6학년과 7학년 학생은 통제 집단에 비해 오리진 점수에 의미 있는 향상이 있었음이 발견되었다 그리고 6학년과 7학년 동안 오리진 훈련을 받은 학생들은 1년만 그런 훈련을 받은 학생들보다 점수가 훨씬 더 높았다. 이 연구가 수행된 학교에서는 학생들이 학년이 높아질수록 전국의 평균에 비해 더 많이 뒤처지는 경향이 있었다. 그러나 오리진 훈련을 받은 학생들의 경우에 이런 경향이 역전되었고, 그들의 향상된 점수는 훈련 후 적어도 그가 조사한 기간이었던 1년 동안은 지속되었다. 이것은 대부분의 후속 연구에서 얻은 부정적인 자료와는 상당한 대조를 이룬다. 그러므로 학생들은 오리진 지향성을 지니거나 개발하는 것으로부터 분명히 유익을 얻을 수 있는 것으로 보이며, 적절한 지침과 연습을 통해 이러한 지향성을 개발하는 것이 가능해 보인다.

자기 효능감

자기 효능감은 개인의 능력에 대한 믿음과 관련된 또 다른 개념이다(Bandura, 1977). 일반적으로 이 개념은 주어진 과제를 성공적으로 수행할 수 있다는 개인의 신념을 가리킨다. 한 가지 차원에서 밴듀라가 제시한 개념은 이보다 더 많은 의미를 담고 있다. 좀 더 구체적으로, 밴듀라(1986)는 자기 효능감을 "지정된 유형의 과제를 달성하기 위해 요구되는 행동의 절차를 조직하고 실행할 수 있는 자신의 능력에 대한 판단"이라고 정의한다(391쪽). 다시 말해, 한 사람의 자기 효능감은 다음 세 가지 물음과 관련된 신념들의 총합으로 구성된다. 나는 성공을 위해 필요한 일들을 수행하고, 성공으로 이끌 계획을 세우며, 성공을 거둘 때까지 끈질기게 노력할 수 있는 능력이 있는가? 자기 효능감을 통해, "문제에 대처하는 행동을 개시할 것인지, 얼마나 많은 노력을 기울일 것인지, 장애물과 피하고 싶은 혐오스러운 경험 앞에서 얼마나 오랫동안 노력을 지속할 것인지"를 결정할 수 있을 것이라는 가정이다(Bandura, 1977, 191쪽).

그러므로 자기 효능감에 대한 개인적인 추정치는 스스로의 행동에 몇 가지 영향을 미친다. 그 중 하나는 자신의 목표 선택과 관계있다. 어떤 사람으로 하여금 목표를 성취하지 못하게 하는 혐오스러운 상황이 있는가 하면, 성공에 도움이 되는 상황이 존재하기도 한다. 그러므로 사람들이 특정한 행동 과정을 추구하고 성공을 극대화하기 위해 합리적인 선택을 할 때, 성공 가능성에 대한 개인적 추정치를 개발하는 것은 문제 대처를 하는 데 있어 긍정적인 가치를 지닌다. 그리고 이것은 한 사람이 기울일 노력의 양과도 관계있다. 자기 효능감이 높을 때는 특히 장애물을 만날 때 더 끈질기게 노력하며, 이는 더 높은 성취로 귀결된다. 그러므로 여기에는 스스로에 대한 기대감, 노력, 그리고 그와 같은 긍정적인 기대감을 강화시키는 성공이라는 선순환이 확립된다.

자기 효능감은 학업 성취도를 예측할 수 있다는 것이 증명되었다. 전반적으로, 자기 효능감이 높은 학생들이 자기 효능감이 낮은 학생들보다 성취도가 높았다(Schunk, 1996). 그러므로 이것은 학업 수행의 좋은 지표 역할을 한다. 그러나 자기 효능감과 학습에 연관된 행동에 관해 고려해야 할 다른 요소들도 있다. 예를 들어, 자기 효능감은 실제 과제 수행 활동을 시작하기 전에 행하는 준비 활동에 대한 접근 태도에 영향을 미친다. 특히 성공에 대한 불확실성이 과제의 난이도와 관련이 있다는 점을 고려한다면 너욱 그러하다. 만약 효능감이 높고 불확실성이 낮다면, 별다른 준비 활동 없이 과제 성취를 위해 곧장 노력할 가능성이 많다. 그러나 자기 효능감은 높지만 과제의 난이도 때문에 성공에 대해 일정한 불확실성을 느낀다면, 성공 확률을 높이기 위해 계획하고 예비 기술을 학습하는 데에 더 많은 시간을 보낼 가능성이 많다(Bandura, 1982). 높은 자기 효능감이 성공 불확실성과 결합될 때는, 성공 불확실성이 거의 혹은 전혀 없을 때보다 더 높은 수준의 노력을 기울이도록 스스로를 자극할 수도 있다. 이런 경우에는 과제 자체에, 그리고 장애물과 어려움을 극복하는 최선의 방법에 계속해서 주의를 집중할 것이다. 샐러먼(Salomon, 1984)은, 자기 효능감이 높은 학생들은 텔레비전처럼 쉽다고 인식되는 자료보다 교과서처럼 어렵다고 인식되는 자료로부터 학습을 하기 위해 더 많은 노력을 기울인다는 것을 발견했다. 자기 효능감이 높은 학생들은 쉬운 자료에 대해 지나친 자신감을 나타내며 학습하는 것에 심적으로 노력을 덜 기울이고, 실제로 학습 수행 결과도 좋지 않다. 낮은 자기 효능감과 성공 불확실성이 결합될 경우, 이들은 과제보다는 자신에 초점을 맞출 가능성이 더 많다. 즉, 이들은 자신이 느끼는 부족한 점에 초점을 맞추고, 장애물도 실제보다 훨씬 더 위협적인 것으로 간주한다.

자기 효능감 인식의 원천에 관해, 밴듀라는 네 가지 원천을 제시한다(Bandura, 1977). 첫째는 실제적인 **수행 성취**(performance achievement)다. 일반적으로 말해, 성공 경험은 긍정적인 자기 효능감을 만들고, 실패는 이를 저하시키는 경향이 있다. 더 나아가, 삶에서 다양한 형식의 과제에 대한 성공 경험이 축적될 때에는 일반적으로 성공 감각이 강화되고, 이는 다시 그 사람으로 하여금 원래는 낮은 자기 효능감을 갖고 있던 과제에 대해 더 끈질기게 노력하고 더 많은 성공을 거둘 수 있도록 도와준다. 예를 들어, 밥이라는 젊은 남자가 남녀가 섞여 있는 또래 집단의 사회적 상황에 대해 불편함을 느낀다고 가정해 보자. 그는 자신이 사교적인 대화나 춤에 서툴다고 느낀다. 그러나 그는 학교에서 공부를 잘하고 대체로 손재주도 좋다. 그는 학교 공부를 잘 해내는 것뿐만 아니라 집에서 연장을 사용해 무언가를 만들기를 좋아한다. 학교 공부에서 성공하는 경험을 함에 따라 그의 전반적인 자기 효능감은 향상된다. 그런 다음 그는 문제 해결 기술과 장비 수리 능력이 모두 요구되는 직업을 얻는다. 이 직업으로 인해 그는 직장에서 여러 종류의 사람들과 상호작용을 해야만 한다. 그리고 그는 일과 관련된 문제에 관해 그들과 어려움 없이 소통할 수 있게 된다. 그의 전반적인 자기 효능감이 계속해서 향상된다. 그런 다음 한 사무실 파티에서 그는 외향적인 태도를 갖기 위해 특별히 노력하기로 결심하고 성공을 거둔다. 여기서는, 순전히 사교적인 상황과는 대조적으로 그는 직장 동료들과 많은 공통점을 지닌다. 일상적인 사회적 상호작용에 대한 그의 자기 효능감은 향상되고, 시간이 흐를수록 그 자신감을 일과 관련이 없는 다른 상황에도 적용할 수 있게 된다.

그러나 성공이 언제나 자기 효능감에 대한 인식을 향상시키는 것은 아니다. 과제가 극도로 쉽다거나 운 좋게 성공했다고 인식할 경우, 자기 효능감은 향상되지 않을 것이다. 반대로, 한 사람이 과제에 실패했을 경우에도 자신이 성공하기 위해 그다지 열심히 노력하지 않았을 뿐이라고 느낀다면 자기 효능감은 저하되지 않을 것이다. 그러나 일반적으로 말하여, 주어진 과제를 반복적으로 성공할 경우에는 긍정적인 자기 효능감을 갖게 될 것이며 실패를 반복할 경우에는 자기 효능감이 낮아질 것이다.

자기 효능감을 향상시킬 수 있는 두 번째 정보의 원천은 **대리 경험**(vicarious experience)이다. "그가 할 수 있다면 나도 할 수 있다"는 결론에 이르게 하는 사회적 비교는 자기 효능감에 영향을 주는 가장 흔한 대리 경험 중 하나이다. 그러나 단지 다른 사람이 과제를 수행하는 것을 그저 관찰하는 것은 자기 효능감에 꼭 영향을 미치지는 않는다. 관찰 학습에 관한 밴듀라의 연구(Bandura, 1969)는, 모형과 환경에 내포된 많은 조건들이 관찰자의 태도나 행동이 변화할지 여부에 영향을 미친다는 것을 보여 준다. 예를 들어, 관찰자는 연령, 가치, 삶의 단계 등등에 근거한 모형과 개인적 동질감을 느껴야만 한다.

세 번째 영향은 자신이나 다른 사람에 의한 **구두 설득**(verbal persuasion)이다. 우리로 하여금 더 열심히 노력하라고 권하는 멘토, 치어리더, 코치와 같은 사람들이 구두 설득의 실례다. 또한 우리는 과제를 성취할 수 있다는 믿음을 확립하기 위해 스스로 자신을 설득할 수도 있다. 그러나 실제로 성공이 뒤따르지 않는다면 구두 설득은 장기적인 영향력을 갖지 못할 것이다. 또한 특히 자아관이 그다지 긍정적이지 않은 사람들에게 구두 설득은 낮은 자기 효능감의 강력한 원천이 될 수도 있다. 내면적으로 강한 인식을 아직 가지고 있지 못한 사람에게는, 어떤 식으로든 자신보다 더 강하거나 우월하다고 생각하는 다른 누군가로부터 듣는 비판이 스스로에게 파괴적인 영향을 미칠 수도 있다.

감정적 각성(emotional arousal)은 자기 효능감에 영향을 미치는 네 번째 정보원천이다. 지나치게 높은 감정적 각성은 실패에 대한 두려움이나 당혹감, 그와 유사한 반응 때문에 자기 효능감에 부정적인 영향을 미칠 수도 있다. 이 정도의 각성은 당신의 인지 처리와 운동 기능을 방해해 긴장감을 유발하는 것과 함께 지나치게 자기 자신을 의식하게 만들어 자극에 대한 유연하고 융통성 있는 대응을 하지 못하게 한다. 지나치게 낮은 감정적 각성도 수행을 방해할 수 있지만, 이런 상황은 "내가 하고 싶다면 할 수 있어. 하지만 하고 싶지 않아."라는 식으로 낮은 효능감이라기보다는 욕망의 결핍이라고 보는 것이 적합하다.

자기 효능감과 목표 지향성(5장) 사이의 잠재적 상관관계에 관해, 특히 감정적 각성, 자기 효능감, 목표 지향성, 성공의 상호작용에 관해 생각해 보는 것은 흥미로운 일이다. 자기 효능감이 낮은 사람은 그 정의(Bandura, 1977)대로 환경을 조직하고, 성공으로 이끌 것이라 기대되는 행동 절차를 계획하는 능력이 미약하다. 만약 성공 가능성에 대해 걱정한다면, 파괴적인 영향을 미칠 정도로 그 사람의 감정적 각성 수준이 높아질 것이다. 성공에 대한 걱정은 더 높은 성과 지향성(Dweck, 1986), 혹은 자아 지향성(Nichols, 1984a), 낮은 학습 지향성이나 과제 지향성으로 귀결될 수 있다. 한편으로, 만약 한 사람이 기본적으로 주어진 과제에 대해 자신감을 가지고 있고 유능하다면, 중간 정도의 수행/자아 지향성은 그 사람으로 하여금 더 높은 수준의 성취를 이루게 하는 자극원이 될 수 있다. 그러나 성공에 대한 의심이 커질 경우에는 성공 가능성을 높일 수 있는 생산적인 과제를 지향하는 행동으로부터 주의가 분산될 수도 있다. 그러므로 긍정적인 자기 효능감 개발을 저해하는 부정적인 감정적 각성을 줄이기 위한 합리적 접근법은, 실패에 대한 두려움에 대해 둔감한 태도를 갖게 하는 한편, 과제 지향적 행동에 더 집중하게 만드는 지도 활동에 기초해야 한다. 이 지도 활동은, 그 사람으로 하여금 긍정적인 결과를 되돌아보고 스스로 성취한 성공을 자기 효능감 기술이 향상됨에 따라 이루어진 것이라고 격려하는 피드백과 결합될 수 있다.

하나의 개념으로서의 자기 효능감이 자신감의 범주에 속한 다른 개념과 몇몇 공통점을 지니기는 하지만, 여기에는 독특한 차이점이 분명 존재한다. 오리진-폰 개념은, 목표 성취의 능력과 책임감에 대한 표현을 포함한다는 점에서 겹치는 부분이 있지만, 자기 효능감은 계획, 행위, 끈질긴 목표 추구 노력을 강조한다는 점에서 다르다. 또한 통제 소재의 개념은 개인의 행위를 다룬다는 점에서는 유사하지만, 근본적으로 관심을 기울이고 있는 것은 전혀 다르다. 통제 소재는 행동의 결과에 대한 통제권을 얼마나 갖는가에 관한 한 사람의 신념을 가리키지만(그림 6.2.A), 자기 효능감은 행동에 대한 통제 인식을 가리킨다. 즉 주어진 과제를 성공할 수 있다고 기대하는가 그렇지 않는가 여부를 뜻하는 것이다(그림 6.2.B). 이것은 수행 결과에 대한 통제권을 지니는가에 관한 개념을 포함하지 않는다.

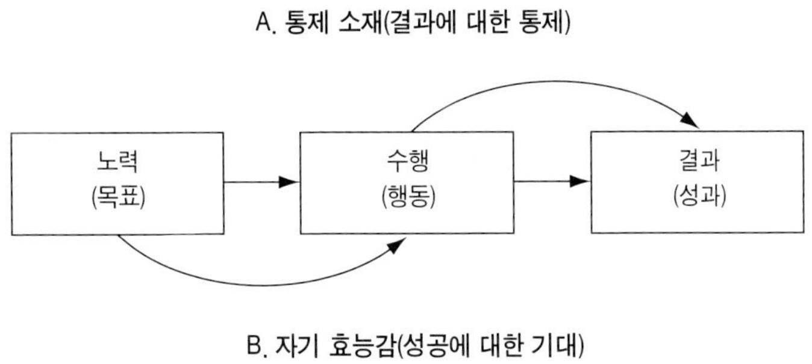

그림 6.2 통제 소재 및 자기 효능감과 행동 및 결과 사이의 관계

자기 효능감의 영향

자기 효능감과 학업 성취도 사이에 정적 상관관계가 존재한다는 점은 이미 잘 입증되었다(Pintrich & De Groot, 1990; Schunk, 1981, 1985). 자기 효능감이 높은 학생은 더 융통성 있는 학습 유형과 문제 대처 전략을 가지고 있는 것으로 보인다. 이것은 그들이 더 인지적인 기술을 포괄하는 메타인지 전략을 사용해 더욱 끈질기게 노력한다는 것을 통해 드러난다(Nichols & Miller, 1994). 다시 말해, 성공할 수 있는 능력을 확신한다면, 이들은 메타인지 전략과 복합적 인지 기술을 사용하고 과제를 수행하기 위해 더 많은 양의 노력을 기울임으로써 더 적응성이 높은 학습 전략을 보여 준다는 것이다(Paris & Oka, 1986; Schunk, 1985).

컴퓨터 기반 모형 과제를 수행하는 학습자들의 동기부여와 학습 수행을 연구할 때도 이 관계는 검토된 적이 있다(Sins, Joolingen, Savelsbergh, & Hout-Wolters, 2008). 신스 등(Sins et al., 2008)에 따르면, 자기 효능감과 성취 목표 지향성, 인지 처리에 관한 연구 대다수는 개별적 과제를 수행하는 개인으로부터 얻는 자기 보고 측정에 근거한다. 이들 연구에서 신스 등(2008)은 자기 보고를 토대로 개인과 집단 차원에서 성취 목표 지향성과 자기 효능성을 측정했다. 이들은 다양한 연구팀의 로그 파일 이력(log file histories)으로부터 얻은 자료 분석을 통해 인지 처리 행위를 평가했다. 인지 처리는 신스, 세이블스버그, 줄링언(Sins, Savelsbergh, & Joolingen, 2005)의 프로토콜 분석 체계에 기초해 심층적 혹은 피상적 층위로 구분되었다. 피상적 처리는 지식을 참조하지 않는 평가, 계량화, 분석 행위를 가리킨다. 심층적 처리는 같은 행위가 지식을 참고하는 것과 결합될 때, 귀납적 추론과 설명 활동을 통합할 때를 말한다. 연구자들은 자기 효능과 성취 목표 지향이 다양한 메타인지 전략과 복합적 인지 기술의 사용을 내포하는 심층적 처리와 정적 상관관계를 지니며, 성취와도 정적 상관관계를 지닌다는 것을 발견했다. 피상적 인지 처리와 성취 사이에는 아무런 관계가 없었다.

귀인 이론

통제 소재 이론을 대체한 유관 연구 분야는 **귀인 이론**(attribution theory)(Jones et al., 1971)이다. 이 연구는, 성공과 실패의 원인에 대한 귀인에 관해 사람들마다 차이가 있다는 관찰에 기초한다. 어떤 사람은 성공이나 실패를 자신의 능력 탓이라고 생각하는 경향이 있다. 예를 들어, 이들은 "나는 그것을 할 수 있어."라는 말을 자주 사용한다. 자신의 능력에 대해 회의적인 사람들은 다음과 같이 말하거나 생각할 것이다. "아무리 열심히 노력해도, 나는 이 일을 할 수 없을 거야." 통제 소재의 경우와 마찬가지로, 상황에 따라 이 두 진술은 각 개인의 삶에서 객관적으로 사실일 수도 있다. 그러나 어떤 사람들은 객관적 가능성과 상관없이, 특히 객관적 확률이 확실하지 않다고 생각할 때 특정한 방식으로 귀인을 하는 특성을 가진다.

귀인 이론이라는 개념을 발전시키는 데 중요한 역할을 했던 베이너(Weiner, 1992, 1974)는 네 가지 일차적 귀인을 열거했다. 즉, 능력, 노력, 과제의 난이도, 운(혹은 그 밖의 외적 요인)이다. 처음 두 가지는 내적 귀인이며, 나머지 둘은 외적 귀인이다. 그러나 그는 다른 점에 대해서도 지적했다. 두 귀인(능력과 과제 난이도)은 상대적으로 안정적이며 쉽게 변하지는 않지만, 다른 두 가지(노력과 운)은 쉽게 바뀌며 안정적이지 않다(표 6.2). 만약 사람들이 자기 능력에 대해 자신감을 가지고 있으며 당면 과제가 매우 어렵게 생각되지 않는다면, 그들이 과제에 대해 가지는 불안감 수준은 상대적으로 낮을 것이며, 그 목표를 성취하기 위해 꾸준히 노력하는 경향을 보일 것이다. 이것은 상당히 안정된 조건이기 때문에, 적어도 이러한 신념이 유지되는 한 그 사람의 행동은 갑작스러운 변화를 보이지 않을 것이라 기대된다. 반면, 한 사람이 낮은 능력과 높은 과제 난이도에 귀인한다면, 이 역시 안정적인 귀인이기 때문에 그 사람의 행동을 긍정적인 방향으로 바꿔 놓기는 어려울 것이다. 반대로, 노력과 운에 귀인할 경우에는, 그 사람으로 하여금 과제에 더 많은 노력을 기울이고, 격려하거나 운이라는 요소로 과제 수행의 성공이 이루어진 것이 아니라는 것을 깨닫게 하기가 상대적으로 쉽다. 한 학생의 귀인을 바꾸려는 노력은, 노력과 운의 범주로부터 시작한 다음, 더 강력한 능력과 과제 숙달 인식을 기르도록 돕는 방식으로 이뤄진다.

표 6.2 베이너의 귀인 요소의 안정성과 통제 소재와의 관계

		통제 소재 차원	
		내적	외적
안정성 차원	안정적	능력	과제 난이도
	비안정적	노력	운

자기 실현적 예언

자기 실현적 예언(self-fulfilling prophecy)이란 특정한 유형의 기대 신념을 가리킨다. 짧게 말해, 이것은 흔히 처음에는 거짓이었지만 믿음의 결과로 참이 되는 신념으로서 흔히 정의된다(Merton, 1948). 이 원리에 관해 가장 자주 사용되는 사례는 1930년대 미국 대공황기에 발생한 은행 파산과 런던의 길거리에서 꽃을 팔던 평범한 소녀가 귀부인으로 변한 것에 대한 이야기다. 전자의 경우, 사람들은 은행이 지급 능력은 있었음에도 불구하고 파산 위험에 처했다고 믿었다. 이 믿음 때문에 예금자들은 앞을 다투며 은행에서 돈을 인출했으며, 은행은 고객들에게 예금을 다시 돌려주기 위해 자산을 회수해야만 했다. 결국 이와 같은 고객들의 신념이 은행의 도산을 초래한 것이다. 이와 비슷하지만 더 행복한 방식으로, 뮤지컬 〈마이 페어 레이디(My Fair Lady)〉에서 헨리 히긴스는 꽃 파는 소녀에게 우아한 말투와 세련된 매너를 가르칠 수 있다는 신념을 가짐으로써 결국 그녀를 변화시킬 수 있었다. 이런 변화가 이루어질 수 있었던 것은 자신이 그렇게 될 수 없다는 소녀의 신념이 아니라 자신에게 그렇게 할 수 있는 능력이 있다는 히긴스의 신념 때문이다. 이 이야기는, 흔히 피그말리온 효과(Pygmalion Effect)라 불리는 자기 실현적 예언에 관한 내용을 담은 그리스의 피그말리온 신화에 기초한다. 피그말리온은 키프로스의 재능 있는 조각가로서 어느 날 흠 없이 완벽한 대리석 조각을 발견하고 그것으로 아름다운 여인을 조각하기로 결심한다. 조각상을 완성하기 전에 그는 여인에게 전혀 관심이 없었지만, 자신이 만든 작품을 본 후에는 자신의 조각상과 사랑에

빠졌다. 그런 다음 그 조각상은 아프로디테 신전에 가서 그녀에게 자신의 조각상처럼 이상적인 여인을 찾게 도와달라고 기도했다. 이에 호기심을 느낀 아프로디테는 조각가가 외출한 사이 그의 작업실로 찾아갔는데, 자신과 닮은 조각상을 보고 매료되었다! 그녀는 조각가에게 상을 내려 그의 조각상에 생명을 불어넣어 주었다.

자기 실현적 예언은 학습 환경과 노동 환경 모두에서 연구되었다. 로젠탈과 제이콥슨(Rosenthal & Jacobson, 1968)은 고전적인 연구에서 학년 초 1학년에서 6학년까지의 초등학생을 대상으로 비언어 지능검사를 실시했다. 이 중 20%의 학생을 임의로 선정해 로젠탈은 해당 초등학생들을 대상으로 어떤 실험을 했다. 그는 일반 학교의 18개 반에서 각각 20%의 학생을 무작위로 선정해 교사들에게 이 학생들이 보통 학생들보다 훨씬 영리하며, 지적으로 급성장할 높은 잠재력을 가지고 있다고 말했다. 그는 교사들에게 자세한 내용을 말하지 않은 채, 그저 평범한 방식으로 학급 학생들을 가르치라고 말했다. 실험 결과, 이 학생들은 실험 대상이 되지 않은 학생들에 비해 더 높은 지적 성장과 독서 성취도를 나타냈다. 마지막 실험 때 그는 교사들과 이야기를 나누었는데, 교사들은 다른 학생들과 이 학생들을 다르게 대하지 않았다고 말했다. 그러나 그 효과는 분명했다. 어떤 방식으로든 교사들은 해당 학생들을 더 많이 도와주거나 그들에게 유리한 방식으로 교육했던 것이다. 해당 학생들에게는 그들이 지적 잠재력이 높다고 말해 주지 않았기 때문에 이 결과는 교사의 자기 실현적 예언으로 귀인된다. 로젠탈과 제이콥슨의 초기 연구는 방법론적인 문제를 가지고 있고, 비록 언제나 그랬던 것은 아니지만 그들이 수행한 이후의 연구에서도 동일한 효과가 강하게 나타났다. 예를 들어 슈랭크(Schrank, 1968)는 아동들을 임의로 학급에 배정한 후 일부 교사에게는 반 학생들이 높은 학습 잠재력을 지니고 있다고 말해 주고, 다른 교사들에게는 반 학생들이 낮은 학습 잠재력을 지니고 있다고 말해 주었다. 이른바 "잠재력이 높은" 학급에 속한 학생들은 다른 학생들에 비해 더 많은 것을 배웠다. 후속 연구에서, 슈랭크(1970)는 교사들에게 학생들이 학급에 임의로 배정되었다고 말해 주었다. 그러나 일부 교사들에게는 학생들이 높은 능력을 지니고 있는 것을 가정해 학급을 가르치라고 말했고, 다른 교사들에게는 학생들이 평범한 능력을 가지고 있는 것을 가정해 가르치라고 말했다. 그 결과, 학생들의 학습 수행 측면에서는 아무런 차이를 발견하지 못했다. 그러므로 첫 번째 연구에서처럼 교사들이 학생들이 높은 능력을 지니고 있다고 믿을 때는 이 학생들로부터 더 높은 결과를 성취할 수 있는 능력에 대해 더 높은 기대를 갖게 되며, 실제로 그 기대가 실현된다. 그러나 학생들이 더 높은 수준을 성취할 수 있다고 생각하는 척할 때에는 효과가 없었다.

리빙스턴(Livingston, 1969)의 연구는 노동 환경의 사례를 보여 주는데, 그는 로젠탈과 제이콥슨(1968)의 이론을 받아들인다. 이 이야기가 흥미로운 까닭은 허구의 뮤지컬이 아니라 실제로 일어난 일이기 때문이다. 리빙스턴(1969)의 설명처럼,

> 자신의 훈련과 동기부여 능력에 관한 관리자의 신념이 얼마나 중요한가는 경영적, 교육적 자기 실현적 예언인 "스위니의 기적(Sweeney' s Miracle)"을 통해 알 수 있다:
>
> > 제임스 스위니(James Sweeney)는 튤레인대학교(Tulane University)에서 산업 경영과 정신의학을 가르쳤고, 이 학교의 생의학컴퓨터센터(Biomedical Computer Center)의 운영 책임을 맡고 있었다. 스위니는 제대로 교육을 받지 못한 사람도 유능한 컴퓨터 운영자가 될 수 있다고 믿었다. 병원에서 짐을 운반하던 흑인이었던 조지 존슨(George Johnson)은 이 컴퓨터 센터의 청소부로 일하게 되었다. 스위니는 자신의 신념을 증명하기 위해 그를 택했다. 조지 존슨은 오전에는 청소부로 일했고, 오후에는 스위니에게 컴퓨터 교육을 받았다.
> >
> > 존슨이 컴퓨터에 관해 아주 많은 정보를 배우고 있을 때, 그 대학교의 어떤 사람은 컴퓨터 운영자가 되기 위해서는 일정 수준의 지능지수 점수를 가지고 있어야 한다는 결론을 내렸다. 이에 존슨은 검사를 받았고, 그의 지능지수는 컴퓨터 운영은커녕 타자도 배울 수 없을 정도로 낮았다.
> >
> > 그러나 스위니는 그렇게 생각하지 않았다. 그는 존슨이 프로그래밍과 컴퓨터를 배우는 것을 허락하지 않으면 자신이 사직하겠다고 선언했다. 결국 스위니가 이겼고, 그는 지금도 컴퓨터 센터를 운영하고 있다. 존슨은 이제 주 컴퓨터실을 관장하고 있으며, 프로그래밍과 컴퓨터 운영에 관해 신입 직원을 훈련시키는 책임까지 맡고 있다.'

> 스위니의 기대감은, 존슨의 학력이 아니라 자신의 교수 능력에 대한 신념에 기초하고 있었다. 관리자가 부하직원을 훈련시키고 동기부여할 수 있는 능력에 관해 분명히 확신하는 것이, 현실적으로 경영관리에 있어 높은 기대감을 만들 수 있는 기초다(85-86쪽).

머튼(Merton, 1948)과 좀 더 최근에는 크리쉬나(Krishna, 1971)가 지적했듯이, 자기 실현적 예언이라는 개념은 토머스(Thomas & Thomas, 1928)가 처음에 제시한 것보다 더 일반적인 개념으로부터 유래한 것으로 보인다. 머튼(1948)이 인용한 토머스의 공리는 "만약 사람들이 어떤 상황을 현실이라고 생각한다면, 그것은 정말로 현실이 될 것이다"(193쪽)이다. 이것은 자기 실현적 예언을 아우른다. 그러나 사람들의 신념이 참이 아닐 때조차도 그들의 행동을 지배하는 상황에 대해서 설명해 준다. 예를 들어, 어떤 가게 주인이 특정 유형의 손님이 무언가를 훔칠 것으로 믿는다면, 그는 그런 일이 실제로 벌어지지 않더라도 자신의 신념이 참인 것처럼 행동할 것이다. 그리고 자신의 부정적인 기대를 그 손님에게 투사시킴으로써 그 손님으로 하여금 자신이 추측하는 그런 행동을 실제로 하도록 유도할 수 있다.

그러나 이것은 우리로 하여금 자기 실현적 예언에 대한 논의로 되돌아가게 한다! 부모들도 이와 똑같은 상황에 처하곤 한다. 이를테면, 자녀가 사회적으로 용납될 수 없는 행동을 하리라는 자신의 두려움 때문에 부모는 자신이 예상하는 바를 자녀에게 이야기하게 되고, 그렇게 함으로써 자녀로 하여금 바람직하지 않은 행동을 초래할 수 있다. 자녀나 가게 주인에게 의심을 받는 손님의 관점에서는 "내가 그렇게 할 것이라고 그들이 이미 확신하고 있다면, 그렇게 해도 괜찮은 거야."라고 결론 내릴지도 모르는 것이다.

예언이 사회적 행동의 결과에 영향을 미치는 방식에 관한 또 다른 사례는, 머튼(1936, 904쪽)이 인용한 존 벤(John Venn, 1888)의 자살 예언이다. 어떤 점에서 이것은 자기 실현 예언과 정반대다. 자살 예언은 예언이 예상된 행동이나 결과가 발생하지 않도록 만드는 예언이라고 볼 수 있다. 예를 들어, 머튼(1936, 904쪽)이 예를 든 것처럼, 마르크스(Marx)는 자본주의에서 부가 점점 상층 계급에 집중되는 한편 그에 따라 하층 계급은 점점 더 비참해질 것이라고 예측했다. 그러나 1800년대 사회주의적 가르침과 선전의 유행으로 인해 예상치 못한 일이 발생했다. 개인적으로 교섭했을 때 부당한 대우를 받기 쉬운 노동자들은 노동조합을 조직하기 시작했다. 그 결과 그들의 단체교섭권은 마르크스가 예측한 발전 과정을 "제거하지는 못했지만"(Merton, 1936, 904쪽) 늦추는 결과를 빚었다. 머튼의 결론에 그가 충분히 오랜 시간을 기다리지 않고 성급히 말했을 뿐이라는 각주를 추가해 볼 수도 있다. 20세기 말과 21세기 초 미국에서는 최상위 1% 계층에 급속도로 부가 집중되는 한편, 노동운동은 붕괴하고 임금 노동자들의 삶의 수준은 꾸준히 저하되고 있다. 아마도 경제적 붕괴가 발생한 후에야 이런 상황을 바로잡을 수 있을 것이다!

다행히도 자기 실현적 예언은 긍정적인 방향으로 작동할 수도 있다. 한 가지 예는, 교사가 자기 학생들의 학업 수행에 관해 전반적으로 긍정적인 기대를 갖게 되면 학생들이 더 높은 성취도를 나타낸다는 사실이다. 더 나아가, 자기 효능감이 높은 교사와 학생들의 학업 수행 간에 나타나는 이러한 상관관계는 학생들의 초기 동기나 과거의 학습 수행과도 무관하게 발견된다(Jussim & Eccles, 1992).

교사(관리자)의 자기 효능감

자기 실현적 예언 연구와 관련된 한 가지 이슈는 어떻게 그와 같은 기대를 확립하고 유지하는가 하는 문제다. 그저 교사에게 한 집단의 학습 수행 정도가 향상될 수 있다고 가정해 그들을 가르치라고 말하는 것으로는 충분치 않다는 것이다(Schrank, 1970). 다른 사람들이 바뀔 수 있다고 지도자(교사나 관리자)가 믿는 것도 중요하지만, 이 개념의 중요한 속성은 지도자의 인과성 소재에 대한 인식이다. 다시 말해, 중요한 것은 자신이 변화를 일으킬 수 있다는 그들의 신념이다. 그러나 자기 실현적 예언에 관한 연구에서는 이들의 기대를 개발시키기 위한 구체적인 지침을 제공하지 않는 경향이 있다. 로젠탈과 제이콥슨(Rosenthal & Jacobson, 1968)의 연구에서 교사들은 지능이 우수한 학생들을 다른 학생들과 다른 방식으로 대한다고 생각하지 않았다. 그러나 교사를 대상으로 자기 실현적 예언을 구성하는 근본적으로 중요한 신념인 자기 효능감을 연구함으로써, 교사의 구체적인 행동과 학습자의 학업 수행 성공 간에 존재하는 연관 관계를 확인하는 것이 가능했다.

자기 효능감이 높은 교사들은 학생들이 끈질기게 노력할 수 있도록 돕기 위해 더 많은 시간을 들여 어려운 과제를 부여하고, 학생들의 생각을 지지해 주며, 긍정적인 교실 환경을 만드는 한편, 새로운 교수 기법에 대한 시도와 학생들로 하여금 자기 주도 활동에 좀 더 많이 참여하게 하고, 학생들에게 더 많은 자유를 부여하며, 어려움을 겪는 학생들에게 더 많은 도움을 주고, 모든 학생으로 하여금 토론에 참여하게 한다(Ashton & Webb, 1986; Gibson & Dembo, 1984; Tschannen-Moran, Woolfolk Hoy, & Hoy, 1998, 1990). 반대로, 자기 효능감이 낮은 교사들은 학습 능력이 떨어지는 학생들을 무시하는 한편 성공 가능성이 높은 학생에게만 관심의 초점을 맞추고, 불충분한 자료나 학부모의 지원 부족, 학생의 과제에 대한 통제 부족 등과 같은 외적인 요인들 때문에 학생들이 성공하지 못한다고 탓하는 경향이 있다(Ashton & Webb, 1986; Gibson & Dembo, 1984). 교사의 자기 효능감을 향상시키기 위해서는, 교사로 하여금 자신의 교수법 실천을 점검해 보고 외적인 요인 대신 자신의 태도와 행동에 초점을 맞추도록 돕는 전략을 활용해 볼 수 있다(Weinstein, Madison, & Kuklinski, 1995).

효능감은 관리와 간호와 같은 다른 리더십 분야에서의 성공과도 연관이 있다. 우드와 밴듀라(Wood and Bandura, 1989)는 경영대학원에 재학 중인 학생들 중 자기 효능감이 높은 사람들이 관리자로서의 의사 결정과 목표 추구 행동을 요구하는 복합적 시뮬레이션 활동에서 더 나은 수행을 보인다는 것을 밝혀냈다. 성공을 위해서는 가상적 조직에서 직원들의 노력을 통한 사회적 매개물도 필요하다. 또 다른 사례로, 영국의 어음 교환 은행의 초급 관리자 89명을 대상으로 자기 효능감을 측정한 연구 결과가 있다. 각 관리자에 대해 두 사람의 상급자로부터 그들의 수행을 평가하게 했다(Robertson & Sadri, 1993). 그 결과 관리자의 자기 효능감은 업무 수행 등급과 상관관계를 나타냈다.

다른 직업 분야에 관해, 스펜스 래쉰저와 샤미언(Spence Laschinger & Shamian, 1994)에 따르면, 관리자의 자기 효능감은 그 부서의 간호사들과 간호사 관리자가 가지는 직업 관련 자기 효능감에 영향을 미친다. 자기 효능감 관련 자료와 직업 수행 태도, 구조적 권한 위임, 간호 리더십에 대한 경로 분석에 근거하여, 마노일로비치(Manojlovich, 2005)는 자기 효능감이 구조적 권한 위임과 직업 수행 사이의 상관관계를 매개한다는 것을 발견했다. 앞서 언급한 연구와 마찬가지로, 이와 같은 결과도 자기 효능감이 그 사람의 행동과 다른 사람의 행동에 영향을 미친다는 사실을 확인시켜 주는 것이다.

학습된 무력감

지금까지 논의된 기대나 결과와 연관된 개념들은, 모두 인간보다 열등한 실험 대상이 그들이 행하는 일과 그 결과로 일어난 일 사이에 상관관계가 존재함을 실제로 인식하는 것을 전제로 한다. 그러나 어떤 사람이 그 둘 사이에 전혀 상관관계가 없다고 인식한다면 어떻겠는가? 다시 말해, 어떤 아동이 읽기나 전략 적용을 요구하는 보드 게임 놀이나 피아노 치기를 배울 때, 이를 배우기 위한 자신의 노력과 그 노력의 결과 사이에 아무런 상관관계가 없다고 본다면 어떨까? 이 아동은 성공이나 실패가 임의로 발생한 사건이라고 생각할 것이다. 이런 극단적인 상황을 **학습된 무력감**(learned helplessness)이라고 부른다.

이런 형태의 무력감은 "학습된"(Seligman, 1975) 무력감이라 불리는데, 그 이유는 이것이 두 단계 과정을 거치기 때문이다. 첫 번째 단계에서는 무력감이 현실적이고 불가피하다. 이런 상황에서 피험자는 무엇을 하든지, 무엇을 하려고 노력하든지 간에 자신이 겪었던 실패의 경험을 완화시킬 수 없다. 예를 들어, 유치원이나 초등학교에 다니는 한 아동이 연산을 배울 예정이었지만 진단되거나 발견되지 않은 발달 지체로 인해 읽기 활동을 수행할 수 없다면, 그 학생은 가차없이 실패를 경험할 것이다. 따라서 어느 정도 시간이 흐른 후에 이 아동은 자신의 노력과 자신이 겪은 성공이나 실패의 경험이 절대적으로 서로 무관하다고 결론 내릴 것이다. 따라서 이 아동은 임의적으로 대답하게 될 것이며, 그 결과 운이나 기계적인 암기를 통해 정답을 맞추거나, 분간할 수 있는 유형이 전혀 없도록 대답함으로써 문제를 틀리고 말 것이다. 교사나 부모가 그 아동에게 더욱 열심히 노력하라고 격려해 봤자 이는 그 아동의 무력감을 강화시킬 뿐이다. 왜냐하면 그 아동은 자신이 최대한 노력하고 있음에도 불구하고, 계속해서 실패할 뿐이라고 믿기 때문이다. 이제 여름 방학이 끝나고, 이 아동이 좀 더 성숙해져서 자신이 할 수 있는 최선의 노력을 다해 수학을 배울 수 있게 되었다고 가정해 보자. 다시 말해, 이제 이 아동은 성공할 수 있는 능력을 갖게 되었다. 그러나 깊은 무력감 때문에 이 아동은 실수를 할 때마다 그것이 자신의 무능함을 보여 주는 증거라고 해석할 것이며, 이에 따라 거듭해서 실패하게 될 것이다.

이것은 매우 극복하기 어려운 상황이다. 그러나 이 문제는 주의 깊게 통제된 환경과 인지적 재구조화를 통해 해결될 수도 있다. 환경적 관점에서 볼 때, 학생에게 주어지는 과제가 주의 깊게 구성됨으로써 그 학생의 능력에 적합한 쉬운 단계에서부터 조금 더 어려운 단계로 이루어져야 할 필요가 있다. 그런 다음, 첫 번째 단계에서 격려를 받은 이 사람에게 앞으로 성공할 때마다 더욱더 격려하고 그 성공이 그 자신의 노력과 능력에 따른 것이라고 말해 주어야 한다. 이것이 효과를 거두기 위해서는, 피드백이 믿을 만한 것이 될 수 있어야 하며 이를 위해서는 그 사람이 작은 어려움과 성공을 경험할 수 있어야 한다. 드웩(Dweck, 1975)은 이 훈련을 재귀인 요법(reattribution therapy)이라고 불렀다. 왜냐하면 이 사람은 자신의 행동과 그 결과 사이의 합리적 상관관계를 인식하고, 성공을 능력과 노력에 귀인하는 법을 배우고 있기 때문이다. 드웩은 일차적으로 이를 수학 과목에 적용했지만, 읽기 능력의 발달에 관해서도 비슷한 결과를 얻을 수 있었다(Keller, 1983a).

학습된 낙관론

학습된 낙관론(learned optimism)이라는 현상은 더욱더 긍정적인 측면을 보여 준다. 20년 넘게 행해진 학습된 무력감과 우울증에 관한 임상 연구를 통해, 셀리그먼(Seligman, 1991)은 우울증에 더 취약한 사람들과 그렇지 않은 사람들 간에 특징적인 차이점이 있음을 발견했다. 근본적 차이점 중 하나는 그들이 비관론자와 낙관론자로 나누어진다는 것이었다. 비관론자들이 좀 더 많은 병에 걸리고, 끈기가 없으며, 어려움 앞에서 쉽게 포기하고, 우울증에 더 많이 빠진다는 것을 보여 주는 수많은 연구들이 있었다. 반면에 낙관론자들은 성공하는 경향이 좀 더 강하며, 다른 사람에게 더 많은 사랑을 받으며, 적성 검사에서 평균적 기대치를 초과하는 한편 더 건강하며, 더 행복해한다. 그는 낙관론과 우울증을 측정하는 방법을 개발했다. 이 측정법은 스스로 그렇다고 생각하는 사람들보다 훨씬 더 많은 사람들이 비관적이라는 것을 보여 준다. 더 나아가 그는 사람들이 그저 대중적인 자기 계발 책을 읽는 것이 아니라 주의 깊은 연구를 통해 입증된 인지적 재구조화(cognitive restructuring) 과정을 통해 낙관적인 태도를 갖는 방법을 배울 수 있음을 증명했다. 여기에는 일련의 귀인 연습(attributional exercises)과 좀 더 새롭고 생산적인 사고와 행동 유형을 개발하도록 도와주는 다른 활동들이 포함된다. 특히 교사가 그와 같은 행동에 모범이 될 때, 이 전략을 학습 환경에 적용함으로써 아동들에게 유익을 가져다줄 수 있을 것이다!

능력 신념

자신의 능력에 대한 사람들의 믿음(ability beliefs)은 성공에 대한 그들의 기대, 귀인, 수행에 영향을 미칠 것이다. 그 중 한 가지는 **실재적 능력 개념**(entity concept of ability)이라 불리는데, 이는 상대적으로 고정되어 있으며 변하지 않는 신념을 일컫는다. 이러한 관점에서 사람들은 당신이 주어진 활동에 대해 적성이 있거나 혹은 없다고 믿는다. 혹은 그와 같은 활동을 하는 데 있어서 당신이 특정한 수준의 능력을 지니면서 이를 활동 수행을 위해 의미 있는 정도로 바꿀 수가 없다고 믿는다. 따라서 그들은 어떤 사람들이 수학이나 춤 배우기, 논문 쓰기, 지도자 역할 하기에 탁월한 능력을 지니는 한편, 다른 사람들은 그에 대한 능력이 낮다고 믿는다. 그와 내소를 이루는 개념은 **증가적 능력 개념**(incremental concept of ability)으로서, 어떤 분야에 관한 한 사람의 능력은 비록 시간이 걸릴지라도 노력으로 향상될 수 있다는 신념이다. 실재적 신념은 사람들로 하여금 실제 가능한 것보다 훨씬 더 낮은 수준으로 그들이 학습하고 활동을 수행하는 것에 "가두어 둘" 가능성이 있다. 예를 들어, 많은 아동과 성인들은 자신들의 수학적 능력이 낮다고 믿으면서 연산이나 다른 형태의 수학이 필요한 상황을 피하려고 하며, 무언가를 이해할 수 없으면 금세 포기해 버리는 경향이 있다. 그러나 이것을 학습된 무력감과 혼동해서는 안 된다. 왜냐하면 이 상황에서 사람들은 그들의 행동과 그 결과 사이의 상관관계를 인식하기 때문이다. 문제는, 그들이 그 둘 간의 상관관계를 인식하지 못하는 것이 아니라, 그 상관관계가 약하다고 인식한다는 것이다. 다시 말해, 그들은 자신의 실패를 자신의 능력 부족 탓으로 돌린다.

자기 효능감이 높은 사람은 증가적 능력 신념을 지니는 경향이 있다(Ashton & Webb, 1986; Woolfolk & Hoy, 1990). 그들은 자신이 설정한 목표를 추구하는 데에 있어 성공을 거두고 다른 사람들이 성공하도록 도울 수 있는 전략과 기술을 배울 수 있다고 생각하는 경향이 많다. 그러나 사람들이 비현실적인 실재적 능력 신념을 지니고 있을 때는 그들이 증가적 관점으로 전환하도록 돕는 일이 어려울 수 있다. 드웩(Dweck, 2006)은 태도와 성취에 관한 다소 극적인 변화의 예를 보여 준다. 도심에 위치한 중학교 학생들을 대상으로 한 연구에서, 학생들에게 뇌가 어떻게 작용하는지에 관한 기초적인 신경학을 기르쳤다. 그들에게 새로운 것을 배울 때 어떻게 뇌가 새로운 신경경로를 개발함으로써 자라나는지를 설명하는 비디오를 보여 주었다. 그런 다음 학생들에게 주어진 수학적 기술을 배울 때 뇌가 어떻게 자라는지 상상해 보라고 말했다. 성취도와 노력을 통해 능력이 향상될 수 있다는 신념과 성공에 관해 그 결과는 긍정적이었다. 일부 학생들의 이야기는, 새로운 기술을 습득할 때 자신의 뇌가 성장한다는 것을 듣고 그들이 얼마나 흥분했는지를 보여 준다.

전환

아래 소개한 전략은 앞서 검토한 개념들을 포괄하고 있으며, 교수 대상에 대한 동기 분석에 활용된다. ARCS의 다른 세 범주의 경우와 마찬가지로, 자신감에 관한 전략을 설계하고자 할 때 중요한 점은 자신감이 부족한 사람에게는 자신감을 높여 주고, 이미 자신감이 충만한 사람에게는 그 자신감이 소멸되지 않도록 하는 것이다. 또한 자신감이 과도한 사람들에게 "배워야 할 필요성"을 일깨워 주어야 한다는 문제도 있다. 사람들은 자신이 이미 무언가에 대해 알고 있다고 믿는다면, 새로운 자료를 제시해도 이를 알아차리지 못할 것이다. 자신감에 관한 전략은 이 모든 문제를 다루어야 한다.

자신감을 세우기 위한 전략

기존 연구로부터 얻을 수 있는 결론은, 그것이 비록 일차적인 특징은 아니라 하더라도, 자신의 행동을 통제할 수 있다는 인식이 자신감을 가지고 있다는 사람이 가진 특징 중 하나라는 점이다. 이것은 자신의 행동 결과에 대한 인식된 예측 가능성과 실제의 예측 가능성에 관해 자신의 능력을 학습자가 어떻게 인식하고 있는가를 가리킨다. 인간과 동물을 대상으로 한 수많은 연구들은, 자신의 통제 인식이 정신건강과 성취도에 영향을 미친다는 것을 보여 준다. 사람들이 자기에게 일어나는 일에 관해 거의 혹은 전혀 통제하지 못한다고 믿을 때, 그들은 불안, 우울, 다른 스트레스와 관련된 감정을 경험한다. 반대로, 목표를 추구함에 있어 노력과 능력을 발휘하고 이것이 환경에 영향을 미칠 수 있다고 믿을 경우, 그들은 더 건강해지며 성공하려는 동기부여를 더 많이 얻게 된다. 아래(표 6.3)에서는 자신감을 정의하고 그것에 어떻게 영향을 줄 것인가에 관한 주요 하위 개념과 전략을 소개한다.

표 6.3 자신감을 높이기 위한 주요 전략과 하위 개념, 처리 질문

개념과 처리 질문	주요 지원 전략
C1. 학습 요건(learning requirements) 긍정적인 성공 기대감을 세우는 데 나는 어떤 도움을 줄 수 있을까?	성공의 요건과 평가 기준을 설명함으로써 학습자가 신뢰와 긍정적 기대감을 갖도록 하라.
C2. 성공의 기회(success opportunities) 어떻게 학습 경험이 자신의 능력에 대한 학습자의 믿음을 뒷받침하거나 강화해 줄 수 있을까?	학습에 성공하는 정도를 증가시킬 수 있는 많고, 다양하며, 흥미로운 경험을 학습자에게 제공함으로써 자신의 능력에 대한 믿음을 증가시켜라.
C3. 개인적 통제(personal control) 어떻게 학습자로 하여금 성공이 자신의 노력과 능력에 달려 있음을 분명히 깨닫게 할 것인가?	(가능할 때마다) 개인적인 행동을 통제할 수 있는 기술을 활용하고, 자신이 이룬 성공이 개인적 노력으로 인한 것이라는 피드백을 제공하라.

C.1. 성공 기대감(Success Expectations)

XYZ-111 복사기의 서비스에 관한 3일간의 강좌 중 첫날 마누엘은 학습자들에게 이 강좌에 관한 설명과 평가 방법에 관한 유인물을 나눠 주었다.

학생들이 불안감을 줄이고 성공에 대해 현실적인 기대감을 가질 수 있도록 돕는 가장 간단한 방법 중 하나는, 그들이 앞으로 무엇을 배울지, 평가 방법은 무엇인지를 이해하도록 돕는 것이다. 새로운 직장에서 일하게 되었는데 상사가 당신에게 기대하는 바를 말해 주지도 않고 그저 일하러 가라고만 한다면 어떨까? 당신은 불안하고, 화가 날 수도 있으며, 최적의 생산성을 발휘하지 못할 것이다. 이제 이런 상황이 교실에서 벌어진다고 생각해 보라. 이는 학생들이 새로운 학급이나 새로운 주제에 대한 활동을 시작할 때, 그들에게 무엇에 집중해 노력해야 하는지, 구체적으로 무엇을 해야 하는지에 대해 분명히 설명해 주지도 않고 그저 공부를 시작하라고 말하는 것과 같다. 이따금 교사들은 학습 목표를 읽지만, 지나치게 문어적이어서 학생들이 이해하지 못하는 경우가 너무 많다. 다시 말해, 학생들이 아직 배우지 못한 학습 자료로부터 가져온 전문 용어를 사용함으로써 학습 목표를 제시하는 경우가 많다는 것이다. 학생들이 이해할 수 있는 일상적인 용어로 학습 목표를 설명하고, 단순히 결과가 아니라 학생들이 앞으로 무엇을 하게 될지를 강조함

으로써, 그들의 자신감을 향상시킬 수 있다. 왜냐하면 그렇게 함으로써 학생들이 학업에 성공하기 위해 스스로 집중해 노력하게 할 수 있기 때문이다. 또한 아래의 두 전략에서 제시된 바와 같이, 목적과 목표 중 적어도 일부를 학생 스스로 개발하도록 허용함으로써 학생들의 자신감을 더욱더 향상시킬 수 있다.

1. 눈으로 볼 수 있는 행동의 관점으로부터 학습자가 성공적인 학습의 증거에서 무엇을 기대할 수 있는지에 관한 분명한 진술을 제공하라.
2. 가능할 때마다, 학습자로 하여금 자신의 학습 목적과 목표를 세울 수 있는 수단을 제공하라.

C.2. 성공 기회(Success Opportunities)

새로운 회계 절차에 관해 하루동안 이루어지는 세미나에서 루실은 학습자로 하여금 복잡한 절차의 작은 부분을 오프라인으로 연습하고 이후, 컴퓨터를 이용해 전체 절차를 실습하게 했다.

당신은 당신의 학습자에게 정말로 성공할 기회, 성공에 대한 긍정적인 기대를 확립할 기회를 제공하는가? 그들의 기대감에 영향을 미치는 요소는 무엇인가? 이에 대한 답은 "모든 요소"이다. 어쩌면 모든 것이 아닐지도 모르지만, 실로 아주 많은 것들이 이에 영향을 미친다. 그 중 몇 가지만 예를 들자면, 교수 자료의 가독성과 난이도, 교사의 몸짓 언어와 말, 학생이 위협적이지 않은 조건에서 실제로 연습해 볼 수 있는 기회의 정도 등이 그와 같은 요소들이다. 이따금씩 학생들에게 도전을 주는 것도 중요하다. 그러나 그 도전은 교재나 교사의 태도에 내재된 장애물로부터가 아니라 학습 활동 자체로부터 오는 도전이어야 한다.

겨울에는 흔히 건강한 사람과 아픈 사람 모두 감기에 걸리듯이, 불안은 교실에서 학생들이 흔히 느끼는 감정 상태이다. 확인되어 예측되는 위협과 연관되는 두려움과 반대로, 불안은 대체로 알려지지 않은 위협으로부터 기인한다. 위협 요소가 무엇인지를 알고 있다는 점에서 불안보다는 두려움이 차라리 낫다. 이는 그런 상황을 피하거나 정복하기 위해서 무엇을 해야 할지 알 수 있다는 이유 때문이다. 그러나 무엇을 해야 할지를 이해하지 못하고 어떻게 평가받을지를 알지 못할 때, 학생들은 불안을 느끼게 된다. 학생들은 불안을 느낄 때, 과도하게 공부하거나 불안에 대해 무관심한 태도를 취하고 때로는 반항함으로써 이를 보충하려 한다. 과도하게 공부함으로써 그들은 가능한 모든 결과에 대비할 수 있으리라 기대한다. 그러나 과잉 학습을 위한 시간이 없고, 동기부여가 되지 않으며, 능력이 부족한 학생들은 후퇴, 부정 행위, 적대적 태도 등으로 "체제에 맞서려고" 할지도 모른다. 이들은 철저히 공부하는 대신 성공이란 운에 달려 있을 뿐이라고 생각하고, 교사가 시험에 어떤 문제를 출제할지, 과제를 평가할 때 어떤 기준을 사용할지를 추측해 보고자 할 것이다. 이에 대한 해결책으로는 수행 요건을 더욱 분명히 하고, 아래 제시된 전략처럼 학습 내용을 잘 설계함으로써 학생들의 불안감을 줄여 줄 수 있다.

난이도 수준

1. 분명하고 따르기 쉬운 절차로 내용을 조직하라.
2. 자료의 세부 항목에 대해 간단한 것으로부터 어려운 것으로 넘어가도록 과제를 배치하라.
3. 학습 대상자에게 적합하도록 전반적인 난이도(독서 수준, 예시, 연습 문제)를 조절하라.
4. 자료에 "속임수"나 지나치게 어려운 물음, 혹은 연습 문제가 없는지 확인하라.
5. 연습 문제가 학습 목표와 내용, 예시와 일치하게 하라.
6. 연습 문제에 대해 해답을 제공하는 것처럼 자기 평가의 방법을 포함시켜라.
7. 받아들 수 있을 만한 대답에 대해서는 이를 확인해 주는 피드백을, 기준에 미치지 못하는 대답에 대해서는 고쳐 주는 피드백을 제공하라.

성공의 재구조화

아래(표 6.4)는 어떻게 학습자의 인지도 난이도를 떨어뜨림으로써 자신감을 높여 줄 것인가에 관한 예시다. 이 경우 학습자들은 과제를 실제보다 더 어려운 것으로 인지했다. 이 경우에 있어 수행되는 동기부여 전략은 교수 전략을 수정함으로써 인지된 난이도를 떨어뜨리는 것이다. 이렇게 함으로써 교수 대상자의 성공 기대감을 증가시키고 그들의 수행을 향상시킬 수 있었다.

표 6.4 학습자의 스트레스를 줄이기 위한 전략

사례: 스트레스를 유도하는 실수의 문제

새로운 컴퓨터 회계 시스템에 관해 하루동안 이루어지는 강좌는 회계 담당자와 여행비 영수증과 기타 재무 항목을 입력할 책임을 가진 비서들을 대상으로 했다. 실제 수행 환경과 높은 관련성을 지닐 수 있도록 교육은 온라인을 통해 이뤄졌다.

강사인 루실은 새로운 절차를 배우는 것과 컴퓨터로 작업하는 데 있어서 훈련 대상자들이 긴장하기 때문에 실수를 저지른다는 것을 깨달았다. 루실은 새로운 절차가 예전 것보다 실제로는 더 단순했기 때문에 단지 학습자의 능력 부족 때문에 그들이 실수를 범하는 것이 아님을 알고 있었다.

그녀는 훈련 대상자들로 하여금 좀 더 복잡한 절차의 작은 부분들을 연필과 종이를 사용해 오프라인으로 배우고 연습하게 하는 방식으로 자신의 교수법을 수정했다. 그런 다음 그들에게 컴퓨터로 그 절차를 수행하게 했다. 그 결과, 회계 절차를 수행하고 컴퓨터를 사용하는 능력에 있어 학습자들이 느끼는 자신감이 더 빨리 증가했으며, 스트레스와 관련된 실수 역시 즉시 감소했다.

C.3. 개인적 책임(Personal Responsibility)

제이슨은 컴퓨터 기반 교육에 관한 강좌를 설계하면서, 학습자들에게 모듈 테스트 전에 자신의 진도를 측정해 볼 수 있는 자가 점검 항목을 제공했다.

성공을 거둘 때 자신감이 더 강해진다. "그렇지 않는가?"라는 질문을 던져 보자. 대부분의 사람들은 이 물음에 "그렇다"라고 답한다. 그러나 좀 더 나은 것은 "언제나 그렇지는 않다"라는 답변이다. 즉, 그 성공이 어떤 종류의 성공인가에 따라 다르다는 것이다. 과제가 어렵고, 과제를 성공한 것이 당신의 능력과 노력 때문이었다고 믿는다면, 당신의 자신감은 향상될 것이다. 그러나 과제가 쉬웠거나, 과제를 성공한 것이 운이나 다른 누군가의 도움, 개인적인 편애 때문이었다고 믿는다면, 당신의 자신감은 향상되지 않을 것이다.

사람들이 자신의 수행에 대해 통제권을 지니고 있으며, 스스로 성공할 수 있는 능력을 지니고 있다고 믿을 때, 자신감의 핵심 요소를 구성하는 성공 기대감은 강화될 것이다. 학생들로 하여금 이런 인식을 개발하도록 도울 수 있는 수많은 방법이 있다. 그 중 하나는 학생들이 실제로 의미 있는 분야에서 개인적 통제를 발휘할 수 있도록 교수 내용을 조직하는 것이다. 또 다른 방법은, 그들에게 긍정적인 귀인 피드백을 제공하는 것이다. 즉, 열심히 노력하면 성공할 수 있는 능력이 그들에게 있음을 당신이 확신하고 있다고 말과 행동을 통해 그들에게 전하라. 절대로 당신이 그들을 편애했기 때문에, 혹은 당신이 그들에게 점수를 "주었기" 때문에 성공했다고 그들에게 말하지 말라. 대신 그들이 획득한 점수는 스스로의 능력에 따른 것이라고 말해 줘라. 교수 내용을 계획하고 가르칠 때 다음 지침을 모두 고려하라. 하지만 해당 지침 중 학습 내용과 가장 관련성이 크다고 생각되는 것만 사용해도 된다.

1. 학습자에게 과정 선택권을 주어라. 즉, 교재 안에서 각 부분을 공부하는 순서를 선택할 권한이 있다고 설명해 주어라.
2. 학습자로 하여금 자신에게 맞는 속도로 공부할 수 있게 하라.
3. 학습자로 하여금 자신의 능력을 보여 줄 수 있는 여러 방식들 중에서 스스로 고를 수 있는 선택권을 주어라.(즉, 연습이나 시험을 치를 때 여러 가지 방식 가운데 한 가지를 택할 수 있게 하라.)
4. 학습자에게 스스로의 능력을 보여 줄 수 있는 자신만의 연습 방식을 만들 수 있도록 기회를 주어라.
5. 학습자에게 작업 환경에 대한 선택권을 주어라. 예를 들어, 다른 사람과 한 방에서 같이 작업하거나 다른 사람들로부터 떨어져서 작업하는 것 중에서 선택하게 하라.
6. 학습자에게 어떻게 하면 교재가 개선되거나 더 흥미로울 수 있는지에 관해 논평할 수 있는 기회를 주어라.

분명히 자신감은 동기부여의 가장 중요한 측면이다. 관련성의 요건이 충족되지 않았을 때, 학습자는 무관심할 것이다. 과목을 성공적으로 이수해야 하는 의무가 미래에 대한 자신의 계획에 정말로 중요하다면 그들은 스트레스를 느낄 수도 있고, 이 때문에 그들의 성취도가 향상될 수도 있지만 반대로 저하될 수도 있다. 그러나 이런 스트레스 수준은 자신감에까지 영향을 미치기도 한다. 자신감에 부정적인 영향을 미치는 요소는 한 사람의 자긍심과 생산성에도 파괴적인 영향을 미칠 수 있다. 이것이 우리가 동기부여의 모든 요소가 다 중요하다고 말하는 이유 중 하나다. 특정한 시점의 특정한 개인이나 집단에게는 어느 한 요소가 더 중요할 수 있지만, 학습에 대해 유익한 동기가 부여될 수 있도록 만들고 이를 유지하기 위해서는 모든 요소가 다 중요하다. 그런 의미에서 이제는 마지막 구성요소인 만족감에 관해 이야기할 차례이다. 다음 장에서 한 사람에게 유발된 학습 동기에 대해 어떻게 보상을 하고 그와 같은 학습 동기가 유지되도록 함으로써 그 사람으로 하여금 만족감을 느끼게 할 것인가에 초점을 맞출 것이다.

자신감 진작(A Confidence Booster)

이 예시(그림 6.3)는 한 교수자가 자신감을 불어넣기 위해 각 학생에게 개별적으로 보낸 단체 메시지다. 이 메시지는 교수자가 학생들이 어려움에 처했을 것 같은 시점에 학급 바깥에 있는 학생들에게 보낸 것이다.

연구 설계 학생들에게

도서관에서 며칠 동안 주제를 찾아 헤매는 동안 무한히 많은 가능성 때문에 낙담하는 것은 흔히 있는 말입니다.

만약 이런 문제에 봉착했다면 당신이 관심 있는 분야의 학술지의 최근 호를 살펴보고, 관심이 가는 하나의 논문을 골라 보세요. 그 논문의 참고문한을 찾아보고 이 주제에 관한 당신의 보고서를 써 보세요. 다음 과제를 통해 언제든지 그 주제를 바꾸거나 확장할 수 있을 것입니다.

레이 그레션(R. E.(Ray) Gression) 교수로부터

그림 6.3 자신감을 진작하기 위한 단체 동기부여 메시지의 예

요약

여기에 포함된 각 개념들이 독특한 특징과 관련 연구를 가지고, 그와 같은 것들을 통해 가장 잘 설명해 낼 수 있는 구체적 행동 영역을 지님에도 불구하고, 이와 같은 개념들이 여러 가지 속성을 공유한다는 것 또한 사실이다. 각 개념들이 가진 공통점은 학습자가 인식하고 있는 자기 행동에 대한 통제 개념과 그것이 개인의 자신감에 미치는 영향력과 관련이 깊다. 얼마나 많은 불안감과 어느 정도의 인식된 통제 결여가 용인될 수 있는지에 관해서는 사람들마다 입장 차이가 있을 것이다.

그러나 두려움, 우울함, 무력감과 같은 심리적인 문제에 깔린 기저에는 인식된 통제 상실이 자리잡고 있는 것처럼 보인다. 수입이 없어지는 경우나 재정적 불안정을 초래하는 다른 원인들, 중요한 시험에서의 실패, 믿을 수 있다고 생각했던 누군가로부터 속임을 당하는 일과 같은 극적인 사건들은 모두 인식된 통제의 원인이 된다. 그러나 집이나 사무실이 심하게 어질러진 것을 볼 때나 결제일이 다가온 청구서를 찾을 수 없을 때, 다른 사람들과의 의사소통에서 당황스러울 정도로 뒤처졌을 때와 같이 훨씬 더 평범해 보이는 사건들 역시 그 원인이 될 수 있다. 그리고 긍정적인 측면에서는, 학습 환경에서 학생들로 하여금 무엇을 기대하는지, 어떻게 성공 가능성을 극대화할 수 있는지를 이해하도록 도와줌으로써 그들의 통제 인식을 향상시킬 수 있다.

제7장

만족감

생각해 두기

교육 설계에 관한 글 중에서 가장 좋아하는 인용문은, 돈 토치가 자신의 한 논문(Tosti, 1978)의 시작 부분에 던진 질문이다. "피드백이 바람직하다면, 왜 사람들은 그것을 주거나 받는 것을 피하기 위해 그렇게 길게 이야기하는 것일까?" (19쪽).

그의 말이 옳다면, 왜 그렇다고 생각하는가? 그림 7.1에 나타난 것처럼, 우리가 피드백을 대개 비판과 동일시하기 때문일까? 당신은 어떻게 생각하는가?

피드백은 긍정적인 동기부여를 만드는 강력한 도구이기도 하지만, 사람들의 동기부여를 소멸시키는 작용을 하기도 한다. 이 장에서는, 피드백을 내재적, 외재적 동기부여에 영향을 미치는 다른 요소들과 더불어 어떻게 활용할 것인지를 설명하고자 한다.

그림 7.1 피드백이 동기부여에 미치는 영향

들어가기

무엇이 우리로 하여금 어떤 목표에 대한 흥미를 지속시키거나 잃어버리게 만드는가? 무엇 때문에 우리는 무언가를 이루어 냈을 때 기분이 좋아지는가? 오랫동안 심리학적 연구에서는 외적 결과(보상, 처벌, 무관심)가 행동에 미치는 영향에 일차적으로 초점을 맞췄다. 그러나 교육학에서는 학습이 주는 내재적 만족감의 중요성에 대한 믿음을 지속하고자 노력해 왔다. 사람들이 자신의 행동의 결과에 대해 만족하거나 만족하지 못하는 이유를 이해하는 데에 두 입장 모두가 중요하다는 것을 뒷받침하는 수많은 증거가 존재한다.

내재적 만족감이라고 부를 수도 있는 내재적 동기부여는 숙달의 느낌, 그리고 의미는 있지만 어려운 과제를 성공했을 때의 쾌감으로부터 기인한다. 학습 대상에게 최적의 난이도를 가지고 있으며 그들이 가치 있다고 지각하는 교수 내용과 학습 활동을 설계한다면, 내재적 만족감을 느낄 수 있는 무대를 마련한 셈이다. 이것은 사람들이 지닌 몇 가지 본연적 특성에 뿌리 내린 것처럼 보이는데, ARCS 모형의 첫 세 가지 구성요소를 뒷받침하는 연구가 보여 주는 것처럼, 사람들은 어느 정도의 신기함(novelty)을 좋아하고, 스스로가 유능하다는 느낌을 좋아하며, 개인적으로 흥미 있고 중요한 분야에 관해 지식과 기술을 습득하면서 일정 정도의 통제나 자율을 경험하기를 좋아한다. 학습 환경에서 이 모든 조건이 충족되었을 때, 성공적인 성취로부터 내재적 만족감을 얻거나 유지할 수 있다. 이런 조건이 충족되지 않을 때 학생들은 흥미를 잃어버린다. 예를 들어, 아이들은 신발끈 묶기처럼 새로운 과제를 배우는 것을 좋아한다. 아이들은 이 과제를 숙달할 때까지 반복해서 해 본다. 일단 숙달하고 나면 더 이상 재미로 신발끈을 묶는 것에 관심이 없어지며 필요할 때만 그렇게 할 뿐이다. 다시 말해, 숙달에 이른 후에는 내재적 쾌감이 사라진다. 연구자들(McMullin & Steffen, 1982)은 부모들이 경험으로부터 얻은 내용을 연구를 통해 확인했다. 즉, 아이들은 퍼즐처럼 자신의 능력이 증가함에 따라 조금씩 난이도가 올라가는 과제에 더 흥미를 느낀다.

그렇다면, 이처럼 내재적 동기부여를 뒷받침하는 조건들이 왜 더 자주 발생하지 않는 것일까? 이런 기준을 지속적으로 성취하기 위해서는 이상적인 환경이 필요하다. 아동과 성인이 수업을 듣는 데에는 수많은 이유가 있으며, 이 수업의 내용을 수용하는 것은 전통부터 편의성, 실제적 필요에 이르기까지 다양한 결정에 기초해 이뤄진다. 사람들이 특정한 강좌를 듣는 가장 흔한 이유는 그것이 필수적으로 요구되기 때문이다. 이것은 학교의 학생들, 학위나 자격증을 얻고자 하는 성인들, 직장의 의무 요건을 충족하고자 하는 성인들에게 해당된다. 이런 상황에서는, 외재적 보상이 사람들로 하여금 수업에 참가하는 동기를 부여한다. 이런 보상은 학위나 자격증, 급여 인상을 얻는 것처럼 긍정적인 것일 수도 있고, 처벌이나 다른 바람직하지 않은 결과를 피하는 것처럼 부정적인 것일 수도 있다. 더 나아가 학교 상황에서 교사들은 누가 일정한 능력의 수준을 성취했는지, 누가 누구보다 우수한지를 보여 주기 위해 학생들을 채점해야만 한다. 따라서, 제도적 관점에서 내재적 만족감을 증진하는 것은 교사의 배타적, 혹은 일차적 역할도 아니다. 또한 사람들은 삶에서 그저 "기분이 좋은 것" 이상의 무언가를 원한다. 그러기 위해, 그들은 유능해야 하며 자신의 목적을 뒷받침해 줄 기술과 자격을 획득해야 한다. 이 모든 이유 때문에 교사들은, 내재적 만족감을 위한 조건을 조성하는 동시에 외재적 강화를 활용할 수 있어야 한다.

긍정적인 만족감을 이끌어 낼 환경을 설계하고자 할 때의 또 다른 어려움은, 외재적 강화와 내재적 동기부여적인 상황 간의 상호작용에서, 특히 당신이 당신의 상황을 다른 사람들의 상황과 비교할 때 발생한다. 당신의 행동의 결과가 자신의 기대를 충족하거나 초과한다면 당신은 행복해할 것이다. 그러나 기대가 충족되지 않았거나, 다른 사람들이 받은 바와 비교했을 때 그 결과가 공평하지 않다고 생각한다면, 당신은 실망할 것이다. 이런 문제들은 이 장의 초점인 조건 형성 이론, 외재적 강화와 내적 동기부여 간의 상호작용, 만족감과 지속적 동기부여에 관한 인지적 평가에 대한 논의의 기초를 이룬다.

만족감의 심리학적 기초

만족감에 관한 핵심 질문

학생들이 학습 경험에 대해 만족을 느끼고 계속해서 학습하고 싶은 마음을 갖게 하는 데에 나는 어떤 도움을 줄 수 있을까?

강화와 조건 형성

외재적 강화의 효과가 행동에 강력한 영향을 미칠 수 있다는 사실은 **조작적 조건 형성**(operant conditioning) 연구에서 잘 증명되었다. 긍정적인 강화의 활용은 강화로 이끄는 반응의 빈도를 증가시킨다. 이것은 일반적으로 사실이지만, 기존 연구가 보여 주는 것처럼 수많은 복합적 요소가 존재한다. 그 중 하나는 보상이란 무엇인가 하는 문제와 관련이 있다. 한 사람에게 보상이 되는 결과에 대해 다른 누군가는 그다지 보상이 아니라고 생각할 수도 있다. 보상이 발생하는 결과를 확인한 후에는 보상을 얼마나 자주 제공할 것인가 하는 문제가 존재한다. 다시 말해, 얼마나 자주 강화를 활용할 것인가 하는 문제다. 더 복잡한 문제는, 바람직하지 않은 행동을 없애기 위해 그것을 무시해야 할 때는 언제이며, 그런 행동의 빈도를 줄이기 위해 처벌을 사용해야 할 때는 언제인가 하는 점이다. 이 주제에 관해 아주 많은 연구가 이뤄졌다(Beck, 1990). 그러나 다행히도 긍정적인 결과의 효과적 활용을 보장하기 위해 교수 설계자와 교사가 사용할 수 있는 몇 가지 기본 원리가 존재한다. 이것은 성공했을 때 이를 인정해 주는 것, 피드백과 칭찬의 시의적절한 사용(Brophy, 1983), 기념품과 특권과 같은 상징적인 보상이 주를 이루기는 하지만 가시적 보상의 일관성 있는 활용 등과 관련이 있다(Brophy, 1983).

행동 심리학은 교육 심리학의 발전과 학습 자료의 설계를 적용하는 데 중요한 역할을 했다. 그 예에 해당하는 프로그램 학습과 개별화 수업 체계(Personalized System of Instruction)로 불리는 수업 설계 모형에 관해서는 2장에서 설명한 바 있다. 이런 초기 적용 사례는 더 복잡한 이론과 교수 모형으로 진화했다(Gagné, Wager, Golas, & Keller, 2005; Reigeluth, 1983, 1999). 그러나 이 두 모형에 포함된 행동 조건 형성의 기본 원리는 여전히 유효하며 효과적이고, 매력적인 학습 환경을 조성하기 위해서는 이를 효율적으로 관리해야 한다. 특정 교수 이론이나 학습 이론을 전적으로 받아들이는 것과는 상관없이, 일반적으로 사람들은 자신의 가치나 목적과 관련해 긍정적인 결과를 낳는 행동을 유지하거나 확대하는 한편, 해로운 결과를 낳는 행동을 기피하는 경향이 있다.

고전적 조건 형성

앤은 대로를 가로질러 가기 위해 교차로에서 자기 차에 앉아 신호를 기다리고 있다. 신호등이 초록색으로 바뀌고 가속 페달을 밟자마자 그녀는 자신의 오른쪽으로부터 바퀴가 18개 달린 트럭이 아주 빠른 속도로 달려오는 것을 보았고 그 트럭이 멈추지 않을 것이라는 것임을 깨달았다. 힘껏 브레이크를 밟았고 가까스로 충돌을 모면했다. 그 후 그녀의 자율신경계는 섬광과 귀에 거슬리는 소리, 일본식 파친코에서 쇠구슬이 굴러가는 소리처럼 반응했다. 그녀는 차를 길가에 세우고 두근거리는 심장이 멈추고 아드레날린이 가라앉기를 기다려야 했다. 결국 살아있음에 감사하며 차를 몰고 출근했다.

다음 날 그녀는 같은 교차로에서 멈추어야 했다. 신호등이 녹색으로 바뀌었을 때 그녀는 훨씬 더 신중한 태도로 안전하게 차를 몰았다. 그렇게 했음에도 그녀는 심장이 두근거리고 맥박이 고동치고 숨이 가쁜한 것을 느꼈다.

무슨 일이 일어난 것일까? 왜 그녀는 위험한 상황이 아닌데도 이런 반응을 보이는 것일까? 그녀는 파블로프의 조건 형성, 혹은 고전적 조건 형성이라 불리는 상황을 경험하고 있다. 정상적으로는 무관한 자극 상황이 반사적 혹은 무조건적 자극이나 반응과 연결되어 발생할 때를 가리킨다. 앤의 경우에, 그 교차로가 전에는 그녀에게 특별한 의미가 없었지만, 예상치 못하게 죽을 뻔한 경험을 한 이후에는 그곳에만 가도 몸이 자연스럽게 반응을 하게 된 것이다. 며칠 동안 이 교차로는 그녀의 몸에서 동일한 신경학적 반응을 촉발할 것이다. 그러나 그런 일이 다시 발생하지 않는 한, 시간이 지남에 따라 그 강도가 약해지고 결국에는 그 효과가 소멸할 것이다.

이런 행동 현상을 처음으로 발견한 사람은 노벨상을 수상한 러시아의 생리학자 이반 파블로프(Ivan Pavlov, 1906)다. 개의 소화 과정을 연구하던 중 그는 불수의(不隨意)적 타액 반응을 유도하기 위해 개의 혀 위에 고기 분말을 얹어 주었다. 시간이 지난 다음, 개가 실험 상황에 익숙해졌을 때 고기 분말을 혀 위에 얹기 전에도 침을 흘리기 시작한다는 것을 발견했다. 계속된 관찰을 통해 파블로프는 고기 분말을 가져올 때 사용하는 쇠 그릇이 부딪치는 소리처럼 어떤 단서가 있을 때 개가 침을 흘리기 시작한다는 것을 알아냈다. 그러므로 이 개는 쇠가 부딪치는 소리와 고기 분말이 도착하는 것을 연관시키는 법을 배웠으며, 그렇기 때문에 고기 분말의 냄새나 맛을 감지하기도 전에 침을 흘렸던 것이다. 그는 이처럼 습득된 타액 반응을 "타액 분비"라고 불렀으며, 이 과정에 연구의 초점을 맞췄다(Pavlov, 1927). 이것이 곧 반사의 조건 형성이다. 여기서 반사란 정상적으로 수의적 통제를 행사할 수 없고, 이전의 신경 자극에 의해 충동된 행동이다.

이러한 반사 조건의 형성 과정은 **무조건 자극**(unconditioned stimulus, UCS)과 **무조건 반응**(unconditioned response, UCR)을 확인하는 것으로부터 시작된다. 즉, 이전의 조건 형성 없이도 무조건 자극이 무조건 반응을 불러일으키는 것을 의미한다. 개가 먹이 앞에서 침을 흘리는 것 외의 다른 예로는, 슬개건을 가볍게 쳤을 때 다리가 구부러지는 현상, 담배를 핀 후 뇌의 산소 공급이 줄어 나른함을 느끼는 현상, 미적으로 즐거운 자극을 보았을 때의 기분이 좋아지는 현상, 예상치 못한 극적인 위협을 당했을 때 심장 박동이 빨라지고 숨이 가빠지는 현상 등이 있다.

다음 단계는 무조건 자극에 의해 무조건 반응이 일어날 때 중립적 자극이 규칙적으로 발생하는 것이다. 이 상관관계의 빈도와 강도에 기초해, 중립적 자극은 동일한 반응을 불러일으키기 시작할 것이며, 이때 그 자극을 **조건 자극**(conditioned stimulus, CS)이라고 부른다. 무조건 반응은 이제 **조건 반응**(conditioned response, CR)이 된다. 그것은 여전히 반사 행동이지만, 이제는 조건 자극에 의해 충동될 수 있다.

고전적 조건 형성은 일상 생활에서 다양한 방식으로 일어날 수 있다. 수학 수업에서 교사나 다른 아이들에게 놀림을 받은 아이는 부끄러워하고 당황스러워하는 반응을 보일 것이다. 만약 이런 일이 꽤 자주 발생하거나 상처가 될 정도였다면, 수학 수업 자체가 조건 자극이 되어 이 아이는 교실에 가까이 가고 교실에 들어가는 중에도 부정적인 감정을 느끼기 시작할 것이다. 이와 유사한 예를 들자면, 숨이 막히는 느낌에 대한 반사적인 반응은 목 근육의 수축이다. 숨이 막히는 경험은 흔히 일어나는 문제가 아니지만, 약을 삼키려고 할 때 한번 그런 일을 겪으면, 그 사람에게는 약 먹는 것이 어려운 일이 될 수도 있다. 알약을 보기만 해도(조건 자극) 목 근육이 수축될 것이며(조건 반응) 그 때문에 약을 삼키기가 더 힘들어질 것이다. 실제로 긴장하지 않은 상태에서 사람의 목은 한 움큼의 알약도 쉽게 삼킬 수 있지만, 조건 반응이 이를 방해하는 것이다.

조건 반응은 **조건 일반화**(stimulus generalization)에 의해 더 강해질 수 있다. 이것은 특정 자극에 대한 조건화된 반응이 유사한 자극에 대해서도 나타날 때를 말하는데, 이는 혐오증으로 발전될 수도 있다. 예를 들어, 수학 교실에 다가갈 때 불안한 반응을 나타내는 학생은 과학 교실에 다가갈 때도, 특히 과학 수업 내용에 수학이 포함되어 있거나 무언가 때문에 그 교실에서 당황스러움을 경험했을 경우 비슷한 반응을 나타낼 수 있다. 이런 일반화가 지속적으로 확장될 경우 이 학생은 학교 가는 것 자체에 대해 일반화된 불안 상태를 드러낼 수도 있다.

조건 자극과 조건 반응을 분리시키는 과정을 통해 조건 반응이 약화되고 소멸될 수 있다. 예를 들어, 그 학생이 빈 교실에서 시간을 보내고, 반복해서 사고 없이 교차로를 통과하면 긴장하는 반응이 잦아드는 것처럼 점차 조건 반응은 사라질 것이다. 그리고 이 과정에 상담자가 개입한다면, 상담자는 그 학생에게 다시 교실에 들어갈 때는 놀림을 받지 않을 것이라고 안심시킬 것이다.

고전적 조건 형성은 학생에게 학습 동기를 부여하는 하나의 요인이 될 수 있다. 앞서 든 예를 생각해 보면, 학생들은 특정한 학습 상황에서 만난 불쾌한 경험 때문에 두려워하거나 한 발 물러서는 반응을 보일 수 있다. 반면에 편안함과 행복함을 느낄 수 있는 학습 환경으로 조성할 수도 있다. 초등학교 교사가 다채로운 색의 행복한 이미지로 교실을 꾸밀 때, 그 의도 중에는 이런 유쾌한 연상을 개발하기 위한 것도 있다. 이것도 물론 도움이 되겠지만, 교사들이 자신의 말과 행동이 학생에게 어떤 영향을 미치는지에 관해 민감해지는 것이 가장 중요하다. 교사가 실수로 똑똑한 학생에 대해 생색을 내거나 빈정대는 말을 할 때 학생들에게 매우 불쾌한 정서적 반응을 불러일으킬 수 있다. 자신의 권위과 영향력에 주의를 기울일 때 이런 상황을 피할 수 있다.

조작적 조건 형성

앤은 방금 자판기에서 커피 한 잔을 뽑았다. 잔돈을 가져가려고 반환구에 손가락을 집어넣자 전에 누군가가 가져가지 않아서인지 50센트가 더 들어있었다. 그녀는 별것 아니지만 기대하지 않은 "발견"에 기뻐했다. 자판기 부스를 나오는 길에 다른 자판기의 동전 반환구도 확인했지만 모두 비어있었다. 다음 날 그녀는 가외의 잔돈을 얻지는 못했지만 다른 반환구에서 25센트 동전을 하나 찾았다. 일주일 동안 그녀는 매일 반환구를 모두 다 확인했지만 아무 소득이 없었다. 그런 다음 차츰 확인하는 것을 그만두었다.

이 경우에도 앤의 행동은 주변에서 벌어진 예상치 못한 사건에 영향을 받았다. 이것은 교차로에서 벌어진 것과 동일한 종류의 사건인가? 두 경우 모두 그녀의 행동은 그녀가 했던 행동에 뒤이어 일어난 자극적 사건에 의해 좌우되었다. 그러나 두 번째 경우는 첫 번째와 사뭇 다르다. 첫 번째 경우에, 반사 행위로서 자동적으로 일어났을 뿐인 반응이 주변 자극과 연관을 맺게 되었고, 그 자극이 소멸될 때까지 계속해서 동일한 반응을 촉발했다. 두 번째 경우에, 자연스럽게 일어난 행동(동전 반환구에 손을 넣는 것)이 보상을 가져다주는 결과(동전을 추가로 얻는 것)와 연관성을 가지게 되었다.

이런 유형의 학습된 연합(learned association)을 조작적 조건 형성이라 부른다. 이것은 어떤 행동의 빈도를 증가시키거나 감소시키기 위해 행동의 결과를 조작하는 것을 말한다. 행동과 그 결과 사이의 관계를 수반성(contingency)이라고 부르고 수반성의 조작이란 특정한 유형의 관계가 발생하게 하는 것을 말한다. 행동의 결과로서 사용될 수 있는 네 가지 유형의 자극이 존재한다.

$+S^{+}$ 유쾌한 일이 일어나게 하라. 이것은 **긍정적 강화**다. 이것은 강화 체계를 관리하는 사람의 요구 조건을 충족하는 행동을 했을 때 음식, 상징물(token), 상, 칭찬과 같은 보상을 받는 것을 가리킨다.

$-S^{-}$ 불쾌한 무언가를 제거하라. 이것을 **부정적 강화**라고 부른다. 이것은 혐오스럽거나 불쾌한 조건으로부터 더 긍정적인 조건으로 옮겨갈 수 있도록 하는 것을 말한다. 예를 들어, 숙제를 하지 않았다는 이유로 자기 방에서 몇 시간 동안의 침묵을 견뎌야 했던 십대 청소년은 숙제를 마친 후에 라디오를 켜도록 허락받는다. 부정적 강화는 결국 바라는 행위의 빈도를 증가시키므로 처벌이 아니라 강화라는 사실이 중요하다.

$+S^{-}$ 불쾌한 일을 가하라. 이 종류의 처벌은 불쾌한 것을 가하는 것을 말한다. 체벌이나 속도위반으로 벌금을 내게 하는 것 등이 이런 긍정적 처벌 형태의 예이다.

$-S^{+}$ 유쾌한 무언가를 제거하라. 이것은 부정적 처벌의 형태로서 자주 사용된다. 아이가 잘못된 행동을 했을 때 자기 방에서 공부하게 하는 것("행동 유예 시간(time out)"), 아이가 휴대전화나 아이팟을 잘못 사용하면 그것을 뺏는 것, 너무 오랫동안 무시를 당했다면 배우자에 대한 애정을 보류하는 것 등이 그 예다. 이런 유형의 처벌이 부정적 강화에 선행하는 경우가 많은데, 이는 행동 유예 시간을 끝내거나, 휴대전화나 아이팟을 되돌려주거나, 다시 한 번 애정을 줌으로써 올바른 행동을 강화하는 것을 말한다.

수반성 관리의 또 다른 요소는 행동의 발생에 선행하는 자극과 관계있다. 예를 들어, 아이들은 학교 교실에서 바르게 행동할 때도 있고, 그렇지 않을 때도 있다. 흔히 아이들은 교사가 좋은 교실 관리 기술을 지니고 있다고 생각해서 교사가 교실에 있으면 바르게 행동한다. 그러나 교사가 오랜 시간 교실을 비우거나 대체하는 교사가 올 경우 아이들이 바르지 않게 행동할 수 있다. 이 예에서, 교사의 존재는 **변별 자극**(discriminative stimulus, S^D)이다. 즉, 환경의 특징이 주어진 수반성이 효력을 가진다는 것을 알려 준다. 다시 말해, 교사가 교실에 있으면, 학생들은 좋은 행동으로 보상을 받고 부적절한 행동으로 처벌을 받을 것임을 안다. 사실, 교사는 자신이 교실 있든지 없든지 학생들이 교실에 들어오자마자 바르게 행동하기를 바란다. 다시 말해, 교사는 교실이 학생들에게 올바른 행동을 해야 한다는 것을 알려 주는 변별 자극이 되기를 바란다. 그러나 학생들은 교사가 없으면 잘못된 행동을 해도 그에 상응하는 결과가 전혀 없다는 것을 깨닫는다. 이것은 학생들이 바르지 않게 행동할 것이라는 말이 아니라, 학생들의 성격과 가치에 있는 다른 요소가 그들의 행동에 주된 영향력을 행사할 것이라는 뜻이다. 그러므로 교실 그 자체가 **비변별적 자극**(non-discriminative stimulus, S^{Δ}), 혹은 중립적 자극이 된다.

부모나 교사, 다른 행동전문가가 새로운 행동을 확립하고자 할 때는 지속적 강화를 제공하는 것이 관례다. 즉, 바라는 행동이나 그에 근접한 행동이 항상 일어나게 하는 것을 목표로 삼는다. 처음에는 대략 유사한 행동으로 시작해 원하는 행동으로 점차 바뀌도록 유도해야 할 때도 있다. 예를 들어, 휴식 시간이 끝난 후에 정각에 돌아오지 않거나 곧장 일을 시작하지 않는 신입 직원을 바로잡기 위한 긍정적인 강화를 사용하고자 할 때, 처음에는 그의 상사가 그 직원이 정각에 자기 책상으로 돌아올 때마다 긍정적인 말을 해 줄 것이다. 만약 이것이 효과를 거두면, 그 직원은 휴식 시간이 끝난 시간에 맞춰 돌아올 것이다. 그러나 그는 다시 일을 시작하기 전에 쓸데없는 것에 여전히 시간을 허비할 수도 있다. 이 경우 그 상사는 그가 제 시간에 돌아오도록 강화하는 것을 그치고, 그 직원이 휴식 시간을 마치고 돌아오고 나서 언제 다시 일을 시작하는지 지켜볼 것이다. 상사는 "잭, 자네가 휴식 시간 끝나자마자 바로 일을 시작하는 것을 보니 참 흐뭇하군!" 이라고 말할 것이다. 궁극적인 목표로 삼는 행동에 점점 더 근접해질 때마다 그것에 대해 보상을 해 주는 것이다. 이 방법은 동물을 훈련시킬 때 매우 효과적이다.

사실, **지속적 강화**가 오랫동안 사용된 적은 거의 없다. 행동이 일어날 때마다 강화를 할 경우, 강화가 중단되면 대개 그 행동도 소멸해 버린다. 두 가지 차원의 강화 계획을 활용함으로써 더 꾸준한 행동 유형을 만들 수 있다. 한 차원은 강화의 간격 대 비율 빈도로 이루어지며, 다른 한 차원은 고정 간격 대 변동 간격으로 이루어진다. 간격 스케줄은 시간에 기초한다. 즉, 첫 번째 반응에 대한 보상이 특정 시간 후에 주어진다. 비율 스케줄에서는 특정 회수의 반응 이후에 보상이 주어진다. 간격 스케줄은 고정 스케줄일 수도 있고 변동 스케줄일 수도 있다. 즉, 간격은 5분이나 2시간, 혹은 적절한 시간으로 정할 수 있다. 변동 스케줄에서는 간격 제한 전이나 후의 특정한 시간 동안 예상치 못한 순간에 보상이 주어진다. 예를 들어, 간격이 10분이라면 2분이나 14분 후에 보상을 줄 수 있다. 이와 비슷하게, 평균적으로 반응이 20차례 이뤄질 때마다 강화가 이뤄지는 변동 비율 스케줄에서, 보상은 5차례의 반응, 혹은 19차례의 반응 이후에 이뤄질 수 있다. 변동 스케줄을 적용할 때 행동이 더 오랜 기간 지속된다. 왜냐하면 이 경우에는 간격이 긴 것인지, 비율이 떨어진 것인지, 강화가 중단된 것인지를 판단하기가 더 어렵기 때문이다.

토큰 강화 체계

토큰 경제란, 행동을 관리하거나 학습 수행을 격려하거나 학습자의 동기부여를 향상시키기 위해 강화를 조직적으로 사용하는 체계를 말한다. 이 체계에서는 목표 행동을 명확히 하고 그런 행위에 대해 상을 준다. 충분한 토큰을 모으면, 참가자는 그것을 작은 장난감, 학용품, 특별한 권리처럼 실질적인 보상으로 교환할 수 있다. 이 체계는 학교 교실, 발달 장애가 있는 성인을 위한 보호 시설, 기타 감시 환경에서 사용될 수 있다. 부모들은 개인 위생 습관과 같은 규칙적인 행동 패턴을 확립하기 위해 이런 체계를 활용하기도 한다. 그 행동이 자리를 잡을 때까지 외적인 보상을 제공함으로써 결국에는 그 행동이 내적으로 만족스러운 것이 될 것을 기대하기 때문이다. 이 과정에서 외적인 보상은 점차 사라진다. 따라서, 토큰 강화 체계에는 세 가지 주요 구성요소가 있다(Jenson, Sloane, & Young, 1988, 170쪽). 그것은 (1) 나눠 주는 토큰, (2) 토큰을 얻기 위한 규칙, (3) 얻을 수 있는 지원 강화물이다.

동전처럼 그것 자체로서 가치를 지닌 것을 제외한 모든 것은 토큰이 될 수 있다. 흔히 사용되는 토큰으로는 별 모양 스티커, 플라스틱 칩, 차트 위의 표시 등이 있다. 학생들에게 토큰을 얻기 위한 규칙을 분명히 말해 주어야 하는데, 이를테면, 학생들에게 10분 동안 정해진 과제를 조용히 수행할 때마다 토큰 하나를 받을 수 있다고 말해 준다. 완성된 과제의 양과 질에 기초해서 토큰을 줄 수도 있고, 교실에서 바른 행동을 보였을 때도 토큰을 줄 수 있다. 이처럼 다른 수반성에 대해, 토큰을 사용하는 두 가지 기본 방식이 존재한다. 첫째는 발표를 하기 전에 손을 드는 것처럼 당신이 증가시키기 위한 행동에 대해 학생들에게 토큰을 주는 방식이다. 두 번째 목표 유형은 바람직하지 않은 행동을 감소시키는 것이다. 이것은 학생들에게 일정한 양의 토큰을 주고, 수업 중에 옆 친구를 건드리거나 문자 메시지를 보내는 것 같은 행동에 대해 벌을 주는 방식이다. 또한 행동 관리 수반성의 적용 사례에서처럼 목표 행동이 발생할 때마다 토큰을 줄 수도 있고 정해진 스케줄에 따라 줄 수도 있다. 그런 다음 특정한 간격을 두고 토큰을 작은 장난감, 먹을 것, 일정 시간 동안 인터넷 게임을 하는 것과 같은 특별한 권리와 같은 지원 강화물과 교환할 수 있게 한다. 대개의 경우 가치가 다른 여러 종류의 강화물을 마련해 두는 것이 가장 좋다. 가치가 낮은 선물과 가치가 높은 선물이 함께 있을 때, 학습자로 하여금 원하는 상을 얻기에 충분한 양의 토큰을 받을 때까지 더 많은 토큰을 받거나 토큰을 모으도록 유도할 수 있다.

토큰 강화 체계는 1960년대에 급속도로 인기를 얻었으며, 1972년에 카진과 부친은 기존 연구를 개괄하고 평가한 글을 발표했다(Kazdin & Bootzin, 1972). 그들은 이 방법론이 소아과 내원 환자, 정신 지체아의 병동, 자기 관리, 교실 행동, 교실 환경의 아동, 청소년범, 자폐아를 비롯해 다양한 환경과 대상 집단에 적용될 수 있음을 발견했다. 이들은 어떤 경우에는 더 효과적이고, 어떤 경우에는 덜 효과적이라고 말하면서, 성공을 저해할 수 있는 몇 가지 문제점을 지적했다. 하나는 직원 훈련이다. 그들은 직원이 토큰 체계를 제대로 실행하지 못하는 경우가 드물지 않다는 것을 발견했다. 직원들이 무관심해지거나 수반성 구조를 온전히 이해하지 못하거나, 일관성 있게 토큰이 제공되지 않는 경우가 있었다. 또한 그들은 파괴적인 행동, 규칙 위반, 불평, 분노 등의 형태로 내담자가 저항을 표출하는 경우도 있음을 발견했다. 그들이 발견한 또 다른 문제는, 수반성에 대한 내담자의 무반응이었다. 그 이유는, 수반성을 지각하지 못하거나 정신 이상이나 지체가 더 심각한 경우 이를 기억하지 못하기 때문일 수도 있고, 그 체계가 그들의 관심을 불러일으킬 정도로 매력적이지 않기 때문일 수도 있다. 이것은 능력의 문제라기보다는 적절한 지원 강화물과 효과적인 스케줄을 마련하는 것에 관한 문제다. 또 다른 문제는 그들과 함께 있으며 목표 행동이 발생했는지 관찰하고 보상을 제공하는 것과 관계

있다. 어떤 경우에는 아예 관찰하지 않는 경우도 있었다. 특히 주거 시설인 경우 이 문제가 중요하다. 그러나 가르치고, 행동을 관찰하고, 학생 각자의 요구를 충족해야 하는 일이 어렵기 때문에 교실의 교사에게도 일종의 도전이 된다. 후속 논문에서도 카진(1982)은 특히 직원 훈련에서 실행의 문제가 여전히 존재한다는 것을 발견했다. 프로그램을 성공시키기 위해서는, 프로그램이 계획대로 실행되도록 직원 훈련과 감독에 특히 주의를 기울여야 했다. 또한 그는 연구와 증명을 위한 프로젝트를 제외하고는 프로그램이 성공한 사례가 거의 없다는 것을 발견했다. 그가 초점을 맞춘 기관 차원의 프로그램은 인력, 감독, 지원 강화물의 가용성에 대해 지나치게 많은 자원이 필요했다. 학급 내에서 교사가 실행하는 것과 같은 더 작은 규모의 프로그램은 성공하는 경우가 더 많았지만, 이 경우에도 신기함 효과가 사라진 후에는 프로젝트를 감독하고 유지하는 것이 교사에게 추가적인 부담이 되기 때문에 오래 지속되지 못하는 경향이 있었다.

토큰 경제는 행동을 관리함으로써 개인적인 습관과 규율을 향상시키기 위해 가장 흔히 사용되지만, 학습을 향상시키는 데도 도움이 될 수 있다. 오리어리와 드래브먼(O' Leary & Drabman, 1971)은 기존 연구를 철저히 검토하면서, 실패 사례가 있기는 하지만 이 과정을 성공적으로 적용한 경우도 많았음을 지적한다. 그들이 검토한 연구들은 파괴적 행동의 감소, 학습 행동의 증가, 학업 성취의 향상, 출석률 향상과 학생 간의 토큰 교환 등 기대하지 않았던 유익한 결과 등을 나타냈다는 점에서 압도적으로 긍정적이었다. 최근의 연구 결과 검토 및 경험 연구에서 트루츨리카와 매클러플린, 스웨인(Truchlicka, McLaughlin, & Swain, 1998)은 행동장애를 지닌 중학교 특수교육 학생들의 철자법과 그 밖의 학업 성취도를 향상시키기 위해 토큰 체계를 개발했다. 학생들은 숙제를 다하거나 과제에 충실히 임하거나 복도에서 바르게 행동할 때도 점수를 얻을 수 있었다. 그들은 이런 행동에 대한 강화와, "시간 낭비, 물건으로 장난치기, 미완성한 숙제, 지시 불이행, 떠들기, 욕하기, 부정 행위, 싸움, 지각, 교재 미지참"(3쪽) 등 용인할 수 없는 행위에 대한 반응 비용(벌)을 결합해 사용했다. 그들은 이 특수 학생들 중 셋에게 이 체계를 적용해 각각에 대해 긍정적인 결과를 얻었다. 교육 환경에 대한 토큰 체계 적용의 긍정적인 사례가 많다는 것을 강조하는 기존 검토(Kazdin, 1982; Kazdin & Bootzin, 1972; O' Leary & Drabman, 1971)에 비해, 그들의 기존 연구 검토는 최근의 연구에 더 초점을 맞췄다. 마지막으로, 필첵 등의 연구자들(Filcheck, McNeil, Greco,

& Bernard, 2004) 역시 유치원 교실 안에서의 파괴적 행동을 관리하기 위해 토큰 체계를 사용함으로써 긍정적인 결과를 얻었다. 또한 이들은 방법론의 문제와 일반화에 대해 검토했으며, 이 체계의 성공에 기여한 핵심 요인에 관해 몇 가지 점을 지적하면서 결론을 맺었다. 카진과 부친(Kazdin & Bootzin, 1972)처럼 이들도 신중한 설계의 중요성과, 교사와 다른 구성원의 엄격한 프로그램 실행의 중요성을 지적했다.

토큰 체계로 성공을 거둔 사례가 많이 존재하기는 하지만, 그렇지 못한 경우도 있다. 오리어리와 드래브먼(1971)은 그에 대해 세 가지 이유를 제시한다. 첫째는 프로그램 자체의 문제로서, 카진과 부친 역시 이에 관해 자세히 논한 바 있다. 둘째는 교사에 관련된 문제로서, 앞서 설명한 직원 훈련 문제와도 비슷하나. 예를 들어, 학생 수가 많은 정규 학급에서는 토큰 체계를 실시하기가 대단히 어려울 수 있다. 학생들이 교사를 감시하고 지나치게 경쟁적인 태도를 갖게 될 수 있다. 이들은 동료 학생들과 비교하면서 다른 학생에게 주어진 것과 동일한 보상을 제공하라고 교사에게 도전할 것이나. 예를 들어, 빌리는 샐리가 대답을 하기 위해 손을 네 번 들어 토큰을 세 개 받았는데 자신은 네 번 손 들고 토큰을 하나밖에 받지 못했다며 교사에게 불평할지도 모른다. 그러므로 교사로서는 학생들의 불평을 피하면서 효과적으로 토큰 강화 체계를 운영하는 동시에 그 때문에 학습 환경에서 주의가 산만해지지 않도록 하는 것이 대단히 시간 소모적일 수 있다. 셋째 영역은 토큰 체계가 적용되는 대상 집단에 관련된 문제다. 어떤 집단의 경우에는 부정적인 또래 집단의 압력과 그 밖의 다른 문제점 때문에 토큰 체계에 긍정적으로 반응하려 하지 않을 것이다.

외재적 강화와 내재적 동기 사이의 관계

5장에서 논의한 것처럼, 일반적으로 말해 내재적 동기란 능력 향상의 지각(White, 1959), 선택과 행동 과정에 대한 개인적 통제(deCharms, 1968)와 결합된 주어진 과제나 주제에 대한 개인적 흥미(Schank, 1979)로 정의할 수 있다. 개인적 통제 상황하에서 개인적 목표를 성취하는 것을 화이트는 능력에 대한 욕구 충족 욕망과 관련된 **효능 동기**(effectance motivation)라고 불렀다. 이것은 그가 **효능감**(feelings of efficacy)이라 부는 긍정적인 정서적 결과를 낳는다(322쪽). 반대로 한 사람의 행동을 관리하기 위해 강화 수반성을 사용할 경우, 그 사람으로부터 개인적 통제를 빼앗아 수행 관리자가 그것을 장악하게 한다. 외재적인 통제와 유인 동기는 내재적 동기와 학습에 해로운 영향을 미치고 이를 저해할 수 있다는 것은 오래전부터 지적돼 왔다(deCharms, 1968; Harlow, 1953; Hunt & Sullivan, 1974; White, 1959). 이 문제에 관해 가장 잘 알려진 초기 연구로는, **인지 부조화 이론**(cognitive dissonance theory)의 틀 안에서 이뤄진 연구가 있다. 페스틴저와 칼스미스(Festinger & Carlsmith, 1959)는 재미없는 실험에 대해 재미있었다고 거짓말을 하라고 부탁했을 때 적은 돈을 받은 피험자들이 많은 돈을 받은 피험자들보다 훨씬 더 행동의 변화를 나타낸다는 결과를 얻었다. 실제로 사례를 적게 받은 피험자들은 사례를 받기 전보다 그 실험을 더 즐기기 시작했다. 콘드리(Condry, 1977, 460쪽)가 정리한 것처럼, 수많은 연구들을 통해 외재적 영향과 보상이 클수록 변화와 내재화는 더 작아진다는 것이 입증되었다. 이런 연구에서는, 사람들이 자신의 생각과 행동 사이의 내적인 조화를 이루려고 하며 부조화가 존재할 때는 행동이나 그에 대한 해석을 변경하려고 한다고 전제하는 인지 부조화 이론의 관점에서 실험 결과를 설명했다. 그러므로 거짓말하는 것에 대해 많은 돈을 사례로 받을 때, 피험자들은 돈을 위해서 거짓말을 한다는 사실을 어려움 없이 받아들였다. 그러나 보상이 작을 경우에는 거짓말하는 것이 그들의 양심에 계속해서 거리낌이 되었을 것이며 그렇기 때문에 거짓말의 목적에 관한 자신들의 견해를 바꿨다. 사회적 학습 이론의 관점에서 드샴스(deCharms, 1968)는, 도구적 이유에서(즉, 외적인 목표나 외적으로 통제된 유인 동기를 성취하기 위해) 어떤 과제를 수행하는 것으로 지각될 때는 그것이 내재적으로 덜 흥미롭고 덜 만족스러운 일이 된다는 것을 발견했다.

이 주제에 관한 계속되는 연구에서는, 외재적 강화와 내재적 동기 사이에 복잡한 관계가 존재한다는 것을 보여 준다. 강화 연구는 대체로 기저선(baseline)을 마련하기 위해 목표 행동의 빈도를 측정하고, 강화 스케줄 실행 이후에 그 빈도를 측정하고, 빈도가 기저선으로 되돌아올 것으로 예상되는 시점에 강화 스케줄을 철회하는 형식을 따른다. 그러나 데시(Deci, 1971, 1972)는 몇 가지 연구를 통해 내재적 보상을 사용할 때 실제로 내재적 흥미를 감소시킬 수 있음을 보여 주었다. 그는 몇 가지 다른 방법을 사용했다. 그러나 전형적인 예를 들자면, 피험자들에게 퍼즐을 가지고 놀든지 잡지를 보든지 원하는 대로 할 수 있게 허락한 상황에서 퍼즐을 풀면 보상을 받을 것(사례를 받을 것)이라고 말했다. 그들을 다시 놀이 상황으로 되돌아가게 하자 잡지가 아니라 퍼즐을 하는 데 보낸 시간의 양이 기저선 밑으로 떨어졌다. 이에 대해 피험자들이 이미 퍼즐에 대한 흥미가 충족되어 있었던 것일 뿐이라는 추론이 있었다. 그러나 이후의 연구를 통해 외재적 보상이 내재적 흥미를 약화시키는 데 영향을 미칠 수 있음이 입증되었다(Condry, 1977; Deci & Porac, 1978; Lepper & Greene, 1975). 그러나 사람들이 일을 하고 보수를 받고 자기가 하는 일을 더 좋아하게 되는 것처럼, 외재적 보상이 내재적 흥미를 언제나 감소시키는 것은 아니다. 이 주제에 관한 광범위한 연구를 통해, 외재적 보상과 내재적 흥미 사이의 상호작용을 설명하는 데 도움이 되는 몇 가지 개념이 밝혀졌다.

보상이 내재적 동기에 긍정적인 영향을 미치는가, 해로운 영향을 미치는가를 결정하고자 할 때 핵심 요소는 보상이 **정보적 효과**를 지니는가 아니면 **통제적 효과**를 지니는가와 관계있다. 가장 어려운 과제를 성공적으로 성취했다고 말해 주면서 칭찬하는 보상의 경우, 그 칭찬이 그 결과를 수행한 사람의 행동에 귀인하는 것이라고 가정할 때 내재적 동기를 증가시킬 수 있다. 예를 들어, 어떤 학생에게 "우리 고객이 제기한 설계의 문제점을 당신이 창의적으로 해결하는 것을 보면서 나는 깊은 인상을 받았습니다."라고 말한다면 그 건축과 학생의 효능감과 내재적 동기가 증가될 것이다. 당신이 이야기했던 바로 그 해결책을 그 학생이 실행해서 기쁘다고 말한다면 그것은 통제적 효과를 지닌 것으로 지각되며 내재적 동기부여는 줄어든다(Brophy, 1981).

보상의 타이밍도 내재적 동기부여에 영향을 미칠 수 있다. 예를 들어, 몇몇 연구자들은 한 집단의 학생들에게는 학습 과제를 마친 후에 보상을 받을 것이라고 미리 알려 준 반면 비교 대상이 되는 집단에게는 과제 수행 후 예상하지 못하는 방식으로 보상을 주는 방식으로 두 경우를 비교했다. 보상이 예상된 조건에서는 피험자들이 이후에 과제에 덜 흥미를 느꼈으며, 예상치 못한 보상을 받은 집단보다 성취도도 더 낮은 경우도 있었다. 예상치 못한 보상을 받은 사람들의 경우에는, 아예 처음부터 내재적 흥미가 낮았던 사람들을 제외하고는, 과제 흥미도에 변화가 나타나지 않았다. 이 학생들은 실험 이후 흥미도가 크게 증가했음을 알 수 있다(Lepper, Green, & Nisbett, 1973). 이러한 연구에서 보상은 과제에 대해 **외인**(外因)적이었다. 다시 말해, 수학 숙제를 마친 후에 사탕을 받는 것처럼 보상은 과제와 논리적으로 연결되어 있지 않았다.

그와 반대로, 기대된 보상이 내재적 동기를 감소시키지 않는 조건은, 보상이 과제에 대해 내인(內因)적일 때다. 즉, 포커에서 돈을 따거나 일을 하고 급여를 받는 것처럼 보상이 과제의 당연한 구성요소일 때다. 그러나 콘드리(Condry, 1977)는 그것이 과제-성과 관계의 일부를 이루고 있기 때문에 그 성과를 과연 보상이라 부를 수 있는 것인지에 관해 의문을 제기한다. 포커에서 돈을 따는 것은 그것이 공정하고 정직한 포커 게임이라고 가정해도, 수반성의 규칙에 따라 다른 누군가에 의해 주어지는 "보상"이 아니다. 돈을 따는 것은, 게임에 내재된 운의 요소와 관련된 기술을 충분히 습득하고 활용함으로써 얻을 수 있는 예상된 결과다. 직장에서 급여를 받는 것은, 자신의 노력과 재능을 보수와 교환하는 계약 관계의 당연한 결과다. 이 관계를 지배하는 수반성이 위반될 때 동기 감퇴가 발생할 수 있으며, 성과급의 경우처럼 계약 관계의 내용이 수행에 영향을 미칠 수도 있다. 그러나 그 성과는 과제 수행의 기대된 결과에 대한 외재적인 "보상"은 아니다.

외재적 강화와 내재적 동기 사이의 관계를 검토할 때, 피험자들이 이미 어느 정도의 내재적 동기를 지니고 있는 상황에 적용되는 것임을 기억해야 한다. 자주 드는 예로 아이에게 이 닦기를 가르치는 경우처럼, 피험자가 과제에 대해 아무런 내재적 흥미를 갖지 못할 때, 구체적인 보상(장난감 가게 가기와 교환할 수 있는 토큰)이나 통제 유형의 칭찬("네가 이를 닦으면 아빠는 기분이 아주 좋을 거야." 혹은 "대단해! 네가 이를 닦으니까 아빠는 정말 기분이 좋아.")으로 주어지는 외재적 보상은 그 자체로 지속되는 행동을 확립하는 데에 활용될 수 있다.

그러나 이 문제는 공연 예술과 스포츠와 같은 분야에서는 다른 양상을 띤다. 영화 배우와 대중음악 가수를 비롯한 공연 예술의 경우 외재적 보상이 엄청날 수도 있다. 그러나 다른 많은 예술 분야에서 유능해지고 성공을 거두려면 수년 동안의 노력과 연습이 필요하다(Ericsson, 2006). 외재적 보상에 대한 기대가 그 자체로서 야심 있는 공연가의 동기와 부지런함을 뒷받침할 수 있을지 의문스럽다. 스포츠에서도 명예와 금전적 보상이 따르는 임무를 달성하기 위한 노력을 꾸준히 지속하기 위해서는 대단히 높은 수준의 경쟁심과 내재적 동기가 필요하다. 이런 분야에서의 내재적 동기와 외재적 동기 사이의 상호작용은 복합적이며 앞으로 더 많은 연구가 필요하다.

인식적 평가와 만족감

주중에 직장에서 근무할 때, 강의실에서 채점된 보고서를 돌려받을 때, 주말 소프트볼 경기에서 아슬아슬한 상황에게 당신에게 불리한 판정이 내려질 때, 당신의 수행과 관계된 성과가 존재하는 대부분의 상황에서 당신은 특정한 반응을 보인다. 행복함, 분노, 실망, 안도감, 무관심을 느낄 수도 있고, 결과의 공평함, 적합함, 어리석음을 판단하는 반응을 경험할 수도 있다. 순전히 결과에만 기초해 이런 반응을 하는 것은 아니다. 당신의 기대, 결과에 관한 사회적 비교도 당신의 반응에 영향을 준다. 다시 말해, 사람들은 자신에게 실제로 일어난 일과 다른 사람에게 일어난 일, 그들 자신의 기대를 비교한다. 예를 들어, 당신은 춤을 배우는 것, 수학 시험을 보는 것, 외국 여행을 하는 것과 같은 과제에 대해 상당한 불안을 경험하지만 그 일을 마친 후에는 그것이 예상보다 훨씬 덜 위협적이라는 것을 알게 될 것이다. 그럴 때 당신은 안도감을 느낄 것이다. 반면에 기대한 것과 경험한 것을 비교해서 기분이 좋을 수도 있고 실망할 수도 있다. 만약 직장에서 급료가 인상되거나 경제 불황 속에서도 급여 삭감을 피했다면 당신은 행복함을 느낄 것이다. 급료가 기대한 것보다 조금 더 올랐다면 황홀할 정도로 기뻐할 것이다. 그러나 기대한 것에 비해, 혹은 당신이 받을 자격이 있다고 믿는 것보다 인상폭이 크지 않다면, 화를 내기까지는 아니더라도 실망할 것이다. 그와 비슷하게, 다른 누군가가 당신과 같은 양의 일을 하거나 일을 더 적게 하는 데도 급료가 당신보다 더 많이 올랐다는 것을 알게 된다면, 당신이 어떤 감정 반응을 보일지 내가 굳이 이야기할 필요도 없을 것이다! 학교에서 학생들이 그룹 프로젝트를 부여받은 경우 그룹 안의 모든 학생이 같은 점수를 받는 경우가 대부분이다. 이 경우 어떤 학생들이 과제를 거의 다 하는 반면, 다른 학생들은 거의 혹은 전혀 아무것도 하지 않는 일이 흔히 발생한다. 과제를 도맡아 한 학생들은 프로젝트에 관해 분명히 부정적인 감정을 느낄 것이다.

당신의 만족감은 당신의 기대와 사회적 비교에 기초해 이뤄진 성과에 대한 주관적 평가에 크게 영향을 받는다. 당신이 기대한 성과를 얻지 못할 때 당신은 그 상황에 관한 당신의 태도나 감정을 수정할 것이고 이는 그 과제나 향후 활동에 대한 당신의 동기에 영향을 미칠 것이다. 예를 들어, 물놀이 공원에 놀러 갔는데 기대한 만큼 재미있지 않았다면, 앞으로 그런 활동에 대해 당신이 부여하는 가치는 아마도 낮아질 것이다. 반대로, 그저 교양과목 필수학점을 이수하기 위해 문학 수업을 수강했던 대학 1학년생이 과제로 주어진 독서, 토론, 보고서를 좋아하게 될 수도 있다. 그는 기대했던 것보다 더 큰 만족을 얻었으며, 이 활동에 더 큰 가치를 부여하게 되고 어쩌면 그 때문에 문학을 전공으로 택할지도 모른다. 다시 말해, 기대치를 조정하는 것은 만족감과 지속적 동기에 직접적인 영향을 미친다. 마치 "현대적인" 어머니가 어린 딸이 잠자리에 들기 전 동화책을 읽어 주며 "그래서 왕자와 공주는 자신들의 기대치를 낮추고 그 후로 비교적 만족스러운 삶을 살았다"라고 말하는 것과 같다.

사건에 대한 인지적(태도적) 반응과 감정적 반응을 설명하는 몇 가지 심리학 이론이 존재한다. 여기 제시된 세 이론은 인지 부조화 이론, 균형 이론, 형평 이론이다. 세 이론 모두 매력적이며 학습 욕구를 자극하는 학습 환경을 설계하는 데에 직접으로 적용될 수 있다.

인지 부조화

대부분의 경우 사람들은 신념과 행동을 내적으로 일치시킨다. 그렇기 때문에 정직해야 한다고 믿는 사람은 물건을 훔치거나 자기 것이 아닌 물건을 갖고 있지 않는다. 그리고 거스름돈을 너무 많이 받았음을 백화점 주차장에서 알게 되었을 때처럼 신념과 모순되는 상황에 처했을 때, 그들은 그 돈을 가질 것인가 돌려줄 것인가에 관해 결정을 내리지 못하거나 불편해할 것이다. 이런 상황을 **인지 부조화**(cognitive dissonance)라고 말할 수 있다. 페스틴저(Festinger, 1957)가 도입한 이 개념은 태도나 인지 사이에 불일치가 존재하는 상황을 가리킨다. 그는 두 기본 가설을 이 이론의 기초로 제시했다(3쪽). 첫째, 부조화는 동기에 기여할 수 있다. 부조화는 심리적으로 불편한 상황이므로 그 사람은 이를 감소시키고 그가 조화(consonance)라 부른 태도와 행동의 일치를 이루기 위해 노력할 것이기 때문이다. 두 번째 가설에는, 사람들이 "부조화를 증가시킬 만한 상황과 정보를 적극적으로 회피할" 것이라고 주장한다(3쪽). 이 이론은 한 사람이 어떤 결정을 택할지를 말해 주지 않고, 일반적으로 부조화를 해소하려는 노력이 존재할 것이라고만 설명한다. 이 단락 첫 부분에서 든 예를 생각해 보면, 그 사람은 돈을 돌려줄까? 그것은 아마도 정직에 대한 그 사람의 신념과 돈의 액수에 따라 다를 것이다. 만약 그 사람이 정직에 대해 강한 신념을 갖고 있다면, 특히 천원권 대신 만원권 지폐를 받은 경우처럼 액수가 상대적으로 크다면, 조화를 성취하기 위해 그 돈을 돌려줄 것이다. 그러나 천원을 더 받은 경우처럼 액수가 작다면, 그 사람은 그 돈을 돌려주는 데 필요한 시간적 비용과 더불어, 특히 약속에 늦었다거나 피곤하다거나 서둘러 집에 가 저녁 준비를 해야 하는 다른 경쟁적 조건이 존재하는 경우 천원이 별로 중요하지 않다는 반응 대가를 동시에 고려할 것이다. 이 경우, 그 사람은 번거롭게 돈을 되돌려주지 않음으로써 얻는 더 큰 편안함 때문에 작은 불편함을 감수하는 편을 택할 것이다.

이런 가정들은 사회 심리학사에서 고전이 된 한 연구를 통해 입증되었다(Festinger & Carlsmith, 1959). 실험을 실시한 사람들은 심리학 개론 수업을 수강하는 남학생들이 필수 과제로 두 시간의 연구에 참여를 이수하게 했다. 그 중 첫 시간에는 극도로 단조롭고 지루한 과제를 하게 했다(표 7.1). 각 참가자에게 실패가 가득 차 있는 함을 하나 주면서 그 함을 비운 다음 실패를 다시 꽂고 그 다음에 다시 비우는 과정을 30분 동안 반복하라고 말했다. 실험복을 입고 스톱워치를 들고 있던 실험자는 관찰하면서 지속적으로 필기했다. 30분 후, 피실험자들에게 48개의 네모난 실감개가 있는 판을 주었고 그 실감개를 한번에 90도씩 돌리라고 했다. 실험자는 지속적으로 관찰했다.

이 임무가 끝나고 피실험자가 인터뷰를 하려고 기다리고 있는 동안 실험자는 피실험자에게 실험에 또 다른 조건이 있고 피실험자들의 실험에 흥미를 느꼈다고 설명하겠다고 말했다. 실험을 진행한 사람은, 이 상황에서 자신을 위해 일하는 한 학생이 그 실험을 막 끝낸 것처럼 가장하고 입구 바깥쪽에서 그 다음 피험자를 만나 그 실험이 얼마나 재미있었는지, 즐겁고 흥미롭고 호기심을 불러일으켰는지 등에 관해 이야기할 것이라고 말했다. 그런 다음 그 피험자에게 바깥쪽 사무실에서 면접관을 기다리라고 부탁했다(표 7.1).

잠시 후 실험자는 피험자를 다시 불러들여 사과를 하면서 고용된 학생이 실험실에 오지 않았다고 설명했다. 그런 다음 그 피험자에게 다음 학생을 만나 그 실험이 얼마나 재미있었는지를 설명해 달라고 부탁했다. 한 집단의 학생들에게는 1달러(2009년 가치로 7.60달러)를 주겠다고 말하고, 다른 집단에게는 20달러(2009년 가치로 152달러)를 주겠다고 말했다. 피험자가 망설일 경우, 실험자는 그들을 다양한 말로 설득했다. 페스틴저의 이론은 자신의 신념에 반하는 무언가를 말하라는 압력이나 유인이 최소한일 때는 부조화의 수준도 높다는 것이다. 2009년의 돈 가치로 152달러에 달하는 돈이었던 20달러를 제안받은 집단의 경우처럼 유인 동기가 커지면 부조화는 줄어들 것이다. 그는 부조화가 적은 집단에서는 연구 마지막 단계의 평가가 보여 주는 것처럼 그 과제가 얼마나 지루한가에 관한 태도에도 변화가 거의 없을 것이라고 예측했다. 그들은 큰 액수의 돈을 받았으며 거짓말을 해도 아무도 다치게 하지 않았다는 논리로 자신의 거짓말을 합리화할 수 있었기 때문에 낮은 수준의 부조화를 경험할 것이다. 반대로, 그는 부조화 수준이 높은 집단은 이 과제가 실제로 어느 정도는 흥미롭다고 말함으로써 자신의 갈등을 해소하고자 할 것이라고 예측했다.

표 7.1 부조화와 관련된 태도와 감정의 세 단계에 관한 연구(Festinger & Carlsmith, 1959)

단계	조건		
	1달러 조건(2009년 가치로 7.60달러)	20달러 조건(2009년 가치로 152달러)	대조 조건
(지루하고 단조로운) 예비 과제	모든 피험자에게 30분 동안 실패를 함에 넣었다가 빼는 행동을 반복하게 했다. 다음 30분 동안은 사각 막대를 한 번에 한 면씩 돌리게 했다.		
부조화를 초래하는 활동	두 집단의 피험자들에게 이 실험의 과제가 재미있었다고 다음 피험자에게 개인적으로 이야기하라고 설득했다.		
과제의 흥미도에 대한 면접과 평가	모든 피험자가 한 번에 한 사람씩 면접관을 만났고, 예비 단계에서 실시한 실험 과제의 흥미도와 유용성에 관한 네 가지 질문을 두고 대화를 나누고 그들의 감정을 평가했다.		

마지막 면접 단계에서 피험자들에게 네 가지 질문을 던졌다. 그 중 하나는 부조화 상황이 미치는 영향력과 직접적으로 연관이 있다고 추정된 질문이었다. 그것은 참가자들에게 이 과제가 흥미롭고 즐거웠다고 생각하는지에 관한 물음이었다. 대조 집단과 20달러 집단은 모두 과제가 재미없었다고 평가했으며, 이는 과제 본래의 성격과 일치하는 평가다. 반대로, 1달러 집단은 과제가 다소 흥미롭다고 평가했다. 다른 집단에 비해 그렇다고 답한 비율이 의미 있는 정도로 더 높았다. 이 결과는 부조화 감소 가설을 뒤받침한다. 두 번째는 부조화의 처리에 간접적으로 영향을 받는 것이라고 예측된 물음으로서 첫 번째 물음과 동일한 차이를 나타냈지만 온전히 의미 있는 차이를 드러내는 정도는 아니었다. 또한 참가자들에게 실험이 그런 과제를 수행하는 그들에 능력에 관해 무언가를 배울 기회를 제공했는지,

그리고 그 실험이 중요한 무언가를 측정하는 실험이었다고 생각하는지를 물었다. 부조화 효과에 한정된 반응이 아니라 이 상황에 대한 일반적 반응을 확인할 수 있는 이런 물음에 관해서는, 아무런 차이가 없을 것이라고 예상했다. 이 물음에 대한 평가에서 세 집단은 의미 있는 차이를 보이지 않았다. 전반적으로, 20달러 집단의 반응은 대조 집단과 매우 유사했다. 이는 이들이 20달러라는 큰 보상을 거짓말을 하는 것에 대한 충분한 정당화로 간주했고, 따라서 과제의 지루함에 관한 자신의 견해를 바꿀 필요가 없었다는 것을 말해 준다. 1달러만 받았던 집단은 고의로 거짓말을 한 행동으로부터 기인한 부조화를 감소시키기 위해 자신의 견해를 수정했다. 흥미로운 점은, 71명의 참가자 중 11명은 돈을 받기를 거절하거나 다음 참가자에게 사실대로 말했기 때문에 실험 결과 분석에서 제외되었다는 것이다.

지금까지 부조화 이론 개념에 대한 비판이 있었다. 예를 들어, 위클랜드와 브렘(Wicklund and Brehm, 1976)은 부조화 반응의 기저에는 자아관에 기초한 지각된 개인의 책임감이 존재한다고 주장했다. 한 사람이 착하고 똑똑한 사람이지만, 바람직하지 않은 특성이나 결과를 지닌 어떤 일을 행한 후 그 현실에 직면해야만 한다는 가정으로부터 기인한 내면적인 심리적 갈등으로부터 기인할 것이다. 그러므로 한 사람이 태도를 바꾸는 것을 자아의 방어 기제로 설명할 수도 있다. 또한 부조화 이론의 구성요소 중에는 자아 관련 인지 과정에 기초한 이전의 자아 이론(Allport, 1943; Hilgard, 1949; Rogers, 1954)과 관련된 요소도 있다. 옛 이론에서는 자기 기만, 선택적 주의집중, 다른 자아 보호 장치를 사용해 자신의 심리적 통일성을 유지하려는 경향을 지적한다. 이 연구는 5장에서 논의한 수행 지향성과 숙달 지향성 사이의 구별(Dweck, 1986)이나 자아 지향성과 과업 지향성 사이의 구별(Nicholls, 1984)과도 연결될 수 있다. 그러나 부조화 이론은 이런 다른 개념들에 포괄되지 않는 독특한 특성들을 여전히 포함한다. 그린월드와 로니스(Greenwald and Ronis, 1978)는 부조화 이론이 등장한 후 20년이 지난 시점에서 이를 검토하면서, 부조화 이론의 원래의 개념이 제시한 특정한 예측과 관계를 어떻게 수정할 수 있는지를 설명한다. 애런슨(Aronson, 1992)은 이 이론에 대한 흥미가 높아지거나 낮아지는 주기를 논하면서, 인지와 동기를 다루는 다른 이론들과의 관계 속에서 이 이론을 평가했다. 또한 그는 초기 사회 심리학 이론들이 참가자들에게 기만과 어느 정도의 불편함을 요구하는 연구에 기초하였음을 지적했다. 극단적인 사례로서, 권위에 대한 복종에 관한 밀그램의 연구(Milgram, 1965)에서는 피험자들에게 자신이 다른 사람에게 고통스러운 전기 충격을 가하고 있다고 믿도록 유도했다. 기만을 부조화 연구를 위한 하나의 실례로 사용하는 것이 더 어렵기는 하지만, 다음 연구에서 보여 주는 것처럼 이 이론을 조사하는 다른 방식도 존재한다.

페스틴저의 부조화 이론(Festinger, 1957)에서는, 그가 자극 혹은 긴장 상태와 유사한 상태로 규정한 부조화 유발과, 심리적 갈등 상태를 제거하기 위해 취하는 행동의 결과로 나타난 부조화의 감소를 구분한다. 엘리엇과 데빈(Elliot & Devine, 1994)은, 브렘과 코언의 연구(Brehm and Cohen, 1962)나 다른 연구(Croyle & Cooper, 1983)에서 볼 수 있는 것처럼 부조화에 관한 연구가 자극에 초점을 맞추는 경향이 있다고 지적했다. 그러나 부조화 감소 전략의 실시 이후 심리적 불편함이 감소되는 것에 관해서는 직접적인 경험적 연구가 없었다는 것이다. 그들은 대학생을 여러 집단으로 나눠 다음 학기에 등록금을 10퍼센트 인상하는 것에 찬성하거나 반대하는 글을 쓰게 했다. 예상할 수 있듯이, 이 연구에 참여한 모든 학생들은 원래 등록금 인상에 반대했다고 말했다. 부조화 수준이 높은 집단에 속한 학생들에게는 자신의 태도에 반하는 글을 쓰라고 강력히 권했다. 대학에 도움이 될 등록금 인상을 지지하는 이유를 열거하라고 말했다. 그러나 격려를 하기는 했지만 이것은 그들의 자유로운 선택으로 간주되었다. 부조화 수준이 낮은 집단의 학생들에게는 인상에 반대하는 글을 쓰라고 말했다. 부조화 수준이 높은 집단들 중 한 집단의 학생들에게는 이 글을 쓰기 전 그들의 감정 척도에 답하고 그 다음 태도 척도에 답하게 했다. 부조화 수준이 높은 집단의 학생들에게는 먼저 글을 쓴 다음 태도 척도에 답하고 그 다음 감정 척도에 답하게 했다. 척도의 순서는 중요했다. 왜냐하면 이것은 부조화 경감 이후 태도 변화가 일어났는지를 알아보기 위한 것이었기 때문이다. 연구자들의 가설은 입증되었고, 그들은 부조화 유발과 경감 과정에서 감정적 처리와 인지적 처리가 모두 작동한다는 것을 입증할 수 있었다.

페스틴저가 부조화를 이루는 지각과 행동에서 기인한 심리적 혼란과 이 혼란을 감소시키기 위해 사람들이 취하는 행동에 초점을 맞추었다는 점을 염두에 두는 것이 중요하다. 그리고 이것은 학습에 관련된 사건에 대한 학생들의 반응을 설명하는 데에 도움이 된다. 예를 들어, 한 과목을 성공적으로 이수했다는 것이 자동적으로 그 학생이 그 과목의 성과에 만족할 것이라는 뜻은 아니기 때문이다. 이 점은 이 부분의 나머지 두 이론을 설명할 때 제시할 몇몇 사례를 통해서도 확인될 것이다.

균형 이론(Balance Theory)

하이더의 **균형 이론**(Heider, 1946, 1958)은 부조화를 확인하고 분석하는 또 다른 방법이다. 이 이론은 사람들이 서로에 대해 긍정적인 만족감을 갖는지 혹은 그렇지 않는지를 설명하는 데에 사용된다. 인지 부조화 이론처럼, 균형 이론 역시 부분적으로 사람들이 자신의 태도 사이에 일관성을 이루기 위해 노력한다는 가정에서 출발한다. 그러나 이 이론은 부조화 이론보다 더 오래되었으며, 개인과 환경 사이의 상호작용과 관련된 여러 개념에 근거를 둔다. 예를 들어, 그는 두 사람 사이의 관계에 관해, 관심의 대상이 되는 주된 사람(P)과 다른 사람(O), 상황이나 사건, 생각, 사물 등 주어진 실체에 대한 그들의 태도(X) 사이의 관계를 검토해 두 사람 사이의 긍정적, 혹은 부정적 관계를 이해할 수 있다고 주장했다. 좋아하는 것, 가치를 두는 것, 존경하는 것, 사랑하는 것, 그와 반대되는 태도의 관점에서 사람들 사이의 다양한 관계를 설명할 수 있다는 것이다. 그는 이 관계를 개인과 환경의 상호작용에 관한 기대치-가치 공식에서처럼 곱의 관계로 보지 않고 합의 관계로 보았다. 이것이 그의 균형 이론 개념으로 귀결되었다.

하이더(Heider, 1946)는, 그 사람(P), 다른 사람(O), 대상(X)이라는 세 요소를 포함하는 인지적 장(cognitive fields)의 관점에서 사람들 사이의 선호 관계를 분석하고 예측했다. 그리고 그는 카트라이트와 하라리(Cartwright & Harary, 1956)가 도입한 기법을 활용해 이 관계를 도표로 나타냈다. 예를 들어, P가 O를 좋아하고, P가 X를 좋아하고, O 역시 X를 좋아할 때 균형 상태가 존재한다. 예를 들어, 밥(P)이 준(O)을 좋아하고, 밥과 준 모두 미식축구 보기(X)를 좋아할 때, 밥과 준이 서로를 좋아하는 데에 긍정적인 기여를 하는 균형 상태가 존재하는 셈이다. 그러나 그림 7.2b의 경우처럼 준이 미식축구를 싫어한다면, 불균형 상태가 존재하고, 밥과 준 모두 부조화를 해소하고자 하는 동기를 느낄 것이다.

하이더(1946)는 불균형으로부터 기인하는 다양한 행동을 묘사한다. 가능한 선택은, 그저 부조화로부터 기인하는 불편함을 받아들이는 것뿐이다. 그러나 둘 중 하나는 균형을 이루기 위해 미식축구에 대한 자신의 태도를 바꿀 수도 있다. 특히 밥이 미식축구에 대한 관심을 누그러뜨린다면 두 사람 모두가 즐길 수 있는 다른 무언가를 찾아 그것으로 하여금 미식축구로 인한 갈등을 압도하게 할 수도 있다. 혹은 두 사람이 그만 만날 수도 있다.

세 요소를 통해 관계를 설명할 때 어떤 선택이 가능한지가 더 분명해지지만 지

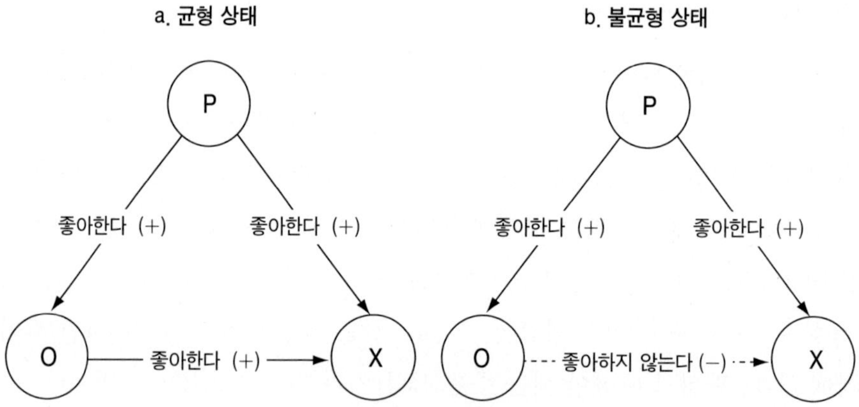

그림 7.2 균형 상태와 불균형 상태

나치게 단순화시키는 문제점이 있다. 밥과 준이 좋아하거나 싫어하는 태도를 가지는 다수의 대상(X)이 존재할 것이다. 카트라이트와 하라리(Cartwright & Harary, 1956)는 어떻게 이런 다수 대상에 대한 관계를 다이어그램으로 나타낼 것인지를 설명했으며, 최근의 연구에서 휴몬과 도리언(Hummon & Doreian, 2003)은 다수의 관계를 모형화하는 시뮬레이션 프로그램을 개발하기도 했다. 균형 이론은 양자 관계나 삼자 관계와 같은 소집단 행동의 연구에 효과적으로 활용되었다. 그러나 이 모형을 복잡한 차원으로 시험하고 적용하는 것은 어려운 문제다. 현재 논의의 맥락에서 이 이론은, 동기부여 설계자가 학습과 관련한 사건의 결과에 대한 불만족에 기여하는 요소를 분석하는 데에 도움을 줄 수 있기 때문에 유용하다. 현재 학습 환경에서 집단 기반 및 협동 학습 활동이 장려되고 활용되고 있음을 감안할 때, 하이더에 의해 시작되고 다른 연구자들에게 의해 다듬어진 이 이론은 연구와 설계를 위한 엄격한 기초를 제공한다. 휴몬과 도리언(2003)은 이와 관련되는 수많은 연구를 소개한 바 있다.

형평 이론

부조화와 불균형에 관련된 요소들에서 볼 수 있듯이, 내재적 요인과 외재적 보상을 효과적으로 사용할 때 만족감에 큰 영향을 미칠 수 있다. 그러나 만족감에 영향을 미치는 요소가 하나 더 있다. 우리는 다양한 유형의 인간 관계를 맺고 있으며 그 속에서 많은 교환이 일어난다. 이러한 교환은 직장, 부모와 자녀, 연인, 팀원, 자원봉사단체와 같은 다양한 유형의 사회적 상황과 심지어는 경기나 적대적인 이

웃과 같은 서로 맞서는 상황에서도 일어난다. 애덤스(Adams, 1965)는 사회적 상황에서 일어나는 교환의 요소, 그런 교환이 공정하거나 불공정하다고 간주되는 조건, 공평하거나 불공평한 교환의 결과로 사람들이 어떤 행동을 하는지를 연구했다. **형평 이론**에서 애덤스는 교환을 지각된 불공평, 혹은 실제적 불공평을 초래하는 입력과 산출의 비율과 그 이후의 결과라는 관점에서 설명했다.

개인이 어떤 교환에 가치를 더하는 것으로 지각하는 모든 것이 입력이 될 수 있다. 노동 시간, 기술, 근속 기간, 교육 수준, 경험, 노동 윤리, 연령, 지도력, 인종적 정체성, 성차, 영향력 있는 타자, 심지어는 사회적 지위와 외모까지도 입력이 될 수 있다. 그러나 애덤스는 이런 속성들에 대한 인정과 적합성을 구별한다. 피고용인과 고용주 모두 이런 특성이 존재하는 것을 인정한다. 그러나 주어진 상황에서 어떤 것이 적합한지에 관해서는 의견이 일치하지 않을 수도 있다. 직장에서 면접을 보는 사람은 자신이 일류 대학을 졸업했기 때문에 자신이 훌륭한 자격을 갖추고 있다고 생각할지도 모르지만, 고용주는 지원자의 경험, 이 직업에서 요구하는 구체적인 기술에 대해 어느 정도의 능력을 지니고 있는지를 보여 주는 증거, 긍정적인 노동 윤리의 증거에만 초점을 맞출 수도 있다. 긍정적인 교환을 이루고자 하는 사람이 겪게 되는 어려움은, 두드러진 개인적 특성이 무엇인지를 파악해야 한다는 것이다. 그리고 이것은 직장과 같은 인간 관계에도 적용된다. 한 남자는 한 여자를 위해 무언가를 행함으로써, 혹은 그녀를 위해 문제를 해결할 수 있음을 보여 줌으로써 그녀에게 깊은 인상을 심어 주려 할 것이다. 그는 이런 것을 통해 그녀에 관한 자신의 관심을 긍정적으로 표현한다고 생각한다. 그러나 그녀는 상대방의 말을 들어주고 공감하는 것에 기초하는 우정을 소중히 여기기 때문에 그의 제안이 고압적이라고 생각할지도 모른다.

사람들은 직장과 같은 주어진 상황에 적합한 입력의 양과 중요성에 대한 자신의 지각에 기초해, 급여, 직위, 권한, 존경, 승진 기회 등의 관점에서 고용주로부터 공정한 보수를 기대한다. 이런 것들은 그 사람의 입력에 대한 산출로 간주된다. 직업 환경에서 가장 만족스러운 종류의 산출에는 직위의 상징, 책임감, 의미 있는 업무 할당, 피드백, 존경 등이 포함된다. 산출에는 단조로움, 고립감, 감시("미시적 관리"), 성취에 대한 인정 결여와 같은 바람직하지 않은 특성의 부재도 포함된다. 관리, 자녀 양육, 관계 유지 등에 관한 어려움 중 하나는 그 사람이 적절하다고 느끼는 산출을 제공하는 것이다. 입력의 경우와 마찬가지로, 산출 역시 인정 vs 적합성의 관점에서 평가될 수 있다. 오래전 주요 항공사의 단골 고객 클럽에 가입했을 때 나는 그 클럽의 회원임을 증명하는 액자에 든 멋진 확인서를 받았다. 내 동료 중 하나는 자기 사무실의 잘 보이는 곳에 그 확인서를 걸어 두기도 했다. 나는 그렇게 하는 것이 바보같다고 생각했다. 그것은 무언가를 성취한 것을 인정해 주는 보상이 아니기 때문이다. 내 생각에 그것은 회원이 되기 위해 내가 돈을 이미 지불했음을 인정해 주는 영수증에 가까웠다. 나로서는 그런 확인서보다 우수 고객을 위한 추가 마일리지나 가방, 바인더, 아니면 항공사의 로고가 새겨진 유용한 무언가를 받는 게 더 낫다고 생각했다. 나는 그 항공사의 의도를 인정했지만, 나에게 그것은 적합한 산출이 아니었다. 그러나 내가 받은 산출이 다른 새로운 회원들이 받은 것과 일치했기 때문에 불평등하다는 느낌을 경험하지는 않았다.

공평이나 불공평의 지각은 입력에 대한 지각된 산출의 사회적 비교로부터 기인한다. 그 비율이 같다고 생각할 때 형평의 상태가 지각된다(그림 7.3). 이것을 비율의 관점에서 생각하는 것은 중요하다. 하급의 관리자는 중간급 관리자보다 돈을 더 적게 받지만, 중간급 관리자에게 요구되는 입력이 그만큼 더 크다는 것을 지각한다면 그 상황이 공평하다고 받아들일 것이기 때문이다.

적어도 그 사람이 기억하기에, 한 사람의 입력과 산출 사이의 관계가 다른 사람의 그것과 불일치할 때 불공평이 발생한다. 또한 불공평은 부정적인 방향일 수도 있고 긍정적인 방향일 수도 있다. 즉, 마땅히 받아야 하는 것만큼 급료를 받지 못하는 경우처럼, 자신이 생각하기에 입력/산출의 관계에서 공평하다고 생각하는 것보다 더 적게 받는 경우도 있고, 급료를 초과 지급받는 경우처럼 다른 사람과 비

형평

$$\frac{\text{그 사람의 산출}}{\text{그 사람의 입력}} = \frac{\text{다른 사람의 산출}}{\text{다른 사람의 입력}}$$

부정적 불공평(공평하다고 지각되는 산출보다 적게 받을 경우)

$$\frac{\text{그 사람의 산출}}{\text{그 사람의 입력}} < \frac{\text{다른 사람의 산출}}{\text{다른 사람의 입력}}$$

과잉적 불공평(공평하다고 지각되는 산출보다 많이 받을 경우)

$$\frac{\text{그 사람의 산출}}{\text{그 사람의 입력}} > \frac{\text{다른 사람의 산출}}{\text{다른 사람의 입력}}$$

그림 7.3 지각된 공평과 불공평의 관계에 관한 예시

교해 자신의 입력에 비해 더 많은 산출을 받는 경우도 있다.

불공평은 불만족의 감정을 만들어 낸다. 애덤스는 이것을 페스틴저의 인지 부조화 이론에서 말하는 부조화의 감정과 비교했다. 이런 불만족을 느낄 때 이런 부정적인 감정을 줄이고자 하는 노력이 발생한다. 그렇게 하는 데에는 몇 가지 방법이 존재한다. 첫째는 입력을 바꾸는 것이다. 어떤 사람이 자신의 산출이 자신의 입력에 비해 너무 낮다고 느낀다면, 그는 입력을 줄이고자 하는 동기부여를 받을 것이다. 이것은 성과급 노동보다 시간제 노동에서 관찰되는 경우가 더 많다. 시간제 노동자는 자신의 급료에 영향을 미치지 않으면서 자신이 노력하는 수준을 낮출 수도 있지만, 성과급 노동자의 경우에 생산성이 떨어지면 자신의 수입도 즉각적으로 줄 것이다. 이론적으로 자신이 초과 지급받고 있다고 지각하는 사람은 초과 지급을 정당화하기 위해 생산성을 향상시키고자 노력할 것이다. 그러나 그런 방식은 급료를 충분히 지급 받지 못하는 경우 입력을 감소시키는 것만큼 예측 가능하지는 않다. 다른 가능성은 형평을 이루기 위해 산출을 변경하는 것이다. 그러나 산출이 대개 다른 누군가의 통제하에 있기 때문에 그렇게 하기는 더 어렵다. 세 번째 방법은, 자신의 입력-산출 비율이나 다른 사람의 입력-산출 비율에 대한 자신의 태도를 바꾸는 것이다. 이것은 합리화라 불리며, 이를 위해서는 그 상황의 현실과 일치시키기 위해 자신의 지각을 변경하기 위해 비율을 인지적으로 재해석해야 한다. 또 다른 해결책은, 직장을 그만두거나 관계를 끊거나 이혼을 하는 것처럼 그 상황을 떠나 버리는 것이다.

이 이론을 활용하는 데의 어려움 중 하나는, 만족스러운 비율을 해석하는 방식이 사람들마다 다르다는 점이다. 즉, 어떤 사람들은 자신의 파트너의 비율이 자신의 입력/산출 비율보다 더 적은 것을 선호한다. 개인 간의 선호의 차이를 설명하기 위해, 휴즈먼, 햇필드, 마일스(Huseman, Hatfield, & Miles, 1987)는 형평성 민감도라는 개념을 도입했다. 이들은 세 가지 근본적인 유형을 확인했다.

자비형: 이 사람은 자신의 입력/산출 비율이 자신이 지각한 다른 사람의 입력/산출 비율보다 더 작은 편을 선호한다. 이런 사람들은 대개 받기보다 주기를 좋아하는 사람이며, 인간 관계에서 남을 돕는 경우가 많다. 또한 일부 종교에서는 물질적인 보상을 바라지 않으면서 베풀고 희생하는 철학을 강조한다.

형평 민감형: 이것은, 사람들이 다른 사람이 받는 것과 비교했을 때 자신의 입

력 대 산출 비율이 동등하기를 바라는 고전적 형평성 모형을 대표한다.

독점형: 세 번째 부류의 사람들은 동일하거나 더 작은 입력으로 다른 사람보다 더 높은 수준의 산출을 얻기를 기대한다. 이것은 우리가 흔히 말하는 "응석받이(spoiled child)"의 특징이다. 또한 무슨 일을 하든지 자신은 더 높은 보수를 받거나 "더 유리한 거래"를 할 자격이 있다고 느끼는 사람의 특징이기도 하다. 이따금 자긍심이 낮은 사람들은 특별한 권리를 얻었을 때만 자신에 대해 뿌듯함을 느끼는 경우도 있다. 예를 들어, 어떤 아이들은 형제보다 맛있는 음식을 더 많이 먹고 장난감을 더 많이 갖기 위해 올바르지 못한 방법을 사용하기도 한다.

형평 이론의 이런 다양한 구성요소는 개인적 평가와 성과에 대한 평가가 거의 지속적으로 발생하는 학습 환경과 관련성이 매우 크다. 학생들은 다른 학생들이 받은 개인적인 관심, 점수, 특권에 관해 사회적인 비교를 하며, 자신이 받은 것과 비교해 그런 보상이 그 정도의 가치가 있는지를 따진다. 또한 그들은 자신의 산출이 자신의 기대와 비교해 공평한 것인지를 비교한다. 즉, 학생들은 수업이 잘 짜여지고 좋은 숙제가 주어지고 흥미롭다고 생각할지도 모른다. 하지만 학습량이 과도하게 많아서 자신의 삶의 다른 영역에서 자신의 수행에 해로운 영향을 미친다면 그 과목에 대해 매우 부정적인 태도를 갖게 될 것이다. 또한 시험의 내용이 교수자가 강조하거나 수업을 통해 중요한 요점으로 지목한 것과 일치하지 않으면 시험이 불공평했다고 생각할 것이다. 그러므로 학습 환경에서 학생들의 만족감을 성취하기 위해서는 교수의 질, 목표와 내용, 시험의 내적 일관성, 공평한 채점 등과 관련된 많은 요소들 사이에 균형을 갖추어야 한다.

전환

학습자 대다수의 성취 만족감을 뒷받침하기 위해 활용할 수 있는 전략들이 수없이 많다. 최적의 난이도를 갖춘 연습 문제의 사용, 결과에 대한 피드백 제공, 공정하고 진술된 기준을 따르는 채점 등이 그 대표적인 예다.

만족감을 높이기 위한 전략

교실에서 학습하고 수행하는 당신의 노력에 대해 성공적인 결과를 얻는 것은 기분 좋은 일이다. 그러나 그렇다고 해서 언제나 만족감을 얻을 수 있는 것은 아니다. 학생들이 자신의 학습 경험에 대해 전반적으로 긍정적인 감정을 느끼게 하기 위해 몇 가지 조건이 충족되어야 한다. 그리고 이 조건은 학생의 기대와 관계있다. 만족감의 가장 중요한 요소 중 하나는 내재적 동기이다. 즉, 학습자가 자신이 개인적으로 의미 있는, 다시 말해 관련성이 있는 주제를 공부하면서 바람직한 수준의 성공을 거두었다고 믿는다면, 그들의 내재적 만족감은 높을 것이다. 그러나 동기의 일부가 우등상 후보로 추천될 정도로 좋은 점수를 얻는 것과 같은 외재적 요소에 기초하고 있고, 학생이 그것을 얻지 못한다면, 긍정적인 내재적 만족감을 얻었음에도 그들의 만족감은 약화될 것이다. 반대로 만약 그들이 바라던 외재적 보상을 얻을 정도로 좋은 성취를 거두었지만 학습 경험이 시간 낭비였다고 생각한다면, 그들의 만족감은 최적의 수준에 미치지 못할 것이다. 마지막으로, 만족감의 또 다른 구성요소는 사회적 비교와 기대한 결과에 대한 비교에 기초한다. 만약 학습자가 자신이 얻은 결과가 자신이 해야 했던 학습량과 비교해 공평한 것이 아니라고 느낀다면, 혹은 다른 학생에 비해 공평한 대우를 받지 못했다고 느낀다면, 내재적, 외재적으로 좋은 결과를 얻었다고 할지라도 그들의 만족감은 낮아질 것이다. 아래의 표에 열거된 개념과 전략은 이러한 만족감의 구성요소를 반영한다(표 7.2).

표 7.2 만족감의 하위 범주, 처리 질문, 주요 지원 전략

개념 및 처리 질문	주요 지원 전략
S1. 내재적 강화(Intrinsic Reinforcement) 학생들이 학습 경험을 내재적으로 즐기도록 어떻게 격려하고 지원할 수 있을까?	개인적 노력과 성취에 대한 긍정적인 감정을 강화하는 피드백과 다른 정보를 제공하라.
S2. 외재적 보상(Extrinsic Rewards) 어떻게 해야 학습자로 하여금 성공에 대해 보람을 느끼게 할 수 있을까?	칭찬, 현실적 혹은 상징적 보상, 유인을 활용하라. 또는 성공에 대한 보상으로 학습자로 하여금 자신의 노력의 결과를 제시("보여 주고 말해 주라")하게 하라.
S3. 형평(Equity) 어떻게 학습자로 하여금 공평한 대우를 받았다고 지각하게 할 수 있을까?	수행 요건을 진술된 기대와 일치시키고, 모든 학습자의 과제와 성취를 평가할 때 일관된 기준을 사용하라.

S.1. 내재적 만족(Instrinsic Satisfaction)

시리즈 300 미니컴퓨터의 전자적 문제 해결에 관한 자기 학습 강좌에서 마지막 응용 연습을 마친 후 로버트는 실제의 서비스 직원들이 현장에서 동일한 종류의 문제를 해결한 후 경험한 기분 좋은 감정에 대해 이야기하는 모습을 담은 비디오를 보여 주었다.

대부분의 교육자들의 일차적 목적은, 자신의 학생들로 하여금 학습에 대한 내재적 흥미를 개발하고, 가능하다면 교사 자신의 관심 주제에 대한 학생의 흥미를 자극하는 데 있다. 만약 학생들이 교사의 교실에 들어오기 전 이미 높은 수준의 내재적 동기를 갖고 있지 않다면 이것은 대단히 어려운 일이다. 이것은 학생이 학교와 학습에 대해 부여하는 가치는 문화와 가족의 가치에 크게 영향을 받기 때문이다. 긍정적으로 동기부여된 학생들의 경우 교사의 과제는 그들의 내재적 동기를 유지하고 증가시키는 것이다. 긍정적인 전망을 지닌 학생들조차도 그것을 유지하기가 어려울 수 있다. 왜냐하면 대부분의 상황에서 학생들은 당신의 교실에 들어가라고 강요받았기 때문이다. 그들은 자신의 선택에 따라 자발적으로 당신의 수업을 듣는 게 아니다. 그러므로 그들의 내재적 동기를 유지하고 만들어 가는 데 아래의 전략이 도움이 될 것이다. 이 전략은, 그들이 배운 것이 가치 있는 것임을 재확인시켜 주는 것과 더불어 이 성취에 대한 학생의 자부심을 강화하는 데에 초점을 맞춘다. 또한 이 전략은 높은 수준의 내재적 동기를 지니지 않은 학생들을 가르치는 데에도 도움을 줄 것이다. 모든 학생과 교사는, 내용의 관련성이나 교사의 열정이 일정 정도의 내재적 흥미를 촉발시키는 상황을 하나 정도는 생각해 낼 수 있다. 그런 상황이 실제로 일어났을 때, 교사는 그것을 인식하고 학생들의 흥미를 증가시키고 유지하기 위해 그것을 강화해야 한다. 이 전략은 여기 소개된 학습자의 만족감을 높이기 위한 다른 전략과 함께 사용되어야 한다.

긍정적 인정

1. 학생에게 가능한 한 빨리 현실적인 상황에서 새로 습득한 기술을 사용할 기회를 줘라.
2. 어려운 과제를성취했을 때 칭찬을 통해 학습자의 내재적 자부심을 강화하라.

3. 학습 자료나 피드백에 목표 성취에 관한 긍정적인 감정을 반영하는 긍정적이며 열정적인 의견을 포함시켜라.
4. 과제를 숙달한 학습자에게 아직 그렇게 하지 못한 다른 사람들을 도울 수 있는 기회를 제공하라.
5. 성공에 필요한 행동이나 성격을 인정하고 칭찬해 줘라.
6. 그들이 겪은 위험이나 어려움을 인정해 줘라.

동기 지속

7. 관련된 관심 분야에 관한 정보를 제공하라.
8. 학습자가 그 주제에 관해 흥미를 느낄 때 이를 계속해서 공부할 수 있는지 물어보고 그 방법을 알려 줘라.
9. 학습자에게 새로운 적용 영역에 관해 알려 줘라.

S.2. 결과에 대한 보상(Rewarding Outcomes)

교수법에 관한 2일간의 강좌에서 캐런은 발표를 통해 보여 준 특정한 기술에 관해 학습자들을 칭찬하는 "동기부여 메시지"를 써 주었다.

사람들로 하여금 만족감을 느끼게 하는 결과의 가장 전통적인 개념은 외재적 보상이다. 외재적 보상이란 돈이나 성적, 증명서, 상, 상징적 물건(휘장, 학교 이름이 새겨진 학용품, 커피잔, 열쇠고리 등)이나, 사탕이나 학용품처럼 원하는 물건과 바꿀 수 있는 토큰을 가리킨다. 교실에 있는 교사들이 활용할 수 없는 경우도 많은 이런 물질적인 것들 외에 학습 과제와 과제를 완료한 것에 대한 보상으로 즐겁고 재미있는 활동을 활용할 수도 있다. 예를 들어, 학생들이 암기처럼 반복적이고 지루할 수 있는 과제를 꾸준히 하도록 동기부여하기 위해, 복습과 연습을 위한 수단으로 텔레비전 퀴즈쇼 제퍼디(Jeopardy)를 응용한 게임이나 컴퓨터 게임을 활용해 볼 수 있다. 외재적 보상의 어려움 중 하나는 이것을 가끔씩 간헐적으로 사용해야 한다는 점이다. 너무 자주 사용하면 강화의 가치를 잃어버리고 말 것이다.

1. 연습 문제처럼 반복적이고 지루한 과제에 대해 외재적 보상 체계를 제공하기 위해 점수 체계를 지닌 게임을 포함시켜라.

2. 예상할 수 없고 통제적이지 않은 방식으로 내재적으로 흥미가 있는 과제를 강화하기 위해 외재적 보상을 활용하라.
3. 정답을 말했을 때 축하의 말을 해 줘라.
4. 과제를 성취하기 위해 노력하거나 성공적으로 과제를 성취한 후에 학생들에게 개인적인 관심을 보여 줘라.
5. 학습자가 새로운 기술을 정복하고자 할 때 강화 기법을 빈번히 활용하라.
6. 학습자가 어떤 과제에 대해 더 유능해질 때는 강화를 더 간헐적으로 사용하라.
7. 과제 수행을 획득하기 위한 방법으로 위협이나 감시를 사용하는 것을 피하라.
8. 개인이나 집단 사이의 경쟁에서 성공하거나 강좌를 마칠 때 증명서나 "상징적" 보상을 사용하라.

유쾌한 놀라움

그림 7.4에서는 아동을 위한 추가적 놀이 시간으로부터 성인을 위한 단체의 로고가 새겨진 커피잔에 이르기까지 다양한 외재적 보상의 활용 예를 표현하고 있다. 이런 것들을 적절히 사용하면 큰 효과를 거둘 수 있다. 500원짜리 사탕 한 봉지도 경쟁적인 학습 활동에서 재미있는 보상으로 활용한다면 매우 긍정적인 효과를 거둘 수 있다.

S.3. 공정한 대우(Fair Treatment)

안전하게 물건을 드는 법에 관한 강좌를 마치면서 켄은 강좌의 목표에 기반을 둔 점검 목록을 활용해 학습자들의 수행을 검사하고 모든 학습자에게 점검 목록을 한 장씩 나눠 주었다.

당신은 기분 좋은 긍정적인 보상을 받은 후, 다른 누군가가 같은 일 혹은 더 못한 일을 하고도 더 큰 보상을 받거나 더 높은 수준의 인정을 받았다는 것을 나중에야 알게 된 경험이 있는가? 갑자기 당신의 긍정적인 감정이 부정적으로 변한다. 이것은 사람들이 다른 사람과 혹은 자신의 기대와 비교를 하기 때문이다. 만약 당신이 받은 인정이나 보상이 당신의 노력과 성취한 성공에 비례하지 않는다면, 당신의 결과의 "절대적 가치"가 긍정적이라고 하더라도 당신의 만족감은 감소하게 될

그림 7.4 비싸지 않은 외재적 보상의 예

것이다. 그와 비슷하게 앞서 든 예처럼, 동일하거나 더 못한 성취에 대해 다른 누군가가 더 큰 보상을 받았다는 것을 지각한다면, 그것은 당신의 만족감에 부정적인 영향을 미칠 것이다. 형평에 대한 지각에는 문화적 차이가 존재한다. 예를 들어, 어떤 문화에서는 다른 문화에서 학생들이 기대하는 것과 동일한 방식으로 평등한 대우를 받기를 기대하지 않을 것이다. 어떤 문화에서는 학생이 자신의 지위에 비해 과도한 인정을 받을 때, 혹은 한 학생이 집단으로부터 두드러져 보이게 하는 방식으로 인정받을 때 그 학생은 오히려 당혹감을 느낄 수도 있다. 형평의 구체적인 표현이 다를 수는 있지만, 만족감에 영향을 미치는 형평에 대한 기대는 어디에나 존재한다. 아래에 학습 계획과 전달의 상황에서 형평에 관련된 두 가지 전략을 소개한다. 이 전략은 형평성의 한 형태로서 일관성의 중요성을 강조한다. 다시 말해, 실제로 가르친 내용에 비추어 연습과 시험은 "공정"하게 이뤄지는가?

1. 최종 연습과 그 이후의 시험에서 문제의 내용과 유형이 교재에서 다루는 지식, 기술, 연습 문제와 일관성을 유지하도록 하라.
2. 최종 연습과 그 이후의 시험의 난이도가 이전 연습 문제의 난이도와 일치하도록 하라.

요약

사람들은 자신에게 일어난 모든 일을 평가하는 경향이 있다. 교실에 도착하거나 웹 기반 개인 학습을 시작하기도 전에 그들은 앞으로 학습할 내용에 대해 특정한 태도를 지니고 있으며, 그 경험에 전적으로 몰두하는 시간을 갖지 않는 한, 학습 과정에서 그런 태도를 계속 유지할 것이다. 이 장에서 논의한 원리와 전략은, 학생들이 학습 내용에 집중하고, 내용에 대한 호기심을 키우고, 학습 경험에 대해 긍정적인 감정을 느끼도록 어떻게 도울 수 있는가를 당신이 이해하도록 돕기 위해 조직되고 설계되었다.

제 8 장

동기 유발 문제 규명

생각해 두기

이 책의 기본 전제 중의 하나는 체계적인 동기 설계 과정이 수업에 있어서 매력적인 동기 유발 요소로 이용될 수 있다는 것이다. 이것이 창의성, 자발성, 혁신에 어떤 시사점을 주는가? 동기 설계에서 '체계적' 이라는 말은 그 과정이 바비큐용 석쇠의 조립설명서와 같이 기계적이고 절차적이라는 것을 의미하는가? 이것은 동기 설계를 하는 사람이 로봇처럼 행동한다는 것을 의미하는가(그림 8.1)? 바꾸어 말하면, 체계적으로 진행하면서 동시에 창의적으로 진행한다는 것은 가능한가? 당신은 어떻게 생각하는가? 당신은 이 장에서 여기에 대한 내 견해를 접하게 될 것이다.

그림 8.1 동기 설계는 기계적 절차인가?

들어가기: 설계 과정의 시작

이 책의 초반부(3장)에서 얼마나 많은 혹은 어떤 유형의 동기 전략이 사용되는가에 대한 질문이 제기된 바 있다. 이 질문의 의미는, 동기 설계가 체계적으로 접근 가능한가 혹은 좀 더 창의적이고 직관적인 활동인가에 대한 것이었다. 이 장의 도입부에서 간단하게 소개될 이 과정은 기계적인 것도 아니고 창의적인 것도 아니다. 이 과정은 동기 문제와 목적을 어떻게 규명하는가에 관련해 간단한 체계적 접근을 가능하게 하는 활동들을 나타내며, 학습자의 동기를 자극하고 유지하기 위한 학습 환경을 어떻게 개발하는가와 관련되어 있다. 기계적 과정인가 창의적 활동인가 하는 것은 사람들이 그 과정을 어떻게 이용하는지, 그리고 그들이 해결하고자 하는 문제가 무엇인지에 따라 달라진다.

전체 과정은 모두 10개의 단계로 구성되는데, 이 과정은 유아교육에서부터 성인교육 및 기업교육에 이르기까지 다양한 문화와 학교에서 활용되어 왔다. 또한, 전체 과정에 대한 이해를 바탕으로, 10 단계 중에서 몇 개 단계만 수행하는 단순화 접근(11장 참조)도 가능하다.

동기 설계 과정을 **교수 설계 과정**과 비교한 표 8.1에 제시된 것처럼, 일단 당신의 수업에 대한 정보를 기술하면서 시작하게 될 것이다(단계 1). 이것은 동기를 향상시키고 싶은 교수 사태에 대한 설명과 학습 목적에 대한 간단한 소개를 포함한다.

그 다음에는 대상 학습자에 대한 정보를 기록할 것이다(단계 2). 이 정보를 기반으로 대상학습자의 동기를 분석하는데(단계 3), 이 단계는 학습자의 동기 수준이 적절한지 부적절한지를 결정하기 위해서 수행된다.

지금까지의 결과들은 수업 계획서를 준비할 때, 동기의 어떤 영역에 초점을 맞추어야 하는지를 말해 준다. 이 동기 분석은 교수 설계 과정에서 대상학습자의 수행능력과 선수지식을 분석하는 것과 유사한 것이다.

동기 분석을 한 후에는 현재 활용 가능한 수업 자료를 파악하고 분석해야 하는데(단계 4), 이것은 수업에 포함된 지식과 기술을 서술하는 교수 분석과 유사한 과정으로, 동기 측면에서 어떤 것을 향상시켜야 하는지를 결정하기 위함이다. 이 분석들을 기반으로, 당신은 동기 설계를 위한 목표들을 설정하고 목표 달성 여부를 판단하는 방법을 습득하게 된다. 다시 말해, 동기 목표가 잘 달성되었는지를 검증하기 위한 평가 방법을 규명할 수 있게 되는 것이다(단계 5). 학습자들에게 기대되는 학습 결과를 나타내는 교수 설계의 목표들과는 달리, 이 목표들은 동기 유발에 있어서 당신의 목표를 나타낸다.

표 8.1 교수 설계에 관련된 동기 설계 개요

일반 과정	동기 설계 과정	교수 설계 과정
분석	1. 수업 정보 수집 2. 대상학습자 정보 수집 3. 대상학습자 분석 4. 기존의 자료 분석	• 수업에 관련된 문제 규명 • 수업 목적 규명 • 출발점 행동, 성격 규명 • 교수 분석 수행
설계	5. 목표와 평가 항목 나열 6. 활용 가능한 전략 나열 7 전략 선택과 설계 8. 수업과 통합	• 수행 목표 진술 • 기준 지향 평가 개발 • 교수 전략 개발
개발	9. 자료 선택과 개발	• 수업 개발과 선택
파일럿 테스트	10. 평가와 수정	• 형성 평가 설계와 수행 • 총괄 평가 설계와 수행 • 수업 개선

다음 세 개의 단계들(단계 6, 7, 8)은 설계 활동으로 구성된다. 우선, 동기 목적 달성을 위해 필요한 예비 동기 전략들을 마련한다. 혼자서 혹은 다른 사람들과 함께 브레인스토밍을 하게 되는데, 동기의 네 영역(주의집중, 관련성, 자신감, 만족감)과 수업의 도입, 전개, 결말 단계를 고려해 다양한 전략을 도출한다. 그리고 분석 기준을 마련해 예비 동기 전략 중에서 실제로 활용할 전략들을 추출하고 최종 전략을 확정한다(단계 7). 최종 선택 단계가 끝나면, 당신의 동기 전략(단계 8)을 수업 계획 혹은 수업 설계 전략에 통합한다. 이 설계 단계들은 각 단계의 기본적인 목적 외의 측면에서는 교수 설계 과정과 다르다.

마지막 두 단계는 교수 설계(표 8.1)의 최종 두 단계와 연계되어 수행될 수 있다. 혹은 기존의 수업에서 동기 향상을 목표로 할 경우에는 개별적으로 수행될 수도 있다. 단계 9에서 당신은 기존의 자료를 선택하거나, 새 자료를 개발하거나, 이미 설계된 교수 전략을 수정하면서 동기 전략을 개발할 것이다. 마지막 단계 10에서는 그 전략들을 실행하고 형성 평가를 실시하며, 필요할 경우 수정을 거치는 시범 적용을 하게 될 것이다(단계 10).

이 단계들은 사람들이 따라 할 수 있는 완결된 체계적 과정을 나타낸다. 이 과정은 각 단계의 문서화 과정을 거쳐 공식적으로 사용될 수도 있고, 발상과 계획을 자극하는 일반적인 안내 자료로 활용될 수도 있다. 정식의 설계 상황, 즉 의사결정이 검토되고, 과제 수행 담당자가 바뀌거나 수업 개선이 이루어지는 상황이라면, 각 단계마다 어떤 활동이 수행되는지를 설명하는 문서가 큰 도움이 될 것이다. 그러나 만약 당신이 자신의 수업을 위해 이 과정을 따라 한다면, 간단한 메모만 준비해도 충분할 것이다. 중요한 것은 각 단계들에서 제시된 과정이지 워크시트에 있는 특정한 질문들이 아니다. 나는 당신이 워크시트를 이용하면서 개별적인 상황에 맞게 수정 보완하기를 바란다. 이 장의 나머지 부분에서는 위의 각 단계와 워크시트에 대해 좀 더 자세하게 설명할 것이다.

간단히 말해서, 이 과정이 주는 시사점은 무엇인가? 앞에서 던져진 질문처럼 이 과정들이 창의성, 자발성, 혁신에 부정적인 영향을 줄 정도로 구조화되어 있는가? 사실 몇몇 사람들은 체계적 설계과정을 거부하는데, 왜냐하면 형식화된 과정들이 자유로운 생각과 창의성을 저해한다고 믿기 때문이다. 어쩌면 어떤 사람들에게는 정말 그럴지도 모른다. 하지만, 이것은 개인적인 성향에 기인하는 것이지, 설계 과정 그 자체의 문제는 아니다. 설계 과정은 당신이 목적 달성을 위해 시간을 효과적으로 활용할 수 있도록 안내하는 지침을 제공한다. 3장에서 인용했던 것처럼, "설계는 꿈을 실현하는 과정이다"(Koberg & Bagnall, 1976). 던 코버그(Don Koberg)와 짐 배그널(Jim Bagnall)의 「The Universal Traveler: A Soft Systems Guide to Creativity, Problem-Solving, & the Process of Reaching Goals」가 처음 출판되었을 때, 저자들은 캘리포니아대학교, 건축과 환경설계대학의 교수들이었다. 여러 차례의 개정판을 내면서 두드러지게 나타난 이 책의 특징 중의 하나는 창의적인 설계자를 만드는 다양한 속성을 서술하였다는 것이다. 이 속성들에는 당신의 삶과 주변의 모든 것에 대한 깨달음, 열정, 자기절제, 긍정적 태도, 두려움을 이겨내는 능력들과 같은 질적 요소들이 포함된다. 그들의 주장에 따르면 두려움은 창의성과 설계의 가장 큰 적이다. 두려움은 문제를 해결하고 아이디어를 개발하는 데에 있어 당신의 소극적으로 만들고 덜 진취적으로 생각하게 한다. 설사 다른 사람들이 동의하지 않는다고 해도, 당신이 찾아낸 기발한 아이디어를 무시해서는 안 된다. 유능한 설계자가 되기 위해서는 새로운 것을 시도하는 의지를 가져야 하고, 의도했던 대로 결과가 나오지 않은 경우에는 유연하게 변화를 추구하고, 열정적으로 일을 실행하는 방법들을 찾아야 한다. 당신이 동기 설계 프로젝트를 시작했다면, 당신은 그 일에 열정적으로 임해야 한다. 그렇지 않다면 당신 프로젝트의 결과는 당신이나 다른 사람의 기대에 부응하지 못할 것이다. 반대로, 만약 당신이 열정적으로 일한다면, 당신의 대상학습자들에게 매력적으로 느껴질 만한 창의적인 아이디어를 만들어 낼 가능성이 매우 높다! 이러한 태도는 설계 과정이 중요한 역할을 하는 다른 분야들과 마찬가지로, 교수 설계와 동기 설계에 모두 적용되는 것이다.

단계 1: 수업 정보 수집하기

개요

주어진 수업에 적절한 동기 전략의 선택과 개발은 학습자의 성격과 학습 목표 등 다양한 요소들의 영향을 받는다. 동기 전략은 개발 시간과 비용을 요구하며, 실행을 위한 시간도 필요하다. 만약 너무 많은 시간이 소요된다면, 실제로 의도했던 학습 목표와 수업 내용에서 벗어나게 될 수도 있다. 이럴 경우에는 동기 전략이 비동기화된다고 할 수 있다. 상황에 적합한 동기 전략을 개발하려면, 제공할 수업에 대한 배경 정보와 학생들에 대한 정보를 수집할 필요가 있다.

단계 1은 수업의 특성과 그 수업의 전달 방법과 관련된다. 워크시트 1에 설명된 것처럼(표 8.2) 이 단계는 네 개의 부분으로 나누어져 있다: (1) 수업 설명 (2) 수업의 당위성 (3) 수업의 맥락 (4) 교수자 정보. 수업 설명은 수업의 개요와 목적, 수업의 횟수와 빈도, 단원 계획과 설계에 소요되는 시간 등을 포함한다. 이는 당신이 동기 전략을 설계하기 위해 들이는 노력의 양을 결정하는 데 도움이 된다. 수업의 당위성과 그 맥락(다른 수업과의 관계와 전달 방법)에 대한 설명은 수업 목적에 적합한 동기 전략을 설계할 수 있도록 도와준다.

일반적으로 수업 개발자나 교육과정 전문가들이 교수자의 특징에 관심을 갖지 않았던 것은 사실이나, 이 요소는 교수자 주도 수업 상황에서 사용될 자료를 설계하고 개발하기 위해 고려되어야 한다. 이 점은 교수 전략과 동기 전략 모두에 마찬가지로 적용된다.

표 8.2 동기 유발 설계 워크시트 1

수업 정보 수집
수업명(수업, 모듈, 레슨 등)
내용 및 조건에 대한 기술
1. 이 단원의 학습 목표는 무엇인가?
2. 이 단원의 (실제 혹은 기대되는) 내용에 대한 간단한 설명을 제공하라.
3. 올해에 이 단원을 한 번 이상 가르칠 것인가, 그리고 내년에도 이어서 가르칠 것인가?
4. 이 수업의 단원을 수정하거나 새로 만들 시간이 얼마나 있는가?
교육과정의 당위성
1. 이 수업에서 제공하는 단원이 특정한 교육과정의 요구나 필수요소와 연계되는가?
2. 학생들이 얻게 되는 이점은 무엇인가?
맥락
1. 이 수업은 해당 수업의 전후에 받게 될 다른 수업과 어떻게 연계되는가?
2. 어떤 전달 체제(수업 내용 제시 방법)가 사용되는가(예: 제시 및 토론, 강의, 자율학습 등)
교수자 정보
1. 당신이나 다른 교사가 이 수업에 대해 갖고 있는 내용 전문성은 어느 정도의 수준인가?
2. 당신이나 다른 교사는 어떠한 수업 전략에 익숙한가?
3. 당신이나 다른 교사에게 익숙하지 않은 혹은 사용하고 싶지 않은 수업 전략은 어떤 것이 있는가?

궁극적으로, 개인의 성향, 지식, 교수 경험은 수업 자체는 물론이고 전략의 성공적인 적용 및 이용 여부에 중요한 영향을 미친다. 예를 들어, 교수자는 게임과 역할극 같은 전략을 사용하기 전에 이에 대한 교육을 받아야 할 것이다. 당신이 전략을 짜는 초반부에, 이 섹션에서 제시하는 네 개의 질문에 대한 답을 얻을 수 있다면, 더 효율적으로 전략을 선택할 수 있으며, 교수자가 더 편안하게 이용할 수 있는 교수 자료를 설계할 수 있게 될 것이다.

만약 당신이 이 과정을 자신의 수업에 직접 적용하려고 하는 교사라면, 이러한 요소들에 더욱 주의를 기울이게 될 것이다. 학생들을 가르치고 동기를 유발하는 데에 있어 유일무이한 최고의 방법이란 존재하지 않는다는 것을 명심하라. 최상의 접근은 당신 자신의 개성과 선호도를 이해하고 당신이 편안하게 사용할 수 있는 방법과 스타일을 개발하는 것이다.

이 워크시트에 관련해 중요한 원칙은 "수용과 적용"이다. 각 워크시트는 총체적인 목적을 가지고 있으며, 대상학습자의 특성, 프로젝트의 본질과 설계 및 개발 수준에 따라 수정하는 것에 저항감을 느껴서는 안 된다. 그 과정을 한두 번 적용한 후에는 질문을 수정하거나 워크시트를 용도에 맞게 변경하는 것이 손쉬워질 것이다. 그러나, 단계를 생략하지는 말 것을 충고하고 싶다. 각 단계는 전체 과정에서 각각의 중요한 기능을 한다. 만약 특정 단계에 아주 짧은 시간만을 투자한다고 할지라도, 그 단계에서 나타난 당신의 생각과 자료들은 더 강력하고 효과적인 결과를 보장할 것이다.

워크시트 1의 사용법: 수업 정보 수집

이 워크시트(표 8.2)와 두 번째 워크시트(표 8.5)는 당신이 학습자의 동기 성향을 분석하고 효과적인 전략을 선택하는 데에 필요한 정보, 즉 수업 환경과 대상학습자에 대한 배경지식을 얻는 것을 돕기 위해 만들어졌다. 어떤 정보는 매우 일반적이며 특정 동기 유발과 관계없는 것도 있지만, 차후 동기 분석(워크시트 3)을 할 때 유용하게 활용할 수 있는 일반적인 동기 프레임워크를 제공한다. 동기 전략을 설계하는 데에 있어 이러한 일반적인 정보는 적절한 분석, 학생 활동, 그 외 동기 설계에 관련된 다양한 요소들을 선택할 수 있도록 도와준다.

내용 및 조건에 대한 기술

1. 단원의 최종 목적 혹은 목표를 한두 문장으로 기술하라. 이것은 설계 단계에서 고려했던 동기 전략 중에서 가장 적절한 전략을 선택할 때 기준이 될 것이다.
2. 학습 내용을 간단하게 요약하는 것은 동기 전략을 규명하고 선택하기 위한 기준이 되며, 그 단원의 가장 중요한 부분에 중점을 둘 수 있도록 도와준다.
3. 어떤 동기 전략은 쉽고 빠르게 실행될 수 있지만, 사례 연구, 실험 학습 활동 등과 같은 전략은 더 많은 시간을 필요로 하기도 한다. 수업이 몇 번이나 실행될 것인지를 고려함으로써, 동기 전략 실행에 어느 정도의 노력을 소모할지 결정할 수 있을 것이다. 예를 들어 당신과 다른 교사들이 이 단원을 여러 번에 걸쳐, 그리고 1년 이상 가르친다면 설계와 계발에 더 많은 시간이 요구되는 동기 전략을 짜는 것이 좋을 것이다.
4. 때때로, 교사와 강사는 동기 활동에 대해 고민할 시간이 충분하지 않다고 말한다. 실제로 그들은 종종 좋은 학습 활동을 구상할 시간조차도 없다고 말하

기도 한다. 단순하게 말하자면, 이 질문은 당신이 얼마나 많은 시간을 할애할 수 있는가를 묻는 것이다. 단계 7에서 당신은 동기 전략을 선택하기 위해 몇 가지 기준을 적용하게 될 것이다. 시간이 바로 그 기준 중의 하나이다.

교육과정의 당위성

1. 수업 단원은 미리 설정된 교육과정뿐만 아니라, 특별한 요구를 가지고 있는 학생들을 위한 개인적인 교육 계획에까지 다양한 이유로 개발되고 전달된다. 만약 주어진 단원이 미리 설정된 교육과정의 일부분이라면, 거기에는 교육철학, 교육과정, 교과목의 구조를 기반으로 한 당위성이 있을 수 있다. 만약 당신이 그 당위성을 받아들인다면, 이것은 당신 스스로가 가지고 있는 교수 동기를 높일 뿐만 아니라, 그것을 배우는 학생들의 동기도 증진시킬 것이다.
2. 만약 한 학생이 당신이 개발한 단원에 대해 "왜 제가 이것을 공부해야 합니까?" 라고 질문을 한다면 당신은 어떻게 대답을 할 것인가? "이것은 필수이니까" 보다 더 의미 있는 답을 줄 수 있는가? 다른 말로 하면, 실제로 어떤 이득이 있는 것일까. 있다면 그 이득은 그 자료로 공부하는 학생들을 위한 것인가? 때때로 학생들에게 명확하게 이득이 될 때가 있다. 예를 들면, 대학입시를 준비하는 학생들은 학력고사에서 좋은 성적을 받을 수 있도록 학습내용을 공부하고 시험 보는 기술을 익힘으로써 분명한 이득을 얻게 된다. 대학진학을 하지 않는 학생들에게는 교육자료를 통해 얻을 수 있는 특별한 장점을 설명하기 어려울 것이다. 당신 자신이 확신이 없을 경우에는 학생들을 위한 이점을 생각하기가 더 어려울 것이다. 즉, 어떤 단원들은 교사의 입장에서도 실질적인 이점을 찾기 어려우며 그렇기 때문에 가르치는 것도 어렵다. 이 단계에서 그 특별한 이점을 찾아보라. 이것은 당신이 동기 설계 과정에서 학습동기의 특정 영역에 중점을 둘 수 있도록 도와준다. 하지만 만약 당신이 특별하고 의미 있는 이점을 찾지 못하더라도 지금 당장 걱정할 필요는 없다. 동기 설계 과정을 진행하다 보면, 이 문제를 해결할 기회를 접하게 될 것이다.

맥락

1. 현재 설정한 단원과 이 수업 혹은 교육과정의 다른 단원과는 어떤 관계가 있는가? 이 단원의 선수 내용과 기술은 무엇인가? 미리 설정된 내용과 기술

영역에 국한된 선수지식 혹은 후속 단계만을 고려하지 말고, 관련된 다양한 주제를 생각해 보자. 예를 들어, 당신이 이집트에 대한 역사 수업을 준비하고 있다면, 학생들이 다른 사회 과목에서 이집트 혹은 주변 국가에 대해 공부한 적이 있는지 생각해 보자. 또한 학생들이 미래에 이 내용 혹은 주제와 어떻게 다시 접하게 될지를 생각해 보자. 이는 추후에 당신이 수업 내용을 학생들의 관심과 경험에 연계하기 위한 동기 전략을 개발할 때 도움이 될 것이다.

그 외에 생각해 볼 맥락적 관계는 기술 개발과의 연계이다. 현재 단원에서 배울 기술이 이전 단원에서 학습한 기술과 연계되거나 혹은 이후 수업에서 배우게 될 기술로 확장될 수 있는가? 예를 들어, 이 단원을 공부하는 과정에서 학생들이 어떤 특정 시대의 문화, 즉 고대 그리스의 균형과 조화에 관해 조사하기 위해 역사문헌을 분석해야 한다고 하자. 학생들은 비슷한 기술을 요구하는 과제를 다른 수업에서 해 본 적이 있는가? 혹은 후속 수업에서 그렇게 해 볼 가능성이 있는가? 예를 들어, 문학수업에서 문학 작품의 주제 및 비유를 찾고 그것을 설명하는 보고서를 쓰기 위해 문학 작품을 분석해야 하거나 혹은 분석할 예정이 있는가? 만약 당신이 이러한 연계성을 구성한다면, 이 수업의 동기적 가치를 올리는 데에 도움을 줄 것이다.

2. **전달 체제**는 수업이 학생들에게 전달되는 기본적인 방법을 말한다. 일반적인 전달 체제로는 교사 주도의 교실 수업, 자기조절 인쇄자료 학습, 컴퓨터 보조 학습, 웹기반 학습이 있다. 전달 체제와 매체 선택을 혼동해서는 안 된다. 어떤 전달 체제 안에서도 당신은 다양한 매체를 적용할 수 있다. 예를 들면, 교실에서 당신은 포스터, 비디오, 칠판, 파워포인트 슬라이드 등과 같은 매체를 다양하게 활용할 수 있다. 그러니 전달 체제의 특성에 따라 동기 전략이 달라질 수는 있다. 예를 들어 교실 안에서 다양한 활동을 자주 하는 교사라면, 상황에 따라 동기 전략을 다양하게 변화시켜야 함을 느낄 수 있을 것이다. 그러나 컴퓨터 보조 수업의 경우 당신은 학생들에게 필요한 동기 전략을 미리 설정해야 하고 그것을 교수 자료에 적절히 통합해야 한다. 컴퓨터는 경험 많은 교사처럼 동기 전략을 전문적으로 자유롭게 변화시킬 수 없다.

교수자 정보 (이 영역은 교수자 주도로 이끄는 수업과 관련되어 있음)

비록 보편적인 의견은 아닐지 모르지만, 교수자의 성격은 교사 주도 상황을 위한 수업 자료 설계와 개발에서 중요하게 고려되어야 한다. 이것은 교수 전략과 동기 전략 모두에 해당되는 것이다. 궁극적으로 교수자의 개인 성향, 지식과 경험은 수업에 중요한 영향을 미친다. 만약 당신이 당신의 일을 수행하는 첫 번째 단계로서 이 영역에서 제시하는 질문들에 대한 해답을 얻는다면, 당신은 교수 자료를 좀 더 효과적으로 설계하고 개발할 수 있을 것이고, 교수자도 더 편안하게 사용할 수 있을 것이다.

1. 단원을 좀 더 흥미롭게 만드는 데에는 교과내용에 대한 교사의 전문성이 중요한 영향을 미칠 수 있다. 높은 수준의 지식과 경험을 가지고 있는 교사는 항상 다양한 동기 전략을 고안해 낼 수 있다. 그러나 가끔은 교과내용에 대한 친숙함이 학생들의 배경과 관심을 자극할 수 있는 새롭고 신기한 방법을 찾아내는 데에 방해가 될 수도 있다. 이와 비슷한 관점에서, 자신의 주된 영역을 벗어나서 가르치는 교사는 종종 주제에 대한 새로운 아이디어와 시야를 형성하기도 한다. 당신 스스로의 수업을 위한 준비를 하고 있다면, 더 높은 동기 유발을 위해 당신이 담당한 교과내용을 "새로운 눈"으로 볼 수 있는 방법을 찾을 필요가 있다. 당신의 관점과 새로운 아이디어를 불러일으켜 줄 다양한 방법들이 설계일반론 교재인 「The Universal Traveler」에 소개되어 있다. 동기 유발을 위한 아이디어를 만들어 내는 실제 연습은 나중에(단계 6) 소개될 것이다. 여기서는 당신의 전문성 수준이 중요하게 고려되며, 동료와 함께할 경우라면 팀 내의 다른 동료들의 전문성 수준을 고려할 필요가 있다.
2. 당신이 사용해 온 다양한 수업 전략을 나열해 보라. 예를 들어 당신의 경험은 대체로 학생들을 위한 사례와 연습 등 설명식 강의에 국한되는가? 당신 혹은 이 프로젝트에 참여한 다른 교사 중에서 발견학습, 탐구학습, 시뮬레이션, 게임 혹은 사례연구와 같은 전략을 사용해 본 적 있는 사람이 있는가? 가능한 한 많은 전략을 나열해 보라.
3. 마지막으로, 당신과 다른 사람들에게 별로 익숙하지 않은, 혹은 들어 봤지만 전혀 활용해 보지 않은 교수 전략들을 나열해 보라. 이 정보는 당신 혹은 다른 교사들이 수용할 수 있는 동기 전략을 선택하고 개발할 수 있도록 도와줄

것이다. 만약 교사에게 확신이 없고 익숙하지 않은 전략이라면, 굳이 그 전략을 개발할 필요는 없다.

워크시트 사례

여기에서는 두 종류의 샘플 워크시트가 다루어진다. 이 두 사례는 모두 실제 상황을 기반으로 하며 서로 다른 두 상황에서 워크시트가 활용되는 모습에 대한 구체적이고 좋은 예시이기 때문에, 나는 이 사례들을 "완벽한" 수준으로 수정하려고 하지 않았다. 전체적으로 이 사례들은 괜찮은 편이지만, 몇몇 부분들은 수정 보완할 필요도 있다. 이런 부분들을 나는 적절한 수준에서 지적할 것이다. 당신이 이 책을 교재로 활용한다면, 당신은 학생들이 직접 이 워크시트 사례를 비판하고 개선점을 찾아볼 수 있도록 할 수 있다. 약간의 단점들을 포함한 부분들을 수정하지 않고 내버려두는 이유는 이 단점들이 나의 동기 설계 수업에서 학생들이 접했던 문제를 나타내기 때문이다. 이는 좋은 예와 그렇지 않은 예를 비교할 수 있도록 도와준다.

첫째 사례(표 8.3)는 기업에서 실행되는 훈련 수업을 개발하고 동기 유발을 향상시키기 위한 것이다. 이 사례는 내 지도학생이자 대학원생인 줄리 젠킨스(Julie Jenkins)의 과제물에서 보고된 것으로, 실제로 회사에서 진행되는 프로젝트를 기반으로 하고 있다. 그러나, 나는 이 샘플을 위해 워크시트의 상황과 내용을 다양하게 수정하였다. 이 수정 사항들은 사례의 실제성을 저해하지는 않는 한도 내에서 각 단계의 요구 사항을 더 잘 설명해 준다.

둘째 사례(표 8.4)는 뉴저지 주의 초등학교에서 영재학생들을 위한 특별 프로그램을 운영하고 있는 게일 힉스(Gail Hicks)에 의해 만들어진 것이다. 그녀의 상황은 보통의 교실 혹은 온라인 수업과는 다르다. 왜냐하면 그녀는 학생들을 자주 만나지 않기 때문이다. 이 프로그램은 학생들이 탐구기술을 익히고 증진시킬 수 있도록 지원하고 있으며, 다양한 동기 이슈들이 제시되었다. 그녀는 ARCS 체계의 설계 과정을 따랐지만, 이 구조화된 워크시트의 많은 부분들은 회상을 통해 작성된 것이다. 비록 어떤 부분은 필요 이상으로 상세하긴 하지만, 그녀의 프로젝트를 문서화하기 위한 기초를 제공하는 데에는 충분하다.

표 8.3 워크시트 1 수업 정보 사례: 기업 교육 환경

기업 사례: 워크시트 1

수업 정보

수업명

ESE is Easy (ESE = 기업지원환경(enterprise support environment))

수업 설명

수업 설명

이 수업은 디지털 매직[1]의 시스템 통합 회사(Digital Magic' s Systems Integration Process Group)의 상호작용적 컴퓨터 기반 훈련 프로그램이다. 이 4시간짜리 테크놀로지기반훈련은 디지털 매직의 시스템 통합 회사의 직원들을 대상으로 해 시스템 통합 과정을 이용한 프로젝트의 계획, 관리, 보관을 위해 어떻게 기업지원환경 프로그램(Enterprise Support Environment(ESE) application)을 사용하는가를 가르치는 것이다.

수업 목적

DDD에 제시된 바와 같이, 이 수업의 목적은 학생들이 다음과 같은 활동을 위해 ESE를 이용할 수 있는 것이다.

1. 기업 모델 혹은 기업 템플릿을 탑재한다.
2. 작업의 산출물을 채택한다.
3. Work Breakdown Structure(WBS)를 맞춘다.
4. the Statement of Work(SOW)을 관리한다.
5. 프로젝트 계획을 관리한다.
6. 기업 자료를 기록 보관한다.

새로운 것인가 혹은 기존에 있던 것인가?

분석 대상 수업은 평가의 마지막 단계에 있고 대량으로 고객에게 배포하기 직전이다. 이것은 디지털 매직의 새로운 프로그램이며, ESE를 위해서 개발된 첫 번째 수업이다.

보급상의 유의점

이 수업은 앞으로 두 달간 여러 번 이루어질 것이다. 프로그램의 수정은 고객의 판단에 달려 있지만, 항상 논의 가능하다. 다음에 배포될 프로그램은 분명히 현재 버전의 프로그램과 같은 특성을 갖게 될 것이지만, 부수적으로 프로젝트 기간과 비용을 예측할 수 있는 기능이 포함될 것이다. 고객은 새로운 교육 프로그램은 새로운 기능에 대한 설명을 포함하고 있어야 하지만, 우리가 적절하지 못하다고 생각하는 부분에 대한 수정 또한 언제든지 환영한다고 하였다.

1) 회사 이름은 가명

표 8.3 워크시트 1 수업 정보 사례: 기업 교육 환경 (계속)

수정을 위한 시간 배정

ESE의 새 버전은 바로 배포될 것이다. 새로 수정된 교육 프로그램에 대해 계속 협상하고 있으므로, 우리는 6~8주 내에 수업 개선을 완료할 수 있다.

당위성

수업을 위한 당위성

이 수업은 디지털 매직 회사에서 SI-Pro competency의 일부였던 직원들을 위한 특별 훈련을 제공할 것이다. ESE는 이들(프로젝트 매니저와 시스템 기술자)의 요구분석에 따라 설계되었으며, 그들에게 이 편리한 툴을 사용하는 방법을 가르치기 위해 만들어졌다.

수업 개선을 위한 필요성

ESE is Easy 수업은 이 새로운 툴을 가르치기 위해 개발된 최초의 수업이기 때문에, 수업 설계자와 프로젝트 팀원들이 주어진 시간 내에 수업을 개발하는 데에 어려움이 많았다. 아직 평가 단계를 완료하지 않았기 때문에, 수업 설계의 효과성에는 확신이 없다. 더욱이, 초기의 시간 제약 때문에 동기에 대한 상세한 기준을 세울 만한 여유가 없었으므로, 동기 전략에 대한 수정이 꼭 필요하다.

환경

맥락

ESE는 프로젝트 관리에 참여하는 ABCC 직원을 위한 상호작용적 컴퓨터 기반 훈련 수업이다. 이 수업은 CD-ROM 형식으로 보급될 것이므로, 직원들이 자신의 집이나 사무실에서 편안하게 진행할 수 있다. 이 수업은 개인의 속도에 맞추어 진행할 수 있도록 설계되었다. 기본적으로는 이 수업이 진행되는 도중에 다시 뒤로 돌아가는 것을 허용하지 않지만, 특정한 시점에서는 그렇게 할 수 있도록 되어 있다. 이 수업은 현재로서는 디지털 매직에서 사용하고 있는 다른 어떤 프로그램과도 관련이 없다.

전달 체제

이 수업은 직장이나 혹은 ABCC 직원들의 가정에서 사용할 수 있도록 CD-ROM에 저장되어 보급될 것이다.

교수자 정보

[해당사항 없음]

표 8.4 워크시트 1 사례: 초등학교, 영재수업

초등학교 사례: 워크시트 1

수업(단원) 정보

단원명[2]: 개별 학습 프로젝트

단원 설명

1. 단원 개요[3]:
   이 단원에서 나타나는 교육적 요구는 개별적인 프로젝트를 개발하는 것이다. 수업의 초점은 개별성의 확대, 자기 주도 학습, 문제해결능력, 의사소통, 효과적인 시간 활용을 위한 개념과 기능 소개, 개별 프로젝트의 완성에 있다. 이 단원의 대상학습자는 지적, 학술적으로 뛰어난 5~6학년 학생들이다.
2. 단원의 목적(학습 목표)은?
   비판적 창의적 사고력을 개발하고, 이 능력을 이용해 문제를 창의적으로 해결하고, 조사 연구를 위한 계획을 세우고, 결과물을 다른 사람과 공유하는 데에 있다.
3. 이 수업은 새로운 것인가? 이미 실행되었던 것인가?(택일)
   기존의 수업 ? 새로운 수업
   이것은 대상 학생들을 위한 표준 과제이다.
4. 이 단원의 실행을 위해 고려할 사항은 무엇인가?
   a. 한 번 가르칠 것인가, 여러 번 가르칠 것인가? 매년 가르친다.
   b. 수시로 수정할 것인가, 해마다 한 번 할 것인가? 매년 수정된다.
   c. 자주 가르칠 것인가, 가끔 가르칠 것인가? 매년 가르칠 것이다.
5. 실제로 수업하기 전에 수정하거나 새로이 개발하기 위한 시간은 얼마나 되는가? 3개월

단원의 당위성

6. 왜 이 단원을 공부해야 하는가?
   첫째로, 학생들이 전체 과정하에서 책임감과 지속성(즉, 집중력의 자각)을 갖게 하기 위함이다. 또한, 학생들이 개별적인 프로젝트를 개발하는 데에 있어 문제해결능력을 사용하도록 해야 한다. 이 프로젝트는 학생들이 문제를 해결하기 위해 참신하고 새로운 아이디어를 개발하도록 도울 것이다(U.S.O.E의 '영재아동' 정의). 학생들은 이러한 능력을 드러내어 활용하고, 자신과 사회의 발전을 위해 기여할 수 있음을 깨닫게 될 것이다(Wenonah 학교의 영재교육정책).
7. 동기 지속이나 수업에 있어서 나타나는 문제는 무엇인가?
   이 단원에서 나타나는 문제는 학생들의 동기이다. 영재교육 프로그램에서는 비교적 학생들의 동기가 문제시되지 않는 경향이 있지만, 전체 기간 내내 높은 수준의 동기를 유지하는 것은 어려운 일이다. 학생들은 개별적으로 그리고 독립적으로 프로젝트를 수행하게 된다.

2) "수업"과 "단원"의 수준 차이에 따른 수정 필요
3) 질문 형식으로 수정 필요

마무리

당신이 기록한 모든 정보는 분석과 설계 단계를 위한 준거 자료가 될 것이다. 또한, 당신이 다른 수업을 위해 혹은 미래에 현재 프로그램을 사용하기 위해 동기 설계 프로젝트를 수행하고자 할 때, 이러한 문서화 작업은 특정한 상황을 기억할 수 있게 도와주고, 다양한 동기 설계가 이루어져야 하는 이유를 알려 줄 것이다. 이 프로젝트에서 배운 내용들은 다른 프로젝트에도 적용 가능하다. 다음에서 우리는 이 수업 단계에서의 대상학습자나 학생 특성에 대해 좀 더 면밀하게 살펴볼 것이다.

단계 2: 대상학습자 정보 수집하기

개요

이 단계에서의 정보(워크시트 2, 표 8.5)는 이전 단계의 정보와 함께, 단계 3에서 수행될 대상학습자 분석을 위한 기초가 된다. 이 단계는 학생들의 초기 동기 형성과 그들이 수업 내용과 수업 전략에 어떻게 반응하게 될지에 강한 영향을 미치는 몇 가지 요인에 초점을 맞추고 있다. 예를 들어, 수업에 대한 평판, 학생들이 가지고 있는 가치의 다양성 정도, 학생들이 수업을 선택하는 방법들은 학생들의 초기 동기 수준을 예측할 수 있게 해 준다. 이 정보들은 수업의 초기에 사용할 동기 전략을 설계할 때 매우 유용하다.

표 8.5 동기 설계 워크시트 2

대상학습자 정보 수집
1. 이 학급에서 학생들은 서로 잘 아는가? 혹은 전혀 모르는가? 그들은 비교적 동질성을 지녔는가? 혹은 뚜렷한 하위집단으로 구별되는가?
2. 학교에 대한 학생들의 전반적인 동기 태도는 어떠한가?
3. 당신은 이 수업의 내용에 대한 학생들의 태도를 어떻게 기대하는가? 이것이 필수과목인가 선택과목인가? 당신은 학생들이 이 과목을 자신의 개인적인 가치에 유용하다 혹은 그렇지 않다고 생각할 것이라 기대하는가? 당신은 학생들이 이것을 어렵게 혹은 쉽게, 지루하게 혹은 흥미롭게 여긴다고 기대하는가?
4. 학생들은 어떤 종류의 교수 전략(연습, 협동그룹, 사례 기반 학습, 역할극, 자기 주도 학습, 컴퓨터 기반 학습 등)에 익숙한가? 학생들이 특정한 교수 전략에 호감 혹은 비호감을 갖고 있으리라 기대하는가?

워크시트 2의 사용법: 대상학습자 정보 수집

1. 어떤 의미에서 보면, 학급은 항상 이질적인 성향을 가진다. 즉, 학생들의 독특한 개성과 흥미를 기반으로 다양성이 항상 존재한다. 그러나 어떤 학급에서는 학생들이 사회경제적 수준, 학교에 대한 가치판단, 미래에 대한 태도의 측면에서 전반적인 동질성을 나타내기도 한다. 또 어떤 학급에는 동일한 변수 내에서도 차이가 뚜렷하게 나타나는 하위 집단들이 있다. 당신의 학급이 대체로 동질적인지 혹은 뚜렷한 다양성이 있다고 생각하는지를 간단하게 기술해 보라. 이것은 다음 단계에서 당신이 어떻게 대상학습자 분석을 수행할지에 대해 직접적인 영향을 줄 것이다.
2. 당신 학급의 학생들은 학교에 대해 전반적으로 긍정적인 태도를 가지고 있는가? 그들의 삶에서 학교가 중요한가? 학교에 대한 학생들의 태도에 관련해 당신 학급의 하위 집단별로 차이가 있는가? 이 질문들에 대한 답을 기술해 보라.
3. 이 설계 단계에서 당신이 준비하고 있는 단원의 학습 내용에 대한 학생들의 태도는 어떠한가? 그들은 이것을 유용하다고 혹은 전혀 유용하지 않다고 생각할 것인가? 당신은 학생들이 그것을 흥미로운 주제라고 혹은 기본적으로 다소 지루한 것으로 여긴다고 생각하는가? 가능한 한 학습 내용에 대한 학생들의 태도에 대해 기술해 본다.
4. 마지막으로, 이 학생들에게 친숙한 교수 전략과 그 전략에 대한 학생들의 태도를 생각해 본다. 이 문제에 대한 성찰은 아마도 당신이 이 학생들을 위해 가장 효율적인 동기 유발 전략을 선택할 수 있도록 도와줄 것이다.

워크시트 사례

기업 사례(표 8.6)는 훈련과 교육기관에서 상당히 일반적으로 나타나는 상황을 설명하고 있는데, 이러한 현상이 나타나는 것은 이 수업이 필수 과목이기 때문이며 다시 말해 참여자들은 피할 수 없이 꼭 들어야 하는 대상학습자, 일종의 피동적인 수용자(captive audience)들이기 때문이다. 그러나 워크시트에 나타낸 것처럼, 참여자 모두가 부정적인 태도를 가지고 있다고 할 수는 없다.

표 8.6 워크시트 2 대상학습자 정보 사례: 기업훈련환경

기업 사례: 워크시트 2

대상학습자 정보

대상학습자 정보에 관련된 질문들

학습자들은 누구인가?

대상학습자들은 SI-Pro Competency Group에 있는 프로젝트 관리자와 과정감독관들이다. 프로젝트 관리자와 과정감독관들은 모두 ESE에서 많은 권한을 가지고 있고 SI-Pro 전문가들로 간주되고 있다.

학습자들이 서로 아는가?

대상학습자들은 다른 장소에서 일하고 있지만, 서로 연결되어 있다. 그렇지만, 이 수업은 자기 주도 학습으로서 개별적으로 제공될 것이기 때문에, 실제 혹은 가상의 교실에서 상호작용하지 않을 것이다.

학습자들의 동기 태도는 어떠한가?

대부분의 학습자들은 훈련에 대해 부정적인 태도를 가지고 있다. 훈련에 대한 부정적인 태도는 대체로 3가지 중 하나의 이유에 기인한다: (1) ESE 훈련 수업은 필수이지, 자발적인 선택이 아니다. (2) 이진의 자기 주도적, 테크놀로지 기반 훈련 수업들은 학습자들에게 부정적인 경험이었다. (3) 이전의 면대면 훈련 수업에 대해 부정적인 태도를 가지고 있다.

이 수업에 대한 학습자들의 일반적인 태도는 어떠한가?

이 수업에 대한 학습자들의 태도는 다양하지만, 대체로 부정적이다. 대부분의 고용인들은 훈련을 지루하거나 불필요하다고 생각한다. 오히려 그들은 자신들만의 방식으로 툴 활용 방법을 배우는 것이 낫다고 생각한다.

다양한 전달 체제의 유형과 교수 전략에 관련하여, 학습자들이 강하게 싫어하거나 혹은 좋아하는 것이 있는가?

그렇지만, 몇몇 학습자들은 테크놀로지 기반 훈련을 경험해 본 적이 없고, 새로운 수업에 참여하기를 원한다. 다른 사람들은 TBT(테크놀로지 기반 교육)를 사용하거나 혹은 어떤 훈련에 참여하는 것을 꺼려한다.

비록 나이 수준과 조직 환경이 매우 다르다는 것을 감안할지라도, 초등학교 사례(표 8.7)는 기업 사례와는 매우 다르다. 기업 사례와 같이, 이것은 필수과목이지만 학생들은 참여하기를 원하고 있다. 이것은 그들의 일반적인 일상에 비하면 새로운 경험이고 심지어 그것에 대한 엘리트 마인드를 가지고 있다. 그러나, 워크시트에 제시한 것처럼, 거기에는 교사가 직면하게 될 몇 가지 동기적인 도전이 있다.

표 8.7 워크시트 2 대상학습자 정보 사례: 초등학교 영재학급

초등학교 사례: 워크시트 2
대상학습자 정보

1. 이 단원의 대상학습자는 누구인가?[4)]
   미국 북동지역의 초등학교의 영재 프로그램에 참여한 5, 6학년 학생들
2. 학교에 대한 학생들의 동기 태도와 학교 내에서의 그들의 의지는 어떠한가?[5)]
   이 학생들은 일반적으로 학교를 좋아하는데, 왜냐하면 그들은 매우 성공적인 성취를 얻고 있고, 학교는 그들에게 좋은 자원을 제공하기 때문이다.
3. 학생들이 서로 잘 알고 있는가 전혀 그렇지 않은가? 예를 들면, 그들은 서로를 알거나 함께 공부해 본 적이 있는가?[6)]
   참여하는 모든 학생이 동일한 특별학급에 속해 있기 때문에, 이 단원을 시작할 즈음에는 서로를 알고 있을 것이며 최소한 서로를 알아볼 것이다. 몇몇 학생들은 잘 아는 친구들이고 몇몇은 이전 학년에서도 잘 알고 있었던 관계이다.
4. 이 단원에 대한 학생들의 일반적인 태도는 어떠한가? 그들은 자발적으로 참여하는 것인가 혹은 배정되었는가? 그들은 이것이 유용하다고 생각하는가 혹은 불필요하다고 생각하는가? 그들은 이것을 어렵게 혹은 쉽게, 지루하게 혹은 흥미롭게 생각하고 있는가?
   이것은 모든 학생들에게 필수이다. 교사에 의해 수행된 인터뷰에 따르면, 학생들은 이것이 어려울 것으로 생각하지만, 해낼 수 있다고 여기고 있다. 그들은 자신들의 흥미를 추구할 수 있는 기회를 갖게 되어 기뻐하고 있지만, 이 프로젝트가 그들의 미래를 위해 그다지 유용할 것으로 생각하지는 않는다.
5. 다양한 전달 체제의 유형과 교수 전략에 관련하여, 학습자들이 강하게 싫어하거나 혹은 좋아하는 것이 있는가?
   이 학년에서는 대부분의 학생들이 다양성을 선호하고, 관심 주제에 대한 특강이 아니라면 강의형 수업에는 쉽게 지루함을 느낀다. 개별 프로젝트 수행은 그들의 관심을 끈다.

마무리

이 두 워크시트는 당신이 수업과 학생에 대해 얻을 수 있는 배경 정보에 대한 설명과 성찰을 담고 있다. 이 정보는 단계 3에서 이루어질 대상학습자의 정식 분석 단계와 기존의 수업 자료의 동기 분석이 이루어지는 단계 4에서 유용하다.

---

4) 기업 사례와 달리 질문 변경
5) 기업 사례와 비교하여, 학교 상황에 적절한 질문으로 변경
6) 마찬가지로 질문 변경

단계 3: 대상학습자 분석하기

개요

대상학습자 분석은 동기 설계 과정에서 중요한 단계이다. 여기에서 당신은 동기 목표 설정과 전략을 선정하거나 개발하는 데에 직접적인 영향을 미칠 결정을 내려야 한다. 이 단계의 목적은 전체 학급, 선택된 하위 집단 혹은 개인의 동기 프로파일을 예측하는 것이다.

동기 문제를 해결하는 데에 있어 어려운 것 중의 하나는 학생들의 초기 동기 수준이 너무 높거나 너무 낮을 수 있다는 것이다. 동기 수준이 낮을 경우에는 그들이 성취 수준도 낮을 것이다. 왜냐하면 그들은 성공하고자 하는 의도가 적고 충분한 노력도 하지 않을 것이기 때문이다. 동기 수준이 너무 높을 경우에는 지나친 스트레스로 인해 수행의 질이 감소될 것이며 이것은 학생들을 긴장하게 만드는 결과를 낳는다. 즉, 정보를 기억할 수 없거나 비효율적인 문제해결 전략에 몰입할 수가 있다.

동기 설계의 목적은 학생들을 두 극단 간의 중간에 위치하도록 동기 전략을 규명하고 활용하는 것에 있다. 어떤 동기 문제가 있는지를 결정하기 위해 대상학습자를 분석함으로써 그 특정한 문제를 해결하기 위한 전략을 선택할 수 있게 된다. 또한 이것은 너무 많거나 적은 동기 전략을 사용하게 되는 문제를 피할 수 있도록 도와준다. 이는 교사가 과거의 경험이나 시행착오에 의존하지 않고 동기 설계의 합리적인 방법론에 의존할 수 있도록 도와준다.

이 조건들은 이전의 3장에서 설명했던 것처럼, 도식화(그림 8.2)해 나타낼 수 있다. 그 기본은 매우 낮음, 보통, 매우 높음을 나타내는 세 가지 영역으로 나누어진다. 수직축은 수행 혹은 성취를 나타낸다. U자를 엎어놓은 것 같은 곡선으로 나타나듯이, 수행은 동기 수준이 보통일 때 최상이 되고, 동기 수준이 너무 낮거나 너무 높은 경우에는 감소하게 된다. 솔직하게 말해 이것은 수학적 모델은 아니다. 왜냐하면 동기 수준을 측정하는 방법이 모든 동기 영역을 포함하는 수학적 모델을 제공할 정도로 명확하지 않기 때문이다. 그러나 이것은 동기와 수행의 개념과 조건을 도식화하는 데에 유용한 방법이고, 이 섹션의 단계 3에서 대상학습자 분석 결과를 기록하기 위해 유용하게 활용될 것이다(워크시트 3, 표 8.8).

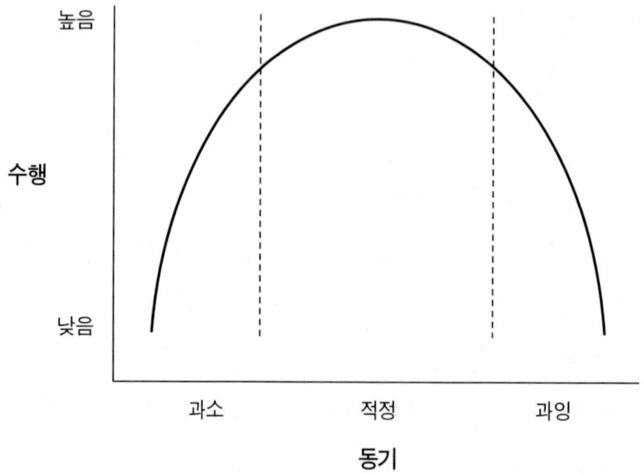

그림 8.2 학습자 동기의 곡선적 역동성

당신은 이전에 네 가지(주의집중, 관련성, 자신감, 만족감) 주요 영역의 개념, 전략, 하위 요소들을 설명한 장들을 공부했을 것이다. 당신이 동기 전략을 고려한 수업을 시작할 때, 대상학습자의 초기 동기 수준은 어떠한지를 예측하기 위해 이 단계에서 수행한 작업을 명심하라. 결과적으로 대상학습자 분석에서 각각의 ARCS 영역은 예측을 설명하는 용어로 활용될 것이다. 워크시트 1과 2에 주어진 정보는 당신의 대상학습자의 동기 프로파일을 예측하기 위한 기초가 될 것이다.

워크시트 3의 사용법: 대상학습자 분석

1. 대상학습자 분석(워크시트 3, 표 8.8)에서 당신은 네 가지 ARCS 영역과 연계된 학생 프로파일을 만들게 될 것이다. 첫째 단계는 전체 집단이나 특정한 하위 집단의 프로파일을 만들 것인지를 결정하는 것이다. 만약 뚜렷한 하위 집단이 존재한다면, 당신은 각각의 프로파일을 따로따로 만들어야 한다. 각 하위 집단에 이름을 붙이거나 각 집단에 대한 별개의 워크시트를 만들면서, 그 워크시트에 모든 결과를 기록할 수 있다. 명심할 것은 당신이 전체 집단을 작은 하위 집단으로 구별한다고 해도, 여전히 각 집단 내에 개인 간의 차이가 존재한다는 것이다. 이 분석의 목적은 각 집단 혹은 각 하위 집단의 주요 특성을 파악하는 것이다.

표 8.8 동기 설계 워크시트 3

대상학습자 분석

1. 이 분석이 전체 학급 혹은 하나의 하위 집단과 연계되는가?(다른 양식을 사용하거나 라벨을 붙여 구분할 것)
2. 워크시트 1과 2의 정보를 기반으로 다음의 각 영역에 대해 각 대상학습자의 성향을 어떻게 규정할 것인가?(각각을 기술하고 그 결과를 표현하기 위해 그래프를 이용하라)
   주의집중 준비도:
   관련성 지각:
   자신감:
   잠재적인 만족감:
3. 대상학습자 분석의 그래프를 작성하라. 당신의 대상학습자 분석 결과를 나타내기 위해 그래프를 이용하라. 필요하다면 하위 집단 혹은 개인을 위해 추가적으로 그래프를 그려라.

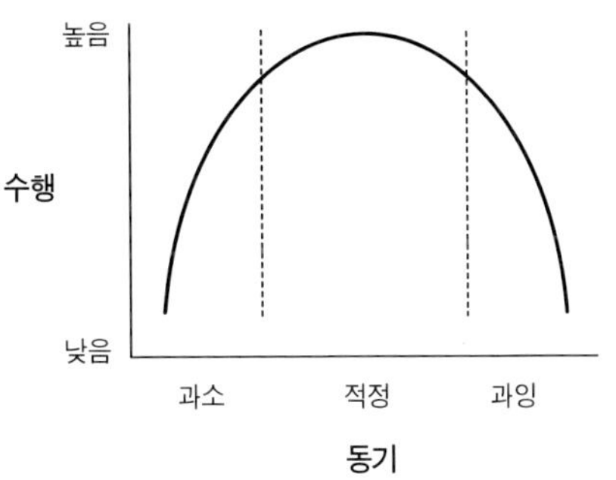

4. 당신은 어떻게 중요한 문제와 그렇지 않은 문제를 구별할 것인가?
5. 주요 원인이 수정될 수 있는가? 그렇지 않다면, 어떤 다른 요인이 전체 동기를 향상시키는 데에 영향을 줄 것인가?
6. 대상학습자 분석에서 고려해야 할 것이 또 있는가?

2. 앞으로 사용할 동기 전략을 규명하기 위해 대상학습자의 동기 프로파일을 기술하라. 만약 대상학습자의 동기가 너무 낮거나 혹은 너무 높으면, 이 동기 수준을 보통으로 만들기 위한 동기 전략을 설계할 것이다. 만약 대상학습자의 동기가 이미 적정 수준이면, 당신은 단순히 학습자의 동기를 유지하기 위해 다양한 동기 전략을 사용할 것이다.

학생의 동기 수준은 동기 변인의 네 가지 영역에 따라 너무 높거나 너무 낮을 수도 있다. 각각에 대한 설명과 사례는 당신이 대상학습자의 동기 프로파일을 결정할 수 있도록 도와줄 것이다.

주의집중 준비도: 이것은 학생들이 어느 정도의 호기심과 집중을 가지고 교수 자료에 반응하는가와 관련이 있다. 극단적인 예로, 학습자는 자극에 민감하지 않고(지루해하고) 집중을 하지 않거나, 혹은 자극에 매우 민감하고(활동 과잉적이고) 하나의 특정한 자극에 주의를 집중하지 못할 수도 있다.

만약 학생들이 특정한 과목을 공부하기로 선택했거나, 혹은 교사가 학생들이 과목에 대한 내적인 흥미를 가지고 이 내용에 대해 개방적인 태도로 참여할 것을 기대하고 있다면, 아마도 학생들은 주의집중의 적정 수준에 있을 것이다. 그러나 내용이 아무리 중요하더라도 어떤 유형의 과목은 학생들에게 지루하고 흥미롭지 않은 것으로 인식될 수 있다. 예를 들면 체육시간에 학생들은 실제로 운동을 하지 않고 그 규칙에 대해서만 들어야 하는 경우가 있다. 대체로 이런 경우에 학생들은 지루해하는데, 왜냐하면 모든 학생들은 운동장에서 직접 게임을 하는 것을 원하기 때문이다. 반대로, 과학에 관심을 가지고 있는 학생들의 첫 수업을 가정해 보자. 만약 한 학생이 교실에 들어갔을 때 책상에 흥미로운 실험 기구들이 가득하고 벽에 과학적 도식과 정보가 담긴 포스터가 붙여져 있다면, 그 학생은 과하게 흥분하게 될 것이다. 그 학생은 모든 것에 집중할 것이고, 가까이 보기 위해 교실을 돌아다니고 다양한 물건을 만지고 싶어할 것이다. 그 학생은 동기의 주의집중 측면이 지나치게 높을 것이고 교사는 그 학생이 수업 내용에 제대로 집중할 수 있도록 진정시킬 필요가 있다.

관련성 지각: 동기 혹은 목적 달성의 측면에서, 대상학습자가 수업으로부터 개인적인 이득을 얻을 수 있다고 생각하는지에 연관된다. 극단적인 예로, 어떤 대상학습자는 관련성이 없다면 무관심하거나 심지어는 적대시할 것이다. 또 다른 예로, 관련성 지각은 학생들이 해당 수업이 불안정한 미래의 목적 달성(예: 졸업, 승진, 직업 유지, 장학금)을 위해 중요하다고 생각하면 매우 높아질 것이다.

예를 들어, 학생들은 자주 교과목의 관련성을 지각하지 못한다. 어쩌면 학생들은 그 과목이 필수과목이기 때문에 미래의 목표와 긴밀히 연결되었다고 생각하고, 그러한 맥락에서 해당 과목의 학습이 필요하다고 느낀다. 이것은 분명 관련성 중 하나이지만, 그 주제가 그들의 삶에 어떤 방식으로 중요하게 작용하는지는 잘 모를 것이므로 결국 그들은 낮은 관련성을 갖게 된다. 반대로, 어떤 학생이 자신의 미래에 필수적으로 연계된 혹은 연계되었다고 느끼는 수업에 등록을 한다고 가정해 보자. 그 학생은 지나친 스트레스 때문에 별로 어렵지 않은 수업인데도 잘 해내지 못할까 봐 불안해할 것이다. 이 경우에 동기 유발 수준은 당연히 높은 관련성을 나타낸다. 만약 학생들이 해당 교과목이 그들의 현재와 앞으로의 삶에 중요한 것이라고 믿고, 적절한 개인적 관련성을 느낀다면, 그들은 적정 수준의 관련성을 가질 것이다.

자신감: 이것은 학생들이 그 수업의 난이도를 어떻게 느끼고 있는가에 관련된다. 자신감이 매우 낮다면, 그들은 무기력한 감정을 느끼게 되며, 종종 '내가 아무리 노력한다고 해도 나는 할 수 없다' 라는 것을 경험하게 된다. 반대로 만약 학생들이 너무 지나친 자신감을 갖는다면, 그들은 오만해지고 그들이 실제로 알고 있는 것과 수업에서 다루어지는 내용 간의 차이를 간과하게 될 것이다.

특정한 주제에 대해 무력감을 느끼는 것이 드문 일은 아니다. 예를 들어, 자신의 작문 실력에 문제가 있다고 생각하는 학생들은 좋은 수필을 쓰거나 보고서를 쓰면서 매우 어려워한다. 어떤 학생들은 수학에 대해 걱정을 하는데, 이것은 그들이 가지고 있는 수학에 대한 두려움 때문이다. 만약 당신이 담당하는 과목에 대해 몇몇 학생들이 그런 태도를 가지고 있다고 생각한다면, 당신은 그들의 자신감 수준이 낮다고 표시해야 한다. 반대로, 어떤 학생들은 자신들이 할 수 있는 것보다 더 잘한다고 믿는다. 만약 그 학생들이 이미 배운 내용을 가르치게 된다면, 비록 그것이 좀 더 기초적인 수준이었을지라도, 아마도 학생들은 지나치게 자신만만해할 것이다. 명심할 것은 학생들이 이미 그 학습 내용에 대해 알고 있고 그것을 실제로 이해하고 있다면, 그들은 지나친 자신감을 갖고 있는 것이 아니라는 점이다. 이러한 경우에, 그들은 적정한 수준의 자신감을 가지고 있다. 만약 학생들이 해당 과목에 대해 적절한 노력을 기울일 경우 학습할 수 있다고 생각한다면, 그들은 적정 수준의 자신감을 가지고 있는 것이다.

잠재적인 만족감: 대상학습자들이 수업의 결과에 대해 느끼고 있는 선입견에 관련된다. 한 극단적인 예로, 무엇인가 인정하기를 꺼리는 학생들은 "오기"의 감정을 가질 것이다. 이것은 "내가 이 수업에서 아무리 성공적인 결과를 내더라도, 나는 여전히 이 과목이 싫다"라는 감정이다. 또 다른 예는, 수업으로부

터 너무 많은 것을 기대하는 것인데, 그 수업에서 자신들의 모든 문제를 해결할 수 있을 것이라거나, 주어진 능력을 모두 습득했다고 느끼는 감정이다.

학생들의 잠재적인 만족감은 비록 그 학습 내용이 학생들에게 관련되어 있고 스스로 해낼 수 있다고 확신한다고 하더라도 매우 낮을 수 있다. 때때로 이런 현상은 필수과목에서 나타난다. 그 학생들이 부정적인 태도를 보이는 이유는 간단하다. 그들에게는 선택의 여지가 없고, 학습 내용에 내적인 흥미를 느끼지 못하기 때문이다. 이러한 경우 그 집단은 낮은 만족감 수준을 갖게 된다. 학생들의 기대 수준이 매우 높을 때는 반대의 현상이 나타난다. 예를 들어, 학생들이 외국어를 처음 배울 때는 매우 열정적으로 임하는데, 짧은 시간 안에 새로운 언어로 펜팔을 하고 대화를 할 수 있을 것으로 기대하기 때문이다. 그러나 이런 일들은 새로운 언어의 첫 단원을 배우고 난 직후에 가능한 일이 아니다. 따라서 학생들은 비록 그 수업에서 현실적인 학습 목표를 성취하였을지라도, 스스로 배운 것에 대해 실망하게 된다. 만약 학생들의 기대가 실질적인 수준보다 지나치게 높다면, 그들의 잠재적인 만족감 또한 매우 높을 것이라 예상해야 한다. 동기 유발의 적정 범위는 학생들이 실질적인 기대감을 가지고 있고 그들이 성공했을 때 그 결과에 만족하는 감정을 기대할 때이다.

3. 분석 결과를 그래프로 나타내라. 분석 결과를 도식화는 하는 것이 좋다. 비록 그래프가 좌표평면의 수치를 명확하게 나타내지는 않을지라도, 이것은 한눈에 결과를 파악하고 동기 설계 과정의 후속 단계를 위한 편리한 자료가 된다.

대상학습자의 프로파일을 그래프로 나타내기 위하여, 이전 과제에서 설명한 내용들을 생각해 보자. 만약 주어진 요소들에 대한 학생들의 동기 유발 수준이 수용 가능한 적정 수준에 있다면, 다이어그램의 수평축의 중간지점에서(그림 8.2) 위로 올라가 뒤집힌 U자 곡선 꼭대기에 A와 S를 적어 넣어라. 이것은 최적 수준의 동기를 나타내는 것이다. 다이어그램의 수직축은 동기가 영향을 미치는 범위 내에서 최적의 수행 결과를 나타낸다.

만약 대상학습자의 동기가 적정 범위 내에 있지만, 최적 수준이 아닐 경우에는 그 곡선의 적절한 위치에 동기 유발 영역의 첫 글자들을 적어 놓아라. 비슷한 맥락에서, 동기 유발 수준이 너무 낮거나 혹은 너무 높으면, 동기 문제의 규

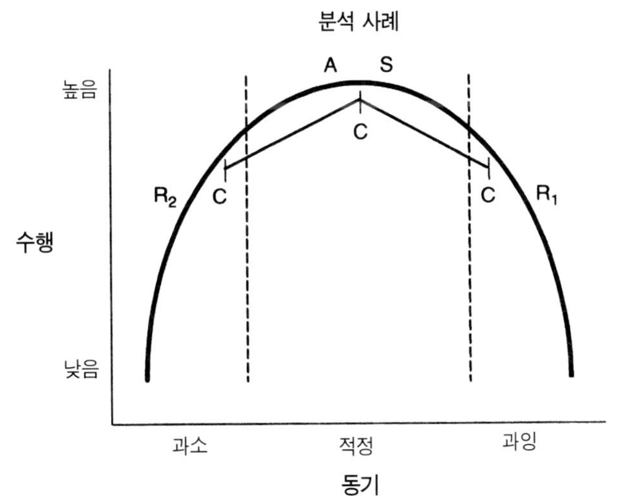

그림 8.3 대상학습자 분석 그래프

모를 예측할 수 있도록 첫 글자들을 적절한 위치에 적어 넣어라. 그 글자들은 심각한 문제를 의미하는 왼쪽 혹은 오른쪽 극단에 놓이게 된다.

분석 결과를 그래프로 나타날 때, 다음의 두 가지도 고려한다.

- 만약 한 특성에 대해 대상학습자 간의 다양성이 높다면, 그래프 위에 점 대신에 선으로 나타내라(그림 8.3의 C 참조). 그림 8.3의 예는 대부분의 학생들이 적정 범위의 자신감을 가지고 있지만 너무 낮거나 너무 높은 학생들도 몇몇 있다는 것을 나타낸다.
- 만약 어떤 특성이 주어진 집단 내에서 다차원으로 나타나면, 그래프에서 두 개의 다른 점 혹은 선으로 표시하고 이를 구별하기 위해 설명을 적어라. 예를 들어, 학생들이 졸업을 위해 필수적으로 통과해야 하는데다, 평점을 높이기 위하여 일반수업보다 더 높은 점수를 얻어야 하는 보충수업에서는 관련성이 매우 높을 수 있다. 학생들은 높은 점수를 받지 못했을 때 생길 수 있는 두려움 때문에 그 수업이 그들의 미래에 아주 밀접하게 연관되어 있다고 여기고 지나치게 높은 관련성(R1)을 만든다. 그러나, 만약 이 보충수업 학생들이 이 수업에서 자신의 삶에 미치는 유용성을 찾지 못한다면, 혹은 그들의 과거 경험 혹은 현재 관심을 기반으로 할 때 어떠한 흥미도 느끼지 못한다면, 그들의 개인적 관련성에 대한 느낌은 지나치게 낮아질 것이다(R2). ARCS 모델의 네 개 영역은 각각 하위 영역을 가지고 있고 학생들의 동

기 유발은 각각의 하위 영역에 따라 달라질 수 있음을 명심해야 한다. 이런 경우에는 각 하위 영역에 메모를 덧붙이고 그것이 무엇을 의미하는지를 설명하라.

4. 이번에는 당신이 규명할 수 있는 문제의 본질적인 원인을 기록하라. 하나의 원인이 여러 가지 동기 문제를 초래할 수 있다. 예를 들어, 관련성은 수업을 통과하지 못하거나 졸업을 하지 못할 것 같은 두려움 때문에 매우 높아질 것이다. 이것은 높은 불안을 초래하고 수업을 철회하고자 하는 학생들 간의 낮은 자신감을 만들 것이다. 또한 주의집중의 과잉 현상(모든 것을 보기 위해 눈이 이리저리 휘둥그레지고 특정 내용에 집중할 수 없는 것)을 초래할 것이다. 결과적으로 동기 유발의 모든 문제가 생기겠지만, 대부분은 졸업하지 못하는 두려움 때문에 생기는 높은 관련성으로부터 영향을 받을 것이다.

5. 동기 유발 전략이 가장 효과적일 수 있는 상황을 기술하라. 주문제 해결을 위해 모든 것을 할 수는 없지만, 아마도 전반적인 동기 유발 분위기는 비교적 만족할 만한 수준까지 향상될 것이다. 예를 들어, 수업 개발자 혹은 교수자로서 당신은 이전 사례에서의 관련성 문제를 바꿀 수는 없다. 즉, 졸업을 못할 가능성을 없애 버릴 수는 없다. 그러나, 당신은 지나친 스트레스를 막기 위해 다른 동기 유발 조건을 향상시키기 위한 노력을 할 수 있다. 예를 들어, 학생들이 구체적인 성공 경험을 자주 맛볼 수 있도록 더 많은 동기 유발과 교수 전략을 활용함으로써 그들의 자신감을 강화할 수 있을 것이다. 당신은 모든 사람들을 도울 수는 없다. 왜냐하면 어떤 사람들은 성공하기 위한 동기 유발 혹은 재능이 없을 수도 있기 때문이다. 그러나 중요한 것은 신중한 설계를 통해 그들이 자신의 잠재력을 효과적으로 활용할 수 있도록 돕는 것에 있다. 또한, 당신은 방해 요인을 제거하고 주의집중을 위한 단서를 제공하며 스트레스를 주는 환경적 요인을 제거함으로써 그들의 주의집중을 향상시킬 수 있다.

(당신의 뇌리를 스치는 어떤 것이든 일단 기록하는 것이 좋지만)이 시점에서 해결책을 정의하려고 **하지 마라**. 이 단계의 목적은 학생 동기 유발에 영향을 줄 수 있는 분야를 규명하는 것이다.

6. 만약 당신이 대상학습자에 관련해 이전 섹션에서 다루어진 것과 다른 어떤

정보 혹은 상황을 발견하게 된다면 여기에 기록해 두어라. 대상학습자에 관한 생각이나 가능한 동기 전략들이 떠오를 때마다 항상 기록해 두어라. 이러한 기록들은 설계 단계에서 유용하게 활용될 것이다.

워크시트 사례

대상학습자 분석을 위한 기업 사례 워크시트는 대상학습자의 다양한 동기 유발 조건을 설명하고 있다. 이것은 당신이 자신의 기록을 좀 더 상세하게 만드는 데 도움이 될 것이다. 예를 들어, 당신이 "대상학습자가 자료를 지루하다고 생각한다"라고 간단하게 말한다면, 학생들이 그렇게 생각하는 것이 과거 경험 때문인지, 내용 혹은 전달 방법이 지루한지, 수업 자체의 문제가 아니라 학습자 자신의 흥미 부족인지 등 어디에 기인하는지를 알 수 없다. 더 상세하게 기술하는 것이 문제를 규명하고 동기 유발 전략을 만들어 내는 데에 상당히 유용할 것이다. 이 사례에서 작성자는 상이한 하위 집단이 아닌 전체 집단에 관련된 분석을 제시하였다. 분석의 각 부분들을 읽어 보면, 당신은 이것에 동의하는지 혹은 서로 다른 집단으로 구별해 논의해야 하는지 등에 대한 의문을 가질 것이다. 만일 집단을 구분해야 한다고 생각한다면, 논의를 따로따로 진행하고 각 하위 집단별로 그래프를 그리는 것이 좋을 것이다(표 8.9).

표 8.9 워크시트 3 대상학습자 분석 사례: 기업 훈련 환경

기업 사례: 워크시트 3

대상학습자 분석

대상학습자

다음의 분석은 전체 대상학습자(프로젝트 관리자와 과정 운영자(exponents))에 대한 동기 유발 프로파일을 추정한 것이다.

주의집중 준비도

많은 학습자들은 (그래프의 A1과 같이) 이 수업이 지루할 것으로 예상하고 있다. 왜냐하면, 과거에 경험한 테크놀로지 기반 수업이 지루했기 때문이다. 그들은 이 수업이 회사의 전반적인 이미지를 유지하기 위한 차원에서 양질의 프로그램일 것이라고 기대하고 있지만, 내용이

표 8.9 워크시트 3 대상학습자 분석 사례: 기업 훈련 환경 (계속)

기술적으로, 그리고 직선적으로 제시될 것이라고 생각하고 있다. 또한, 많은 사람들이 주어진 도구를 이용해 스스로 학습하는 것이 오히려 낫다는 태도를 가지고 있으므로, 수업이 진행되는 동안에 학습 내용에 집중하지 않을 것이다. 그렇지만, 테크놀로지에 대한 긍정적인 기대감을 가지고(A2) 내용뿐만 아니라, 훈련 방법에도 흥미를 가지고 있는 신입 사원들도 있다.

관련성 지각

학습자들이 수업에 대해 지각하는 관련성은 수업 내용과 그들의 업무가 긴밀한 연관을 갖고 있다는 점을 고려해 높게 나타날 것이다(R1). 하지만 경험이 많은 사원들은 관련성이 보통이거나 낮게 느낄 것이다(R2). 그들의 경험으로 미루어볼 때, 교육에서 전달되는 사용 방법과 실제로 업무에서 적용되는 사용 방법 간에는 큰 차이가 있을 것으로 예상하기 때문이다.

자신감

자신감의 양은 학습자들이 가지고 있는 SI 과정에 대한 지식과 컴퓨터 활용 기술에 따라 다양하게 나타나겠지만, 대체로 낮을 것이다. SI 과정의 지식에 확신이 없는 과정 관리자들 혹은 과정 운영자들은 SI-Pro 과제를 운영하는 데에 사용될 수 있는 새로운 프로그램 ESE에 대해 학습하는 것이 걱정될 것이다. 더욱이, ESE는 네 개의 데이터베이스에 하나의 인터페이스를 제공한다. 컴퓨터와 SI-Pro에 대해 잘 알고 있는 학습자들은 그렇지 않은 학습자들보다 좀 더 많은 자신감을 가질 것이다. 비슷한 맥락에서, 이 수업의 전달 방법은 어떤 학습자들에게는 새롭지만 어떤 학습자들에게는 성공적인 방법이 아니었다. 결과적으로 그들은 TBT 수업을 성공적으로 마칠 수 있다는 확신이 없을 것이다.

잠재적인 만족감

많은 학생들이 만족감에 관련해 두 가지 태도를 가질 것이다. 어떤 학생들은(S1) 이 훈련에 대한 부정적 태도 때문에 초기에 비교적 낮은 만족감을 나타낸다. 그들은 정식 훈련 과정을 통해 배우는 것보다는 혼자서 도구를 가지고 학습하는 것을 선호할 것이다. 그렇지만(S2), 이 프로그램이 업무에 활용되어야 하는 것을 잘 알고 있기 때문에, 이 훈련을 통해 프로그램의 사용법을 성공적으로 배울 수 있다는 것을 알게 되면 좋아할 것이다. 둘째로, 이 훈련을 통해 이득을 얻고 좋은 경험을 할 것이라는 기대를 갖고 있는 신입사원들은 비교적 높고 긍정적인 만족감을 느끼게 될 것이다(S2).

대상학습자 분석 그래프

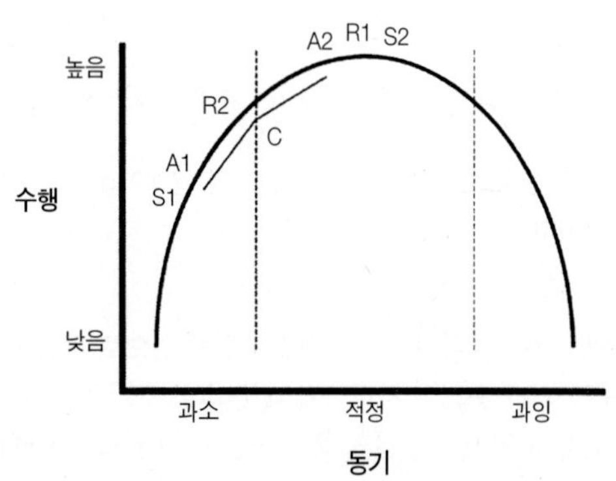

표 8.9 워크시트 3 대상학습자 분석 사례: 기업의 훈련 환경 (계속)

주문제 vs 소문제
몇몇 주문제들은 학생들의 낮은 주의집중 준비도와 낮은 자신감 수준과 관련이 있다. 왜냐하면 그들은 훈련에 대해 신경을 쓰지 않거나 지루하다고 느끼기 때문에 주의집중이 낮고, 어떤 학생들은 테크놀로지 기반 수업에서 교사가 부재한다는 점에 대한 걱정 때문에 낮은 자신감 수준을 갖기 때문이다. 소문제에는 학습 내용이 전달되는 방법에 있어서 낮은 관련성을 느끼는 것과, 훈련 유형에 기인하는 부정적 태도와 완료 시간으로 인한 낮은 만족감 등이 있다.

주원인의 보완
주의집중 준비도와 관련성 문제의 해결책은 훈련 초기에 매우 관련성이 높은 상호작용 활동을 수행함으로써 해결될 수 있다. 자신감 문제는 난이도가 너무 높지 않고 정보성 피드백이 제공되는 연습을 자주 시키는 교수 전략을 활용함으로써 해결될 수 있다. 또, 훈련 초기부터 도구의 다양한 활용방법을 시리즈로 연결하는 방법을 사용하는 것도 좋다. 앞서 언급된 동기 문제를 해결하면 만족감에 관련된 문제들도 해결될 것이다.

초등학교 사례 또한 모든 학생들을 한 집단으로 간주하였는데, 이 경우에는 적절하다고 생각된다. 확실히 동기 유발에서 개인적인 차이가 나타나는데, 그것은 교사가 일대일 기반으로 해결할 수 있을 것이다. 그러나 과제의 유형, 특히 제출일 연장이나 뜸한 회의 일정과 같이 이 연령 집단의 특성과 관련된 몇 가지 문제들이 보인다. 또한 과정 초기에 교수자가 어떻게 집단의 동기 성향을 규명하는지, 시간이 지남에 따라 어떻게 성향들이 변화하는지를 주시하라. 이 사례의 경우, 교수자는 이 수업을 이전에 가르쳐 본 적이 있기 때문에 발생 가능한 문제를 예상할 만한 기초를 가지고 있다. 그녀가 ARCS 모델에 대해 알고 싶어하고 이를 적용하고자 하는 것은 문제 인식의 부족이 아닌 문제 해결을 위한 안내를 얻고자 하는 의도 때문이다. 그러나 그녀가 이미 문제를 인지하고 있다고 스스로 생각할지라도, 이 워크시트에 따라 체제적 분석을 수행함으로써 스스로의 이해를 좀 더 명확하게 할 수 있다(표 8.10).

표 8.10 워크시트 3 대상학습자 분석 사례: 초등학교 영재학급

초등학교 사례: 워크시트 3

대상학습자 분석

1. 이 분석은 전체 학습에 관련되는가 혹은 하나의 하위 집단(사용 설명에 있는 것처럼 이름을 붙여서 규명하거나 혹은 다른 양식을 사용한 집단)에 관련되는가? A, R, C, S는 전체 집단에 적용되었다. 왜냐하면, 비록 개인적인 차이를 가지고 있을지라도 일반적으로 모든 사람에게 적용되는 특정한 문제와 특성들이 있기 때문이다. 아래 결론들은 학생 대표들과 교사와의 면담을 통해 내려진 것이다.
2. 워크시트 1과 2에 제시된 정보를 기반으로, 다음 영역에 따라 대상학습자들의 특성을 어떻게 설명할 것인가?(각각을 설명하고 결과를 묘사하는 그래프를 사용하라)

   주의집중 준비도: 초기에는 높음. 학생들은 프로젝트 주제를 선택하는 것에 대해 불안해하고, 그것을 어떻게 수행할 것인가에 대한 많은 아이디어를 가지고 있을 것이다.

   관련성 지각: 비교적 낮음. 대상학습자는 해야 할 과제 자체에만 관련성을 느끼고 있는 것 같다. 그들은 미래의 유용성에 대해서는 지각하고 있지 않을 수도 있다.

   자신감: 높지만, 지나칠 정도로 높지는 않음. 올해 자신들의 개별 과제에 만족해하는 학생들은 높은 수준의 자신감을 가지고 있고, 만족스러워하지 않는 학생들 또한 미래에 잘 할 것이라는 것에 진지한 자신감을 가지고 있는 것 같다.

   잠재적인 만족감: 다양함. 과제를 성공적으로 끝낸 대부분의 학생들은 개인적인 노력과 끈기를 많이 요구하는 과제에서도 성공할 수 있다는 느낌을 가지고 있다(S2). 그러나, 자기 주도성이 그렇게 높지 않은 학생들은 마지막 순간까지 과제를 계속 손보고, 그 결과에 대해 항상 실망스러워한다(S3).

과잉 동기 유발은 학생들이 자신들이 실제보다 더 잘할 수 있다고 생각하는 데서 나타나는 것이다. 만약 그들의 목표가 너무 높다면, 좌절을 맛보게 될 것이다(S1). 몇몇 학생들은 개별 과제의 완성 자체에 내적인 만족감을 갖기도 하지만(S2), 다른 학생들은 외적인 강화 요인을 필요로 하는 것 같다(S3).

대상학습자 분석 그래프

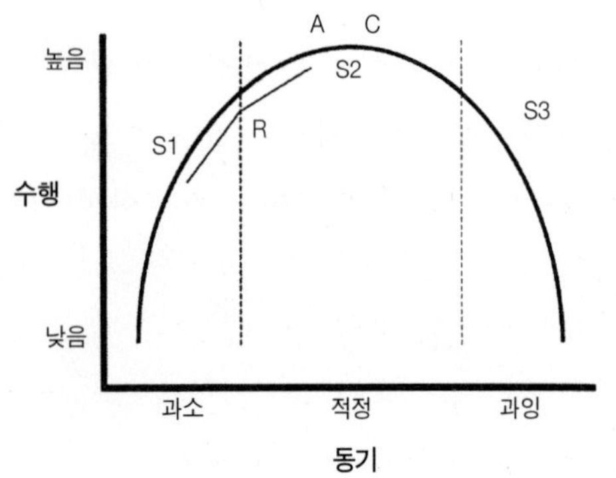

표 8.10 워크시트 3 대상학습자 분석 사례: 초등학교 영재학급 (계속)

3. 당신은 주문제와 그렇지 않은 문제를 어떻게 특징지을 것인가?
   주문제는 오랜 시간 동안 동기를 유지하는 데에 있다. 대상학습자들은 초기에는 열정적이지만, 시간이 지남에 따라 개인적인 노력을 유지하는 것이 쉽지 않다. 학생들은 주의집중에 영향을 주는 흥미 요소를 잃어버릴 수 있고, 자신들의 전체적인 삶과 미래 목적에 연계된 관련성을 보지 못할 수도 있다.
4. 주원인을 해결할 수 있는가? 그렇지 않다면, 그 외 어떤 조건들이 전체 동기 유발에 영향을 미칠 것인가?
   그렇다. 주된 원인은 해결될 수 있다. 특정한 직접적 중재 방법은 주의집중을 유지하는 데에 도움을 줄 것이고 관련성을 형성하는 데에 도움이 될 것이다. 또한 프로젝트를 하는 도중 중요 시점에 만족감 전략을 사용할 필요가 있다.
5. 대상학습자 분석에 관련해 고려해야 할 다른 사항이 있는가?
   현실적인 목표 설정이 필요하다. 때때로 학생들은 그들이 할 수 있는 것보다 더 많은 것을 하고자 한다. 교수자는 학생들이 흥미로우면서도 현실적인 목표를 세울 수 있도록 도와주어야 한다.

마무리

모든 고리가 연결되어야 사슬이 완성되는 것처럼, 동기 설계 과정의 모든 단계들은 중요하다. 그렇지만 어떤 관점에서 보면 대상학습자 분석이 가장 중요한 것이다. 이것은 모든 후속 결정의 기초가 되기 때문이다. 이 단계가 중요한 또 다른 이유는 개인적인 동기 유발의 다양한 본질에 관계된다. 어떤 시점에서 성공적이었던 동기 유발 전략은 다른 시점에서는 그렇지 않을 수도 있다. 그 전략을 너무 많이 사용했거나 수업 내용이 변했거나 교실 밖의 다른 방해 요인이 있거나 혹은 다른 어떤 원인에 기인하기 때문이다. 그러므로, 학생들의 동기 유발을 지속적으로 관찰하는 것이 필요하다. 이 섹션의 워크시트 3은 대상학습자의 동기 수준을 예측하는 상황에서 활용되었다. 실제로 당신이 대상학습자들을 만나게 되면, 이 분석 과정을 이용해 학생들의 동기 유발 프로파일을 관찰하고 수업 방법을 개선할 수 있다. 교사 주도 수업에서는 이렇게 하는 것이 상대적으로 쉽지만, 교재가 만들어질 때 학습자의 동기 유발에 대한 결정이 이미 내려져야 하는 자율학습 상황에서는 그렇지 않을 수도 있다. 이것은 동기 유발의 선난(front-end) 분석이 매우 중요함을 암시한다. 특히 컴퓨터 보조 수업의 경우, 컴퓨터가 학생들의 동기 유발을 지속적으로 관찰하고 학생들의 동기 유발 상태에 따라 자동으로 동기 유발 전략을 선택하도록 한 적이 있다. 예를 들어, 한 학습자가 학습 과정 중에 낮은 자신감을 나타낸 경우에 컴퓨터는 자동적으로 자신감을 높일 수 있도록 설계된 전략을 제공한다. 송상호과 켈러(Song & Keller, 2001)는 컴퓨터보조 수업에서 동기 유발에 적응적인 수업의 프로토타입에 대해 연구했다. 그렇지만 이 부분은 더 많은 연구가 필요한 분야이다.

단계 4: 기존 자료 분석하기

개요

현재 사용하고 있는 혹은 사용하고자 하는 학습 자료는 당신의 학생들의 동기 유발 요구에 적절한 동기요소들을 가지고 있을 것이다. 그러나, 한편으로는 현재 자료가 동기를 저하시킬 만한 결점이 있을 수도 있다. 이러한 경우에는 두 종류가 있는데, 첫째는 동기 유발 전략이 부족한 경우이다. 만약 학생들이 학습 자료에 대해 지루하거나 부적절하다고 느낀다면, 어떤 전략을 첨가하고 어디에 넣어야 하는지를 결정할 필요가 있다. 둘째, 너무 많은 동기 유발 전략 혹은 게임, 만화와 같이 대상학습자에게 부적절한 활동을 포함하고 있는 경우가 있다. 학생들이 배우고자 하는 동기가 매우 충만하거나 가능한 한 빨리 시험을 보고자 하는 상황을 가정해 보면, 학생들은 아무리 동기 유발 전략이라고 해도 내용을 습득하기 위해 결정적인 도움을 주지 않는 게임 혹은 시뮬레이션과 같은 특징에 짜증을 낼 것이다. 이 단계의 목적은 당신이 동기 유발 전략에 관련해 현재의 학습 자료, 즉 단원, 모듈, 전체 수업, 혹은 동기 유발을 하고자 하는 수업의 특정 부분들을 분석하는 것이다.

현재 어떤 동기 유발 전략이 그 수업에서 활용되고 있고 동기 전략이 필요 없는 곳은 어디인지를 알아보기 위해 학습 자료를 검토함으로써, 이 과정의 설계 단계(워크시트 4, 표 8.11)에서 해결해야 할 문제들의 리스트를 작성할 것이다. 수업을 검토할 때, 이전 워크시트에 기록했던 대상학습자들의 특성을 잘 고려한다.

표 8.11 동기 유발 설계 워크시트 4

기존의 자료 분석

수업 혹은 학습 자료 분석 결과를 기록하기 위해 이 워크시트를 사용하라. 만약 당신이 다른 체크리스트를 사용한다면, 참고 자료로서 그 분석 결과를 첨부하거나 그 양식으로 대체해 사용하는 것이 좋다.

11. 주의집중과 유지
    - 긍정적인 특성
    - 문제 영역
12. 관련성 생성
    - 긍정적인 특성
    - 문제 영역
13. 자신감 생성
    - 긍정적인 특성
    - 문제 영역
14. 만족감 생성
    - 긍정적인 특성
    - 문제 영역
15. 기타

워크시트 4의 사용법: 기존의 자료 분석

동기 유발 특성을 평가하기 위해 기존의 수업 자료를 검토할 때, 다음의 세 가지 질문을 고려한다.

1. 그 수업 자료에 나의 대상학습자에게 적절한 동기 유발 전략이 있는가?
2. 그 수업 자료에 나의 대상학습자에게 부적절한 동기 유발 전략이 있는가?
3. 부족한 동기 유발 전략이 있는가? 즉, 대상학습자 분석에서 규명된 영역, 혹은 동기 유지가 필요한 영역에서 부족한 전략이 있는가?

이 질문들은 모두 대상학습자의 동기 특성에 관련된다. 그러므로 학습 자료를 검토하면서 워크시트 2(대상학습자 정보 획득)와 3(대상학습자 분석)을 참고한다. 한 학습자에게 적절한 전략이라 해도 다른 학습자에게는 부적절할 수 있다. 예를 들어, 수학에서 상위 수준의 학생 집단은 문제를 해결하고 속도와 정확성에 따라 보상을 받는 게임 방식을 선호할 것이다. 수학을 어려워하는 학생들에게 이러한 게임은 무기력감을 느끼고 실패에 대한 두려움이 증가할 수 있다. 이것은 자신감을 매우 낮게 하고 관련성을 매우 높게 만드는데, 이는 그들에게 역기능을 일으킬 만한 높은 수준의 스트레스를 준다.

이 분석을 수행하기 위해 "동기 유발 체크리스트" 혹은 11장에서 제안하는 다른 체크리스트를 이용하는 것이 좋다. 그런 리스트들은 그 수업의 본질에 더하여, 혹은 본질을 대신해 동기 유발적인지 그 특성을 규명할 수 있도록 도와준다.

학습 자료들을 검토하는 동안에 당신은 워크시트 4(표 8.11)에 당신의 관찰 결과를 기록할 수 있다. 동기 유발의 네 개 영역 내에서 긍정적인 특성과 문제 영역을 나열하라. 문제시되는 것은 두 유형이 있음을 명심하라. 첫째는 학습 자료의 어떤 영역에서 학생들의 요구에 따라 필요한 동기 유발이 부족한 경우이다. 이러한 경우에는 결점을 기술하면 된다. 나중에 설계 단계에서 당신은 그 문제를 해결하기 위한 특정한 전략을 나열할 것이다. 만약 당신이 그 문제를 해결하기 위한 특정한 전략을 생각했다면, 바로 기록해야 한다. 잠재적으로 가치 있는 아이디어를 잃어버리게 될지 모를 위험을 감수할 필요는 없다. 당신이 기존의 수업 혹은 학습 자료, 새로 구입할 수업 자료를 검토하고자 한다면 이 워크시트를 이용하라. 동기 유발의 네 개 영역은 각각 하위 특성이 있고 검토 과정에서 고려할 수 있는 과정 질문(ARCS 모델 논문 참고)들이 있다.

두 번째 유형의 문제는 지나친 동기 유발과 관련된다. 이것은 대상학습자에게 부적절한 동기 유발 전략을 사용하는 것을 의미한다. 이미 대상학습자들이 매우 높은 동기를 가지고 있는데도 너무 많은 동기 전략을 사용하거나 부적절한 유형의 전략을 사용한 경우이다. 검토 과정에서 이러한 문제점들을 기록하고 이 전략들이 제거되어야 할지 혹은 수정되어야 할지를 표시한다.

마지막으로 '기타' 란이 있다. 당신은 네 개의 동기 유발 영역에 국한되지 않는 전반적인 동기 수준에 대한 인상을 가지고 있을 것이다. 여기 마지막 섹션에 혹은 다른 페이지에 이들을 기록한다.

대상학습자 고려

이 분석의 목적은 어떻게 이 수업을 대상학습자에게 동기 유발적으로 만들 것인가를 결정하는 것이다. 결국 당신은 이 분석을 수행하는 과정에서 워크시트 2와 3의 결과를 참조해야 한다는 것이다.

워크시트 사례

기업 수업의 현재 상태 분석은 매우 자세하다. 아마도 개발 비용이 많이 든 잘 설계된 수업일 것이다. 그럼에도 불구하고 동기 유발에 관련해 많은 문제들이 발견된다. 여기에서 규명한 결점들은 이후에 접하게 될 설계 과정을 위한 중요한 자료가 될 것이다. 전반적으로 이것은 좋은 사례(표 8.12)라고 할 수 있다.

초등학교 수업은 교사 주도적이며, 기업처럼 컴퓨터보조수업을 지원하는 다양한 자료가 없다. 초등학교 수업에서 수업 자료는 학생들이 특정한 기술과 과제를 성공적으로 수행할 수 있도록 잘 설계되어 있고, 이 수업의 제작자는 이를 잘 기술하고 있다(표 8.13). 그러나 대체로, 학생들의 관심을 유지하거나 회의와 과제 제출일 사이의 기간이 길어서 생기는 지연 상황에 대처하기 위한 적절한 활동과 관리 전략이 부족하다.

표 8.12 워크시트 4 기존의 자료 분석 사례: 기업 훈련 환경

기업 사례: 워크시트 4

기존의 자료 분석

주의집중 및 유지 특성

긍정적인 특성

- **수업명:** 'ESE는 쉽다(ESE is Easy)라는 수업명은 단순하지만, 반복적으로 강한 인상을 준다.
- **그래픽 사용:** 자체 제작한 그래픽은 ESE의 기능과 과정을 보여 주기 위한 소개 모듈에서 사용된다. 부가적으로 시뮬레이션 스크린은 학생들에게 수업 내용을 시각적으로 제시함으로써 테크놀로지 기반 교육(TBT)에서의 수업을 지원한다.
- **소리 사용:** 수업 해설자는 경험이 많아서, 음성 톤을 자주 변화시키는 등의 방법을 사용해 학습자들의 주의집중을 유지할 수 있다.
- **형식의 다양성:** 각 모듈은 색으로 구별되어 있고 각 페이지는 독특한 형식으로 되어 있다(소개, 그래픽&텍스트, 시뮬레이션, 다지선다 등).

부족 혹은 문제 영역

- **수업 순서:** ESE는 프로젝트의 다양한 단계에서 사용될 수 있기 때문에, 이 수업은 학생들이 어떤 프로젝트에서 과제를 수행하기 위해 ESE를 사용하는 것처럼 각 모듈을 따라갈 수 있도록 설계된다. 이것은 업무 적용 측면에서는 긍정적이지만, 약간 지루한 직선적인 방법이다. 초기의 수업들은 툴의 사용 결과에 대한 호기심을 생성하지 못한다.
- **호기심을 위한 시나리오 이용:** 학생들의 호기심을 유발하기 위한 시나리오는 학습 초기

표 8.12 워크시트 4 기존의 자료 분석 사례: 기업 훈련 환경 (계속)

혹은 중간 어디에도 없다.
- **다양성의 부족**: 프로그램의 품질이 좋다고 하더라도, 주의집중을 유지하기 위한 다양한 전략이 부족하다.

관련성 생성 특성

긍정적인 특성
- **소개 시나리오**: 이 수업은 과중한 업무와 프로젝트의 부적절한 관리 때문에 스트레스를 받는 한 프로젝트 관리자를 묘사하는 시나리오로 시작한다. 이 프로젝트 관리자가 "더 좋은 방법이 있을 거야"라고 말하면, 나레이터는 ESE를 소개하고, 힘들고 복잡한 업무를 효과적으로 수행하기 위해 어떻게 사용될 수 있는지를 안내한다.
- **소개 모듈**: 첫째 모듈은 학습자에게 ESE의 기능을 간단하게 소개하고 프로젝트를 진행하는 동안에 그 도구를 어떻게 사용해 다양한 과제들을 수행할 수 있는지를 설명한다.
- **모듈 소개**: 각 모듈의 초기에, 학생들은 SI-Pro 프로젝트 각본에 묘사된 모형을 보게 된다. 각 모듈은 프로젝트의 각 단계와 관련된다.

부족 혹은 문제 영역
- **모듈**: 비록 각 모듈이 ESE 기능과 SI-Pro 프로젝트 각본에 관련된 모형과 설명으로 시작하지만, 각 모듈은 관련성을 유지하지 않는다. 상호관계가 만들어지더라도 그것은 수업 내내 다시 언급되지 않고, 결국 그 관계는 소멸된다.
- **업무 관련 시나리오와 사례들**: 수업은 어떻게 ESE가 SI-Pro에 연계되어 사용되는지를 설명하지만, 업무에 관련된 문제해결 활동을 제공하는 실제적인 시나리오와 사례는 아니다.

자신감 생성 특성

긍정적인 특성
- **느리고 꾸준한 속도**: 나레이터는 느리지만 같은 속도로 내용을 제시한다. 그의 발음은 완전하고 학습 자료도 따라 하기 쉽다.
- **사용자 통제 내비게이션**: 사용자들은 스크린 아래에 제시된 내비게이션 바를 이용해 전체 속도를 빠르게 혹은 느리게 조절할 수 있다. 사용자들은 잘 이해가 되지 않는 것은 다시 시도할 것이고 노트를 하기 위해 잠시 멈추는 등 수업을 수월하게 끝마치기 위한 여러 가지 행동들을 할 수 있을 것이다.

부족 혹은 문제 영역
- **새로운 전달 방법**: 많은 학습자들에게 테크놀로지 기반 훈련은 수업을 위한 새로운 수단이다. 특히 컴퓨터 사용 능력이 부족한 학습자들에게는 CD-ROM으로 전달되는 훈련을 받는 것이 불편하고 어렵게 느껴질 것이다.
- **기대에 대한 불명확한 기술**: 소개 모듈은 코스 목적에 대한 일반적인 설명을 제공한다. 그렇지만 학습자는 수업을 진행하는 동안에 그것을 잊어버린다.
- **내비게이션 방법에 대한 부족**: 소개 모듈에서 내비게이션 사용 방법에 대한 설명이 부족하다. 테크놀로지 기반 교육(TBT)의 처음 사용자들은 많은 어려움을 접할 수 있다.

표 8.12 워크시트 4 기존의 자료 분석 사례: 기업 훈련 환경 (계속)

만족감 생성 특성

긍정적인 특성

- **체크 포인트 질문**: 수업의 매 단위가 끝날 때 혹은 10~15개 활동을 수행한 후, 학습자는 새로운 내용으로 진행하기 전에 체크포인트 문제들을 접하게 된다. 이것은 학습자가 직전에 학습한 내용을 작은 단위로 점검하면서 생각을 정리하도록 도와준다.

부족 혹은 문제 영역

- **연습을 위한 모호한 기준**: ESE 도구의 사용방법을 학습하기 위한 핵심은 실제 연습 상황에서 활용하는 것이다. TBT는 실제적인 실습을 포함하고 있지만, 과제 성공에 대한 명확한 기준이 없다. 학습자들이 각 모듈의 연습 과제를 수행한 후에, 그들이 실제로 각 단계를 정확하게 수행했는지를 확인할 방법이 없다.

표 8.13 워크시트 4 기존의 자료 분석 사례: 초등학교 영재학급

초등학교 사례: 워크시트 4

기존 자료 분석

Note: 이 단원과 직접적으로 관련된 자료는 매우 적다. 왜냐하면 관련된 능력의 대부분은 이전 수업에서 다루어졌기 때문이다. 이 단원의 기본 문서는 과제의 목적, 회의 스케줄, 전체 일정들을 소개하는 환영 편지이다. 또한 학생들은 다음과 같은 것을 받았다.

- 과제의 타임라인과 매달 이루어질 회의 일정
- 그들의 주제와 기본 자료를 기록하는 문서
- 개별 과제 계약서
- 프로젝트 개요(연구 자원, 필요한 도구, 과제 수행 단계)를 기록하는 양식

프로젝트 진행자는 전년도에 보충 자료들을 배분했을 것 같은데, 그러한 보충 자료들에 대해 문서화된 내용은 없다.

1. **주의집중과 유지 특성**
   a. 긍정적인 특성
      - 프로젝트 개요와 설명은 학생들에게 편지 양식으로 전달되는데, 이것은 일반적인 '형식적' 문서보다는 약간의 흥미를 유발한다.
      - 학생들은 개별 학습 과제에 대한 '개별 제작' 폴더를 받는다. 이것은 흥미로운 정보를 가지고 있고 유용한 정보를 기록할 수 있도록 만들어져 있다.
      - 올해의 주제는 흥미를 자극하기 위해 제시된다.

   b. 부족 혹은 문제 영역
      - 문서는 대문자로 쓰여 있고 시각적으로 보기 좋지 않다.

표 8.13 워크시트 4 기존의 자료 분석 사례: 초등학교 영재학급 (계속)

- 흥미를 유발하는 초기 단계에 그 해의 주제에 대한 소개는 거의 없거나 동떨어져 있다.

2. 관련성 생성 특성

a. 긍정적인 특성

- 학생들은 그 해의 전체 주제 영역 내에서 자신만의 주제를 선택할 수 있다.

b. 부족 혹은 문제 영역

- 전년도의 주제는 "세계의 위기"였다. 이것은 일단 개인적인 주제를 선택할 수 있는 기회를 학생들에게 제공하지만, 주제 자체는 추상적이고 그 나이의 학생들의 삶과는 동떨어진 것이다.

학생들에게는 그들이 학습할 탐구능력의 관련성에 관련해 생각할 기회가 주어지지 않는다. 현재의 주안점인 지식 노동자, 지식 습득, 지식 관리와 디지털 리터러시에 대한 현재의 주안점과 연계하였다면 좋았을 것이다.

3. 자신감 생성 특성

a. 긍정적인 특성

- 단원 유인물은 목표들을 제시하고 여러 가지 과제 제출일과 미팅에 대한 일정을 제공한다.
- 단원은 학생들이 이전에 배운 능력을 기반으로 한다.
- 학생들은 동료와 함께 수행할 수 있다.
- 학생들은 그들이 제출한 모든 과제에 대한 피드백을 받는다.
- 학생들은 '위험을 감수' 하도록 격려를 받는다. 각각의 학생들은 그들의 프로젝트가 잘 진행되지 않을 경우, "자신의 시도 방법을 기술하고 왜 잘못되었는지, 어떤 다른 방법을 시도해야 하는지를 기술하도록" 요구된다.

b. 부족 혹은 문제 영역

- 학생들은 "어둠 속에서" 수행하게 될 것이다. 이전의 학생들이 수행한 어떤 사례들도 가지고 있지 않으며 참고할 만한 것이 없다.
- 그들은 특정한 과제를 수행하는 동안에 프로젝트 진행자로부터 어떠한 컨설팅이나 지도도 받지 않는다.

4. 만족감 생성 특성

a. 긍정적인 특성

- 학생들에게 자세한 프로젝트 채점 방법이 설명된다.

b. 부족 혹은 문제 영역

- 학생들에게 과제를 완성한 후에 느낄 수 있는 어떤 감정에 대한 설명이나 사례가 전혀 제공되지 않는다.

5. 기타(전반적인 단원이나 문서에 대한 언급 포함)

없음

요약

당신이 이 워크시트를 완성하게 되면, 대상학습자 분석이 포함된 문서를 가지게 될 것이고 이는 특정한 동기 요구에 초점을 둔 다음 단계에서 동기 유발 목적을 설정하는 데에 도움을 줄 것이다. 이 문서는 설계 과정을 크게 단순화해 주는데, 왜냐하면 당신은 학습 자료의 어느 부분에서 동기 유발 전략을 사용할지, 그 목적은 무엇인지를 정확하게 알게 되기 때문이다.

제 9 장

동기 유발 목적과 전략 규명

생각해 두기

장면: 교사들의 휴세실, 8월 말

이교사: 안녕하세요, 김선생님. 어떻게 지내세요?

김교사: 그럭저럭, 선생님은요?

이교사: 잘 지내요. 아, 물어볼 게 있어요. 최선생님으로부터 들었는데요, 11학년 영어 수업을 완전히 바꾸려고 한다면서요? 게임처럼 흥미로운 방향으로요.

김교사: (웃으면서) 약간 그렇기도 하고요. 아마도 학생들은 즐겁겠지만, 이 변화는 교육적 철학을 기반으로 하고 있어요. 이것은 단순한 놀이가 아닌 이야기와 게임입니다.

이교사: 그게 무슨 말인가요?

김교사: 요즘 게임은 오락으로 아주 보편화되어 있죠. 학생들이 휴내용기기로 게임을 하지 못하도록 하는 것이 필요하긴 한데, 사실 게임은 교육에서도 아주 잘 알려져 있습니다.

이교사: 그런 이야기는 조금 들었지만, 일시적인 현상이라고 생각했어요.

김교사: 그럴 수도 있지만, 내 생각에 그것보다는 더 뭔가 있는 것 같아요. 학습을 향상시키는 게임을 'serious games' 라고 해요. 게다가 스토리기반게임 때문에 더 유명해졌어요. 들어본 적이 있나요?

이교사: 어릴 때 읽었던 이야기책 말고는… 처음 들어봐요. 영어 수업에서 이야기책을 읽어 보려고 하나요? (이교사가 의문스럽게 물었다.)

김교사: 아니요. 그게 아니라, 모든 단원을 사례연구와 같은 시나리오 즉, 이야기를 기반으로 한다는 것이죠. 이 경우에 학생들에게는 문제가 주어지고 그 문제를 풀기 위해 학생들이 어떤 지식과 기술을 알아야 하는지를 파악해야 합니다. 그리고 함께 배우고 그것을 적용해 가는 것이죠.

이교사: 무슨 말인지는 알 것 같은데, 아직 좀 헷갈리네요. 예를 하나 들어 주실래요?

김교사: 그러죠. 예를 들어, 학생들이 어네스트 헤밍웨이의 글의 특징을 이해하고 문학 분야에서의 그의 공헌도, 20세기 미국에 미친 영향들을 이해하는 것이 학습 목표라고 하죠. 학생들이 문학 비평의 기본 원리들을 배우고, 그의 작품을 읽고, 그의 일생과 작품에 영향을 미친 문학이 무엇인가를 배우고, 그를 둘러싼 문화적 정치적 환경에 대해 배우고, 그리고 다른 사람들에게 어떤 영향을 미쳤는지를 알아야 합니다. 나는 학생들에게 그들이 조사를 시작할 때 필요한 자원, 안내, 관련된 자료들을 제공합니다. 또한 나는 그들을 돕는 코치 혹은 조력자가 되죠. 그러나 기본적으로 학생들은 스스로 운영하는 모둠으로 과제를 수행하고 핵심 문제에 대한 답으로 내놓는 최종 결과물에 대한 책임을 지게 될 것입니다.

이교사: 흥미롭게 들리는데요. 그러나 게임이 어떻게 이 방식과 연계되지요?

김교사: 스토리 중심 모듈을 게임 상황에 연계할 계획입니다. 예를 들어, 모험 게임으로 구성하고자 합니다. 형사 모티브, 탐험가 모티브와 유사한 어떤 것을 중심으로 구성하는 것이죠. 방해 요인을 만들고 그들을 방해하거나 도와주는 사건들을 만들어요. 학생들은 성공할 때마다 관련된 정보가 들어있는 보물 상자 형식의 상을 받게 됩니다. 게다가 'second life' 환경을 이용하려고 합니다.

이교사: 이 모듈을 설계하려면 할 일이 많을 것 같아요.

김교사: 네. 몇 주에 걸쳐서 해야 할 것 같아요. 하지만 흥미진진하고 그럴 만한 가치가 있을 것 같아요.

이교사: 잘되기를 바래요. 어떻게 진행되는지 알려 주세요.

김교사: 네, 그럴게요.

(계속…)

김교사의 아이디어를 어떻게 생각하는가? 11학년 학생들에게 적절한 충분한 동기 유발을 제공할 것인가? 실제로 실현 가능한 일인가? 아니면 김교사가 동기 유발에 있어서 어려움을 겪게 될까? 어려움이 있다면 어떤 것들일까?

들어가기

지금까지 당신은 교육 상황과 대상학습자에 대한 정보를 수집하고, 대상학습자와 기존의 교재들을 분석했다. 이제 프로젝트를 위한 목적을 설정하고 수업의 질을 향상시킬 수 있는 동기 유발 전략을 만들 것이다. 당신의 목적은 수업에서 성취하고자 하는 것과 원하는 성취 정도를 파악하는 방법을 기술한 목표의 형식으로 표현될 것이다. 여기서의 목표를 학생들이 경험하길 원하는 태도와 감정을 기술하는 정의적 목표와 혼동해서는 안 된다. 이 정의적인 목표들은 동기 유발 증진을 준비하는 것이 아닌, 수업을 설계하는 맥락에서 쓰여질 것이다. 현재 맥락에서 당신의 목적은 곧 프로젝트 목적이다. 즉, 당신이 이전 워크시트에서 기술한 동기 문제를 극복하기 위해 이루어져야 할 수업에 대한 태도 변화를 기술하는 것이다. 이를 위해 당신이 성취하고자 하는 동기 목적을 기술한 이전의 워크시트를 검토하는 것이 중요하다. 또한, 설정할 목표에는 두 종류가 있다는 점을 명심하자. 첫째는 기존의 수업이 가지고 있던 특정한 문제를 해결하기 위한 목적으로 설계된 동기 유발 향상 정도를 포함한다. 예들 들어, 주어진 수업 자료가 학생들의 흥미를 끌 것이라고 예상한다면, 당신은 목표를 기술할 때 "이 교재 때문에 학생들이 지루해하지 않을 것"을 명시하는 것이다. 둘째 목적 혹은 목표는 동기를 유지하기 위해 할 일들과 관련된다. 예를 들어, 당신의 수업이 학생들의 호기심을 자극하고 그들이 흥미로워할 것이라고 가정해 보자. 그러니 적절한 강화 없이는 이 호기의 흥미가 오랫동안 지속되지 않는다는 것을 깨닫게 될 것이다. 이 경우에, 당신은 수업시간 내내 학생들의 호기심을 유지하는 것을 목적으로 설정할 것이다. 이 목적은 다른 사례와 마찬가지로 적절한 동기 전략을 설계하기 위한 기반이 될 것이다. 목적을 기술하는 것에 더해, 당신의 목적 달성 여부를 파악할 수 있는 방법을 기술하는 것이 필요하다. 바꾸어 말하면, 목적 달성을 확인하기 위해 사용될 평가 혹은 측정 방법을 기술해야 한다는 것이다.

이 단계가 완료되면, 동기 전략 리스트를 만든다. 이 과정은 크게 2 단계로 나뉜다. 일단, 당신의 상황에서 동기 유발과 관련해 가능한 한 많은 아이디어를 구상하는 것이다. 또한, 이 과정에서 이전 워크시트의 내용을 고려하는 것이 중요하다. 나중에 좀 더 상세한 안내와 설명이 제공되겠지만, 여기에서 몇 가지 원리를 언급할 필요가 있다. 첫째, 당신의 전략이 얼마나 성공적인가와 상관없이, 그것이 영원하지는 않을 것이라는 점이다. 설계자와 교수자가 범하기 쉬운 실수는 크게 성공한 전략에 심취되어 과용하는 것이다. 모든 새로운 전략은 그것 자체가 가진 동기 유발 효과와 함께, 신품 효과(novelty effect)를 갖기 마련이다. 새롭다는 사실 자체만으로도 어느 정도의 흥미를 자극할 수 있다. 그러나 그 새로움이 없어지면, 그 전략은 학생들의 동기 유발과 밀접하고 뚜렷하게 관련되어 있을 때에만 효과를 나타낼 것이며 학생들은 그 전략을 식상하다고 느낄 것이다. 왜냐하면 새로움에 대한 욕구는 인간 동기의 한 측면이기 때문이다.

또 다른 원리는 전략을 생성하는 당신의 **인지적 관점**과 연계된다. 브레인스토밍을 하는 동안에 마음을 열고 받아들이는 것이 필요하다. 특히 복잡하고 긴 수업을 할 경우, 전략을 많이 나열하면 할수록, 고민할 전략들도 많아진다. 과거의 경험, 다른 사람의 경험, 교사를 위한 동기 전략이 담긴 자료 등을 살펴보아라. 지나치게 복잡하거나 작업이 많이 필요한 전략이라고 할지라도 버리지 마라. 모든 전략을 다 수행하지는 못할지라도 목적 달성을 위한 좀 더 편리한 방법을 떠올리게 될 것이다.

여기에서 언급하는 마지막 전략은 동기 전략의 마지막 선택과 연계된다. 당신이 전략 리스트를 만든 다음 실제 사용할 전략을 결정하고 나면, 다양한 제약점들을 생각해야 한다. 워크시트 7의 사용 설명에 들어있는 부분을 간단하게 언급하자면, 이러한 제약점에는 전략 개발 시간, 수업 목적과의 관련성, 실행 시간 등이 있다. 수업 환경에서 동기 전략은 학생들의 학습 동기를 유발하고 유지하기 위한 것이라는 점을 명심하라. 그러므로, 동기 유발 전략은 교수 설계 전략의 하나라고 말할 수 있다.

이러한 점들을 고려하면서, 김교사의 교육과정 혁신에 나타난 것들을 찾아보자.

장면: 교사 휴게실, 12월, 공휴일 점심 식사

이교사: 안녕하세요, 김선생님. 휴게실에선 오랜만에 뵙네요.

김교사 (약간 마른 듯하고 주름살이 늘어난 모습): 휴게실에 오랜만에 와서요.

어떻게 지내셨나요?

이교사: 잘 지내고 있어요. 요즘 스트레스 받는 일이 있나 봐요. 다 잘되어 가나요?

김교사: 그럼요. 그냥 요즘 일이 너무 많아서요. 제가 개발하고 있는 새 교육과정 때문에요.

이교사: 그래요? 그러신 것 같긴 했는데, 어떻게 진행되고 있나요? 계속 관심을 가지고 있었어요.

김교사: 일이 커졌어요. 학생들은 첫 모듈을 진짜 좋아했어요. 수업에 집중하고, 스스로 기본 능력을 배우고, 서로 과제를 주고받고, 함께 공부하고, 창의적인 산출물도 만들어 냈어요.

이교사: 굉장한데요. 나도 내 사회수업에서 비슷한 것을 해 볼까 봐요. 그런데 그렇게 잘되고 있는데 왜 스트레스를 받죠?

김교사: 내가 말했죠. 일이 커졌다고. 첫째 모듈을 4주 동안 했는데, 아주 좋았어요. 둘째 모듈도 4주간 지속되었는데 괜찮았어요. 첫째 모듈만큼은 아니었지만, 학생들은 여전히 새로운 방식에 흥미로워했어요. 그러나 세번째 4주간의 모듈에서 달라졌어요.

이교사: 왜 그렇게 생각해요? 그들이 뭐라고 했나요?

김교사: 학생들이 내게 "선생님, 그냥 우리들에게 필요한 내용들을 가르쳐 주면 안 돼요? 그게 더 빠를 것 같아요. 금방 배울 수 있는 내용인데 굳이 이 많은 걸 다 해야 하는 건 좀 힘들어요. 그리고 과제 수행 팀도 만들어 주세요. 게임도, 처음할 때는 재밌었지만 두번째부터는 그렇지도 않았어요."라고 하더군요.

이교사: 흥미롭군요. 무엇을 하든, 같은 것을 계속하는 것을 지루해하는 것 같아요.

김교사: 그래요, 맞아요. 학교에서 하는 모든 활동들에서, 학생들은 목적 달성까지의 최단 코스를 원하죠. 한동안은 새로운 방법에 흥미를 느꼈겠지만, 그 신선함이 사라지고 나면 결국 효율성을 추구해요.

이교사: 마치 어른들 같네요. 이 방법을 다시 사용할 건가요?

김교사: 물론이지요. 이 모듈을 개발하는 데에 정말 많은 노력을 들였으니까요. 하지만 신중해져야 할 것 같아요. 어떤 학습 목표를 달성하기에 가장

좋은 방법이라고 판단될 때, 한 학기에 한 번 정도만 쓰려구요.

이교사: 확실히 지쳐 보이긴 하지만, 즐거워 보이기도 하네요. 따뜻한 차 한 잔 하실래요?

김교사: 물론이죠.

정리하면, 김교사는 쓰라린 경험을 통해 동기 유발 설계에 대해 배웠고, 그 내용들이 바로 이제부터 당신이 배우게 될 내용이다. 이제 당신은 프로젝트 목적을 준비하고(단계 5) 동기 전략을 나열하게 될 것이다(단계 6과 7).

단계 5: 목표와 평가 항목 나열하기

개요

이 단계에서 당신은 동기 유발 설계의 목적과 평가에 대해 기술할 것이다. 학습자에게서 나타나기 바라는 동기 유발 행동을 목적에 서술하라. 목적을 기술할 때, '동기 수준의 차이를 줄이는 것' 과 '동기를 유지하는 것' 을 구별하는 것이 중요하다. 대상학습자 분석에서 말했던 것처럼, 어떤 경우에는 주의 관찰을 요하는 특정한 동기 문제가 나타날 것이다. 예를 들어, 대상학습자가 수업 주제에 대한 관련성을 찾지 못할 것이라고 예상한다면, 목적에는 그 문제에 대해 명시해야 한다.

그러나 특별히 중요한 동기 문제가 없다고 할지라도, 동기 유지는 여전히 필요하다. 즉, 수업이 지루해지는 것을 막기 위해 충분한 동기 전략을 사용해야 하고, 학생들의 자신감 수준을 유지하기 위한 적정 레벨의 도전 과제를 제시해야 할 것이다. 당신은 예측 가능한 모든 주요 동기 문제에 대한 동기 수준 향상 목적을 기술해야 한다. 시작 단계에서 이미 만족스러운 수준에 있는 동기 영역들의 수준을 단순히 유지하기 위해서 목적들을 나열할 필요는 없다. 그러나 자신감이나 만족감과 같은 동기 영역의 수준을 유지하기 어려울 것으로 예상한다면, 이러한 잠재적인 문제들을 위한 목적을 기술하는 것이 좋다.

목표를 진술하는 것(워크시트 5, 표 9.1)은 설계 과정을 거칠 때 중요한 동기 유발 전략에 집중할 수 있게 해 주고, 동기 목적을 달성했는지의 여부를 확인하기 위한 수단이 될 것이다. 그외에도 다양한 이점이 있다. 동기 문제 규명, 목표 진술, 동기 전략 설계와 결과 평가를 해 보고 나면, 당신의 자신감과 전문성은 크게 향상될 것이다.

표 9.1 동기 유발 설계 워크시트 5

목표와 평가 항목 나열	
1. 동기 유발 설계 목적: 학습자의 동기 프로파일(태도)에 대해 당신이 원하는 변화 양상을 기술한 목표를 나열하라. 1. 2. 3. 4. (필요할 경우 계속)	**2. 평가** 당신이 동기 목적을 달성했는지 여부를 결정하기 위해 사용할 평가 방법을 기술하라. 1. 2. 3. 4. (필요할 경우 계속)

워크시트 5의 사용 설명: 목표와 평가 나열

워크시트 5는 두 부분으로 이루어져 있다. 첫째 칸에는 당신의 프로젝트에 적합한 목표를 가능한 한 많이 나열한다. 둘째 칸에는 각각의 목표에 사용할 평가 항목을 기술한다.

동기 유발 목표

학생들의 동기 성향에 바람직한 특정한 변화를 포함하는 목표를 모두 기술하라. 이것이 당신의 동기 목적이 되고 학생들이 성취하기를 바라는 동기 결과가 될 것이다. 예를 들어, 만약 당신이 컴퓨터 사용능력이 부족한 학생들에게 워드프로세싱의 입문 수업을 진행한다고 하면, 당신의 동기 목표 중의 하나는 다음과 같을 것이다: "학생들은 수업의 첫 한 시간 동안 20분간의 직접 경험을 한 후에 교사가 준 자기보고식 평가지를 받았을 때, 만족할 만한 수준의, 혹은 더 높은 자신감을 표현할 것이다."

당신의 동기 유발 목표는 학습 목표와 같은 원리에 따라 기술되어야 한다. 목표에는 당신이 관찰할 수 있는 행동, 중요한 조건, 적절한 수행의 판단 기준들이 포함된다. 이것은 프로젝트 목표이지 학습 목표가 아니라는 점을 명심한다. 만약에 체제적 교수 설계를 이용한다면, 당신은 학생들이 배우기를 원하는 지식, 기술, 태도, 심리신체적 영역을 설명하는 목표를 진술할 것이다. 현재 상황에서 당신의 목표는 학생들이 학습한 것을 나타내는 것이 아니라, 학습할 동기가 있다는 것을 드러나게 하는 방법을 설정하는 것이다.

평가

동기 유발 목적이 달성되었는지를 어떻게 판단할 것인지에 대해 기술하라. 평가 방법은 목적에서 따로 기술될 수 있고 내재될 수도 있지만, 당신이 관찰해야 하는 것, 사용할 평가 방법, 평가 시기 등에 대해 더욱 완전하게 설명되어야 한다. 예를 들어, 당신의 목표가 "학생들은 수업의 첫 한 시간 동안 20분간의 직접 경험을 한 후에 교사가 준 자기보고식 평가지를 받았을 때, 만족할 만한 수준의, 혹은 더 높은 자신감을 표현할 것이다"라고 하자. 이 사례는 대부분의 목표보다 훨씬 완전하게 기술되어 있는 편이지만, 좀 더 상세하게 서술할 만한 여지가 있다. 이 목표를 위한 평가 방법은 다음과 같다. "각각의 학생들은 자신들의 자신감 수준에 관련된 두 개의 질문을 받게 될 것이다. 첫째 질문은 워드프로세싱을 공부하기 위한 자신의 능력을 어느 정도 확신하는가에 대한 문항이고, 둘째 질문은 컴퓨터를 활용하는 데에 있어서 여전히 꺼리는 것이 어떤 것인가에 대한 문항이다. 학생들이 후속 내용을 공부하는 동안에 교사는 결과를 정리한다."

잘만 활용한다면, 거의 모든 방식의 평가를 사용할 수 있다. 좀 더 주관적인 평가도 가능한데, 수업이 편안한 분위기인지, 학습하고자 하는 의욕이 있는지를 나타내는 몸짓과, 자발적이거나 혹은 유도된 언어적 표현 등이 여기에 포함된다. 또한 학생들이 지루해하거나 집중이 흐트러지지 않은 상태에서 과제에 몰입을 유지하는 시간과 같이 명확한 측정도 가능하다. 평가 방법의 활용은 평가 시간, 중요성, 수업 방해의 최소화 등의 요인들을 고려해 이루어진다. 당신의 목표가 단지 만족할 만한 동기 수준의 향상에 대한 개인적인 의견에 국한된다면, 좀 더 주관적인 측정을 수행하는 것이 더 좋을 것이다. 그러나, 만약 당신이 연구를 수행 중이거나 혹은 다른 사람에게 당신의 동기 전략이 성공적이라는 것을 확신시키는 보고서를 작성해야 한다면, 좀 더 객관적인 방법을 사용하거나 혹은 만족할 만한 신뢰성과 타당성을 보여 줄 수 있어야 한다.

사례

앞 장과 마찬가지로, 두 개의 사례가 있다. 기업 사례(표 9.2)와 초등학교 사례(표 9.3)는 목적과 평가의 구성 방법을 설명하고 있다.

목표와 평가에 대해 읽었던 내용을 참고해, 위 워크시트의 목표와 평가 항목의 적절성에 대해 비판해 본다. 목표들은 좋지만, 평가 항목들은 그 목표가 지향하는 것을 정확하게 측정할 수 있는가? 자신감에 대한 셋째 평가는 오히려 모호한 편이

표 9.2 워크시트 5 동기 유발 목표와 평가 사례: 기업 교육 환경

기업 사례: 워크시트 5

목표와 평가

동기 설계 목표와 평가

개요: 이 과정은 개별 학습 과정이므로, 수강하는 동안에 학습자 동기를 관찰하는 것은 불가능하다. 동기 유발 피드백은 두 가지 방법으로 수집될 것이다: (1) 학습자 관찰은 사전평가 동안 이루어질 것이며, 다음과 같은 질문을 받게 될 것이다. (2) 수업이 진행될 때, 학생들은 사후평가지를 작성하게 될 것이다.

	동기 설계 목표	평가
주의집중	학습자들은 훈련 과정이 정신적으로 사극적이고 전반적으로 주의집중을 유발했다고 보고할 것이다.	학생들은 각 단원과 전체 수업에 대한 흥미에 대해 질문을 받게 될 것이다.
관련성	학생들은 이 도구가 자신의 업무에 적절하다고 평가하고, 수업 활동은 이것을 실제 상황에서 어떻게 적용할 수 있는지를 이해하는 데에 도움이 된다고 기술할 것이다.	학습자들은 관련성에 연계된 질문들을 받게 될 것이다.
자신감	학습자들은 (1) 적절한 시간 안에 수업과 연습과제를 완수할 것이다. (2) 첫째 모듈을 끝내고 나서 만족할 만한 자신감 수준을 보고할 것이다. (3) 지속적으로 만족할 만한 자신감 수준을 보고할 것이다.	사전평가 집단의 학생들이 대략 네 시간 동안에 이 과정을 이수할 수 있는지를 보기 위해 시간을 체크할 것이다. 이 학생들은 교재를 이용하는 동안에 느낀 자신감에 대해 질문을 받게 될 것이다. 학생들은 과정이 끝난 후에 사후평가지를 작성하게 될 것이다.
만족감	학생들은 ESE의 특징을 말하고 이것이 어떻게 자신의 일상 업무에 이로운지를 설명할 것이다.	과정이 끝날 때까지 사전평가 집단의 학생들은 ESE의 특징을 나열하도록 요청받을 것이고 이들이 프로젝트에서 어떻게 도움이 되었는지를 설명하도록 요청받을 것이다. 비슷한 질문들이 사후평가지에도 포함될 것이다.

다. 이전에 언급했던 것처럼, 이 사례들은 대체로 긍정적인 특성을 가지고 있지만, 당신이 피해야 할 흔한 문제점들도 포함하고 있다.

초등학교 사례에서, 세번째 평가 항목은 해당 목표에 적합하다. 그러나 처음의 두 전략이 그에 연관된 목적을 성취하도록 돕는 것이지만, 그것을 성취했는지를 평가하는 것은 아니라는 점을 주시하라. 이것은 흔히 접할 수 있는 문제점이다. 학습 자료를 검토하는 것과 같은 전략은 워크시트 6과 7에서 나열될 것이다. 이 시점에서 질문은 "목표가 달성되었는지를 어떻게 알 수 있는가?"이다. 넷째 평가는 어느 정도 제대로 된 것 같지만, 여전히 불완전하다.

표 9.3 워크시트 5 동기 유발 목표와 평가 사례: 초등학교 환경

초등학교 사례: 워크시트 5
목표와 평가

동기 설계 목표	평가
학생들의 동기 프로파일에서 변화를 일으키고자 하는 점들을 설명하는 목표를 나열한다.	각각의 목적에 대해 그것이 성취되었는지를 판단하기 위해 사용할 평가를 설명한다.
1. 학생들은 자신들의 프로젝트를 위한 실제적인 목표를 세울 것이다.	1. 교사는 각 프로젝트를 검토하고 학생들과 논의하며 학생들이 적절한 목적을 달성할 수 있도록 도와주는 피드백을 제공할 것이다.
2. 학생들은 과제를 진행하는 동안에 자신의 흥미 수준을 유지할 것이다.	2. 교사는 진도보고서를 검토하고 학생들을 만나고 발전 과정을 평가할 것이다.
3. 학생들은 이 과제에 대한 관련성을 적절하게 형성할 것이다.	3. 학생들은 프로젝트에서 발휘될 능력이 그들의 생활에서 이루어지는 탐구와 어떻게 연계되는지, 이러한 능력이 현재 혹은 미래의 삶에서 얼마나 중요한지를 설명할 것이다.
4. 학생들은 자신의 아이디어를 나타내기 위한 다양한 표현 방법과 매체를 활용해 프로젝트에 대한 열정을 보일 것이다.	4. 교사는 보고서를 검토할 것이다.

요약

모든 분석 단계와 목적 및 평가 진술을 위한 설계의 첫째 단계를 완료한 지금, 당신은 어떤 전략이 목표 달성에 유용한지를 고민할 준비가 되었다. 다음 단계에서는 당신의 목표를 달성하기 위한 방법을 가능한 한 많이 고안해야 하기 때문에, 꽤 흥미로울 것이다. 나중에 단계 7에서 당신은 가장 적합한 전략을 선택하기 위해 이 아이디어들을 분석할 것이다.

단계 6: 예비 전략 나열하기

개요

전략을 선택하기 위해 두 가지 단계가 있다. 첫째는 단계 6(워크시트 6, 표 9.4)으로, 이것은 적용 가능한 동기 유발 전략 혹은 해결 방안을 준비하는 예비 선택 단계이다. 이것은 단계 1에서 5에 걸쳐 완성된 워크시트에 기술되어 있는 특정한 목표와 일반적인 상황들과 연계된다. 그리고 단계 7: 최종 전략 선택(워크시트 7, 표 9.7)에서 실제로 사용할 전략을 선택하고 결합하고 조직하기 위해 일련의 선택 기준을 적용할 것이다.

표 9.4 동기 유발 설계 워크시트 6

예비 전략 나열 (고려할 동기 유발 전략)				
	시작	중간	끝	전체
A				
R				
C				
S				

단계 6은 예비 전략 선택으로 불리는데 왜냐하면 이것은 기본적으로 브레인스토밍 단계이기 때문이다. 이때는 단계 5의 목표와 연계된 전략을 나열할 뿐만 아니라, 수업 전체에 걸쳐 동기 수준을 유지할 수 있는 전략들을 포함해야 한다. 일

반적으로, 단순한 것부터 복잡한 것까지 동기 유발 목표를 위해 사용할 수 있는 다양한 전략들이 있다. 이 단계의 목적은 창의적인 생각을 마음껏 발휘해 가능한 한 많은 전략을 나열하는 것이다. 비록 몇몇 아이디어가 시간과 비용 측면에서 적절하지 않다고 해도, 이 전략들은 다른 유용한 전략을 만들어 내는 밑거름이 될 것이다. 때때로, 그 아이디어를 당장은 완벽하게 실천하지 못하더라도 나중에 이상적인 방안으로 사용될 수 있는 방법을 찾을 수 있다.

워크시트 6의 사용 설명: 예비 전략 나열

워크시트에서 각 행은 동기 전략의 네 가지 영역을, 각 열은 수업의 단계를 나타낸다. 동기 유발을 자극하기 위해 수업 초기에 할 수 있는 일들을 생각해 보라. 그리고 동기 유지를 위해 수업 중에 할 수 있는 일, 수업이 끝난 후에 계속 동기 수준을 유지하기 위해 할 수 있는 일들을 생각해 보라. 또한 동기를 유지하기 위해 수업 전체를 통해 사용하고자 하는 전략을 생각해 보라. 수업 전반에 걸쳐 이어지는 예시와 사례 연구와 같은 것은 학생들이 흥미를 유지할 수 있게 해 준다. 이것은 지속적인 '이야기'가 되고 학생들은 다음의 '에피소드'를 기대한다.

좋은 아이디어를 얻기 위해서는 워크시트 4(기존의 자료 분석), 동기 유발을 포함한 몇 가지 체크리스트들(11장), 그리고 전문가의 책들을 참고하는 것이 좋다. 이들은 학생들의 동기를 유발하고 교과목을 흥미롭게 만들 수 있는 아이디어들을 담고 있다. 동기 유발 목표를 잊지 말고 항상 염두에 두어야 하지만, 동시에 가능한 한 많은 아이디어를 고안하는 것이 필요하다. 비록 당신이 이 동기 유발 프로젝트에서 모든 아이디어를 사용할 수는 없을지라도, 그 중의 몇몇은 다음에 활용할 수도 있을 것이다. 동기 유발 아이디어의 카탈로그를 만드는 것은 언제나 유용하다. 얼마나 자주 그 카탈로그를 참고하게 될지를 알게 되면 놀랄 것이다.

워크시트 사례

기업 사례 워크시트는 면대면 수업을 포함하고 있기 때문에 여러 가지 활동이 교수자에 의해 직접 수행될 수 있다. 또한 흥미와 관련성을 증가시키기 위해 사용할 수 있는 다양한 자료들을 포함하고 있다.

이 워크시트에 제시된 많은 전략들은 아주 잘 만들어져 있긴 하지만, 일반화된 아이디어를 지원할 구체적인 사례들을 나열하는 것이 가장 좋다. 예를 들어, '주의집중' 과 관련해 설계자는 '흥미를 자극하기 위한 개방형 질문을 제공하라' 라고 말했다. 이것은 좋은 원리이기는 하지만, 실제적인 전략은 아니다. 여기에 사용 가능한 개방형 질문을 한두 개 정도 포함하는 것이 좋다. 그럴 경우 설계자는 아마도 '학생들에게 현재 사용하고 있는 정보관리시스템의 문제점 혹은 한계를 세 가지 나열하라고 요청한다' 라고 했을 것이다. 마찬가지로, 관련성의 첫째 칸에서, 설계자는 ESE의 기능과 실제 프로젝트 관리에서의 활용을 연결하는 방법, ESE가 일상적인 업무를 간소화하고 더 쉽게 하는 방법 등과 같은 질문의 예들을 제공할 수 있다. 이렇게 상세화하는 것은 최종 설계와 표 9.5의 수업과 동기 전략을 통합하는 과정에서 구체적인 아이디어를 제공한다.

표 9.5 워크시트 6 예비 설계 사례: 기업 훈련 환경

기업 사례: 워크시트 6

예비 설계

브레인스토밍 단계 결과

	수업 시작	중간	끝
A	• 소개 모듈에 그림을 넣는다. • 흥미를 자극하기 위한 개방형 질문을 던진다. • ESE에서 만들어질 수 있는 계획, 보고서의 모습들을 더 많이 보여 준다.	• 체크 포인트 질문들을 게임에 포함시킨다. • 체크 포인트 질문들을 적절한 수준으로 어렵게 만든다. • 다음 단계로 진행해야만 답할 수 있는 질문을 제시한다. • SI-Pro에 관련된 문제상황을 제시하고 '이 상황에서 어떻게 할 것인가'를 질문한다.	• ESE의 활용에 대해 생각하게 하는 개방형 질문들을 제시한다.

표 9.5 워크시트 6 예비 설계 사례: 기업 훈련 환경 (계속)

R	• ESE의 기능과 실제 프로젝트 관리에서의 활용을 연계한다. • 학습자들에게 ESE가 일상의 업무를 단순화하고 쉽게 할 수 있는 방법임을 알려 준다. • ESE에서 만들어진 자료의 예시를 보여 준다.	• 학습자들에게 ESE 기능이 프로젝트를 하는 동안에 어떻게 다양한 방법으로 활용될 수 있는지 그 예를 나열하도록 요구한다. • 학습자들이 그 도구를 어떻게 잘 활용할 수 있는지 스스로 결정할 수 있도록 좀 더 구체적인 사례 시나리오를 제공한다.	• ESE가 과제관리에 어떻게 사용되는지를 정리해 제공한다.
C	• 수업에 대한 학습자들의 기대를 명확하게 정의한다. • 수업을 완수하기 위해 필요한 것은 기초적인 컴퓨터 활용능력뿐이라고 알려 준다. • ESE는 쉬우며, 학생들은 수업에 재미있게 참여할 것이라고 강조한다.	• 각 모듈의 초기에 목표를 제시한다. • 체크 포인트 질문과 실습과제가 쉽지는 않지만, 어렵지도 않다고 설명한다. • 비교를 위해 특정한 연습 결과를 제공하는 피드백을 제시한다. • 학습내용과 연습과제들을 학습자들이 배우게 될 특정한 목표에 연관시킨다.	• 최종 연습과제가 어렵지만 해결할 수 있음을 강조한다. • 이 수업을 통해 학습자들이 달성하게 될 목표를 정리해 준다.
S	• ESE 훈련과 ESE 기능 간의 관계를 보여 준다.	• 모듈의 연습과제를 위한 명백하고 긍정적인 피드백을 제공한다. • 연습과제가 단순하지도 복잡하지도 않도록 구성한다.	• 성취에 대한 긍정적인 피드백을 제공한다. • 학습자들이 실제로 습득하게 된 기술을 검토한다

초등학교 사례와 기업 훈련 사례에는 명백한 차이점이 있다. 어떤 차이점은 대상 집단의 연령과 교육 환경이 다르기 때문에 생기지만, 다른 차이점들은 수업 유형이 다르고 분석 단계에서 규명된 동기 문제가 다르기 때문에 나타난다. 기업 훈련 수업에는 참여자들이 매일 함께 참여하는 워크숍이 있다. 초등학교 상황에서 지도교사는 제한된 시간 동안에만 학생들을 만나게 되며, 그 만남도 자주 이루어

지는 것은 아니다. 그래서 초등학교 교사에게는 학생들의 흥미와 노력을 유지하는 데에 많은 어려움이 있다.

초등학교 사례에서 사용될 전략에 관련하여, 지도교사가 이러한 문제들을 다루기 위해 창의적인 방법을 가지고 있다는 점을 주목하라. 그 풍부하고도 구체적인 전략들에는 "자신의 프로젝트에 대해 3분짜리 홍보를 할 수 있는 학생들을 선발한다"가 포함된다. 교사는 그들이 발표자료를 만드는 것을 도와줄 것이며, 이 활동이 초기에 그들의 관심을 이끌고 빠져들게 하는 요인이 된다. 이렇게 구체적으로 기술된 전략들은 표 9.6과 같이 강력하고 효과적인 설계 자료가 된다.

표 9.6 워크시트 6 예비 설계 사례: 초등학교 환경

초등학교 사례: 워크시트 6

예비 설계

전략 예비 아이디어

	수업 시작	중간	끝
A	• (흥미 유도) 이전에 수행되었던 프로젝트의 사례를 학생들에게 보여 줌으로써 시각적 자료를 제시한다 • (다양성) 학생-교사 상호작용을 학생-학생 상호작용으로 바꾼다. 학생들은 프로젝트에 대해 동료로 참여할 수 있다. • (탐구) 학생들에게 그들의 호기심에 관련된 주제, 프로젝트, 과제를 선택할 수 있는 기회를 제공한다. 학생들은 스스로 관심 있는 주제를 선택하고 그것을 프로젝트로 발전시킬 수 있다.	• (흥미 유도) 학생들이 자신의 프로젝트에 대해 3분 홍보를 할 수 있도록 한다. 그들이 발표할 수 있도록 도와서 이것이 초기에 학생들의 관심을 끌고 빠져들게 하는 요인이 되도록 한다. • (다양성) 미니 신문, 직접 만든 엽서 등과 같은 매체를 이용해 프로젝트 주제와 발전 과정을 공유한다	• (다양성) 학생들이 스스로 참여 의지를 만들 수 있도록 상장 수여식을 열어 준다.

표 9.6 워크시트 6 예비 설계 사례: 초등학교 환경 (계속)

R	• (목적 집중) 학생들에게 수업과 자신의 미래 목적을 연계하도록 요청한다. 미래에 자신이 어떤 사람이 되고자 하는지를 아는 10~12살의 학생들은 성공할 가능성이 많을 것이라는 연구가 있다. 우리는 미래 목적과 연계된 과제에 대해 논의할 것이다. • (동기 연결) 요즘 세대들의 관심거리와 관련성이 높은 주제를 선택한다. 학생들은 미래에 어떤 사람이 될 것인가에 대해 궁금해할 것이다. 자신의 미래를 생각해 보게 하는 것은 현재의 관심 주제와 미래에 관련된 주제를 선택하도록 할 것이다.	• (선택) 목적을 달성하기 위해 의미 있는 대안을 제공한다. 학생들은 개별 학습을 위한 보고서 작성의 맥락에서 생각하는 경향이 있다. 나는 학생들이 주제를 선택한 후에는 소집단으로 진행하기를 원하고, 그들의 학습과 프로젝트를 수행하기 위한 다양한 방법을 생각하기를 바란다.	• (목적 집중) 학생들이 직접 포상의 종류를 만들어 보도록 한다. 그리고 학생들이 수상자를 선정하도록 한다.
C	• (학습 요구) 명확하게 진술된 학습 목적을 수업 교재에 연계한다. • (학습 요구) 명확하게 진술된 목적을 기반으로 한 자기평가 도구를 제공한다. 평가 양식은 따로 제공될 것이다. • (기대) 학생들이 실제적인 목표를 세울 수 있도록 한다. 내가 학생들의 프로젝트를 확인하기 위해 그들을 만날 때, 어렵지만 현실적인 목표를 세울 수 있도록 돕고 싶다.	• (난이도) 교재는 난이도를 고려해 개발한다. 학생들은 지식을 탐색하고 해석하는 단계에서 연구를 시작한다. 학생들은 블룸(Bloom)의 다양한 분류 기준에 따라 과제를 수행할 것이다. 마지막 프로젝트는 사고, 종합 혹은 평가에 있어 높은 수준에서 수행될 것이다.	• (자기 확신감) 우수성을 추구하는 것이 완벽하지 않은 것은 모두 실패라는 것과 동일한 의미가 아니라는 것을 이해하도록 도와준다. 이 영재프로그램의 한 가지 목적은 학생들이 "위험 감수" 방법을 배우게 하는 것이다. 내 생각에 프로젝트는 실패의 두려움 없이 새로운 것 혹은 다른 것을 시도해볼 수 있는 훌륭한 기회이다. 나는 학생들이 프로젝트를 위해 무엇인가를 시도했지만 잘 진행되지 않았을 때, 괜찮다고 말해줄 것이다. 학생

표 9.6 워크시트 6 예비 설계 사례: 초등학교 환경 (계속)

			들이 할 수 있는 것은 그들의 의도, 잘못된 것, 대안적인 시도 등에 대해 기술하는 것이다.
S	• (자연스러운 결과) 과제를 완수한 학생들은 다른 학생들을 도울 수 있도록 한다. 나는 "개별적인 프로젝트"를 제공하고, 학생들이 프로젝트를 수행하며 서로 도울 수 있도록 할 것이다.	• (스케줄) 중간에 강화요소를 제공한다. 나는 학생들과 미팅을 가질 것이고 그들의 과제에 대해 논의할 것이다. • (긍정적인 결과) 언어적 칭찬을 제공한다. 학생들에게 개인적인 관심을 보여 준다. • 정보적이고 도움을 주는 피드백을 제공한다. 나는 이러한 전략들이 개별 프로젝트 과정과 연계될 수 있도록 모든 노력을 다할 것이다.	• (자연스러운 결과) 새롭게 습득된 탐구능력이 미래에 도움이 될 다른 많은 상황에서 어떻게 사용될지를 설명하고 보여 준다. • (긍정적인 결과) 비싸지 않은 상품을 준비한다(다양한 유형의 흥미로운 결과물에 대해 학교 로고가 있는 상품이나 인증서 등을 준비한다.) • (공평) 시상식에는 약간의 음료를 준비하고 프로젝트를 완수한 모든 학생들을 위한 기념식을 연다.

마무리

이 워크시트를 완성한 후에 당신은 다음 단계(워크시트 7)로 진행할 텐데, 그 단계에서 가장 적절한 아이디어를 선택하고 결합하게 될 것이다. 또한 이 워크시트를 "완성된 책"으로 생각하지 마라. 이 과정을 따라 계속 진행하면서 새로운 아이디어를 만들고 그것을 당신의 계획에 포함시킬 것이다. 당신이 동기 전략을 위한 아이디어를 생각하는 과정에서, 더 많은 가능성을 고려하고 더 자발적이고 생산적으로 진행할 수 있을 것이다.

단계 7: 전략 선택과 설계하기

개요

이 단계에서 당신은 실제로 교수 자료에 포함시킬 동기 유발 전략을 선택할 것이다. 이전의 모든 워크시트가 이 단계에서 참고 자료가 될 수 있다. 당신이 지금까지 만들어 온 예비 전략들에 덧붙여서, 교수 환경에 대한 정보(워크시트 1), 대상(워크시트 2와 3), 현재 교재(워크시트 4), 동기 유발 목표(워크시트 5)에 대한 정보가 있다. 단계 7에 대한 설명은 현재 상황에 가장 적합한 전략을 선택하는 데 도움이 되는 기준을 포함하고 있다. 대부분의 경우, 당신은 하나의 전략을 선택하는 것이 아니다. 그 대신 당신은 요구에 부합되도록 1~2가지의 전략을 하나로 통합할 것이다. 아래에서 다시 설명하겠지만, 만약에 기업 훈련 설계자가 예비 설계 단계에서 주의집중을 위해 했던 것처럼 학생들에게 현재 상황에서 직면하고 있는 문제점을 기술하라고 요청한다면, 이 전략은 관련성 형성과도 연계된다는 것이다. 그러한 맥락에서 하나의 전략은 다양한 동기 유발 효과를 낼 수 있다.

또 다른 문제는 동기 유발 전략을 수행하는 데에 걸리는 시간에 대한 것이다. 때로 교수자들은 학습 내용을 모두 다루기에도 시간이 충분하지 않기 때문에 동기 전략을 수행할 수 없다고 말한다. 그렇지만 "모든 내용을 다루는 것"은 오히려 학생들이 그 내용을 제대로 기억하지도 못하고 적용도 못하는 결과를 낳기도 한다. 그러므로 중요한 부분에는 시간을 더 할애하고 그렇지 않은 부분은 빨리 넘어가는 등 학습 내용을 적당히 조절하는 것이 더 합리적이고 효과적이다. 이는 학업 성취의 향상을 위해 동기 유발 전략이나 학습 활동을 수행하기 위한 시간을 가지기 위함이다. 당신이 동기 분석 과정을 신중하게 실행하고, 구체적인 전략이 동반된 명확한 학습 목적을 수립하였다면 충분히 가능한 일이다. 이 과정에서 당신은 지나치게 시간을 잡아먹지 않으면서도 학생들의 학습 동기를 향상시킬 수 있는 일련의 전략들을 만들 수 있다.

워크시트 7(표 9.7)에서는 주의집중, 관련성, 자신감, 만족감을 구별해 나타내지 않았다. 통합적으로 생각할 수 있도록 하기 위해서이다. 이것은 단계 8에서 교수 전략과 동기 유발 전략을 통합하는 데에도 도움이 된다. 각 전략 설명 끝의 괄호 안에는 A, R, C, S 요소들을 하나씩 혹은 통합해 표시하였다.

표 9.7 동기 유발 설계 워크시트 7

전략 선택 및 설계 (각 전략의 끝에는 그 전략이 나타내는 A, R, C, S 요소들을 표시한다)
초기:
중간:
끝:
전체:

워크시트 7의 사용 설명: 전략 선택과 설계

이제 실행 가능성을 고려하고 몇 가지 기준에 따라 가장 적절한 동기 유발 전략을 선택할 때이다. 최종 결정을 위해 다음과 같은 사항을 고려한다.

1. 필요한 수업 시간의 분량. 동기 유발 전략이 수업 시간에서 너무 많은 시간을 차지해서는 안 된다.
2. 수업 목적에 공헌하는 정도. 게임, 시뮬레이션, 비유 등과 같은 동기 유발 전략은 수업 자체보다 더 흥미로울 수 있다.
3. 개발 시간과 비용의 합리성. 어떤 동기 유발 아이디어 자체는 아주 좋더라도, 수업 전체를 고려해 볼 때 너무 많은 시간과 비용이 소요될 수 있다.
4. 대상학습자의 학습 스타일과의 연계성
5. 교수자의 교수 스타일과의 연계성
6. 신중한 사용. 당신의 분석 결과에 따라 필요한 모든 동기 유발 전략을 사용하되, 필요 이상은 사용하지 않는다. 동기 유발 설계의 근본 원칙은:

    이미 동기 유발된 학생들을 동기 유발하려고 하지 마라.

    만약 학생들이 이미 높은 수준으로 동기 유발되어 있다면, 효과적인 교수 설계와 동기 수준 유지에 초점을 맞춘다. 지나치게 동기를 유발시키면 학생들은 지치고 짜증을 낼 것이다.

이러한 원리를 전략 선택에 적용할 수 있는 양적인 방법은 없다. 기본적으로 해야 할 일은, 각각의 동기 전략을 위해서 이 기준에 부합하는지를 고려하는 것이다. 때로는 전략들 중에서 선택을 해야 한다. 어떤 전략이 비용은 많이 들지만, 흥미로울 정도로 높은 적용 가능성을 가지고 있다면 그것을 사용하려고 할 것이다. 또한 전략들을 선택할 때, 워크시트 1~4에 있는 정보를 고려한다. 대상학습자의 인원 수, 유형, 특징과 같은 수업에 관련된 요소들과 전달 체제에 적절한 전략을 선택한다.

종합 과정은 최종 설계 단계에서 중요한 부분이다. 동기 유발 방법이 주의집중, 관련성, 자신감 혹은 만족감 등 각각의 개별적인 영역에만 효과를 나타내는 경우는 드물다. 전략과 해결방안을 통합할 때에는 수업의 **초기** 단계를 위해 만들었던 워크시트 6에 나타난 동기 유발 전략 모두를 고려한다. A-R-C-S 전략을 하나의 해결방안에 통합할 수 있는가? 예를 들어, 주의집중과 관련성을 통합한 대화 혹은 미니 사례 연구를 만들 수 있다. 심지어 해당 수업 자료로 성공적으로 공부한 사람의 사례를 사용하면서 자신감 영역을 포함시킬 수 있다. 수업 초기에 사용할 동기 유발 전략을 준비한 후에는 수업의 **중간**, **끝**, 혹은 **전체**를 위한 전략도 준비한다.

워크시트 사례

워크시트 7의 두 사례는 이 양식이 당신의 상황에 맞게 변경될 수 있는 방법을 보여 준다. 기업훈련 사례(표 9.8)은 집중적인 면대면 워크숍에서 효과적으로 활용될 수 있는 "전체" 영역을 포함하고 있다. 또한 이 전략들은 그 양식의 마지막이 아닌 초반부에 제시되어 있다. 각 전략이 동기 유발 효과를 예측하는 마지막 부분에 어떻게 기술되어 있는지를 잘 살펴본다.

초등학교 사례(표 9.9)는 "전체" 영역을 포함하고 있지 않다. 이 집단은 자주 만나지 못했기 때문에, 각 단계에서 전략의 차이가 나타난다. 브레인스토밍 단계의 많은 전략들은 통합 단계를 거쳐 최종 리스트에 포함되었다. 각 전략들은 학생들의 흥미 수준 유지와 관련해 중요한 역할을 한다.

요약

위 두 사례에는 그다지 많은 전략이 담겨 있지는 않다는 것을 주목하라. 동기 유발 설계의 주요 원리 중의 하나를 감안하여, 설계 단계에서 규명된 동기 유발 요건과 관련된 전략들만 포함한다. 즉, 여기에 포함된 전략들은 동기를 유지하고 학습 목

표 9.8 워크시트 7 최종 설계: 기업 교육 환경

기업 사례: 워크시트 7

최종 설계

선택과 종합 단계

전체

- 학생들의 흥미를 자극하고 사고를 요구하는 개방형 질문을 한다(A, R).
- 프로젝트 관리 과제에 관련해 ESE가 어떻게 일상의 업무를 단순화할 수 있는지를 학습자들에게 알려 준다(A, R).
- 체크포인트 질문들을 조금 어렵더라도 확실히 해결 가능한 수준으로 만든다(C, S).
- 학습 내용과 연습 과제를 학습자가 달성해야 할 목표와 연계한다(R, C, S).

초기

- WBCs나 SOWs 등, ESE 도구로 만들어진 실제 프로젝트 계획의 사례를 제시한다(C, R).
- 일반적인 학습 목적에 대한 학습자들의 기대 수준을 정의한다(C).
- 수업을 성공적으로 마치기 위해 학생들이 갖추어야 할 기본적인 컴퓨터 능력에 대해 진술한다(C).
- 내비게이션 정보를 명확하게 제공한다(C).
- ESE 훈련 과정과 프로젝트 관리 과정에서 활용 가능한 ESE 기능 간의 관계를 보여 준다(R, S).
- ESE는 쉬운 주제라는 것을 강조한다(S).
- 수업을 시작할 때, 실제 상황에서 생길 수 있는 문제를 기반으로 한 시나리오를 포함한다(A, R).

중간

- 체크포인트 문제를 게임으로 변환한다(A).
- 다음 과정으로 진행한 경우에만 대답할 수 있는 문제를 제공한다(A).
- 각 모듈의 초기에 목표를 정의한다(C, S).
- 결과 비교를 위한 특정한 연습 결과를 제공함으로써 피드백을 향상시킨다(C, S).

끝

- ESE가 프로젝트 관리에서 다양하게 사용될 수 있는 방법을 요약하고 이를 따라해 볼 수 있도록 한다(R, S).
- 훈련 과정에서 학습자들이 달성해야 할 목표를 요약해 제시한다(C, S).
- 수업 과정을 완료하기 위한 긍정적인 피드백을 제공한다(S).
- 학습자들이 새롭게 습득한 능력을 검토한다(S).

표 9.9 워크시트 7 최종 설계 사례: 초등학교 상황

초등학교 사례: 워크시트 7
최종 설계

초기

- 뉴스 리포터, 작가, 그리고 차, 집 건축 등에 관심이 있는 사람 등, 일상 생활의 사례를 제공한다(A, R).
- 탐구, 여러 가지 유형의 모험 등의 활동과 개별 연구를 비교한다(A).
- 학생들이 프로젝트에서 서로의 파트너로 참가하도록 하여, 학생-교사와의 상호작용을 학생-학생과의 상호작용으로 변환한다(A, C).
- 새로운 게임 혹은 장난감과 같이 어떤 것에 대해 알고자 할 때 어떤 방법을 사용하는지 학생들에게 질문한다.(A).
- 이전에 수행된 프로젝트의 사례를 제공한다(A, C).
- 학생들이 자신이 원하는 주제를 선택하고(A, R) 그것을 어떻게 발전시킬 것인지를 결정하도록 한다(C).
- 학생들에게 과제와 그들의 미래 목적을 연계시키도록 한다(R).

중간

- 목적 달성을 위한 의미 있는 대안을 제공한다: 학생들이 그들의 학습과 프로젝트 수행에 적용할 수 있는 다양한 방법을 소집단별로 생각할 수 있도록 한다(R).
- 어떤 종류의 경험과 연구는 시간을 지키고 개별 작업을 완료하는 데에 어려움이 있음을 설명한다(C).
- 학생들이 계획을 점검하고 피드백을 참고하면서, 어렵지만 실제적인 목표를 수립할 수 있도록 지원한다(C).
- 프로젝트를 진행하는 동안에 일정 시점에서 사용할 수 있는 자기평가 도구를 제공한다(C, S).
- 프로젝트를 진행하는 동안 적절한 시기에 개별 학생 혹은 집단에 특정한 관심을 나타낸다(C, S).
- 개별 학습자 혹은 집단이 잘한 경우에는 의미 있는 긍정적인 피드백을, 그렇지 않은 경우에는 더 향상될 수 있도록 교정적이지만 결정적이지 않은 피드백을 제공한다(S, C).

끝

- 학생들이 자신의 성과를 보여 주고 다른 학생들의 성과를 볼 수 있도록 "발표회"와 같은 특별한 기회를 만든다. 경쟁적이지 않고 재미있게 만든다. 이 이벤트는 성적 처리의 대상에서 제외한다(S).
- 이러한 발표회를 할 때, 소집단들이 자신들의 경험에서 얻은, 다음 프로젝트를 위해 도움이 될 만한 "성공적인 팁"을 공유할 수 있도록 한다(S).

표 달성을 지원하는 역할을 한다.

첫 7개의 워크시트는 매우 상세한 내용들을 담고 있다. 이 내용들은 다음 세 가지 목적을 성취하는 데에 유용하다: 동기 유발 설계 과정에 대한 학습, 수업 과정에 동기 유발 요소를 설계하는 것, 개인의 작업을 문서화함으로써 팀 작업으로 진행되는 동기 유발 설계 과정을 관리하는 것. 동기 유발과 관련된 수업과 같은 프로젝트에서 언제나 완전한 워크시트를 사용할 필요는 없으며, 단순화 접근 방법이 11장에서 기술될 것이다. 그러나, 이 단순화 방법을 효과적으로 적용하기 위해 당신은 4~7장에 기술된 기본 동기 개념과 대상학습자 분석 과정에 대한 이해 등 전체 과정에 대해 잘 알고 있어야 한다.

이제 동기 유발 설계를 위한 기본적인 요소들에 대해 알게 되었다. 이제 전체 수업과 관련해 동기 전략을 생각할 때이다. 다음 단계는 동기 전략을 수업 단원 설계와 통합하는 것이다. 그 과정을 통하여, 특정 동기 전략들이 학습 활동과 자연스럽게 결합될 수 있도록 수정될 것이다.

제10장

동기 전략과 교수 전략의 통합

생각해 두기

다음의 두 질문에 대해 생각해 보자.

1. 수업 계획이란 청사진과 비슷한 것일까?(그림10.1)
2. 상세한 수업 계획의 이점은 무엇일까? 혹은 그건 단지 만들기도 어렵고 귀찮은 문서에 불과한가?

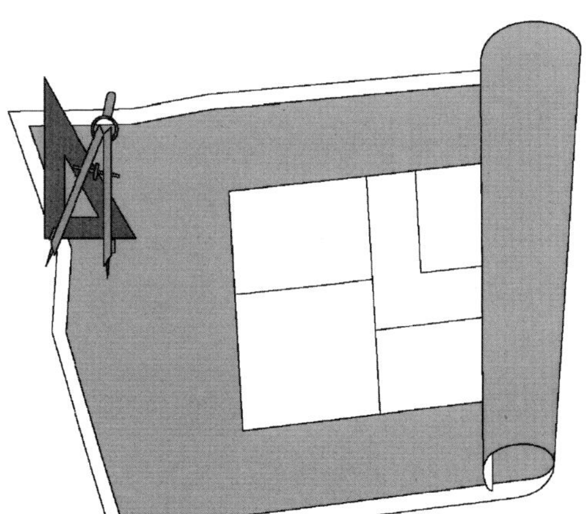

그림 10.1 청사진 개발하기

들어가기

청사진은 건축에서 중요한 부분 중의 하나이다. 건축가가 초기에 상세한 청사진을 가지고 있지 않다면, 건물을 지을 가능성은 거의 없다. 청사진은 전기, 기계, 물, 프레임 등과 같은 요소들과 하위시스템이 어떻게 설계되고 만들어지고 연결되는지에 대한 특정한 방법을 보여 준다. 마찬가지로, 수업 계획도 목표, 내용, 교수 전략, 개발해야 할 교재 등 수업을 구성하기 위해, 혹은 '짓기' 위해 필요한 요소들을 포함한다. 그렇지만 건축가와는 달리, 교수자가 상세한 계획 없이 주요 아이디어를 생각해 내고, 실제로 수업을 진행하는 것이 특별한 일은 아니다. 이러한 경우, 교수자의 능력과 경험에 따라 수업은 잘 진행될 수도 있겠지만, 상세한 계획을 세워 진행한 수업만큼 효과적이지는 않다. 잘 세워진 수업 계획은 하나의 수업을 준비할 때보다 새로운 학기에 수업 전반을 기획할 때 더 쓸모 있다.

이 장은 단계 8: 동기 유발 설계 과정에 대해 소개하고 일반적인 수업 계획서 양식을 이용할 것이지만, 동기 유발에 관련된 영역을 추가할 것이다. 이 영역들은 당신이 단계 7에서 고안한 전략들을 수업과 통합하기 위한 방법을 체계적으로 계획할 수 있도록 도와줄 것이다. 또한, 앞 장에서 사용한 초등학교 프로젝트를 위한 수업 계획의 사례를 제시한다. 이 장의 마지막에서는 '단계 9. 개발'과 '단계 10. 평가'에 포함되는 활동을 설명할 것이다.

단계 8: 교수 설계와 통합하기

개요

이 단계에서는 동기 유발 전략과 학습 목표, 내용, 활동을 포함한 수업의 요소들을 통합한다(Keller, 2000 February). 우선 당신이 개발한 수업을 검토하고 모든 요소들을 나열한다. 그리고 당신이 결정한 동기 전략들을 검토하고 이들을 수업의 어느 부분에 삽입할 것인지를 결정한다. 이를 통해 당신은 다음 단계에서 설명할 개발에 대한 결정을 내리고 자료를 준비할 수 있게 될 것이다.

만약에 당신이 동기 유발 설계에 대해 처음 배우는 사람이라면 이 단계가 매우 유용할 것이다. 왜냐하면, 이 단계에서 앞에서 했던 모든 것이 통합되기 때문이다.

그렇지만, 만약 당신이 이미 수업 설계에 대한 전문성을 가지고 있고 동기 유발 설계를 해 본 경험이 있는 사람이라면, 이 단계가 약간 반복 과정처럼 느껴질 것이다. 경험 많은 설계자들은 보통 동기 전략을 고안할 때 동시에 수업의 어느 부분에 삽입할지도 함께 생각한다.

이것이 초보자와 전문가의 차이이다. 당신이 새로운 과정이나 능력을 배울 때, 일반적으로는 모든 요소들을 제대로 익힐 때까지 단계별로 몇 번씩 되풀이하게 된다. 그리고, 전문성이 생기게 되면, 당신의 지식과 능력을 통합할 수 있으며, 각 단계를 개별적으로 실행하지는 않는다. 만약에 초보자라면, 당신은 통합된 계획을 준비하기 위해 도움이 될 만한 워크시트를 찾게 될 것이다. 좀 더 경험이 있는 사람이라고 할지라도, 워크시트들은 다음과 같은 이유로 여전히 도움이 될 것이다.

첫째, 복잡한 수업 설계를 위한 업무 계획을 세우는 데 도움이 된다.

둘째, 수업 설계에 한 사람 이상 참여하는 경우라면, 워크시트는 프로젝트 진행을 위한 지침이 될 것이다.

셋째, 수업 설계 도중에 당신이 그만두고 다른 사람이 그 뒤를 이어서 진행하게 될 때, 선행 자료와 계획의 증거가 될 것이다.

넷째, 다른 여러 가지 프로젝트를 하거나 혹은 다른 수업을 진행한 후에 다시 이 수업 설계를 준비할 때, 이 자료들은 당신이 그 수업의 구조와 내용에 다시 친숙해지고 동기 전략을 고안하기 위해 필요한 시간을 상당히 절약할 수 있게 도와준다.

워크시트 8의 사용 설명: 상세한 수업 계획

이 절에서는 수업 계획 양식(표 10.1)을 제시하는데, 이 양식에는 학교교육과 성인교육 상황에서 사용될 수 있는 다양한 수업 계획의 특징들이 포함되어 있다. 또 특별히 더해진 영역들도 있는데, 전략들 간의 구별, 동기 유발 계획 등이다. 이 책의 다른 양식들과 마찬가지로, 이 양식도 당신의 취향에 따라 수정해 사용할 수 있다. 양식 자체는 중요한 것이 아니다. 중요한 것은 양식의 사용 목적과 그 안에 포함된 정보들이다.

표 10.1 동기 유발 설계 워크시트 8

상세한 단원 계획

<table>
<tr><td>1. 수업명:</td><td rowspan="3">4. 단원의 교수 설계 개요

5. 단원의 동기 유발 설계 개요
a. 유지 전략

b. 향상 전략</td></tr>
<tr><td>2. 모듈명:
모듈 목적:</td></tr>
<tr><td>3. 단원명:
단원의 최종 목표:</td></tr>
</table>

6. 학습 목표	7. 내용	8. 교수 전략	9. 동기 전략	10. 평가	11. 학습 자료	12. 시간

다음은 워크시트 8의 각 영역별 사용 설명이다.

1. 수업 제목을 기록할 때, 학교에서 그 과목에 부여한 일련번호 등의 정보를 같이 넣는다.
2. 수업이 몇 개의 모듈 혹은 단원으로 구별되어 있다면, 이것을 고려해 단원명을 기록하고 전체적인 목표를 기술한다.
3. 여기에 제시하는 정보는 매우 상세해야 한다. 이것은 당신이 개발할 수업의 제목과 최종 목적을 나타낸다.
4. 교수 전략을 기술한다. 이것은 이 수업에서 사용될 전반적인 수업 방법과 연계된다. 교수 사태를 기반으로 한 "교수자" 중심의 방법이 될 수도 있고 (Gagné, Wager, Golas, & Keller, 2005) "내용, 사례, 연습"의 접근 방법이 사용될 수도 있다. 혹은 소크라테스의 대화법, 경험 학습 과정 등과 같이 다

양한 방법이 될 수도 있다(Joyce & Weil, 1972).

5. 여기에서 당신이 수립한 전반적인 동기 전략을 기술한다. 이것은 워크시트 3의 대상학습자 분석을 기반으로 한다. 동기 전략의 기술에 대한 사례는 표 10.2에 있다.
6. 이 항목에는 수업에서 달성할 학습 목표를 기술한다. 학습 목표는 초반부에 성취 가능한 것과 마지막에 달성될 것을 고려해 순서대로 기록한다.
7. 내용 칸에는 단순히 주제 혹은 키워드 이상으로 많은 정보를 기록한다. 실제 내용의 일부분을 기록하는 것이 가장 좋다. 이것이 실제로 수업 개발의 첫 단계이다. 상세한 수업 계획이 끝나고 나면, 실제 내용을 기술하는 것이 훨씬 수월할 것이다.
8. 어떤 유형의 수업 전략을 사용할 것인가? 각 목표와 내용을 위해 사용할 전략을 기술한다. 이것은 강의(가능한 한 짧은 강의), 패널 토의, 시범, 사례 분석, 유튜브와 같은 비디오 자료, 연습 활동, 자기점검 퀴즈 등을 포함한다. 각각의 활동을 설명하는 한두 단어의 간단한 설명 혹은 질문들을 포함하면 더 좋다.
9. 이 칸에는 수업의 각 부분과 연계된 동기 전략을 나열한다. 동기 전략은 수업 전략과 관련될 수 있고 그렇지 않을 수도 있다. 또 이 두 경우가 공존할 수도 있다. 그래서 이 두 칸 사이를 점선으로 표시한 것이다. 예를 들면, 수업의 첫 활동을 시작하기 전에 학생들의 사고활동을 자극하는 질문과 같은 동기 전략을 먼저 사용할 수도 있다. 이 경우에 해당되는 교수 전략 칸은 빈칸으로 남겨 둔다. 그 다음 단원은 관련성을 만들기 위해 사례 분석을 포함할 수도 있다. 이 경우에 이 활동에 대한 기술은 교수 및 동기 전략을 모두 포함하고, 교수 전략 칸에 기술될 수 있다. 이때 동기 전략 칸에는 간단하게만 기술한다. 혹은 두 칸을 통합해 기술할 수도 있다.
10. 학생과 교수자 모두가 성취해야 할 것이 무엇인지를 아는 과정이 중요하다. 학생들에게 제시되는 과제는 학습해야 할 내용이 무엇이고 학생들이 그것에 대해 어떻게 느끼고 있는지에 대한 증거를 제공한다. 학업 성취와 함께 태도 또한 중요하다. 왜냐하면, 학생들이 그 주제에 대해 계속적인 흥미를 보이는지 그리고 다른 사람들에게 이 수업에 대해 어떻게 긍정적으로 설명하는지를 알 수 있기 때문이다. 평가 칸에는 형성 평가와 총괄 평가 모

두를 기술한다. 자기점검 퀴즈, 채점 가능한 연습 활동, 동료 평가 및 피드백 활동, 시험 등을 포함한다.

11. 수업의 각 부분에서 사용될 부수적인 교재를 나열하는 것은 교실과 워크숍 상황에서 더욱 유용하다. 만약에 파워포인트 프로그램, 유인물, 웹 링크, 종이, 형광펜, 테이프 등이 제시된다면, 교수자가 어떻게 학습 자료를 이용해 가르치고 수업 준비할지를 쉽게 연상하도록 도와준다.
12. 마지막으로 수업의 각 부분에 대해 시간 배정을 하는 것이 유용하다. 이때 범하기 쉬운 가장 큰 실수는 소요 시간을 과소평가하는 것이다. 때때로 사람들은 시작을 위해 2분, 협력학습 활동을 위해 25분을 할당한다. 이 두 경우 모두 현실적이지 못하다. 아무리 짧은 소개라고 할지라도 5분은 걸린다. 특히, 사람들이 그 내용에 집중하도록 하려면 더욱 그렇다. 협력학습 활동이 40분 이하로 걸리는 경우는 거의 없고 대체로 더 긴 시간이 소요된다. 만약에 전체 수업 활동을 하는 도중에 협력학습 활동으로 변환하려면, 집단을 구성하고, 교사가 지시사항을 제시하고, 학생들이 그 활동에 적응하고, 결론에 도달하고, 보고할 자료를 준비하고, 결과를 제시할 수 있는 시간이 소요된다. 만약에 복잡한 활동을 작은 하위 요소들로 세분화하고 각 부분별로 시간을 계획하려면, 좀 더 현실적으로 계산을 해야 한다.

아마도 이 활동을 통해 동기 전략 리스트를 수정해야 할 계기를 맞이할 수도 있다. 이것은 매우 당연한 것이고 보편적인 절차이다. 전체 설계 과정에서는 종종 이전에 내린 결정을 재검토해야 할 필요가 있기 때문이다. 생각과 아이디어가 변화되는 과정을 통해 당신은 새로운 아이디어를 얻게 된다. 이 과정을 통해, 초기에 만들었던 것보다 더 창의적인 동기 전략을 만들게 된다.

이 과정이 끝나면, 6~10번 칸에 적힌 내용을 모두 순서대로 읽어 봐야 한다. 이것은 설계자와 교수자가 수업의 흐름을 연상해 보는 좋은 계기를 마련한다.

상세 단원 계획의 사례

표 10.2에 제시된 사례는 이전 장에서 소개한 초등학교 상황을 기반으로 한다. 이것은 동기 전략이 다른 수업 전략과 어떻게 통합되는지를 상세하게 보여 준다. 또한 다양한 상황에서 수용되고 사용될 수 있는 많은 동기 전략을 담고 있다.

표 10.2 워크시트 8 상세 단원 계획: 초등학교 상황

초등학교 사례: 워크시트 1

상세 단원 계획

5~6학년 개별 학습 프로젝트를 위한 상세 단원 계획

1. **수업명:** 영어 (5~6학년 특별 프로젝트)

2. **모듈명:** 개별 프로젝트 개발
   모듈 목적: 개별 연구 프로젝트의 결과를 계획하고 실행하고 보고한다.

3. **단원명:** 1) 연구 주제와 목표를 규명한다.
   단원의 최종 목표: 학습자들은 자신의 관심 영역에 대한 배경 정보를 수집하고 자신의 연구 주제 및 목표를 설정할 수 있다

참고: 이것은 개별 프로젝트에 관련된 3개 단원 중 첫 번째 단원이다. 각 단원은 일년간 진행될 프로젝트 기간 농안에 간헐석으로 신행될 면대면 만남을 포함하고 있다. 두 번째와 세 번째 단원은 계속 개발 중이다.

4. **전체 교수 전략:** 전반적으로 튜토리얼이 가미된 코칭과 안내를 사용하고 상호작용 활동이 주요 전략이다.

5. **단원의 동기 전략 개요**
   a. **유지 전략(의도한 동기 유발 수준의 유지)**
   과제는 전반적으로 동기 유발에 적절하지만, 흥미 유지를 위한 다양한 전략을 사용하고, 생산성을 높이기 위해 결과 공유 전략을 사용할 필요가 있다.
   b. **향상 전략(향상이 필요한 동기 유발 영역)**
   어떤 경우에는 이 프로젝트와의 관련성을 찾기 어려울 수도 있다. 그들의 자신감은 프로젝트를 수행하는 데에 소모하는 시간이 늘어날수록 감소할 것이다. 그러므로 전반적인 향상 전략은 다음과 같다: (1) 초기에는 지식과 이해 수준으로 시작해 끝에는 종합 수준의 난이도를 고려해 과제를 구성한다. (2) 어렵거나 좌절을 겪는 과정에서는 적절히 의욕을 북돋아 준다. (3) 과제를 완성할 때마다 시의적절한 긍정적인 피드백을 제공한다.

6. 학습 목적	7. 내용	8. 교수 전략	9. 동기 유발 전략	10. 평가	11. 교재	12. 시간
1.1 흥미의 일반적인 영역을 규명한다.	개별 연구 프로젝트의 목적과 접근 방법 지난 수업에서 얻은 주제 사례 관심 주제를 선택할 때 고려할 사항 프로젝트를 수행할 때, 혼자 할 것인지 친구와 할 것인지를 결정하기 위해 고려할 사항	관심 영역에 대한 정보를 얻기 위해 사람들이 일반적으로 사용하는 방법에 대해 질문한다. 학생들에게 프로젝트에 대해 설명한다. 이전 수업에서 학생들이 선택한 주제를 사례로 제공한다. 그리고 이것이 자신들의 관심 주제를 선택하는 데에 있어 어떻게 도움이 되는지를 묻는다.	뉴스 리포터, 작가, 그리고 차, 집 건축 등에 관심을 가진 사람들처럼, 생활과 밀접한 연관이 있는 사례를 제공한다(A, R). 탐구, 다양한 모험과 같은 활동과 개별 연구를 비교한다(A). 학생들이 프로젝트에서 파트너로 참가하도록 해, 학생-교사와의 상호작용을 학생-학생과의 상호작용으로 변환한다(A, C).	적절한 범위와 실행가능성을 위해 주제를 검토한다.	이전 주제를 보여 주는 OHP 자료	차시 1: 20분

표 10.2 워크시트 8 상세 단원 계획: 초등학교 상황 (계속)

6. 학습 목적	7. 내용	8. 교수 전략	9. 동기 유발 전략	10. 평가	11. 교재	12. 시간
		필요하다면 파트너를 선택할 수 있도록 하고 나중에 자신의 결정을 변경할 수 있도록 한다.				
1.2 관심 영역의 배경 정보를 수집한다.	학생들이 쉽게 접할 수 있는 정보 원천 자료 수집 방법에 대한 안내 이 과제를 위해 학생들이 수집하게 되는 정보의 양과 유형	정보 수집을 위한 지침을 설명한다. 마지막 주제 결정을 위해 어떤 유형의 자료가 필요한지를 설명한다.	새로운 게임 혹은 장난감 등에 대해 알고자 할 때 어떻게 해야 하는지를 질문한다(A).	주제와의 관련성과 적절성을 위해 참고자료 리스트를 검토한다.	정보 수집에 대한 OHP 자료 정보 수집에 대한 유인물	차시 1: 30분
1.3 주제 기술을 준비한다.	주제 기술의 요소들과 특징	주제를 잘 기술하는 방법을 설명한다. 사례를 제시한다. 개별 학습자 혹은 한 집단이 자신의 주제를 다른 학생들과 공유할 수 있도록 한다. 피드백을 제공한다.	이전에 수행된 프로젝트의 사례를 제공한다(A, C). 학생들이 자신이 원하는 주제를 선택하고(A, R) 그것을 어떻게 발전시킬 것인지를 결정하도록 허용한다(C). 학생들에게 숙제와 그들의 미래 목적을 연계하도록 한다(R).	실행가능성과 미래 목적과의 연계성을 고려해, 기술된 주제를 검토한다.	이전 프로젝트 사례 목표 기술이 잘된 사례를 제시하는 유인물	차시 2: 20분

표 10.2 워크시트 8 상세 단원 계획: 초등학교 상황 (계속)

6. 학습 목적	7. 내용	8. 교수 전략	9. 동기 유발 전략	10. 평가	11. 교재	12. 시간
1.4 연구 계획을 세운다.	활동, 방법, 일정 등을 포함한 좋은 연구 계획의 요소들	연구 계획의 요소들을 제시한다. 이것이 이미 해본 정보 수집과 얼마나 유사한지를 질문한다. 숙제로 연구 계획서를 작성하도록 요청한다.	목표 달성을 위한 의미 있는 대안을 제공한다: 학생들이 그들의 공부와 프로젝트를 위해 사용할 수 있는 다양한 방법을 소집단별로 생각할 수 있도록 한다(R).	적절성과 실행가능성을 고려해 연구 계획을 검토한다.	연구 계획의 지침과 사례를 제시하는 유인물	차시 2: 30분
1.5 다른 학생들과 협력적으로 일하는 과정에서 개별적인 결정과 일정에 대한 책임을 진다.	일정 계획, 문제점 예상, 극복 방법, 친구와의 의사소통 등을 포함해 성공을 위한 계획을 수립하는 방법	학습자들에게 때때로 자신이 시작한 일을 마무리하지 못하고 정해진 일정을 지키지 못하는 이유를 묻는다. 그 답을 칠판에 적는다. 일반적인 수업 과제 혹은 숙제와 달리 이 프로젝트를 수행하는 데에 있어 일정을 지키지 못하게 하는 요인이 무엇인지를 묻는다. 학습자들이 스스로 자신이 세운 계획이 일정과 담당 역할 측면에서 실현가능한지를 생각해 보도록 한다.	어떤 경험과 연구가 시간을 지키고 개별 작업을 완수하기 어렵게 하는 지를 설명한다(C). 학생들이 계획을 점검하고 피드백을 참고하면서 어렵지만 실현가능한 목표를 수립할 수 있도록 지원한다(C). 프로젝트를 진행하는 동안에 일정 시점에서 사용할 수 있는 자기평가 도구를 제공한다(C, S).		자기평가 도구가 담긴 유인물	차시 3: 20분

표 10.2 워크시트 8 상세 단원 계획: 초등학교 상황 (계속)

6. 학습 목적	7. 내용	8. 교수 전략	9. 동기 유발 전략	10. 평가	11. 교재	12. 시간
1.6 아이디어를 나타낼 수 있는 다양한 표현 방법과 매체를 사용한다.	연구 주제와 계획을 위한 보고서 및 발표 자료를 준비하는 방법	다른 사람들에게 연구 주제와 계획을 설명하기 위한 방법을 알려 준다. 사례를 제공한다. 학생들이 발표를 하기 전에 보고서와 발표 자료를 검토한다.	프로젝트를 진행하는 동안에 적절한 시기에 개별 학생 혹은 집단에 특정한 관심을 나타낸다(C, S). 개별 학습자 혹은 집단에게 그들이 잘한 경우에는 의미 있는 긍정적인 피드백을, 그렇지 않은 경우에는 더 향상될 수 있도록 교정적이되 결정적이지 않은 피드백을 제공한다(S, C). 학생들이 자신의 성과를 보여 주고 다른 학생들의 성과를 볼 수 있도록 "전시회"와 같은 특별한 기회를 만든다. 경쟁적이지 않고 재미있게 만든다. 이 행사는 성적 처리의 대상에서 제외한다(S). 이러한 발표회를 할 때, 소집단들이 그들이 경험한 내용 중, 다음 프로젝트를 위해 도움이 될 만한 "성공적인 팁"을 공유할 수 있도록 한다(S).	발표에 대한 형성적 피드백을 제공한다. 평가를 위해 최종 보고서를 검토한다.		차시 3: 30분 (준비시간) 차시 4: 50분 (발표)

단계 9: 자료 선택과 개발하기

개요

이전의 워크시트에서 동기 전략과 그 전략을 수업의 어느 부분에 삽입할 것인지를 규명했다. 이 단계에서 당신은 기존의 동기 유발 자료를 사용할 것인지 혹은 새로 개발할 것인지를 결정할 것이다. 어떤 전략들은 직접적으로 수행되지 않을 것이기 때문에 학습 자료를 찾지 않아도 되거나 혹은 기존의 교수 내용을 수정해야 할 필요도 없을 것이다. 그러나 만약에 게임, 시뮬레이션 혹은 경험학습 활동을 사용하기를 원하고 아직 그 활동에 대한 특별한 자료가 없다면, 기존의 자료를 찾아보아야 하며, 이 기존 자료는 당신이 실행하고자 하는 활동의 모델이 될 수도 있다.

다른 것과 마찬가지로, 이 워크시트(워크시트 9, 표 10.3)는 당신의 일을 계획하고 결정 사항을 기록하기 위한 개요를 제공한다. 실제 전략은 수업과 통합되어 개발될 것이다. 만약에 이것을 문서로 남기고 미래의 어떤 작업에서 사용하기를 원한다면 워크시트에 전략 리스트를 첨부하는 것이 좋다.

표 10.3 동기 유발 설계 워크시트 9

자료 선택과 개발

이 워크시트는 다음을 위해 사용한다.

1. 가능하다면 당신의 요구에 부합하는 기존의 동기 유발 자료 및 활동을 규명한다.
2. 수업 목적을 지원하는 교수 전략 혹은 학습 활동을 나열하고 동기 유발 전략과 연계하기 위해 수정한다.
3. 동기 유발 요건에 부합하기 위해 변경하거나 개발해야 할 항목(자료와 전략)을 나열한다.
4. 개발 일정(과제, 누가, 언제, 얼마나 오래)을 계획한다.
5. 동기 전략(특성, 소요 시간, 특별 조건)에 대해 기술한다.

워크시트 9의 사용 설명: 자료 선택과 개발

1. 동기 전략을 검토한 후에 어떤 것이 기존의 자료나 기존의 자료를 변경한 자료와 가장 잘 맞는지를 결정한다. 교사들을 위한 자료와 활동을 제공하는 기존의 출판 자료들은 좋은 자료가 된다. 예를 들어, 만약에 그룹 활동을 포함한 경험 활동을 포함하고자 한다면, 이에 자료를 풍부하게 찾을 수 있다. 그

자료들을 보고 당신의 상황에 맞는 활동을 선택하는 것이 좋다.

2. 수업에 이미 동기 유발에 관련된 교수 혹은 학습 전략이 포함되어 있을 수 있다. 이런 경우에는 동기 목표 달성을 위해 약간의 수정만 하면 된다. 이러한 사항들을 여기에서 규명한다.
3. 이 섹션에서 당신이 만들어야 하는 동기 전략 혹은 상당한 수정이 필요한 자료들을 나열한다. 이들은 개발 과정에서 많은 시간을 필요로 할 것이다.
4. 시간 분배를 포함한 작업 계획을 준비하고 누가 할 것인지 어떤 특별한 자원이 필요한지를 나열한다. 이전의 워크시트와 과제에서처럼 개발 일정은 당신이 실천 가능한 선에서 혹은 다른 사람들과 협력할 수 있는 한도 내에서 계획한다.
5. 이 마지막 섹션에서 앞으로 개발할 특정한 "산출물"을 나열하는 것이 유용하다. 이것은 당신의 작업 과정과 다른 사람들의 작업을 점검할 수 있는 체크리스트가 될 수 있다.

마무리

모든 설계 과정과 마찬가지로, 이제 청사진을 완성했고 교수 전략과 동기 전략을 개발했다. 이제 그것들을 어떻게 평가할 것인지를 결정할 때이다.

단계 10: 평가와 수정하기

개요

일반적인 교수 설계 프로젝트에는 학습자들이 교재를 얼마나 좋아하고 성취 평가에서 얼마나 좋은 결과를 얻는지에 관련해 자료를 얻고 평가하는 과정이 포함된다. 때때로, 학생들이 그 학습 활동을 얼마나 좋아하는가에 대한 형식적인 평가는 필요 없을 수도 있다. 만약에 교실에서 가르칠 단원을 개발한다면, 학생들이 그것을 얼마나 좋아하는지 느낄 수 있으며 그것에 대해 학생들과 자연스럽게 논의할 수 있을 것이다. 그러나 대부분의 경우에 특히 다른 사람들이 그 수업을 진행한다면, 좀 더 형식적인 평가를 실시하기를 원한다. 또한 교실 활동 대신에 개별 학습 교재를 사용하였거나 혹은 그 교재에 대한 학습자의 구체적인 반응을 얻고자 할 때에는 형식적인 평가를 하는 것이 좋다.

워크시트 10의 사용법: 평가와 수정

이 워크시트(표 10.4)는 매우 단순하고 효율적인 평가 계획을 위한 개요를 제공한다. 다양한 연구 설계 혹은 통계 방법에 대해서는 따로 설명하지 않는다. 이는 당신의 평가 계획과 평가 결과를 기록하도록 도와줄 것이다. 수업 평가에 대한 더 상세한 정보를 원한다면, 이에 관련된 책이나 논문을 참고하기 바란다.

표 10.4 동기 유발 설계 워크시트 10

평가와 수정
평가 계획과 실행의 결과를 정리하기 위해 이 워크시트를 이용한다. 1. 평가 질문을 나열한다. 2. 사용할 평가 자료(예, 설문지, 관찰 체크리스트)를 나열한다. 3. 평가 계획(사례, 장소, 시기)을 기술한다. 4. 결과를 요약정리한다. 5. 필요하다면 수정방안을 나열한다.

1. 특별히 알고 싶은 것을 결정하고 여기에 질문을 나열한다. 특정한 활동을 선호하는지, 유익한 시간이었는지, 단원의 내용에 적절한지, 재미있었는지 등에 대해 질문하게 될 것이다. 알고자 하는 사항들에 부가해, ARCS 모델의 동기 유발 네 개 영역에 대한 것도 포함한다. 주의집중, 관련성, 자신감 혹은 만족감에 대한 학습자들의 반응을 질문하면서 비교할 수 있다.
2. 당신이 사용할 정보 수집 방법을 나열한다. 당신이 사용할 수 있는 방법에는 설문지를 만들고 학생들에게 제공하는 것, 체크리스트를 만들고 학습자들의 행동을 관찰해 기록하는 것, 솔직하게 대답해 줄 수 있는 몇몇 학습자들을 면담하는 것, 우연히 알게 된 것을 기록해 두는 방법 등이 포함된다.
3. 누구로부터 정보를 얻고 언제 수집할 것인지를 결정한다. 보통 모든 사람이 평가에 참여하지만, 몇 사람만 참여하게 되는 상황도 생긴다. 만약에 같은 주제에 대해 여러 번의 수업을 하게 된다면, 그 수업들 중 하나에 대해 좀 더

상세한 정보를 얻고 싶을 것이다. 만약에 그것이 긍정적인 평가를 받는다면, 다른 수업을 평가하기 위해 소모할 시간을 줄일 수 있게 될 것이다. 이전의 워크시트와 마찬가지로, 평가에 누가 참여하고 언제 어디에서 평가가 이루어지고 누가 평가할 것인지를 규명하기 위한 계획을 세운다.

4. 학습자의 반응을 얻은 후에는 결과를 분석하고 여기에 기록한다. 결과를 요약하기 위해 사용하는 방법은 어떤 유형의 정보를 수집하는가에 달려 있다. 아주 형식적인 과제를 하는 것이 아니라면, 통계분석을 할 필요는 없다. 대부분의 경우, 결과를 읽고 학습자들이 언급한 것을 표시하고 그 언급이 몇 번이나 일어났는지를 파악한다. 만약에 설문지를 이용한다면, 각 항목에 대한 반응 횟수를 계산할 수 있다.
5. 마지막으로 그 결과로부터 결론을 내린다. 특별한 불만사항이 있다면, 어떤 부분을 수정해야 할지를 규명할 필요가 있다. 개선을 위한 제안이 있다면, 그것을 요약해 둘 수 있다. 수정을 요구하는 특정한 부분을 기록한다. "단원 3의 동기 유발 사례는 너무 길다"라는 의견은 "단원 3을 좋아하지 않는다"는 언급보다 더 유용하다. 만약에 후자와 같은 반응이 훨씬 많다면, 왜 학생들이 단원 3을 좋아하지 않는지를 알아보기 위해 부가적인 정보를 수집해야 할 수도 있다.

요약

형식에 맞춘 평가를 성공적으로 치르는 데에는 시간과 노력이 필요하며, 어려운 일일 수도 있다. 하지만, 유용한 정보를 얻을 수 있는 사람이 대상학습자 중 한두 명에 제한된다면 그 자료들이 완성되기 전에 검토를 한다. 이러한 검토는 자료의 명확성과 흥미에 관련해 유용한 피드백을 제공할 수 있다. 그리고 수업을 실행하는 도중에 형식적인 설문지를 통해서 얻을 수 없는 비형식적인 피드백을 얻을 수 있다.

첫 시도에서, 잘된 것도 있고 그렇지 않은 것도 있는 것은 당연한 일이다. 성공적인 동기 유발 활동 자료를 가지고 있는 대부분의 교수자들도 처음엔 많은 시행착오를 거쳤다는 것을 명심한다. 형식적인 평가는 개발과 개선 과정에 좀 더 쉽게 접근할 수 있도록 지원한다.

여기에서 동기 유발 계획은 마무리된다. 어떤 의미에서, 이 과정은 학습자 동기에 대해 다룰 때 대체로 실행하는 직관적인 과정에 비하면 아주 큰 변화를 야기한다. 동기 유발에 관한 전통적인 방법은 긍정적인 강화의 원리에 많이 연계되고, 자료를 흥미롭게 만드는 능력이나 창의성에 의존하는 경우도 잦다. ARCS 모델은 인간 동기 유발에 관련된 타당한 원리를 기반으로 한 과정을 제공함으로써, 직관에 의존하는 것을 줄일 수 있다. 그러나 이것은 완벽하게 체계적이고 기계적인 과정과는 거리가 멀다. 이 과정은 당신이 수업을 동기 유발적으로 만들고 어떻게 특정한 전략이 학습자의 동기 유발을 위해 설계되고 수행되는지를 보여 준다. 그렇지만, 이 과정은 당신의 지식과 경험에 의존한다. 동기 유발 설계에 체계적으로 접근할수록, 자신의 경험과 다른 사람으로부터 배운 것이 잘 통합된 성공적인 전략을 더 많이 수립할 수 있다.

제11장

동기 설계 지원 도구들

생각해 두기

설계 프로세스는 아래 그림 11.1의 왼편에 제시된 그림에서 보듯이 시작과 끝이 정해진 계단을 오르는 것처럼 체계적인 과정일까? 아니면, 스키를 타는 것처럼 예측하기 쉽지 않은 모험의 과정일까?

그림 11.1 순서가 있는 과정? 아니면 예측이 어려운 모험?

과정들과 그 과정들을 지원하는 도구들은 순서에 따라 정렬되어 있고 예측할 수 있거나 또는 좀 더 일반적인 가이드라인 수준일 수 있다. 첫째 경우는 **알고리즘**이라고 분류되고, 둘째는 **발견적 교수법**이라고 분류된다. 알고리즘 과정들과 그 과정들을 돕는 도구들은 해결방안을 예측할 수 있도록 이끈다. 이러한 것들에는 컴퓨터 순서도나 체크리스트 등이 포함되는데, 어떤 기계 장치를 어떻게 시작하고 정지하는지, 사회보장제도 신청서를 어떻게 작성하는지, 대출기간 동안 지불해야 하는 이자를 어떻게 계산하는지, 케이크를 어떻게 만드는지, 펑크 난 타이어를 어떻게 교체하는지 등에 대한 안내 등이 이에 해당한다. 이러한 도구들은 계산기와도 같다고 할 수 있는데, 그 도구들이 의도된 대로 적용되었다면 그 문제들을 해결하기 위한 보장된 해결안이나 해답을 제공하기 때문이다.

반면 두 번째 부류의 도구들은 당신이 해결방안까지 도달하게는 할지라도, 이를 성공적으로 해결할지 여부는 보장하지 않는다. 이러한 해결방안들을 발견적 교수법이라 부르는데 그 성격상 "경험 또는 일상에서 얻은 일반적 원리"에 가깝다. 그들은 문제를 해결하는 데 사용할 수단을 당신에게 제공하지만, 여전히 당신 스스로 그 문제를 해결하기 위한 전략을 직접 적용해야 한다. 체크리스트가 바로 이러한 사례가 된다. 체크리스트는 해외여행을 위해 짐을 꾸리고자 할 때 고려해야 할 것들의 목록을 제공하거나, 다른 부류의 짐 꾸리기 리스트를 제공하거나, 당신의 건강이나 자동차의 문제를 규명하고자 할 때 고려해야 하는 증상에 대해 안내하거나, 전자회로의 오류를 발견하는 방법에 대한 교수학습 프로그램을 설계하고 할 때 사용할 수 있는 어떤 일련의 전략들 또는 전술들이다. 그림 11.1의 오른쪽에 있는 스키 타는 사람의 그림에서 방향 표시 깃발들은 발견적 교수법적 도구의 예시가 된다. 그들은 스키 타는 사람에게 일반적인 감각(sense)을 제공하지만, 스키 타는 사람의 환경에는 통제 불가능한 요인들이 너무 많아서 그 스키 타는 사람이 예정되었던 목적지에 정확하게 도달할지 여부는 보증할 수 없다.

인간의 행동을 이해하고 인간의 지식, 수행, 또는 태도를 증진하는 설계 방안이나 중재안을 제시하려고 할 때, 알고리즘 접근보다 더 다양한 발견적 교수법적 접근이 있다. 랜더(Landa, 1974, 1976)는 교수, 학습, 수행의 국면에서 알고리즘의 개발과 사용에 대한 연구를 철저하게 수행하였고 그 알고리즘이 얼마나 강력하고 효과적인지 증명했다. 그러나 이러한 알고리즘은 그 적용의 범위에 있어서 한계를 드러냈는데, 공학적이고 절차적인 영역의 학습과 수행에서는 매우 효과적이지만,

문제해결 또는 지식 구성 영역에서는 그다지 유용해 보이지 않다는 것이다. 동기와 관련된 경우에는 더욱더 제한적인데 대부분의 동기 설계가 발견적 교수법의 양상을 띠고 있기 때문이다. 이번 장에서 기술하는 도구들은 학습자 동기를 분석하고 전략을 설계하고자 하는 당신의 노력이 좀 더 일관될 수 있도록 지원하겠지만, 여전히 당신은 효과적인 동기 전략을 고안하기 위해 경험과 창의력이 결합된 의사결정을 해야만 한다. 혁신적이고 창의적인 해결방안을 도출하는 당신의 능력은 경험이 축적되고 노력이 배가될수록 함께 증진될 것이다. 이것은 학습 가능하며 체계적인 동기 설계 프로세스를 실시하는 과정에 자기 자신들을 적용해 온 많은 사람들에 의해 증명되었다.

들어가기

이 장은 앞의 장에서 소개되었던 사례들을 지원하거나 보충하는 여섯 가지 도구를 소개한다. 이 중 네 개 도구는 특별한 종류의 동기 설계 과제를 위한 발견적 교수법적 지원을 제공하고, 두 개 도구는 많은 연구에서 검증 또는 사용되었던 측정 도구이다.

- 단순한 동기 설계 접근(Simplified approach to motivational design)
- 동기 아이디어 작업표(Motivational Idea Worksheet)
- 두 가지 동기 측정 도구
  - 코스 흥미 조사(The Course Interest Survey)
  - 교수 자료 동기 척도(The Instructional Materials Motivational Survey)
- 동기 전술 체크리스트(Motivational Tactics Checklist)
- 동기 전달 체크리스트(Motivational Delivery Checklist)

동기 설계 매트릭스: 단순 동기 설계 접근

소개

기존 10단계 동기 설계 프로세스는 전체 코스 과정이나 워크숍을 동기와 관련해 개선하거나, 많은 사람들이 동일한 프로젝트에서 협업하는 등의 대규모 프로젝트에 유용하다. 이 10단계 설계 모델은 학습자와 환경을 심층적으로 분석하기 위한 가이드라인을 제공하고 조정하거나 향후 참조하기 위해 각 단계를 문서화할 수 있도록 지원한다. 그런데 통상의 프로젝트들은 이러한 수준까지의 지원을 필요로 하지는 않는다. 어떤 교사나 교수 개발자가 하나의 수업이나 기준을 설계하려 할 경우, 좀 더 단순한 접근법이 바람직할 수 있다.

스즈키(Suzuki)는 **단순 동기 설계 접근법**을 개발하고 규명하였는데(Suzuki & Keller, 1996), 이를 위해 두 곳의 분산된 학습 환경에 지속적으로 적용되었다. 첫 적용은 동기적으로 적응력이 있는 컴퓨터 기반 교수 프로그램의 개발에 관한 것이었고(Song & Keller, 2001), 둘째 적용은 다국적 원격 학습 코스를 위한 학생 지원 방법의 개발에 대한 것이었다(Visser, 1998).

일본 센다이(鮮太)에 있는 센다이 다이치(Sendai Daichi) 중학교에 근무하는 25명의 교사들은 8개 과목을 담당하고 있는데 이들은 일본 정부의 지원을 받은 시범 프로젝트의 일환인 컴퓨터 활용 프로젝트를 장기간 개발해 왔다. 이 프로젝트에서 최종 2년 동안(1994~1995), 그들은 체계적인 동기 설계를 자신들의 개발 과정에 통합해야 했다. 스즈키는 단순 동기 설계 접근을 개발하였는데, 그 이유는 교사들이 10단계의 전(全) 개발 모델을 익힌 후, 이 전 과정을 개발에 직접 적용하기에는 지나치게 많은 시간이 소요되기 때문이었다(Suzuki & Keller, 1996 참조). 단순 동기 설계 접근의 목적은 그 교사들이 학습자들의 주요 동기 특성, 학습할 내용 영역, 그리고 사용될 하드웨어 및 소프트웨어를 규명하는 것이었다. 그 후, 교사들은 이 정보들을 평가하고 규명된 동기 문제들에 근간을 두어 전략들을 처방했다. 이 과정은 교사들이 학생들이나 그 처한 상황의 특성과는 무관하면서도, 과도하게 많은 전술들 또는 자신들의 흥미에 의해 선호되는 전술들을 포함하는 실수를 범하지 않도록 지원했다.

도출된 설계 프로세스는 표 11.1에 제시되어 있다. 첫째 열에서, 설계자는 학습자들의 전반적인 학습 동기 중 두드러진 특성들을 나열한다. 둘째 열은 학습 과제에 대한 학습자의 관심을 어떻게 유도할 것인가에 대한 설계자의 판단을 보여 준다. 셋째와 넷째 열은 교수 매체와 교수 자료에 대해 학습자들의 예측되는 태도에 대해 묻는다. 이러한 첫 세 개 열의 정보를 기반으로 동기 설계자는 어느 정도의 동기 관련 지원이 필요한지 그리고 어떤 종류의 전술들을 사용할 것인지 결정하게

표 11.1 단순 설계 프로세스 매트릭스

이메일과 인터넷 교실을 위한 단순 동기 설계 (Suzuki & Keller, 1996)				
설계 요인	ARCS 범주			
	주의집중	관련성	자신감	만족감
학습자 특성	• 선택과목, 높은 흥미도(+)	• 높은 참여(+)	• 타이핑 능력 및 영어구사능력 부족(−)	• 새로 구성된 학생 집단(−), 그러나 친숙한 교사(+)
학습 과제 • (학습자들의 태도)	• 새롭고, 매력적이고, 도전적(+)	• 인터넷에 대한 높은 대중적 흥미(+) • 미래의 유용성(+) • 컴퓨터에 대한 제한직 집근싱(−)	• 어려워하는 듯함(−) • 첫 경험(−)	• 습득된 기술의 높은 응용력(+) • 매우 만족스러운 산출물(+)
매체 • 이 수업에서 활용되는 컴퓨터(학습자들의 태도)	• 네트워크 도구로서의 새로운 사용에 대한 흥미(+)	• 독립형 학습도구로서의 친밀함(+)	• 안정적이지 못한 네트워크는 학생들이 우려하게 만들 수 있음(−)	• 즉시적 피드백(+)
교육용 소프트웨어 특성 • (이메일 소프트웨어)			• 영어 사용(−)	• 각자 모든 학생의 참여(+)
정리	• 최소 전술 필요	• 최소 전술 필요	• 자신감 확립 필요	• 최소 전술 필요
수업을 위한 동기 전술	• 세계와 소통할 수 있는 기회를 강조 • 즉시적인 전송과 응답 특징 시연	• 통신 능력을 확대할 수 있는 방안을 시연	• 낮은 수준에서 높은 수준으로 누적해 목표 설정 • 영어보조교사와 팀 티칭 • 번역 소프트웨어 사용	• "네트워크 친구들"에게 받은 메시지에 의한 강화 제공

된다. 그들은 잠정적인 전술 목록들을 참고하고(Keller & Burkman, 1993; Keller & Suzuki, 1988), 또한 규명된 요구들에 근거해 자신들 고유의 전술을 결정하게 된다.

이 사례에서, 인터넷 교사는 자신감(S) 영역에만 유일하게 문제가 있다고 판단하고, 그것을 해결하고자 몇 가지 구체적인 전술을 지시했다. 그는 다른 범주를 위한 구체적 전술들도 제시하였으나, 그것들은 특정 문제를 해결하기보다는 동기 수준을 유지하는 데 사용되기 위한 것이었다. 이 과정을 적용하는 데 있어 해당 교사가 얻는 이득은 그가 이 과정을 적용하기 전인 초기 동기화 계획에서는, 자신이 생각하기에 매우 흥미롭고 동기부여를 시킬 만한 더 많은 전술이 담긴 목록을 가지고 있었다는 것이다. 그는 분석을 수행하고 동기 설계 관련 훈련 자료에 제시되어 있는 다양한 선정 준거를 적용해 본 후, 자신의 전술 목록이 지나치게 시간을 소모할 수 있고, 그 주제에 관해 학습자들이 가지고 있는 내적 흥미를 사실상 혼란스럽게 할 수도 있다는 것을 깨달았다. 이 설계 프로세스를 사용함으로써, 그는 동기 계획을 단순화하고 구체적인 요구에 부합하도록 할 수 있었다.

이 동기 설계 프로세스의 효과성(Suzuki & Keller, 1996)은 교사들이 단지 몇 개의 기입 정보들만 가지고도 매트릭스를 정확하게 사용할 수 있었다는 것과 교사들의 2/3 이상이 매트릭스가 더 효과적인 동기 설계를 만드는 데 도움이 많이 된다고 느꼈다는 것으로 증명되었다. 일부 교사들은 분석 단계를 수행하는 것을 어려워했는데, 이 분석 단계는 이 프로세스를 사용하도록 사람들을 훈련시킴에 있어서 다루어져야 하는 결정적인 영역임을 나타낸다.

동기적으로 적응된 교수법의 적용

이 단순한 설계 프로세스는 수정을 거쳤고 최소한 두 개의 연속적인 프로젝트에 사용되었다. 첫 번째 프로젝트는 동기 적응력이 있는 **컴퓨터 기반 교수 프로그램**의 개발이었고 두 번째 프로젝트는 원격학습 코스였다.

코스의 시작에서 동기 전략의 개발을 안내하는 공식적인 동기화 설계 프로세스를 수행할 때 줄 곧 지적되어 온 한 가지 문제점은 학습자의 동기 수준은 시간을 두고 변한다는 것이며 예측할 수 없는 방식으로 변할 수도 있다는 것이다. 교실학습 또는 다른 교수 주도 학습 상황에서 전문가인 교수는 지속적으로 가르침의 대상이 되는 학습자의 동기 상태를 측정하고 적절하게 조율할 수 있다. 그러나 자기주도적 학습 환경에서는 이러한 지속적인 조율이 가능할 수 없다. 일단 교수 프로그램이 설계 · 개발되어 "포장되면", 모든 학생은 제한적인 분할과 기타 학생 통제 옵션들을 제외하면 결국 동일한 프로그램을 받게 된다. 이러한 옵션들은 학습자의 동기 유발에 긍정적인 효과를 줄 수 있으나 각각 다른 시점에서 학생들을 특성화하는 동기 조건들의 범위를 적절하게 반영하지는 못하고 있다.

동기 조건의 방대한 영역을 망라하기 위해 많은 수의 동기 전술들을 포함하는 것은 가능하나, 학습자의 동기 및 수행에 부정적인 영향을 미칠 개연성이 매우 크다. 그 이유는 학생들이 학습에 대한 동기가 충만할 때, 과제와 직접적으로 관련된 수행을 하고 싶어하기 때문이다. 그들은 부대적(附帶的)인 게임이나 "서먹서먹함을 해소하기 위한 활동" 등의 다소 불필요한 활동들로 자신들이 집중하는 것을 오히려 방해받기를 원치 않는다. 이러한 연유로, 학습자의 동기 수준을 감지하고 적응적으로 반응할 수 있는 컴퓨터나 멀티미디어 소프트웨어를 확보하는 것은 도움이 된다.

송상호(Song, 1998; Song & Keller, 2001)는 동기적으로 적응력 있는 교수 프로그램을 설계하고 검증했다. 그는 중학생들을 대상으로 하는 유전학 교수 프로그램을 개발하면서 그 프로그램에 점검목록을 만들었다. 결정 이전 단계에서 주된 처치 집단 즉, 적응적 교수 프로그램으로 학습한 학생들은 자신들의 동기 태도에 대한 몇 가지를 묻는 화면을 접했다. 질문에 대한 학생들의 반응은 실제적 수행 수준과 비교되는 과정을 거치게 되는데, 이러한 반응에 근거해, 학생들은 주의집중(A), 관련성(R), 또는 자신감(C)을 개선할 동기 전술들을 제공받았다. 그는 ARCS 모델 설계 프로세스의 단순한 변종을 사용해 그 적응적 처치에 포함될 전술을 구체화했다. 이 적응적 교수 프로그램 처치 집단의 동기 및 수행 결과는, 화면 레이아웃의 중앙을 주로 차지하는 최소의 동기 전술들과 고도의 효율적 교수를 받은 학생 집단의 동기 및 수행 결과와 비교되었다. 두 번째 비교는 최대한의 동기 전술들을 받은 집단과의 비교였다.

연구 결과는 적응적 처치를 받은 집단 및 모든 처치를 받은 집단이 최소한의 처치를 받은 집단보다 우월했다는 것이다. 대부분의 사례에서 적응적 처치 집단은 모든 처치를 받은 집단보다 우월했다. 이 연구에서 사용된 컴퓨터 프로그램은 그 특징상 한계가 있었지만(예를 들어 음향효과가 없었다), 이러한 위의 연구 결과에 근거해 추론해 볼 때, 향후 좀 더 정교하게 개발되고 내용상 한 시간 분량보다 더 긴 프로그램의 처치는 좀 더 강력한 결과를 보여 줄 것이라 기대된다.

이 연구는 이전에 연구되지 않은 분야에 대한 노력이었다. 적응적 동기 설계를 논하고 검증했던 선행 연구들(Astleitner & Keller, 1995; del Soldato & du Boulay, 1995)은 매우 엄격하게 수행되었으나 연구 접근에 있어서 한계점을 갖고 있었는데, 지속성 또는 확신 등의 동기의 특정 양상에 주안점을 두는 경향이 있었다. 송상호의 연구는 좀 더 포괄적이었고 일련의 후속 연구들을 위한 기초를 제공했다.

원격 교육에서의 적용

단순한 설계 프로세스의 두 번째 적용은 원격 교육 영역이었는데(Visser, 1998) 이러한 연구는 다문화적 형태의 또 다른 사례를 제공한다. 프랑스에 살고 있던 비써(Visser)는 영국 한 대학에서 제공하는 원격 교육코스에서 자신의 연구를 수행하였는데 이 연구는 그녀가 다니던 네덜란드의 대학에서 지원을 했다. 더욱이, 그녀의 연구는 모잠비크의 성인 교육 기관에서 개발되고 검증된 동기 전략의 응용을 포함했다(Visser & Keller, 1990).

원격 학습자들이 그들 간의 사회적 네트워크를 구축하려고 할 때, 자신들이 그 사회적 네트워크에 속해 있지 않다면, 원격 학습자들에게는 심각한 동기적 어려움이 있을 것이라는 점은 당연하다. 이러한 어려움이 비써의 연구 샘플에 그대로 적용되었는데, 이러한 문제는 인터넷 지원이 전혀 없거나 매우 제한되어서 주로 종이에 기반을 두는 교수 자료에 의존하는 세계의 많은 부분에서 여전히 일어날 수 있다. 학습자의 학습 탈락률 그 자체는 동기상 문제가 있음을 나타내는 지표일 수 있다. 학생의 코멘트들은 종종 고립감, 자신이 학습에서 꾸준한 진척을 보이는지에 대한 의심, 자신이 담당해야 하는 별도의 책무 및 시간적 제약이 있는 상황에서 이 코스를 끝낼 수 있을지에 대한 적지 않은 의구심 등에 대한 것이다.

비써(1998)는 단순한 ARCS 모델 설계 프로세스를 사용해 학습대상자, 조건들, 그리고 그녀의 상황에서 활용할 수 있는 해결방안 등을 분석했다. 이 프로세스에 대한 그녀의 적용은 두 가지 경우로 설정되었다. 첫째, 다소 공식적이고 전통적인 원격 학습 코스로 제한했다는 것인데, 이 코스에서는 문자 기반 자료를 주로 사용하고 종종 오디오나 비디오카세트를 보조 자료로 사용했다. 이 상황에서 동기 문제들의 전반적인 사정에 근간을 두고 그녀는 쉽게 수정하기 어려운 교수 프로그램보다는 학생을 지원하는 체제에 주안점을 둠으로써 동기에 긍정적인 효과를 주는 것이 가능하다는 결론을 내렸다.

그녀의 연구를 상황에 따라 설정한 두 번째 방식은 비록 여러 가지 전술들을 혼합하는 것을 허용하기는 했으나, 특정 동기 전략의 타당화에 초점을 맞춘 것이다. 그녀의 접근은 두 가지 일정에 따라 학생들에게 보낼 "동기 메시지" 프로그램을 사용하는 것이었다. 첫 일정은 그 코스 동안 이러한 메시지들이 가장 강력한 영향을 미칠 것이라 예측되는 순간들에 근간을 둔 일종의 고정된 지점들이었고, 이러한 메시지들은 모든 학습자에게 동일했다. 두 번째 일정은 개별 메시지들로 구성되었는데, 강사가 판단하기에 적절하다고 고려되는 순간에 학생들에게 보내졌다. 이러한 메시지들은 안내카드의 형태로 제공되었고, 격려, 암시, 동정, 조언, 그리고 다른 적절한 내용 영역에 대한 메시지들을 전달했다.

메시지의 설계는 단순한 설계 프로세스를 그녀가 적용한 결과에 근거를 두었다. 이 메시지는 스즈키가 고안한 포맷과 유사하였지만, 그녀는 분석 단계에서 고려한 상황의 특수 양상(표 11.2)을 포함하고자 열(列)의 표제를 수정했다. 원격 교육 상황에서 대부분의 학습자들이 수업 초기에는 긍정적이고 열정적이다가 점점 흥미를 잃고 낙담하게 된다는 것은 잘 알려져 있다. 그래서 그녀는 코스 초기 태도(열 1)와 코스 중간 태도(열 2)에 대한 그녀의 예측을 구분했다. 그러한 문제들에 대한 그녀의 반응은 유사한 학습자를 대상으로 유사 형태의 코스에서 교수로서 축적한 그녀의 경험으로부터 주로 도출되었다. 셋째 열(표 11.2)은 코스 내용에 대한 태도를 예측하고, 넷째 열은 코스를 수강하는 동안 학생 자신들이 받은 지원에 대한 그들의 태도에 대해 묻는다. 다섯째 열에서 그녀는 처음 네 열의 결과를 요약하고, 사용할 동기 전술들을 결정하기 위한 기반으로 이 결과를 사용했다. 그녀가 최종 전략 설계 단계에서 매트릭스의 범위를 초월하였지만, 그녀의 매트릭스(L. Visser, 1998)는 주요 문제점들과 결정들에 대해 효과적으로 요약했다.

표 11.2 설계 요인 범주(Visser, 1998)

원격 학습 코스를 위한 단순 설계				
카테고리 분석 및 설계	A	R	C	S
1. 원격 학습에 대한 학생들의 코스 초기 태도				
2. 원격 학습에 대한 코스 중반 태도				
3. 코스 내용에 대한 학생들의 반응				
4. 코스 기간 동안 학생 지원의 특성				
5. 요약				
6. 동기 메시지에 사용된 동기 전략의 예				

자신이 고안한 것의 효과성을 평가하고자 그녀는 이 코스의 실험 집단 중 학습을 계속하는 비율을 동기 메시지를 받지 않은 다른 세 개 집단과 비교했고, 그녀는 다양한 코스 평가와 피드백 장치들에 대한 학생들의 반응을 질적으로 검토했다. 그녀는 학생들에게 동기 메시지의 효과에 대해 직접적으로 묻지는 않았는데, 이는 학생들의 마음에 자연스럽게 존재하지 않을 수도 있는 태도를 충동하는 것을 회피하기 위함이었다. 전통적인 교육의 보유율과 유사한 수준인 70~80%로 보유율이 개선되었다는 점과, 학생들의 의견들은 이러한 동기 메시지가 효과를 가진다는 것을 분명히 보여 주었다.

동기 설계 아이디어 워크시트

들어가기

동기 아이디어 작업표(표 11.3)는 단순한 설계 매트릭스보다도 더 간단한 것이다. 이 작업표는 레슨에서 특정한 영역에서 사용할 단일 동기 전술을 위한 하나의 아이디어를 생성하거나, 당신에게 불현듯 떠올랐지만 어디서 어떻게 사용해야 할 지 아직은 판단하기 어려운 동기 전술을 위한 아이디어를 일단 기록하는 데 매우 도움이 될 수 있다. 회의장에서 발표를 듣거나 당신이 생각하기에 흥미롭다고 여겨지는 어떤 전술을 동료가 사용하는 것을 보았거나, 또는 당신에게 어떤 아이디어를 제공하는 것을 읽어 본 적이 있지 않은가? 그렇다면, 이 한 페이지 분량의 작업표는 이러한 당신의 아이디어를 기록하고 그것을 동기 특성들에게 따라 분류하는 데 유용하다. 나는 내 동기 관련 수업 또는 워크숍에 학생들에게 심리적 기초를 학습해 가는 과정에서 이 작업표를 채우도록 요구한다.

사용 설명

설정을 적는 난(표 11.3)에는 이 아이디어가 적용될 학습 주제나 학습 대상자에 대한 정보를 기록한다. 당신이 기록하거나 고안하고자 하는 동기 아이디어는 외국어 어휘 수업, 남북전쟁 역사 수업, 삼각형 관련 수학 수업, 체제 이론과 인공두뇌학에 대한 교수체제 수업 등을 포함하는 다양한 수업 상황에 적용될 수 있다. 이 공

표 11.3 동기 설계 아이디어 워크시트

동기 아이디어	
저자 ______________	날짜 __________
설정 수업/토픽: 대상자: **기타 유용한 정보** (예: 경험, 태도, 성별 등):	**상황(문제)**
여기 아이디어가 있어! 관련성	**전술에 대한 기술**
___ R.1. 목적 지향성: 학습자의 목적을 어떻게 하면 최적으로 충족시켜 줄 수 있을까? 그들의 목적을 내가 잘 알고 있는가? ___ R.2. 흥미 일치: 학습자들의 학습 스타일과 개별 흥미를 내 수업과 언제 그리고 어떻게 연계시킬까? ___ R.3. 친밀성: 수업과 학습자의 경험을 어떻게 연계시킬까? **자신감** ___ C.1. 성공 기대: 성공에 대한 긍정적 기대감을 어떻게 키워 줄 수 있을까? ___ C.2. 성공 기회: 자신감을 향상시킬 수 있는 학습 경험을 어떻게 제공할까? ___ C.3. 개인적 통제: 자신의 성공이 스스로의 노력과 능력에 의한 것이지, 행운이나 교수의 편이에 의한 것이 아니라는 점을 학습자가 분명히 확신하도록 하려면 어떻게 해야 하나?	*(다음 장에 계속)*
만족감 ___ S.1. 내재적 만족: 학습 경험에 대한 그들의 내적 즐거움을 어떻게 격려하고 지원할까? ___ S.2. 결과에 대한 보상: 학습자의 성공에 대한 보상을 어떻게 제공할까? ___ S.3. 공정성: 학습자가 공정했다고 느끼도록 할 수 있을까?	**결과:** (이 아이디어가 얼마나 효과적이었나? 특별히 해야 하거나 주의를 기울여야 하는 것이 있는가?)

란에는 또한 학습대상자에 대한 코멘트와 당신의 아이디어가 수학 과목에 대해 불안감을 갖고 있는 중학생들에 대한 것인지, 당신의 독일어 수업을 3학기째 듣고 있는 우수 학생에 대한 것인지, 또는 훈련 프로그램을 설계하거나 전달해 본 경험이 전혀 없는 교수 설계 전공의 석사과정생들에 대한 것인지에 대해 코멘트를 할 수 있다.

상황(문제)란에는 동기 문제가 발생하거나 발생할 것이라 예상되는 상황에 대해 간략하게 기술할 수 있다. 중학교 수학수업에서 피타고라스 정리(定理)에 대한 수업의 도입부분, 주제와 관련된 경험이 일천한 석사과정생들이 현장 경험이 있는 학생들과 함께 섞여 있는 상황에서의 오리엔테이션 강의, 일반적인 수업에 지루함을 느끼는 독일어 고급반 학생들에게 흥미를 유발하기, 또는 강제 연수에 할당된 근로자들에게 학습에 대해 긍정적으로 느끼게 하기 등이 그 예가 된다.

세 번째 단계는 당신이 달성하기를 원하는 동기 목적들을 검토하는 것이다. 예를 들어, 독일어를 공부하는 학생들의 주된 목적은 A.2(탐구적 각성) 그리고 R.3(친밀성)일 수 있다. 당신의 구체적인 동기 목적들을 규명하는 것은 당신이 동기 아이디어를 고안하는 동안 그 동기 아이디어의 목적에 초점을 유지하도록 돕는다. 이 단계는 학습대상자에 대한 당신의 동기 분석을 구성하고 동기 전술을 위한 당신의 아이디어에 초점을 맞추도록 돕는다.

작업표의 대부분을 차지하는 공란은 당신의 동기 아이디어를 작성하는 곳이다. 이 공란은 당신이 원하는 어떤 방식으로든 작성할 수 있으나, 당신은 자신의 아이디어가 무엇인지 개관해 주는 한두 문장을 작성하고 그것을 구체화하기를 원할 수도 있겠다. 또한, 당신이 그것을 어떻게 실행에 옮길지에 대해 자신의 생각을 기록하는 것도 좋을 것 같다. 당신은 학급을 여러 집단으로 나눌 것인가? 얼마나 많은 집단으로? 당신이 수업시간에 포함하기를 원하는 유투브(YouTube) 비디오를 가지고 있는가? 그것의 URL은 무엇인가? (유투브는 절대로 정적이지 않다는 것을 명심하라. 좋아하는 비디오는 언제든 사라진다.)

마지막으로, 당신의 전략을 실행에 옮긴다면, 당신은 그 결과를 기록에 남길 수 있다. 새로운 아이디어들은 첫 번째 시도에서 완벽하게 성공적으로 이루어질 수 있지만, 그렇지 않은 경우가 많다. 적어도 당신이 의도한 방식대로 성공에 도달하기는 쉽지 않다! 당신의 최상의 전략들은 아마도 당신이 아이디어를 처음으로 수정하고 미세하게 조정하는 것으로부터 도출될 것이다.

ARCS에 기반한 동기 측정

들어가기

ARCS 모델과 연계해 사용할 수 있는 두 가지 측정 도구가 있다. 첫 번째는 **코스 흥미 조사**(Course Interest Survey, CIS)라 불리는 것으로 교사 주도 수업에서 학생들의 반응을 측정하고자 설계되었다. 두 번째는 **교수 자료 동기 조사**(Instructional Materials Motivation Survey, IMMS)인데 자기 주도 교수 자료에 대한 반응을 측정하고자 설계되었다. 이것들은 상황에 특화된 자체 진술 측정 도구로서 거의 모든 전달 체제의 맥락에서 학습자들의 동기 태도들을 측정하고자 사용될 수 있다. CIS는 면대면 교수 수업과 교수에 의해 촉진되는 동기적 또는 비동기적 온라인 코스에서 사용될 수 있다. IMMS는 인쇄물 기반 자기 주도적 학습, 컴퓨터 기반 교수, 또는 주로 자기 주도적인 온라인 코스 등에 사용될 수 있다.

더욱이, 이 조사 도구들은 ARCS 모델을 구성하는 동기 개념들과 이론들에 의해 대표되는 이론적 기초들과 상응하도록 설계되었다(Keller, 1987a, 1987b). 이 이론은 인간 동기에 관한 경험적 이론으로부터 도출된 심리적 구인들을 통합하기 때문에(Keller, 1979, 1983, 1999), CIS와 IMMS의 다수 항목들은 작성된 글이 아닌 그 의도에 있어서 세 가지 사례를 진술하기 위해서 성취 요구, 통제의 소재, 자기 효능감 등의 구인들을 측정하기 위한 확증된 측정 도구들의 항목들과 유사하다.

상황적인 도구들로서 CIS와 IMMS는 학생들의 학교 학습에 관한 일반적인 동기 수준을 측정하고자 의도된 것이 아니다. 이 도구들은 특성 유형 또는 구인 유형의 측정 도구가 아니다. 이 도구들의 목적은 특정한 코스에 관해 학생들이 얼마나 동기화되어 있는지 측정하는 것이다. 이러한 설문 도구들은 학부와 대학원 학생들을 대상으로, 대학이 아닌 교육기관에 다니는 성인들을 대상으로, 또한 중등학교 학생들을 대상으로 사용될 수 있다고 기대된다. 이 도구들은 적절한 수준의 읽기 수준에 있는 좀 더 나이 어린 학생들에게도 물론 사용될 수 있다. 어린 학생들 또는 영어 구사 능력이 미진한 사람들을 대상으로 할 때, 대상자들의 교실 경험과 연계시키기 위해서 일부 항목들은 큰소리로 읽어 주거나 의역될 수도 있다.

더욱이 이 도구들은 특별한 상황에 맞도록 변형될 수 있다. 즉, 원본 문항은 “이 코스” 또는 “이 수업” 등의 구문을 담고 있는데 이러한 표현을 “이 강좌”, “이 컴퓨터 기반 수업", 또는 "이 워크숍" 등으로 자신이 측정 중인 특수한 상황적 맥락에 맞도록 변경될 수 있다. 또한, 사전검사로 사용하기 위해서 항목의 시제를 변경할 수도 있다. 그러나 항목들의 본질은 동기의 특별한 속성들에 근거를 두고 있기 때문에 변화되어서는 안 된다.

개발 과정

잠정적인 문항 일군(一群)이 동기 개념들, 전략들, 그리고 측정 도구들에 대한 고찰을 통해서 각각의 도구를 위해 개발되었다. 이러한 문항들은 동기 연구 문헌에 정통한 10명의 대학원생들에 의해 검토되었다. 그들은 각 문항에 응답을 한 후, 의미가 모호하거나, 적절한 고차적 개념(예: 주의집중, 관련성, 자신감, 또는 만족감)과 연계되지 않거나 또는 반응하기 어려운 항목들을 논했다.

모호함을 제거하고, 각 항목의 주요 개념을 명료화하고, 이중 목적을 갖는 애매한 항목들을 두 개의 항목으로 분리하거나 그 항목의 초점을 개선해 애매함을 제거하는 등의 세밀한 작업을 통해서 원본 항목들은 축소되고 개정되었다. 그 후, 그 항목들을 "속이기"라고 불리는 교묘한 방식에 응답하도록 함으로써 애매모호함을 한 번 더 체크했다. 동기 관련 연구 분야에 전문가가 아니면서 대부분 대학원생인 10명의 다른 성인들로 구성된 집단은 그들이 받은 도구들을 두 번에 걸쳐 반응하도록 요청받았다. 그들은 첫 번째에는 아주 좋은 것처럼 반응을 보였고 두 번째에는 아주 나쁜 것처럼 반응을 보였다. 즉, 그들은 자신들이 매우 동기화된 코스를 수강하고 있는 듯 가정을 하고 그들이 매우 긍정적으로 동기화되어 있음을 나타내는 방식으로 각 항목에 응답했다. 그후, 그들은 그 코스가 전혀 동기화되지 않은 듯이 가정을 하고 그에 따라 응답했다. 이 검사는 일부 문항의 경우 "둘 중 어느 반응도 가능"하다는 것을 드러냈는데, 이는 이 문항들이 변별력이 없는 도구임을 의미했다. 예를 들어, 동기화된 학생들과 동기화되지 않은 학생들은 "교수는 매우 호감이 간다." 등의 특정 항목에 대해 동일하게 동의하는 답변을 할 수 있었다. 이러한 항목들은 개정 후 다시 검토되거나 제거되었다.

코스 흥미 조사(CIS)

CIS는 ARCS의 네 개의 각 범주들과 거의 동일한 네 개 문항으로 구성되어 있다. 이 항목들은 일반적으로 실시되는 순서에 의해 나열되어 있다(표 11.4). 그러나 각 네 개의 하위 척도는 독립적으로 사용되고 측정될 수 있다. 또한, 조사 형태는 리커트 척도(Likert-type)와 전기 측정 방법을 사용하기 위해 수정될 수 있다. 여기서는 측정 절차, 신뢰도 추정, 본래의 타당도 검사에 대한 내용이 기술된다.

점수 측정

CIS는 네 개 각 하위 영역으로 또는 전체 척도 점수의 합산으로 사용될 수 있으며(표 11.5), 응답의 범위는 1부터 5까지이다(표 11.4 참조). 이것은 34개 항목 조사의 최소 점수가 34점, 최대 점수가 170점, 중간 점수가 102점임을 의미한다. 각 하위 영역의 최소값, 최대값, 중간값은 다양한데 그것들이 동일 문항 수를 갖지 않기 때문이다.

표 11.4 코스 흥미 조사 도구

설명서

코스 흥미 조사

이 설문에는 34개의 진술이 있다. 각 문항을 당신이 막 수강하였던 수업과 관련해 생각해 보고 각 문항이 얼마나 사실인지에 대해 표기하시오. 당신이 사실이기를 바라는 것이 아닌 또는 다른 사람이 듣기를 원할 것이라 생각하는 것이 아닌, 당신에게 진정으로 해당하는 답을 선택하시오.

각 문항을 개별적으로 생각하고 이것이 얼마나 사실인지 표기하시오. 다른 문항에 답한 것에 의해 영향받지 않도록 주의하시오.

제공된 답지에 당신의 반응을 기록하고 이 설문에 사용되고 있는 해답 시트에 관련해 제공된 부가적인 안내를 따르시오.

각 항목에 당신의 반응을 표시할 때 다음 값을 사용하시오.

1 (또는 A) = 사실이 아니다.
2 (또는 B) = 약간 사실이다.
3 (또는 C) = 중간 정도 사실이다.
4 (또는 D) = 대체로 사실이다.
5 (또는 E) = 매우 사실이다.

표 11.4 코스 흥미 조사 도구 (계속)

1. 교수는 이 코스의 학습내용에 대해 우리가 매우 흥미를 느끼도록 하는 방법을 알고 있다.
2. 이 코스에서 내가 배운 것들은 나에게 유용하다.
3. 나는 이 코스에서 잘 할 것이라고 확신한다.
4. 이 수업에는 내 관심을 끌만한 것이 거의 없다.
5. 교수는 이 코스의 학습 내용이 매우 중요한 것으로 여겨지도록 만들었다.
6. 당신이 이 코스에서 좋은 점수를 받으려면 행운이 따라야 할 것이다.
7. 나는 이 코스에서 성공하려면 지나칠 정도로 열심히 해야만 한다.
8. 나는 이 코스의 내용이 내가 이미 알고 있는 어떠한 것과도 연결되는 것을 볼 수가 없다.
9. 내가 이 코스에서의 성공 여부는 내 노력에 달려있다.
10. 교수는 요점을 완성해갈 때 긴장감을 조성한다.
11. 이 코스의 내용은 나에게는 너무 어렵다.
12. 이 코스는 나에게 많은 만족감을 준다.
13. 이 수업에서, 나는 탁월성의 높은 기준을 세우고 달성하고자 한다.
14. 나는 내가 받은 점수나 또 다른 형태의 인정이 다른 학생과 비교할 때 정당하다고 느낀다.
15. 이 수업을 듣는 학생들은 수업내용에 대해 관심이 있는 듯하다.
16. 나는 이 코스에서 공부하는 것을 즐긴다.
17. 교수가나의 과제물에 대해 어떤 점수를 부여할 지 예측하기 어렵다.
18. 나는 내가 얼마나 잘했었나를 고려해볼 때, 교수가 내 과제에 부여한 평가에 대해 만족한다.
19. 나는 이 코스에서 내가 얻은 것에 만족한다.
20. 이 코스의 내용은 나의 기대와 목적과 관련된다.
21. 교수는 일상적이지 않거나 놀라운 행위들을 통해 수업을 흥미롭게 만든다.
22. 학생들은 적극적으로 이 수업에 참여한다.
23. 나의 목적을 달성하기 위해서는 내가 이 코스를 잘 듣는 것이 중요하다.
24. 교수는 재미있는 다양한 교수 기술을 사용한다.
25. 나는 내가 이 코스에서 많은 혜택을 받았다고 생각하지 않는다.
26. 나는 이 수업 중에 종종 딴 생각을 한다.
27. 이 수업을 받을 때, 나는 내가 충분히 열심히 하면 성공할 수 있다고 믿는다.
28. 이 코스로 인해 나는 개인적 혜택을 받을 것이 분명하다.29. 나는 이 수업에서 질문된 것이나 수업내용과 관련해 부과된 문제들에 의해 종종 흥미를 가지게 된다.
30. 이 코스에서의 도전 수준은 너무 쉽지도 너무 어렵지도 않은 아주 적당하다고 판단한다.
31. 나는 이 코스에 대해 다소 실망하고 있다.
32. 나는 이 코스에서 나의 학습 수행에 대해 점수, 코멘트, 다른 피드백 등을 통해 충분한 인정을 받는다고 느낀다.
33. 내가 해야 하는 공부의 양은 이러한 형태의 코스에서 적절하다.
34. 나는 내가 얼마나 잘하고 있는지에 대해 충분한 피드백을 받는다.

표 11.5 코스 흥미 조사 점수 부여 가이드

주의집중	관련성	자신감	만족감
1	2	3	7 (역(逆)으로)
4 (역(逆)으로)	5	6 (역(逆)으로)	12
10	8 (역(逆)으로)	9	14
15	13	11 (역(逆)으로)	16
21	20	17 (역(逆)으로)	18
24	22	27	19
26 (역(逆)으로)	23	30	31 (역(逆)으로)
29	25 (역(逆)으로)	34	32
	28		33

대안적 점수 부여 방법은 합계를 사용하기보다는 각 하위 영역과 전체 영역의 평균점수를 찾는 것이다. 각각의 응답자에 대해, 주어진 영역의 전체 점수를 그 영역의 항목 수로 나눈다. 이것은 총점을 1에서 5범위의 수로 전환시키며 각 하위 영역의 수행을 비교하는 것을 좀 더 용이하게 해 준다.

조사를 위한 기준은 없다. 이 도구는 상황-특수적 측정이므로 반응이 정규 분포를 따를 것이라고 기대되지 않는다. 점수들은 각 하위 영역과 전체 영역의 반응을 합산함으로써 정해진다. '역(逆)으로' 라는 표시가 있는 항목들(표 11.5)은 부정문의 형태로 진술되었음을 유념하라. 그 항목들의 반응들은 전체 반응에 포함되기 전에 역산되어야 한다. 즉, '역(逆)으로' 라는 표시가 있는 항목들의 경우, 5=1, 4=2, 3=2, 2=3, 1=5이다.

CIS 내적 신뢰도 추정

설문 도구는 먼저 45명의 학부생으로 구성된 한 학급에 적용되었고, 내적 신뢰도 추정값은 만족할 만큼 높았다. 문항들을 미래시제로 변경한 사전검사 버전의 설문 도구가 65명의 학부생이 있는 다른 학급에 적용되었다. 내적 신뢰도는 높게 측정되었지만 설문 도구를 좀 더 개선하고자 개정작업이 지속되었다. 표준 버전의 설문 도구가 남동부 소재 교육대학을 다니는 200명의 학부 및 대학원생을 대상으로 적용되었다. 학생들의 코스 점수와 학점 평균에 대한 정보도 확보되었다. Cronbach α에 근거한 내적 신뢰도 추정값은 만족스러웠다(표 11.6).

표 11.6 코스 흥미 조사지 신뢰도

척도	신뢰도 추정값 (Cronbach α)
주의집중	0.84
관련성	0.84
자신감	0.81
만족감	0.88
전체 척도	0.95

CIS 상황적 타당도

내적 신뢰도 추정을 위해 200명의 학부 및 대학원생으로부터 확보된 CIS 점수들과 그 학생들의 과목 점수와 학점 평점 간의 상관분석을 했다(표 11.7). 과목 점수와 다른 점수들 간의 상관 정도는 유의수준 0.05에서 모두 명료했고 , 학점 평균 점수와 다른 점수들 간의 상관 정도는 유의수준 0.05에서 전혀 명료하지 않았다. 이것은 CIS의 타당도는 동기의 상황특수적인 측정일 뿐이지, 학교 학습 상황에서 통상적 "구인"이라 할 수 있는 일반적 동기의 측정이 아니라는 점을 뒷받침한다.

표 11.7 코스 흥미 조사 점수와 평점 간 상관관계

ARCS 범주	코스 학점	학점 평균
주의집중	0.19	0.01
관련성	0.43	0.08
자신감	0.51	0.01
만족감	0.49	0.03
전체 점수	0.47	0.04

교수 자료 동기 척도

교수 자료 동기 척도(IMMS)는 36개 문항으로 이루어져 있다. 관련성과 자신감의 하위 척도는 9개 문항, 만족감의 하위 척도는 6개 문항, 주의집중의 하위 척도는 12개 문항으로 구성되어 있다. 주의집중과 만족감의 하위 척도에서 문항 수가 동일하지 않은 주된 이유는 지루함과 자극의 결핍은 교수적 글쓰기에서 도처에 나타

나는 특성이고 만족감 범주는 다른 형태의 자료에서만큼 인쇄본 자료와의 연결점을 가지고 있지 않기 때문이다. CIS의 경우처럼, IMMS의 항목들은 표 11.8에 일반적으로 활동되는 순서로 나열되어 있는데, 네 개 하위 척도들은 각각 독자적으로 사용되고 측정될 수 있다. 또한, 조사 형식은 리커트(Likert) 척도와 전자 점수 계산 방식을 사용하기 위해 변형될 수 있다. 그럼 지금부터 점수 측정 절차, 신뢰도 추정, 원본 타당도 조사에 대해 기술하고자 한다.

점수 측정

CIS의 경우처럼, IMMS 조사 도구는 네 개의 하위 척도 점수 또는 전체 점수가 측정되며(표 11.9), 응답의 범위는 1점에서 5점이다(표 11.8 참조). 이것은 36개 설문 문항의 최소 점수가 36점, 최대 점수가 180점, 평균이 108점임을 의미한다. 각 하위 척도의 최소값, 최대값, 평균값은 상이한데, 동일 수의 문항으로 구성되지 않았기 때문이다.

하나의 대안적이며 권장되는 측정방법은 합계를 사용하기보다는 동일하지 않은 하위 문항 수를 이용해서 각 하위 척도 문항과 전체 문항의 평균값을 구하는 것이다. 각각의 응답자에 대해 주어진 척도의 총점을 각 척도의 문항 수로 나눈다. 이렇게 하면 총점을 1에서 5범위의 점수로 전환하게 되는데, 이 경우 각 하위 척도의 수행 정도를 비교하기가 더 용이해진다.

이 설문에 대한 기준이 없기 때문에, 어떤 주어진 점수가 높다거나 또는 낮다고 정할 수는 없다. 어떤 시점에 획득된 점수들은, 사전검사에서처럼, 이후에 획득한 점수들과 또는 비교 집단에 있는 대상자들로부터 획득된 점수들과 비교될 수 있다. 또한 상황적으로 특수한 측정값이기에 응답이 정규 분포를 따를 것이라고 기대하지 않는다.

점수들은 각 하위영역과 전체 영역의 반응을 합산해 결정된다. ‘역(逆)으로’ 라는 표시가 있는 항목들(표 11.9)은 부정문의 형태로 진술되었음을 유념하라. 그 항목들의 반응들은 전체 반응에 포함되기 전에 역산되어야 한다. 즉, ‘역(逆)으로’ 라는 표시가 있는 항목들의 경우, 5=1, 4=2, 3=2, 2=3, 1=5이다.

표 11.8 교수 자료 동기 조사지

설명서

교수 자료 동기 설문

이 설문에는 36개의 진술이 있다. 각 문항을 당신이 막 수강했던 수업과 연관해 생각해 보고 각 문항이 얼마나 사실인지 표기하시오. 당신이 사실이기를 바라는 것이 아닌 또는 다른 사람이 듣기를 원할 것이라 생각하는 것이 아닌, 당신에게 진정으로 해당하는 답을 선택하시오.

각 문항을 독자적으로 생각하고 이것이 얼마나 사실인지 표기하시오. 다른 문항에 답한 것에 의해 영향받지 않도록 주의하시오.

제공된 답지에 당신의 반응을 기록하고 이 설문에 사용되고 있는 해답 시트에 관련해 제공된 부가적인 안내를 따르시오.

각 항목에 당신의 반응을 표시할 때 다음 값을 사용하시오.

1 (또는 A) = 사실이 아니다.
2 (또는 B) = 약간 사실이다.
3 (또는 C) = 중간 정도 사실이다.
4 (또는 D) = 대체로 사실이다.
5 (또는 E) = 매우 사실이다.

1. 이 수업을 처음 접했을 때, 나는 쉽다는 인상을 받았다.
2. 수업 초기에 나의 주의를 끄는 재미있는 요소들이 있었다.
3. 이 교재는 내가 이해하기에는 다소 수준이 높았다.
4. 도입부분을 읽은 후, 이 수업에서 내가 무엇을 학습해야 하는지에 대해 알게 되었다고 확신했다.
5. 이 수업의 연습문제들을 풀 때 나는 성취감을 느꼈다.
6. 이 교재의 내용이 내가 이미 알고 있는 것과 어떻게 연계되어 있는지 분명히 알 수 있다.
7. 교재의 대부분의 페이지는 지나치게 많은 정보를 담고 있어서 중요한 요점을 선택하고 기억하는 것이 어려웠다.
8. 이 자료들은 나의 시선을 끈다.
9. 이 자료가 어떤 사람들에게 어떻게 중요할 수 있는지를 알게 해 주는 이야기들, 그림들, 사례들이 이 자료에 있다.
10. 이 수업을 성공적으로 마치는 것은 나에게 중요하다.
11. 집필의 질은 나의 주의를 끄는 데 도움이 되었다.
12. 이 수업은 매우 추상적이어서 주의를 집중하는 것이 어려웠다.
13. 내가 이 수업을 학습할 때, 나는 학습내용을 배울 수 있다고 확신했다.
14. 이 수업을 매우 즐겼기 때문에 이 주제에 대해 더 알고 싶다.
15. 이 수업의 페이지들은 무미건조하고 학습하기에 매력적으로 느껴지지 않는다.
16. 이 자료의 내용은 나의 흥미와 관련 있다.
17. 각 페이지에 정보가 정리된 방식은 내 주의를 유지하는 것을 도왔다.
18. 사람들이 이 수업의 지식을 어떻게 사용하는지에 대한 설명 또는 사례가 제공되어 있다.
19. 이 수업 중의 연습문제들은 너무 어려웠다.

표 11.8 교수 자료 동기 조사지 (계속)

20. 이 수업에는 내 호기심을 자극하는 것이 있다.
21. 나는 이 수업을 듣는 것을 정말로 즐거워했다.
22. 이 수업에서 내용을 반복해서 제시하는 것에 때때로 지루해했다.
23. 이 수업에서 집필의 내용과 형식은 학습 내용이 알 만한 가치가 있다는 인상을 전한다.
24. 놀랍고 예측하지 못했던 것들을 배웠다.
25. 한동안 이 수업을 공부한 후, 나는 수업과 관련된 평가에 통과할 수 있을 것이라 확신했다.
26. 이 수업은 나의 요구사항과는 관련이 없었는데 내가 이미 대부분의 학습내용을 알고 있었기 때문이다.
27. 연습문제 풀이 후 피드백이나 다른 코멘트를 제공받는 것은 내 노력에 대한 보상을 받은 것처럼 느끼게 해 주었다.
28. 발췌된 글, 연습문제, 삽화 등의 다양한 읽을 거리들은 내가 이 수업에 주의를 집중하는 데 도움이 되었다.
29. 집필 방식이 지루하다.
30. 나는 이 수업의 내용을 내가 봐 온 것, 경험한 것, 또는 내 삶에 대해 생각해 온 것과 연계할 수 있었다.
31. 각 페이지의 너무 긴 서술들로 짜증스럽다.
32. 이 수업을 성공적으로 마쳐서 기쁘다.
33. 이 수업의 내용은 나에게 유용할 것이다.
34. 이 수업 중의 자료를 충분히 이해하지 못했다.
35. 학습 내용이 우수하게 구성되어 있는 것은 내가 이 자료를 학습할 수 있을 것이라 확신하도록 했다.
36. 이렇게 잘 설계된 수업을 공부하게 되어 기뻤다.

표 11.9 교수 자료 동기 조사 점수 부여 가이드

주의집중	관련성	자신감	만족감
2	6	1	5
8	9	3 (역(逆)으로)	14
11	10	4	21
12 (역(逆)으로)	16	7 (역(逆)으로)	27
15 (역(逆)으로)	18	13	32
17	23	19 (역(逆)으로)	36
20	26 (역(逆)으로)	25	
22	30	34 (역(逆)으로)	
24	33	35	
28			
29 (역(逆)으로)			
31 (역(逆)으로)			

IMMS 내적 신뢰도 추정

설문은 미국 남부 소재 대규모의 대학에서 실시되었는데, 그 대상자는 예비교사를 위한 두 개의 학부 수업을 받던 총 90명의 학생들이었다. Cronbach α에 근거한 내적 신뢰도 추정값은 만족스러웠다(표 11.10).

표 11.10 교수 자료 동기 조사지 신뢰도

척도	신뢰도 추정값 (Cronbach α)
주의집중	0.89
관련성	0.81
자신감	0.90
만족감	0.92
전체 척도	0.96

IMMS 타당도 검사

타당도는 행동동사의 개념을 다루는 두 개의 교수 자료를 비교함으로써 확보되었다. 이 자료들은 예비교사인 학부생들을 대상으로 하는 응용 교육심리학 코스에서 수업 계획 및 교수 설계에 관한 일부 활동이었다. 두 수업은 동일한 학습 목표들과 기술적인 내용을 담고 있었다. 통제 집단을 위한 수업은 교수 설계의 표준 원칙들에 따라 준비되었지만 흥미 요소를 가미하기 위한 어떤 것도 취해지지 않았다. 실험을 위한 수업은 흥미를 자극하고, 내용의 실제적 관련성을 설명하고, 자신감을 심어 주고, 만족스러운 성과가 도출되도록 하는 전략들로 강화되었다. 학생들은 평가를 포함해 하나의 수업(class)기간 동안 완성해야 하는 두 개의 레슨에 무작위로 할당되었다. 실험 수업의 점수는 통제 수업의 점수보다 유의한 수준으로 더 높았다.

CIS와 IMMS의 개발 상태

이 도구들의 네 개 하위 척도들은 상호간 상관계수가 매우 높을 수 있는데 이러한 사실은 전통적인 요인 분석을 이 도구에 적용하고 요인 구조를 확보하는 것을 어렵게 만든다(Huang, Huang, Diefes-Dux, & Imbrie, 2005). 이것은 이러한 도구들이 심리적 구인들이 아닌 상황에서 특수한 태도를 측정하기 위해 설계된 것이라는 점에 일부 기인한다. 상황종속적인 측정은 특히 응답자가 주어진 상황에 대해 매우 긍정적인 태도를 갖고 있을 때에는 매우 상이한 값이 나올 수 있다. 따라서 우리는 ARCS 모델의 개념적 구조와 연관된 측정 도구들을 지지하는 다른 방법들을 사용했다. 나임-디펜바하(Naime-Diffenbach, 1991)는 주의와 자신감 특성을 강화하고 관련성과 만족감 특성의 모든 가능한 동기 양상들을 제거함으로써 일련의 교수 자료들의 동기 특성들을 조작했다. 그녀의 연구는 이러한 동기 영역과 조화를 이루도록 자료에 실질적 변화를 주었을 때 그 차이들이 측정 도구의 점수에 반영될 것이라는 것을 확증했다.

스몰과 글럭(Small & Gluck, 1994)은 동기 속성 간의 상이한 양상 간에 지각된 근사(近似) 또는 먼 정도를 추정하고자 중요도 척도 접근을 사용했고, 그들의 연구는 ARCS 이론의 네 개 구성요소 분류를 확증했다. 자기 주도적 온라인 학습 환경에서 동기와 유용성에 대한 유(Yu, 2008)의 연구와 같이 최근에 수행된 연구들은 IMMS의 내적 일치도와 경험적 타당도의 부가적인 확증을 제공한다.

두 개의 도구들은 많은 연구에서 지속적으로 사용되었으며 몇 개의 다른 언어로 번역되기도 했다. 이 연구 관련 문헌의 요약을 포함하는 것은 이 교재의 범위를 넘지만, 이러한 연구가 존재한다는 것은 그와 같은 도구들의 유용성과 타당도를 확증하도록 돕는다.

동기 방책 점검표

들어가기

동기 방책 점검표(Motivational Tactics Checklist)(표 11.11)는 수년에 걸쳐 개발되고 수정되었다. 이것은 지면(紙面) 또는 컴퓨터 화면상의 “인쇄본” 형태의 자료에 전부는 아니라 할지라도 주로 초점을 맞춘다. 이것은 기존 자료를 비평하거나 새로운 자료들을 개발할 때 아이디어를 도모하기 위해 사용될 수 있다. 그러나 이것은 아이디어들과 특성을 담은 목록일 뿐이지 모든 교수적 산출물을 위한 일련의 조언이 아니다. 동기 설계의 모든 양상들처럼, 이 점검표는 대상학습자의 동기 분석의 결과와 연계되어서 사용되어야 한다. 아래 설명은 이것이 어떻게 진행되는지에 대한 일부 안내를 제공한다.

표 11.11 동기 방책 체크리스트 (계속)

주의집중

A1. 지각적 각성(구체화)
학습자들의 흥미를 끌기 위해 무엇을 할 수 있을까?

1. "인류", "사람들", 또는 다른 이러한 추상적 표현보다는 특별한 사람들을 지칭하는 참조가 있는가?
2. 일반적인 원리들, 아이디어들, 또는 다른 추상적 표현들이 분명한 사례들 또는 그림들로 표현되고 있는가?
3. 복잡한 개념들 또는 개념 간의 관련성이 비유나 유추를 사용해 좀 더 구체화되었는가?
4. 일련의 항목들이 문단 형태보다는 목록 형태로 제시되고 있는가?
5. 개념 간의 단계적 철자나 관련성이 컴퓨터 순서도, 다이어그램, 만화, 또는 다른 시각적 보조물을 사용해 좀 더 구체화되었는가?

A2. 탐구적 각성(호기심 유발)
탐구하는 태도를 어떻게 유발할 수 있을까?

1. 주제들이 의구심을 유발하도록 소개되거나 개발되었는가? (예: 새로운 지식이나 기능이 해결을 도울 수 있는 문제를 제시함으로써 탐구심이 자극되었는가?)
2. 호기심은 정신적 불일치를 통해 유발되었는가? (예: 과거 경험과 모순되는 사실들, 역설적인 사례들, 상충되는 원리들 또는 사실들, 예상치 못한 의견들)
3. 해결방안이 있을 수도 또는 없을 수도 있는 해결되지 못한 문제들을 기술하는 과정에서 신비감이 유발되었는가?
4. 시각자료들이 호기심을 자극하거나 신비감을 만들도록 사용되었는가?

A3. 변화성
학습자들의 주의를 어떻게 유지시킬 수 있는가?

제시형식의 변화

1. 빈 공란이 정보들을 분리하기 위해 사용되는가?(텍스트 또는 그림)
2. 제목, 인용문, 규칙, 핵심 용어 등을 강조하기 위해 다양한 글자체가 사용되는가?
3. 레이아웃에 있어서 다양성이 있는가?(예: 정보들의 공간적 배열상 다양성)
4. 자료의 형태에 다양성이 있는가?(예: 텍스트, 그림, 표, 사진 간의 교대 배치)

형식과 차례의 변화

5. 쓰기 기능에 변화가 있는가?(예: 서술적 설명, 기술, 내레이션, 설득)
6. 논조에 변화가 있는가?(예: 심각, 유머, 권고)
7. 교수의 요소들의 순서에 있어서 변화가 있는가?(예: "도입", "제시", "사례", "연습" 등의 순서가 별도 연습의 추가로 인해 순서에 변화가 생겨서 변화되는가)
8. 내용 제시와 실질적 반응 사태 간에 변화가 있는가?(예: 질문, 문제, 연습, 퀴즈)

표 11.11 동기 방책 체크리스트 (계속)

관련성

R1. 목적 지향성
학습자들의 목적에 맞도록 어떻게 내 수업을 설계할까?

가치 제공하기
1. 수업의 즉각적인 혜택이 적시되었거나 자명한가?
2. 교수 주제의 내적 만족감을 강조하는 코멘트, 일화, 또는 사례가 포함되어 있는가?

미래 가치
3. 이러한 교수 자료들을 마친 후에 학습자는 무엇을 할 수 있게 될 것인지에 대한 진술이 있는가?
4. 사례와 연습의 일부에 있어서 학생들이 미래에 필요로 할 지식이나 기능과의 연계가 분명한가?
5. 이 수업을 성공적으로 완수하는 것이 미래 목적의 성취와 어떻게 연계되는지 학생들에게 알려 주었는가?(예: 이 교수 상황에서의 성공은 이후 코스들의 학습 기회 획득, 학습의 주요 영역의 선정, 상급 수준의 학습 기회 획득, 임금의 인상, 직업 유지 또는 승진을 위해 중요한가)
6. 학습자는 이 수업이 자신의 일반적인 삶의 대처기능들을 어떻게 증진시킬 것인지 들었는가?
7. 학습자는 본질적으로 흥미로운 학문과 개발 영역의 발전에 이 수업이 공헌할 것이라고 생각하도록 격려받는가?

R2. 동기 일치
학습자의 학습 스타일과 개인적 흥미에 내 수업을 어떻게, 언제 연결할 수 있을까?

기본적 동기 자극
1. 학습자가 자신이 개별적으로 소통되고 있다고 느끼도록 대인간 사적인 어투가 사용되는가?
2. 목표 달성을 위한 노력과 성취를 보여 주는 일화, 통계 등의 보기들이 제공되는가?
3. 성취와 연관된 느낌을 보여 주는 진술이나 보기들이 포함되는가?
4. 학습자는 성취의 과정과 성공, 그리고 그와 관련된 기분을 시각화하도록 격려받는가?
5. 개인의 목적 수립, 기록 관리, 그리고 피드백을 허용하는 연습들이 포함되는가?
6. 협동적인 일을 하기 위한 집단이 필요한 연습들이 포함되는가?
7. 문제 해결, 달성을 추구하는 행위를 자극하는 퍼즐, 게임, 또는 시뮬레이션 등이 포함되는가?
8. 퍼즐, 게임 그리고 시뮬레이션 등이 포함된 연습에서, 학습자들은 서로 대항해, 그들 스스로 (예: 그들 고유의 기록을 깨기), 또는 표준 집단과 비교해 경쟁하도록 격려받는가?

역할 모델
9. 학문 영역의 주목할 만한 사람들, 그들이 직면한 어려움, 그들의 성취, 그리고 그 결과에 대한 일화들이 있는가?
10. 수업의 과정을 성공적으로 완수한 후 그 이상의 목적을 달성한 사람들에 대한 사례, 증언 등이 있는가?
11. 특별한 기능/지식 영역의 혜택을 설득력 있게 진술할 수 있는 사람들에 대한 참고자료 또는 인용 글이 있는가?

표 11.11 동기 방책 체크리스트 (계속)

R3. 친밀성
수업과 학습자의 경험을 어떻게 연결시킬까?

이전 경험과의 연결

1. 수업이 학습자의 기존 기능 또는 지식에 대해 만들어지는지에 대한 진술이 명료하게 제공되는가?
2. 현 자료를 학습자가 이미 친숙한 과정, 개념, 기능 또는 개념들에 연결시키고자 활용되는 비유나 유추가 있는가?

개인화의 옵션

3. 학습자들에게 과제 내용을 선택할 수 있는 기회가 주어졌는가?(예: 학습자는 적어도 일부 과제를 위해서 개인적으로 흥미를 가지는 보기나 주제를 선택할 수 있도록 허용되었나)
4. 학습자들에게 과제의 종류를 선택할 수 있는 기회가 주어졌는가?(예: 학습자는 주어진 목표를 달성하기 위한 다양한 수단으로부터 선택할 수 있도록 허용되었나)

자신감

C1. 학습 요건
성공할 것이라는 긍정적인 기대감을 어떻게 키워 줄 것인가?

1. 학습에 성공했다는 증거로서 학습자들에게 기대하는 바가 무엇인지 관찰 가능한 행동으로 명확하게 진술한 것이 있는가?
2. 학습자들이 그들 고유의 학습 목적들 또는 목표들을 서술할 수 있는가?

C2. 긍정적인 결과
학습 경험이 자신감에 대한 학생들의 믿음을 어떻게 뒷받침하거나 향상시킬 수 있을까?

도전 수준

1. 내용이 분명하고 따라가기 쉽게 배열되어 있는가?
2. 학습 자료의 각 영역에서 쉬운 과제부터 어려운 과제로 배열되어 있는가?
3. 전반적인 난이도(읽기 수준, 사례, 연습문제)가 학습대상자에게 적절한가?

염려 감소

4. 자료들에 "속임수" 또는 지나치게 난해한 문제들이나 연습문제들이 없는가?
5. 연습문제들은 목표, 내용, 그리고 보기들과 일관성을 갖는가?
6. 자체 평가 방법들, 예를 들어 문제에 답하기 등이 제공되는가?
7. 용인될 수 있는 응답들을 위한 확증적인 피드백이 제공되는가? 그리고 준거를 충족하는 데에 있어 미진한 반응들을 위한 교정적인 피드백이 제공되는가?

C3. 개인적 통제
자신의 성공이 스스로의 노력과 능력에 기인한 것이라고 분명히 느끼게 할 수 있을까?

1. 학습자에게 학습순서를 변경할 수 있는 기회가 주어졌는가? 예: 학습자들은 학습 자료의 부분들을 학습하는 순서를 변경할 수 있었는가?
2. 학습속도를 학습자들이 조절할 수 있었는가?

표 11.11 동기 방책 체크리스트 (계속)

3. 학습자들은 자신들의 역량을 보여 줄 방안들을 선택할 수 있었는가(예: 연습문제와 평가의 대안적 방안들)?
4. 학습자들에게 자신들의 역량을 보여 줄 수 있는 그들 고유의 연습문제들이나 방법들을 만드는 기회가 주어졌는가?
5. 학습자들은 다른 학습자들과 동일한 장소에서 함께 학습하거나 다른 사람들과 떨어져서 독자적으로 학습할 수 있는 공간을 선택할 수 있었는가?
6. 학습자에게 학습 자료를 개선하거나 흥미롭게 만들 수 있는 방안의 조언을 기록할 기회가 주어졌는가?

만족감

S1. 내재적 강화
학습 경험의 내적 즐거움을 어떻게 격려하고 지원할 수 있을까?

긍정적 인정

1. 학습자에게 새롭게 습득한 기능을 실제적 국면에서 사용해 볼 기회가 가급적 조기에 주어졌는가?
2. 학습자가 난해한 과제를 달성한 것에 대해 본질적인 자긍심을 갖도록 하기 위한 구두상의 강화가 있었는가?
3. 학습 자료는 목표 달성에 대해 긍정적인 느낌을 반영하는 긍정적이고 열정적인 코멘트를 포함하고 있는가?
4. 과제를 완수한 학습자들이 아직 완수하지 못한 동료들을 도와줄 수 있는 기회가 있었는가?
5. 성공을 위해 요구되는 여타의 행위나 특성에 대해 인정해 주는 것이 있었는가?
6. 직면해야 하는 여타의 위험이나 도전에 대해 인정해 주는 것이 있었는가?

지속적 동기화

7. 흥미로운 관련 영역에 대한 정보가 제공되는가?
8. 학습자들이 그 주제에 대해서 그들의 흥미를 지속적으로 추구하는 방법에 대해 질문을 받고, 그리고 관련 정보가 제공되는가?
9. 학습자들은 새로운 적용 영역에 대한 안내를 받는가?

S2. 외재적 강화
학습자의 성공에 대해 어떤 보상을 제공할까?

1. 훈련과 연습과 같이 일상적이고 지겨운 과제에 대해 외적 보상체제를 제공하기 위해 점수가 매겨지는 게임이 포함되어 있는가?
2. 예상치 못한, 통제할 수 없는 방식으로 내재적으로 흥미 있는 과제를 강화하기 위해 외재적 보상이 사용되는가?
3. 훌륭한 수행을 위한 공공연한 축하가 주어지는가?
4. 과제를 수행하고자 노력하는 동안 또는 과제를 성공적으로 수행한 후에 학생들은 개별화된 관심을 받는가?
5. 학습자들이 새로운 기능을 익히고자 노력할 때 강화가 종종 사용되는가?

표 11.11 동기 방책 체크리스트 (계속)

6. 학습자들이 수행 중인 과제에 대해 역량을 갖추게 됨에 따라 강화가 간헐적으로 사용되는가?
7. 과제 수행 달성을 위한 수단으로서 협박과 감시가 제거되는가?
8. 개별 또는 집단 간 경쟁에서의 성공을 또는 코스의 마지막 부분에서 성공을 보상하기 위한 증명서 또는 "상징적" 보상이 사용되는가?

S3. 형평성
학습자가 공정한 대우를 받았다고 인식하게 하려면 어떻게 해야 할까?

1. 최종 연습 및 사후검사의 문항 형태와 내용은 학습 자료의 지식, 기능, 연습 문제들과 일치하는가?
2. 최종 문제와 사후검사 난이도 수준이 이전 연습문제들의 수준과 일정한가?

설명

새로운 자료를 설계 및 개발하는 것을 지원하고자 이 점검표를 사용할 때는 학습대상자의 성격에 비추어 개발 아이디어와 제시 형태들이 적절한지 검토할 수 있다. 이러한 경우, 당신이 시험적 개발 과정 및 예비 검사 기간 동안 평가를 위한 검사표로서 그리고 설계 안내로서 사용할 항목들만을 포함하기 위해 이 점검표를 변형할 수도 있다.

당신이 기존 학습 자료를 검토하고자 안내를 위해 이 점검표를 사용할 때, 몇 가지 의사결정을 하게 된다. 당신이 그 자료들을 검사하고 그 전술을 고려할 때 당신은 그 자료들에 포함된 전술들이 만족스러운지, 결핍되어 있는지, 오히려 지나치게 많은지에 대해 결정할 수 있다.

만족: 주어진 전술이 자료에 포함되어 있고 당신의 학습대상자에게 사용하기에 적절한 것을 의미한다.

결핍: 당신의 학습대상자의 특성을 감안할 때 학습 자료들에 추가되어야 할 동기 전술들이 규명된 때를 의미한다.

과다: 자료들이 당신의 학습대상자들에게 적절하지 않은 동기 전술들을 담고 있을 때 발생한다. 과다한 자료의 일례는 의도된 학습대상자에게는 "유치"하다고 여겨지는 또는 그 학습 내용의 진지함으로부터 관심을 딴 데로 돌리게 하

는 만화들을 포함하는 경우이다.

이전처럼, 당신은 적용되지 않는 항목들을 모두 제거하고, 부가적인 전술 설명을 첨가하고, 설계와 평가의 보조도구로 활용하기 위해서 당신의 의도에 맞게 이 점검표를 개발할 수 있다.

동기 전달 점검표

들어가기

동기 전달 점검표(Motivational Delivery Checklist)(표 11.12)는 Bonnie H. Armstrong과 John Keller에 의해 개발되었는데, 두 저자의 동의를 얻어서 이 교재에 제시한다. 이 점검표는 교수 주도 수업의 동기 특성들을 측정하기 위해 사용된다. 이것은 프레젠테이션 형식, 학습자 초점, 그리고 동기적이며 교수적인 설계의 다른 요소들과 관련된 특성들을 포함한다. 일부 경우에는, 교수에 의한 다소 만족스럽지 못한 수행은 교수자에게 제공된 교재상의 결함의 결과일 수 있다. 그 문제의 원인에 대한 조사는 그 문제가 이 작업표에 기록된 후에 실시될 수 있다. 교수자는 교수 이전에 교수 자료의 완성도를 평가하기 위해서 그리고 리허설을 위한 보조자료로서 이 점검표를 사용할 수도 있다.

사용 안내

당신은 당신의 요구를 수용할 수 있는 어떠한 방식으로든 이 점검표를 사용할 수 있다. 한 가지 방안은 각 문항을 다음 부호를 사용해 검토하는 것이다.

E=매우 우수
S= 만족
I=개선 요구
O=결여(반드시 포함되어야 함)
NA=해당 없음

표 11.12 동기 전달 점검표 구성 항목

동기 전달 점검표

도입에서:

주의집중

1. "연결고리"를 사용하라. 예: 학습자에게 어떤 문제나 흥미로운 역설을 제기하라.
2. 학습자의 기본적인 관심을 끌 요소와 교수를 관련지어라.

관련성

3. 기존에 학습자를 분석한 자료가 없다면, 학습자의 경험, 흥미, 목적 등을 파악하기 위해 서먹함을 해소하는 게임을 사용하라.
4. 목표들이 학습자들의 직업과 전문가로서의 역할과 어떻게 연계되는지 설명하라.
5. 목표들이 학습자들의 개별 흥미, 경험, 목적과 어떻게 연계되는지 설명하라.

자신감

6. 학습자들이 서로 잘 모르거나 다양한 집단으로부터 왔다면 서먹함을 풀 수 있는 게임을 사용하라.
7. 학습자들이 긴장하고 있거나 편치 않아 보여서 그 서먹함을 풀고자 게임 또는 여타의 분위기를 띄우기 위한 활동을 할 때, 개별보다는 소집단으로 반응하도록 하라.
8. 학습자들이 수업에서 어떤 일이 일어날 것인지 그리고 그들이 무엇을 하게 될 것인지 볼 수 있도록 "이정표"를 사용하라.
9. 수업의 규칙을 설명하라.

수업 전반에 걸쳐:

주의집중

10. 박력 있고 활기찬 움직임을 사용하라.
11. 언어와 얼굴 표정을 열정 있게 사용하라.
12. 학습자 간에 시선이 동등하게 마주치도록 유지하라.
13. 요점을 강조하기 위해 다양한 음색을 사용하라.
14. 모든 학습자가 듣기 충분할 만큼 크게 말하고 흥미를 유발하기 충분할 만큼 다양하게 말하라.
15. 발화의 속도를 다양하게 하라.
16. 정확히 발음하고 분명하게 말하라.

관련성

17. 수업 전반에 걸쳐 또는 특정 기간 동안에 학습자가 코멘트나 질문을 할 수 있는 여유를 제공하라.
18. 현재 또는 미래의 직업과 관련된 사례를 사용하라.
19. 학습자에게 그리고 그들이 처한 맥락에 적절한 언어와 용어를 사용하라.

자신감

20. 학습자의 이름을 사용하라.
21. 학습자의 코멘트나 질문에 대응하기 위해서 경청하라.
22. 친근하게 바라보고 열린 자세를 취하는 등 긍정적 몸짓을 사용하라.

표 11.12 동기 전달 점검표 구성 항목 (계속)

23. 학습자의 반응이, 심지어 틀렸을 때라도, 승인해 주고 수정해 주기 위해 친근한 얼굴 표정을 사용하라.
24. 질문을 한 후에는 학습자가 반응할 수 있는 충분한 여유를 주어라.
25. 코멘트를 하거나 질문을 할 때, 학습자들과 시선 맞추기를 유지하라.
26. 모든 학습자와 균등하게 시선을 맞추어라.
27. 학습자의 반응 또는 코멘트에 있어서 올바른 요소를 강조하라.
28. 학습자를 수정할 때는 중립적이고 과제 지향적인 용어를 사용하라.
29. 교정을 받은 학습자가 명료화를 위한 질문을 할 수 있게 하고 그러한 질문에 적절히 반응하라.
30. 수행에 대한 피트백을 즉각적으로 제공하라.

만족감

31. 학습자를 인정해 주는 진술을 적절하게 하라.
32. 학습자의 성공이 학습자 자신의 노력에 기인한다고 진술하라.
33. 지겹고, 반복되고, 길고, 또는 복잡한 영역이 끝날 때 구체적인 보상을 제공하라. 예: 강의 후 잠시 쉬어가기
34. 그 수업의 노력과 성취를 인정해 줄 만한 가치가 있을 때에는 코멘트를 하라.

때때로:

주의집중

35. 문제나 역설을 제공하는 질문을 하라.
36. 학습자의 관점 또는 느낌을 이끌어 낼 수 있는 질문들을 사용하라.
37. 학습자 경험, 흥미, 또는 목적을 보기, 이야기, 문제 등에 엮어 넣어라.
38. 필요할 때는 시청각 자료를 사용하라.

관련성

39. 학습자의 경험, 흥미, 또는 목적을 보기에 엮어 넣어라.

자신감

40. 피드백을 요청하고 그 피드백을 다정한 얼굴 표정과 중립적인 감사함의 언어로 수용하라.
41. 학습자들이 혼란스러워하거나, 성을 내는 것처럼 보이거나, 스트레스를 받는 것 같거나, 또는 흥미를 잃은 것처럼 보이면, 구체적으로 그리고 명료하게 알려 주기를 요구하라.
42. 필요할 때에는 피드백을 중지함으로써 그 피드백을 관리하라.
43. 설명 또는 합리화 없이 피드백을 수용하라.
44. 교수는 학습자들이 성공할 수 있다고 믿으며, 그들을 돕고자 자신이 존재함을 학습자가 인지하도록 진술하라.
45. 학습자의 성공이 학습자 본인의 노력에 기인함을 진술하라.

수입의 마지믹에.

만족감

46. 수업의 마지막에 달성을 인정하라. 예: 언어적 인정 또는 성취 증명서
47. 필요할 때, 학습자의 노력과 달성에 대한 감사를 표현하라.

요약

이 장은 당신이 동기 설계 및 연구를 할 때 도움이 되는 몇 가지 설계 보조 도구, 측정 도구, 점검표에 대해 기술했다. 이러한 모든 항목들은 활용하기 위한 맥락에서 고안되었고 그 유용함이 검증된 것이지만, 사람들이 고안해 온 도구들의 소수의 예시일 뿐으로, 내가 줄곧 들어와 본 것의 대부분에 대해서는 아직도 직접 보지 못했다. 당신이 동기 설계의 체계적인 프로세스를 실행해 본다면, 당신이 이 작업을 할 때 당신에게 도움이 될 도구들을 고안할 가능성이 매우 높다.

이 장에서 가장 중요한 요점을 강조하면, 동기 설계는 체계적인 프로세스라는 사실이다. 당신은 이 책에 기술된 프로세스를 따라 할 수도 있고 지속적으로 당신의 기능과 실천을 증진하기 위해 다양한 도구들과 방법들을 사용할 수 있다!

제12장

동기 설계 연구 및 개발

생각해 두기

다음 연구들이 갖는 공통점은 무엇인가?

- 상급자들을 위한 교수 자료의 사용성에 관해 네덜란드에서 수행된 연구 (Loorback, Karreman, & Steehouder, 2007)
- 방콕에서 수행된 제약학 교수를 위한 설계 (Wongwiwatthananukit & Popovich, 2000)
- 온라인 학습에서 다문화 간 차이에 관한 대한민국에서 수행된 연구 (Lim, 2004)
- 모유 수유를 촉진하기 위한 북아일랜드의 훈련 프로그램 (Stockdale et al., 2008)
- 사용성 평가 방법에 대해 그리스에서 수행된 연구 (Zaharias & Poylymenakou, 2009)
- 온라인 학습에서 지속성을 유지하는 것의 어려움에 관해 독일에서 수행된 연구 (Deimann & Keller, 2006)
- 플로리다주립대에서 학부생을 대상으로 수행된 동기에 대한 실천 연구 (Kim & Keller, 2008)

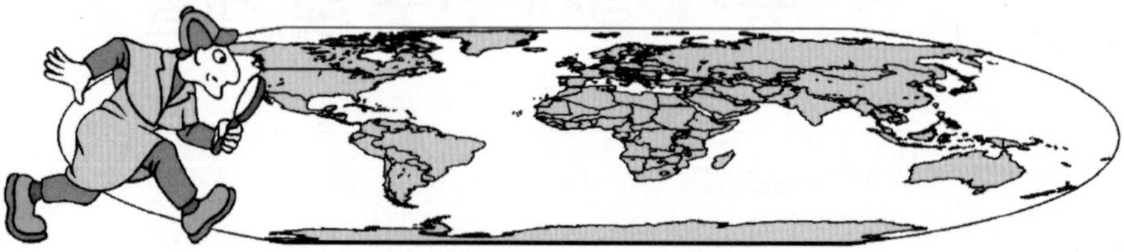

그림 12.1 동시 설계, 묘책을 찾아라!

들어가기

이 장의 목적은 ARCS 모델을 적용한 연구 및 개발이 이루어지는 다양한 국면들을 소개하는 것으로 본 교재에서는 아직까지 어디에서도 거론하지 않은 내용이다. 이 맥락에서 다양성은 지리, 조직, 학교 교과목 등을 포함하는 여러 가지를 의미한다. 사실상 세계 모든 지역의 연구자들과 활동가들은 그들의 연구와 실천에 ARCS 모델을 적용하고 있는데, 위에 제시한 연구들은 그 일부의 해당하는 예시라고 하겠다. 이것은 이 모델이 다양한 문화에 적용될 수 있으며, 많은 연구 및 실천 영역에 적용됨을 보여 준다. 이 모델은 교수가 발생하는 모든 형태의 조직에도 활용되고 있다. 이러한 조직에는 대학, 초등 및 중등학교, 건강관리 조직, 회사, 군 조직, 정부 기관 등이 포함된다. 내용 영역과 관련해 이 모델은 수학교육, 제 2 외국어 학습, 사회 과학, 조산술 교육, 약제학 훈련, 원자력 작동 훈련, 세일즈 훈련, 학교 행정가 연수, 관리 능력 함양, 영양 교육, 그리고 정규 교육 기관에서 가르치고 있는 모든 전공에 적용되어 왔다. 그리고 이 모형은 교수 전달 체제 설계와 연계되어 연구되어 왔는데, 자기 주도적 컴퓨터 기반 교수, 온라인 교수, 원격 학습, m-러닝, 그리고 물론이겠지만 교실 수업 등이 해당한다. 이러한 다양한 영역에서 학습자의 동기 및 학습에 대한 훈련 탐구로부터 교수 개발을 위한 동기 설계 지원에 이르는 등 그 목적이 다양하다.

비록 이 모델은 이렇게 넓은 영역에 걸쳐 적용될 수 있지만, 동기 설계 탐구와 관련해 고려되어야 할 몇 가지 주요한 문제점이 있다. 그 중 하나는 탐구 설계 방식에 대한 염려이다. 일부 연구들은 전통적인 실험 연구 또는 유사 실험 연구로 구성되고 또한 상관 연구, 질적 연구, 실천 연구, 평가 또는 검증 연구라고 할 수 있는 것을 포함하는데 이러한 연구의 목적은 주어진 전략이나 처치가 효과적이었는지를 검증하는 것이다. 동기 설계 연구에서 무엇보다 중요한 목적은 학습 환경 설계 및 학습자가 주도적으로 동기화하도록 하는 안내를 수단으로 사람들의 학습에 대한 동기를 어떻게 증진할 수 있는가에 관한 것이다. 이는 동기 설계 연구 및 개발이 다음과 같은 다수의 장애물이 있는 응용 상황에서 가장 자주 발생한다는 것을 의미한다.

- 적용 환경에 대한 최소한의 통제
- 특정 변인들을 분리하고 조작하는 데 있는 어려움
- 신기한 효과에 의한 의도되지 않은 영향
- 학습자들의 동기 프로파일을 진단하고 시간 경과에 따른 그들의 변화를 추적하는 데 발생하는 어려움
- 명확한 추론과 결론을 도출하는 방식으로 결과를 측정하는 어려움

이러한 문제들은 많은 연구 영역의 특성이고 연구 설계 관련 서적에서 논의되지만, 동기 설계 연구에 관련된 다소 특수한 세 가지 이슈가 있다. 즉, 동기 격차 규명, 다른 방식의 전달 체제들을 위한 전술 설계, 동기 전술을 전달하는 방법 등의 문제들과 연관되어 있다.

첫 번째 문제인 "동기 격차 규명"과 관련해, 고려할 점이 세 가지 있다. 첫째는 주어진 자료를 학습하고자 하는 참여자의 열망을 방해하는 격차가 과연 있는지 여부이다. 둘째는 교수 자료나 동기 피드백, 안내 등을 통해서 학생을 지원하는 등의 그 외 학습 환경에 동기적 결핍이 있는지 여부이다. 이러한 부류의 격차를 시정하고 분석하는 방법은 8장에 자세하게 제시했다. 셋째 부류의 격차는 학습자가 그 격차를 줄이기를 원하는지 여부이다. 학생은 자신감이 매우 떨어져 있거나, 자신과 교수 내용과의 어떠한 관련성도 감지하지 못할 수 있다. 그러나 이것이 그 격차를 줄이기를 원한다는 것을 의미하는가? 아마도 아닐 것이다. 학습자의 태도는 그가 단지 그 상황에 대해 상관하지 않겠다는 것일 수 있다. 이러한 문제는 다시 1장에서 논의하였던 근원적인 동기 설계의 근본 가정 중 하나인 당신이 타인의 동기를 조정할 수 없다는 것과 연관된다. 만약 그 학생이 진정으로 배움을 원치 않는다

면, 그것에 대해 당신이 할 수 있는 일은 극히 제한된다. 그러나 설득 기술의 사용, 그 과목에 대한 당신의 열정 표현, 또는 학습자가 경쟁적 상황에 도전하는 것 등을 행함으로써 그 학생에게 학습에 대한 영감을 줄 수도 있다. 요점은 학생의 호기심, 학습 관련성에 대한 지각, 성공에 대한 기대감 등에 관련된 특정 동기 문제들이 있다는 것을 인지하는 것이 그러한 태도들을 변화시키기 위한 전략들로 학생들을 동기화시킬 것이라는 것을 자동적으로 의미하지는 않는다는 것이다. 우선, 학생은 그 과목을 공부하기를 원하도록 영감을 받아야 하고 그 후에나 도움이 되는 전략들이 실행될 수 있다.

비록 8장에 대상자 동기 분석에 대해 방대하게 안내하였으나, 그 과정은 교수가 이루어지는 상황이 시작하기 전에 학습자를 분석할 수 있고 그들의 동기 상태가 그와 같은 교수가 이루어지는 상황 동안 지속적으로 점검될 수 있는 면대면 상황에서 가장 용이하게 적용될 수 있다. 그러나 이 장에서 기술되는 일부 연구들과 프로젝트들에 관해 진술되는 것처럼, 분산적 학습 환경에서 특히 동기 수준의 변화를 감독하는 것과 관련해 학습자 동기를 사정하는 방안을 찾는 것은 매우 도전적인 과제이다.

여기서 고려되는 둘째 이슈는 상이한 전달 체제를 위한 전략 설계와 관련된다. 면대면 상황에서 접근 가능하고 효과적인 전략들이 분산된 학습 체제에서는 가능하지 않을 수 있다. 교수는 교수 자료와 통합될 동기 전술들을 설계할 수 있고 이와 별도로 적절한 시기에 동기 지원을 제공할 수 있다. 예를 들어서, 교실 내 교수는 학생들을 동기 시뮬레이션 활동에 투입하면서도 어떤 학생이 매우 가치 있는 일을 수행했을 때 그것을 인정해 줄 수 있다. 교수는 그때 즉각적인 동기 피드백을 제공할 수 있거나 학생이 어려움에 봉착했을 때 용기를 얻도록 격려해 줄 수 있다. 그러나 의미 있는 피드백 후에 동기 문제들을 간파하는 것은 분산 체제에서 즉각적으로, 혹은 적어도 그 당시에는 불가능하다. 매우 복잡한 지적 교수 체제가 개발되면 가능해질 수도 있겠지만 지금 우리가 활용할 수 있는 전술들은 다소 제한적인 수준에 머물러 있다. 그렇다 하더라도, 분산 학습 상황에서 동기 전술들을 묶기 위한 그리고 학생들에게 동기 지원을 제공하기 위한 혁신적인 기술들은 개발되고 검증되어 왔다. 이 장에서 다양한 연구들과 프로젝트들을 기술하면서 이것에 대해서 진술하고자 한다.

세 번째 이슈는 이전 이슈와 관련된 것이지만, 그 초점은 분산 학습 상황에서 동기 전략들을 전달하는 것과 관련된 문제에 있다. 컴퓨터 기반 교수에서 수년간 사용되어 온 기술은 자기 주도 점검 연습이거나 검사에서 학습자의 반응에 따라 자동적으로 제공되는 동기적 또는 교정적 피드백을 첨가한 것이다. 정답에 따라오는 전형적인 메시지는 "축하해요. 참 잘했습니다."와 같은 것이다. 이러한 피드백의 부류는 유용할 수 있으나 심각할 정도로 제한적이며 자신감, 감지된 관련성, 끈기 등의 학습자 문제들과 관련된 많은 동기 관련 어려움을 다루지 못한다. 이 장에서 소개되는 연구들은 동기 피드백과 안내를 위한 많은 동기 전략들을 담고 있는데, 애니메이션화된 교수, 동기적이고 의지적인 e-메일 메시지, 동기적으로 적응적 컴퓨터 프로그램의 사용 등이 포함된다.

요약하면, 이 교재의 핵심은 ARCS 모델이 동기 설계를 위한 문제 해결 접근을 제공한다는 것이다. 주어진 상황에서 특정한 동기 문제들 또는 목적들이 무엇인지 규명한 후에야 전략들 또는 전술들은 고안 된다. 그러나 동기 문제들이 무엇인지 규명한 후 학습자들에게 적절한 때에 적절한 동기 전술들을 전달하는 방안을 찾는 것은 어렵기 때문에 이 과정을 적용하는 데 많은 난제가 있다. 가장 효과적으로 이 방식이 이루어지기 위해서는 학습자가 특정한 전술로 해결될 수 있는 동기적 어려움을 경험하고 있을 때 그 전술들이 제공되어야 한다. 만약 교수 설계 수업의 수강생들이 이전에 전혀 경험해 보지 못한 직무/과제 분석 실시에 대한 수업을 받은 후 그들이 이 과제에 대해 실제로 시작해야 하는 시점에서 겨우 일주일 정도만 남은 경우에는, 이때 그들에게 "다소 도전적인 일이라는 부담이 있겠지만 계속 시도해야 할 것"이라고 말하는 것이 그다지 효과적일 수 없다. 동기 격려를 학습자들에게 제공하는 적절한 시간은 그들이 그 일을 실제로 수행하고 있고 그러한 느낌을 받을 때이다. 그럴 때 그들은 그 과제를 어떻게 다루어야 하는지에 대한 감정이입과 제언에 대해 수용하게 된다.

이 장은 이러한 문제들과 관련되는 동기 설계 연구와 적용에 대한 몇 가지 영역을 기술하는데, 특히 온라인, 컴퓨터 기반, 테크놀로지 보조 및 분산적 교수의 다른 형태의 맥락에서 기술한다.

동기 메시지

이 장에서 기술한 많은 교수적 전달 환경을 위한 일반적 적용 방법인 동기 전략은

"동기 메시지의 임상적 사용"이라고 불린다. 이 개념은 비써(Visser & Keller, 1990)에 의해 형성되었고 학습대상자의 동기에 대한 지속적인 진단에 근거해 동기 메시지를 생성하고 전달하는 것을 의미한다. 이 과정은 비써가 면대면 코스를 가르치는 동안 개발되었는데, 그 코스에는 동기와 관련된 심각한 몇 가지 어려움이 있었다. 그 수업은 15명의 모잠비크 정부 공무원들을 대상으로 하였으며, 그들이 근무하는 직장에서 진행되었다. 수업 상황에서 동기 유발의 어려움은 폭도집단으로부터 지속적인 위험이 있던 당시 모잠비크의 조건과 극도로 낮은 생활수준, 그 과정을 수강하는 노력에 대한 가시적인 인센티브의 부족, 수업 내용의 난이도 수준, 자신의 업무를 지속적으로 수행하는 동시에 공부까지 해야 한다는 어려움 등에서 기인했다. 이러한 많은 동기 어려움에 기인해 비써는 동기 메시지라는 개념을 고안했는데, 이는 "적시"에 근거한 동기적 지원을 제공하는 수단을 의미한다. 그는 특정한 학습자들의 동기적 어려움(주의, 관련성 등)에 대해 분류될 수 있는 그들의 동기 문제들을 진단하기 위해 ARCS의 체계적인 동기 설계 프로세스를 적용했고, 그 후 문제들을 완화시키고 목적을 달성하고자 동기화된 노력을 자극하기 위한 전술들을 개발했다. 일부 메시지는 작은 포스터나 편지의 형태였는데, 대부분은 주의를 끄는 겉장과 그 안쪽에 적절한 메시지를 담고 있는 인사장의 형태

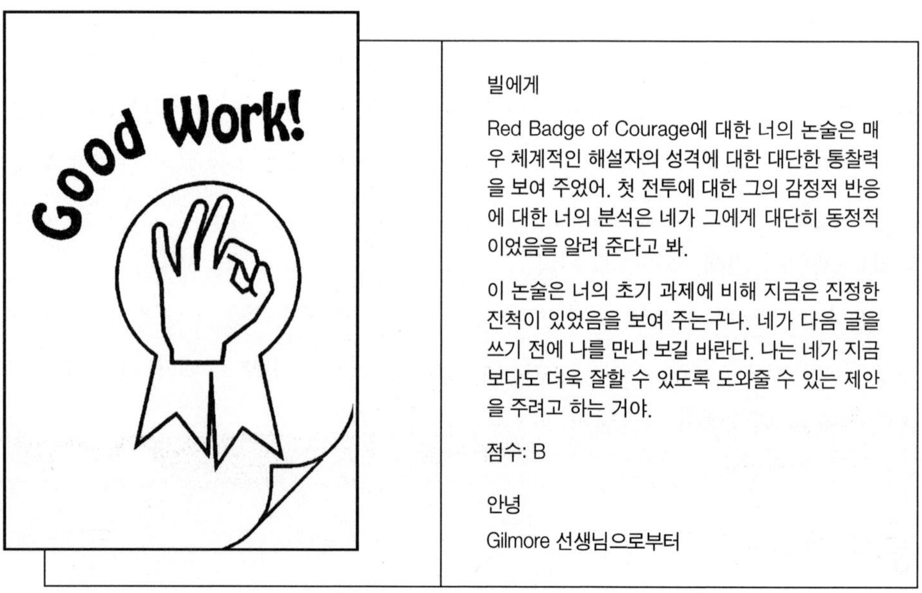

그림 12.2 자신감 증진을 위한 개별화 동기 메시지 사례

로 제작되었다. 이러한 형식은 근심을 완화시키려는 의도를 가지고 설계된 집단 메시지인 6장의 보기(그림 6.2)에 표현되어 있다. 또 다른 보기(그림 12.2)는 잘해 보고자 고군분투해 온 학생에게 긍정적인 피드백과 격려를 주기 위해 고안된 개별 메시지에 나타나 있다.

메시지의 내용은 주어진 기간 동안 활용할 수 있었던 것에 근거해서 총 5개까지의 자료에 대한 주별 분석을 토대로 결정되었다. 첫 번째 자료는 그 교실에서 가르친 교수자의 경험에 따른 동기적 강조점에 대한 그의 친숙함으로부터 도출되었다. 예를 들어, 그 수업의 주제는 교수 설계의 체계적인 과정에 대한 것이었고 학생들은 교수 분석 과제가 어렵다는 것을 종종 직면하곤 했다. 그들은 자신들이 제출한 첫 번째 과제의 초안에 대해 비판적 피드백이 가해진 것에 크게 좌절할 수 있음을 알게 되었다. 그 교수자는 이러한 피드백을 학습자들이 객관적이고 생산적으로 볼 수 있도록 도울 수 있는 메시지를 준비했다. 한편, 그는 주 단위로, 학생들로부터 무기명 자기 보고서를 받도록 했는데, 학생들은 이 보고서에 지난주 자신들이 경험한 가장 큰 세 가지 동기적 어려움과 가장 긍정적인 세 가지 동기 영향들을 진술하였으며, 만약 존재한다면, 수업 영역의 개선을 위해 가장 시급하게 주의를 기울여야 하는 점들을 진술했다. 또한 학생 자신들의 학습 진척 또는 진척이 이루어지지 않는 것에 대한 자발적 코멘트, 그들의 조력자로부터 얻은 코멘트, 학생들의 진척에 대한 평가 등은 여기서 추가로 활용된 세 가지 정보이다.

이러한 투입 자료들을 ARCS 모델의 범주에 맞도록 분석한 것에 기초해, 비써는 세 가지 메시지 중 한 개 또는 그 이상을 준비했다. 첫 번째 메시지는 동기적 어려움에 대한 것으로 교수가 그 수업을 가르친 과거의 경험에 근거해 예측할 수 있는 것이다(그림 6.2). 두 번째 범주의 메시지는 전 학급의 동기 수준에 영향을 미칠 수 있지만, 미리 예측할 수 없는 사태들에 대응하기 위한 것이다. 그리고 세 번째 범주는 개인적으로 동기상의 어려움을 갖는 각 학생에 대한 메시지로 구성되어 있다. 예를 들어서, 한 학생은 영어가 유창했지만(포르투칼어가 모잠비크의 국어이다), 수업 과제를 수행하는 데 있어서 너무나도 뒤처져 있었는데, 그 이유는 그 학생의 직무 부담이 너무나 과도하게 증가되었기 때문이다. 비써(1990)는 그 학생에게 "당신을 위한 특별한 메시지를 보냅니다. 당신이 불가능한 것을 해야만 할 때, 당신은 좌절할 수밖에 없어요. 그러나 당신이 쏟았던 그 노력에 대해서, 그리고 당신도 잘 알듯이 당신에게 만약 적절한 기회가 주어졌더라면, 당신이 달성해 냈을 그 일의 질에 대해서 만족하세요."라는 내용을 담은 메모를 자신의 사인과 함께 보냈다(p. 384). 훗날 그 학생은 이 메모를 받고 펑펑 울었음을 알려 왔다.

그는 메시지들을 준비했고 쉬는 시간동안 학생들의 작업 공간에 아무 말 없이 슬쩍 메시지들을 남겨 두거나 개별적으로 메시지를 직접 건네주었다. 이러한 행위는 메시지를 주는 것이 그 코스의 일상 활동으로 여겨지기를 원했기 때문이며, 학생들이 그 메시지들에 지나치게 관심을 쏟는 것을 원치 않았기 때문이다. 이 메시지들은 학생들 사이에서 "작은 노트"라고 알려졌다.

다양한 측정 방법을 사용했는데(Visser, 1990; Visser & Keller, 1990), 그 메시지들이 학생들의 태도와 끈기에 긍정적인 영향을 준 것은 명백했다. 학습 유지율은 평소보다 높았으며, 학생들의 지속적인 노력과 달성도 또한 더 높았다.

동기 관련 메시지를 임상적으로 사용함에 있어서 중대한 속성들은 그 속성들이 학생들이 직면하는 동기상 어려움의 특정한 종류를 가리키는 자료에 근간을 두었으며, 그 메시지들은 명료하게 학습자들의 느낌과 태도의 동기 양상을 다루었다는 것과, 그 메시지들의 전달이 시의적절했다는 점이다. 이것은 어떤 코스에 핵심 요소로서 교수 자료나 전달 체제에 삽입되었으나 참여자들의 학습에 대한 태도에 있어서 특정한 동기 격차에 초점을 맞추지 못하는 동기 전술의 사용과는 구별된다.

교수자에 의해 촉진되는 학습 환경

교수자에 의해 촉진되는 환경은 면대면, 온라인, 또는 블렌디드 형태일 수 있다. 이 책의 앞에서 소개된 동기 전략들의 대부분의 보기들은, 동기 설계 작업표의 두 가지 예를 포함해(8장, 9장, 10장), 교수 상황과 관련되었고, 그래서 이 장은 블렌디드 코스이든 온라인 수업이든, 테크놀로지 보조 환경에서의 사례들에 초점을 두고자 한다.

블렌디드 학습 환경은 일반적으로 면대면 교실 학습에 온라인 학습 요소가 증강된 것을 말한다. 블렌디드 코스의 유연성은 주별로 고정된 시간에 만나는 일정에 비해 일주일 내내 좀 더 지속적인 학습 활동들이 가능하도록 한다. 봉크와 장(Bonk & Zhang, 2008)은 온라인과 블렌디드 코스에서 활용할 수 있는 100가지 이상의 활동을 기술한 바 있는데, 교사들은 토론 포럼, 채팅 방, 협력적 집단 과제 등의 온라인 특징을 잘 활용할 수 있다. 예를 들어, 내가 캠퍼스 기반 대학에서 가르치는 학습자 동기 코스에서 과제로 부여한 한두 가지의 읽기 자료와 관련 있는 토론 포럼을 종종 가지려고 하는데, 특히 학급 내 모든 학생들이 그들의 생각을 표현하기를 원할 때 그런 기회를 가지려고 한다. 이러한 활동은 몇몇 학생들이 예측 가능한 적극적인 반응자 역할을 하는 교실 수업에서는 좀처럼 일어나지 않는다. 지난 학기 첫 주 수업 때 나는 두 개의 포럼을 열었다. 첫 번째 포럼에서 나는 동기의 개념을 설명하도록 했는데, 자신들이 경험한바 즉, 자신들의 삶에서 “동기”를 구성하는 것이 무엇인지에 대해 기술하라고 했다. 두 번째 포럼에서는 그들 간에 동기 계획에서 이루어지는 설계의 역할을 토론하라고 시켰다. 즉, 누가 동기를 설계할 수 있는가? 이것은 지나치게 기계적 활동은 아닌가? 동기는 자발적인 활동의 결과라고 기대할 수 있는가? 모든 학생들은 특정 날짜까지 응답할 것으로 요구되었는데, 학생들은 다른 동료들의 의견을 그 기한 내에 내가 공개할 때까지는 볼 수 없었다. 이러한 방식으로, 각 학생은 그 질문을 생각해 보고 다른 학생들이 응답한 것을 단지 “빌려” 오지 못하고 자신만의 의견을 제시해야만 했다. 이러한 조치는 높은 응답률과 함께 풍부한 토론이 가능토록 했다. 나는 또한 그들에게 협력적인 과제를 수행하도록 하고 수업시간 중에 그 결과물을 발표하게 했다. 이것은 우리가 내재적 동기와 외재적 강화와 관련된 요인들에 대해 그리고 그 두 강화가 서로 어떤 영향을 미치는가에 대해 우리가 했던 것과 같은 과제물에 특히 효과가 있었다. 각 집단은 조사해야 할 개념 목록이 있었다. 그들의 과제는 정의, 부정적 보기들(학습의 기쁨을 없애는 방법), 그리고 긍정적 보기들(학습의 기쁨을 유지하는 방법)을 준비하는 것이었다. 수업시간 동안 각 집단은 자신들의 개념들에 대해 가르치고 토론을 촉진해야 했다.

이러한 전략들은 실행하기 용이하고, 교수자의 시간적 제약을 관리할 수 있고, 효과적인데 특히 교수가 그 토론에 직접 참여할 때 더더욱 그렇다. 그렇지만 이러한 장점은 참여자가 20명을 넘는 경우가 극히 없는 상대적으로 작은 규모의 학급일 때 부분적으로 나타난다. 대형 교실에서는 그 상황이 단지 규모뿐만 아니라 성격상으로도 달라진다. 대형 교실에서는 상대적으로 소규모의 교실에서 사용할 수 있었던 모든 학습 전략을 사용하는 것이 불가능하며, 학생을 지원하는 문제가 좀 더 분명해진다. 매우 큰 교실에서는 교수가 모든 학생에 대해 파악하는 것이나 또는 한 명 또는 그 이상의 학생들이 직면하는 특정 동기 관련 문제들을 인지하는 것이 가능하지 않을 수도 있으나, 이 수업의 온라인 과정은 이러한 문제를 해결하도록 도울 수 있다.

학생에게 동기적 지원을 제공하는 한 가지 방법은 동기 메시지(Visser & Keller, 1990) 방법을 활용하는 이메일을 보내는 것일 수 있다. 이 방법은 학부생을 대상으로 하는 고고학 수업의 두 가지 블렌디드 학습 상황에서 연구되었다(Keller, Deimann, & Liu, 2005; Kim & Keller, 2008). 이러한 연구에서 메시지는 코스 중에 코스를 담당하는 교수와 수업 조교의 관찰에 근거하며, 과거 경험에 비추어 볼 때 예측 가능한 동기적 문제들이 발생할 것이라 예상될 때 학습자에게 동기적 지원을 제공하고자 때때로 준비되었다. 이 연구에는 유익한 자기 조절 행동을 격려하려는 목적의 의지적 메시지도 포함되었다. 그 메시지들은 교수가 아닌 연구자들에 의해 고안되고 배포되었는데, 학생들의 동기 태도와 학습에 소모된 시간을 매주 측정함으로써 학생들이 노력하는 정도를 규명하기 위해 진단하는 설문지가 제공되었다. 또한, 비써가 가르쳤던 교실과는 다르게, 이러한 교실에서 교수들은 학생들이 직면하는 동기 관련 어려움들에 대해 파악하고 있었으나, 교실 밖에서는 학생들과 정규적인 상호작용이 없었고 학생들의 공부에 불리하게 영향을 미쳤을 수도 있는 그들의 일상사에 대해 개인적으로 알지 못했다. 또한, 교수는 교실 밖에서 메시지를 직접적으로 배포되지 못했다. 비써의 연구에서 개별적으로 전달된 종이에 쓴 메시지에 비해, 그 메시지들은 다소 감정을 담지 못한다고 할 수 있는 이메일을 통해서 배포되었다. 그러나 이메일이 통상 광범위하게 사용되고 있음을 고려해 볼 때, 학생들은 이러한 메시지들을 일종의 개별적 관심의 표현으로 간주했을 것이라 기대할 수 있다(Woods, 2002).

처음 수행된 연구(Keller, Deimann, & Liu, 2005)에서 교수와 수업조교가 규명한 특징적인 동기 문제들에 기반을 둔 동기 메시지들이 마련되었다. 소위 "묶음 집단"인 첫 번째 집단은 4주간의 검사 기간 초기에 "학습관련 팁"이라 불리는 메시지 전(全) 세트를 받았는데, 이는 메시지를 받는 그 학생들이 모든 메시지의 혜택을 즉시 받게 하기 위해서였다. 두 번째 집단인 분산 집단은 간헐적으로 동기 및 의지(volition) 모델(Keller, 2008b)에 따라 학습 팁을 받았는데, 이 모델에 따르면 학생은 동기 전술에서 실행 전술로 그리고 의지 지원(자기 조절) 전술로 진척하게 된다. 통제 집단에는 플라시보 성격의 메시지가 제공되었고, 그 외 집단에도 플라시보 성격의 메시지가 제공되었는데, 이는 어떤 실험이 진행되고 있음을 인지함으로써 야기될 수 있는 신기성 효과를 통제하기 위해서였다. 연구 결과는 자신감과 성취도에 긍정적인 영향이 있음을 나타냈지만 동기의 다른 범주들의 영향은 없었다. 이러한 결과는 이메일을 기반으로 한 동기 메시지를 활용해 학생의 동기를 유발하려는 시도가 가져올 수 있는 잠재적 혜택을 제한적으로나마 지지하는 것이다.

후속 연구로서 4주간 수행된 두 번째 연구(Kim & Keller, 2008)에서, 학생 개개인에게 특성화된 동기 메시지들이 개발되었다. 진단 설문 도구에 바탕을 둔 좀 더 개별적인 메시지들을 만들고자 노력했는데, 메시지 인사말에 각 학생의 이름을 개별적으로 담고 있는 메시지가 보내졌고 개별 학생을 위한 동기 메시지 내용이 학생 각자에게 맞게 구성되었다.

수업에서 주요한 검사가 두 번째로 진행된 후 학생들은 자신들의 검사 결과에 대해 만족하는지 등에 대한 질문을 받았다. 검사를 받기 전에 학생들은 첨부 형태로 학습관련 팁이 포함된 이메일을 받았는데, 그들이 과연 그 첨부파일을 열어 보았는지, 그리고 어떤 조언이 그들에게 유용한지를 묻는 최종 이메일을 받았다. 그들의 반응에 근거해 메시지의 도입 글에 변화를 주었고, 인사말에 학생의 이름을 포함시킴으로써 학생 개개인에게 맞는 메시지를 전달했다. 일례로, 표 12.1에 나타난 세 가지 보기들은 자신들의 검사 결과에 만족하지 못하는 학생들에게 보내진 것들이다. 그 메시지들은 그 학생이 첨부파일을 열어 보지 않았는지, 아니면 열어 보았지만 유용한 전술들을 검토하지는 않았는지, 혹은 열어 보고 유용한 어떤 전략들을 검토까지 해 보았는지 등에 따라 내용이 다르게 제공되었다. 도입 글에 이어지는 메시지 본문은 부가적인 동기적 특성들을 담고 있었지만 이 부분은 각 경우에서 모두 동일하였기에 여기에 다시 제시하지는 않기로 한다. 메시지의 전체 견본은 김찬민과 켈러(Kim & Keller, 2008)에 수록되어 있다.

표 12.1 개별화 동기 메시지 사례

보기 1: 학생이 학습관련 팁 첨부파일을 열지 않은 경우

친애하는 프랭크

축하해요!

지난 학습일지에서 당신은 두 번째 테스트 결과에 전적으로 만족하지 못한다고 썼는데, 당신이 지금까지 얻은 점수보다 더 높은 점수를 얻고 싶어한다는 것을 나도 눈치 챘어요. 나는 앞으로 남은 두 번의 테스트에서 당신의 점수를 올리는 데 도움이 될 수 있는 제언들을 지금 보고 있는 이러한 메시지 및 학습관련 팁의 형태로 제공하고자 해요.

표 12.1 개별화 동기 메시지 사례 (계속)

최근 학생들은 첨부파일 형태로 제공된 학습관련 팁을 받은 바 있어요. 두 번째 검사 결과에 따르면 학급 평균은 첫 번째 테스트의 평균과 동일했지만 이러한 팁을 이용했다고 말한 일부 학생들의 점수는 2/3정도 상승했어요(예를 들어서, C에서 B-로). 이러한 팁은 매우 유용할 수 있음을 말해 준다고 할 수 있죠.

당신이 이러한 기회를 이용하고 싶다면, 무엇을 해야 하는지에 대한 내용이 여기 있어요.

보기 2: 학생이 학습관련 팁 첨부파일을 열기만 하고 어느 전술도 사용하지 않은 경우

친애하는 프란시스

지난 학습일지에서 당신은 두 번째 테스트 결과에 전적으로 만족하지 못한다고 썼는데, 당신이 지금까지 얻은 점수보다 더 높은 점수를 얻고 싶어한다는 것을 나도 눈치 챘어요. 나는 앞으로 남은 두 번의 테스트에서 당신의 점수를 올리는 데 도움이 될 수 있는 제언들을 지금 보고 있는 이러한 메시지 및 학습관련 팁의 형태로 제공하고자 해요.

몇 주 전, 당신은 첨부파일 형태로 제공된 학습관련 팁을 받았을 때, 그것을 열기는 했지만 어떤 전략들이 유용한지에 대해 검토하지는 않았다고 했어요. 그러나 우리 교실 내 학생 일부는 그 전략들을 열어서 검토해 보고, 실제로 일부 전략을 사용했는데, 유용했다고 합니다. 이 학생들의 점수가 82%까지 올랐으며 그들의 등급은 평균적으로 2/3 정도 올랐어요(예를 들어서, C에서 B-로). 일부 학생들의 점수는 그보다 더 올랐거나 미진했지만, 이러한 팁은 매우 유용할 수 있음을 보여 준다고 할 수 있어요. 왜냐하면 두 번째 시험의 학급 전체 평균은 첫 번째 시험의 전체 평균과 동일했거든요.

당신이 이러한 기회를 이용하고 싶다면, 무엇을 해야 하는지에 대한 내용이 여기 있어요.

보기 3: 학생이 학습관련 팁 첨부파일을 열어서 일부 전술을 사용한 경우

친애하는 페이

당신의 검사점수가 크게 오른 것을 축하합니다. 그러나 당신이 지금까지 얻은 점수보다 더 높은 점수를 얻고 싶어한다는 것을 나 역시 눈치 챘어요. 나는 앞으로 남은 두 번의 테스트에서 당신의 점수를 올리는 데 도움이 될 수 있는 제언들을 지금 보고 있는 이러한 메시지 및 학습관련 팁의 형태로 제공하고자 해요.

몇 주 전에, 당신은 첨부파일 형태로 제공된 공부 팁을 받았고, 그것을 열어서 전략들이 유용하다는 것을 검토했다고 했어요. 그 전략들을 검토해 보고 유용하다고 말했던 일부 학생들의 경우, 대부분 점수가 향상되었다는 점을 당신은 흥미로워할지 모르겠어요. 평균적으로 등급은 2/3정도 상승했어요(예를 들어서, C에서 B-로). 당신을 포함해서 일부 학생들의 점수는 그보다 더 올랐거나 미진했지만, 이러한 팁은 매우 유용할 수 있음을 보여 준다고 할 수 있어요. 왜냐하면 두 번째 시험의 학급 전체 평균은 첫 번째 시험의 전체 평균과 동일했거든요. **지금, 당신이 그 전략들을 다시 시도해 보고 좀 더 체계적으로 사용해 보기를 권해요. 당신은 아마도 지속적인 상승을 볼 것입니다.**

당신이 이러한 기회를 이용하고 싶다면, 무엇을 해야 하는지에 대한 내용이 여기 있어요.

이 연구의 결과는 개별적인 메시지를 받은 학생들이 처치를 받은 후 전반적으로 더 높은 자신감 수준을 가지게 되었다는 것과 그들의 검사 점수와 비교 집단 검사 점수 간의 간격이 좁아졌음을 보여 주었다. 두 가지 선행연구에서 얻은 주요 시사점은 동기 전술들이 유용하게 활용되기 위해서는 학생들의 내면에 동기 전술들을 받아들이고 싶다는 욕구를 생성하는 것이 결정적으로 중요하다는 것이다. 연구자들은 자신들이 대상학습자 분석 단계에서 매우 중요한 동기 문제들을 규명했다고 생각했다. 그러나 문제에 대한 정보는 교수와 수업조교로부터 확보되었다. 이 정보는 일부 학생에게는 적합했지만 다른 학생들에게는 꼭 그렇지는 않았다. 그리고 맞는 경우에서조차, 모든 학생들이 동기적 그리고 의지적 문제에 대해 도움을 원했다는 것을 의미하지는 않는다. 동기 전술들은 학생들이 그 전술을 보고 싶다고 말할 때 가장 효과적이었다.

온라인 교수자에 의해 촉진되는 학습 환경

온라인 교수자에 의해 촉진되는 코스는 동기적(synchronous)인데, 모든 사람이 동시에 가상공간의 미팅에 참여할 수 있음을 의미하고, 비동기적(asynchronous)은 사람들이 독립적으로 접속해서 자신이 해야 할 바를 수행하는 것을 의미하거나, 이 두 방식을 조합한 형태로, 주로 비동기적이지만 학생들이 과제를 수행하고자 할 경우에 가상공간에서 소집단으로 만나곤 하는 경우를 말한다. 물론, 이러한 경우뿐만 아니라 여전히 다양한 변형들이 있을 수 있다. 주요 준거는 교수가 적극적으로 그 코스에 참여한다는 것이다. 이것은 가상 미팅을 이끌거나, 토론 포럼에 참여하거나, 매개된 프레젠테이션을 제공하거나, 안내와 피드백을 제공함으로써 가능해진다. 통상 블렌디드 코스의 온라인 영역에 적용되는 동일한 원리와 전략은 이 상황에서도 활용되겠지만, 온라인 코스에 주된 초점을 맞추고 있는 많은 출판된 자료들이 있다.

존슨과 아라곤(Johnson & Aragon, 2002)은 온라인 학습 환경을 위한 행동 학습 이론, 인지 학습 이론, 사회 학습 이론 등 세 영역의 심리학에 기초한 일곱 가지 원리를 포함하는 교수 전략 틀(framework)을 제안했다. 그들은 매우 효과적인 온라인 학습이 이루어지기 위해서는 온라인 학습 환경에 (1) 개별 학습자의 차이 다루기, (2) 학습자 동기 부여하기, (3) 정보 과부하 회피하기, (4) 실생활 맥락 창조하기, (5) 사회적 상호작용 격려하기, (6) 실제 조작해 보는 활동을 제공하기, (7) 학생의 반추적 고찰 격려하기 등의 원리들이 조합되어야 함을 주장한다. 그들의 구조는 교수심리학과 교수 설계로부터 도출된 확고하게 구성된 개념들과 원리들에 근간을 두고 있으나, 그들은 자신들의 모델을 뒷받침하는 독자적 경험을 제공하지는 않는다. 그러나 그들은 자신들 고유의 교수 환경에서 성공적이라고 검증된 활동들의 구체적인 사례를 제공한다. 예를 들어서, 그들은 자신들의 두 번째 원리인 "학습자의 동기를 부여하기"를 보여 주기 위해서, ARCS 모델을 간략하게 기술한 후, 그들이 사용해 온 세 가지 기법을 설명한다.

그들이 동기를 위해 진술한 첫 번째 전략은 온라인 환경에 게임을 포함하는 것인데, 그들이 사용한 사례는 유명한 TV 프로그램인 "누가 백만장자가 되고 싶은가"에 근간을 두고 있다. 그들의 동기 전략과 관련된 두 번째 사례는 어떤 코스가 "말하는 머리(talking head)"라는 스트리밍 비디오를 매우 많이 포함하고 있는 상황과 관련되어 있다. 그들은 시뮬레이션 방송 환경에 다수의 음반지기(DJ)들과 초대된 "손님들"과 함께 여러 사람들을 포함해 그 비디오를 더욱 흥미롭게 만들었다. 그들의 세 번째 전략 제안은 가능할 때면 언제나 멀티미디어를 포함하는 것이다. 그들은 현재의 학습대상자들이 인기 있는 TV 쇼에서 볼 수 있듯이 학습 과정에서 상대적으로 빈번한 흐름의 변화와 다양한 미디어를 사용하기를 바라고 있다고 지적한다. 존슨과 아라곤(2002)은 다양한 그래픽 이미지, 사진, 그리고 수업에서 다룬 특정 개념과 절차를 설명하는 흥미로운 내용을 담는 비디오 클립을 확보하는 것이 도움이 될 것이라고 주장한다.

그들의 교수 전략 틀(framework)이 가진 한계는 그들이 이러한 원리들을 대표하는 전략들을 언제 사용할 것인지에 대한 안내를 제공하지 않는다는 점이다. 예를 들어, 가능할 때마다 다양한 멀티미디어를 사용하라는 그들의 제안은 ARCS 모델의 주의집중(A)의 세 개 하위 범주 중 하나를 설명하고 있는데(4장 참조), 특히 호기심을 유지하기 위해 다양성을 다루는 세 번째 것과 관련 있다. 그 전략은 주어진 대상학습자의 특성에 기초해 수정될 필요가 있다. 일부 대상학습자들은 짧고, 쉽게 바뀌는 프레젠테이션의 방식에 대해 짜증스러워할 수 있다. 일부 학문의 주제들, 예를 들어 복잡한 절차에 대한 설명과 같은 주제들은 좀 더 지속적인 프레젠테이션을 필요로 한다. 다시 말해, 그들의 모든 일곱 가지 범주들은 언제 그리고 어떻게 각 원리들을 적용할 것인지 결정하기 위해 학습대상자 분석의 과정이 병행될 필요가 있다는 것이다.

그래서 동기 전략들을 선택하거나 고안하는 것과 연계해서 학습자 특성을 검사하는 것은 중요하다. 임과 김(Lim & Kim, 2003)은 온라인 환경에서 학습 및 동기 성과와 관련해 학습자들의 인구통계학적이고 동기적인 특성들을 규명하고자 했다. 그들의 인구통계학적 변인들은 성별, 근무 경험, 결혼 상태, 원격 교육 경험, 연령 등을 포함했다. 학습이 증진된 경우는 사전에 원격 교육 경험이 없는 학생들만 제외하고, 인구통계학적 각 하위 범주의 학생들에게서 나타났다. 단, 사전에 원격 교육을 경험한 학생의 수가 70명인 것에 비해 사전에 원격 교육을 경험하지 못한 학생들은 단지 7명이었다. 성별 변인만을 제외하고 다른 변인 범주에 있어서는 최종 산출물에서 차이를 볼 수 없었다. 여성들이 남성들보다 더 잘했지만, 결혼 상태, 30세 이상과 이하로 구분된 나이 차이, 전임, 비전임, 또는 비고용 상태 등에서는 어떤 차이도 나타나지 않았다. 이 연구에서 여성 수가 남성 수의 두 배 정도였는데(54명 대 23명), 연구자들은 성별 수의 차이에 대해서는 설명하지 않고 있다. 후속 연구에서 이러한 점을 규명하는 것은 흥미로울 수 있겠다.

연구자들은 이 코스를 선택한 이유에 대한 학생들의 반응을 토대로 동기를 위한 적용 점수를 구성했다. 이것은 자신들이 학습한 것을 활용해 볼 수 있는 기회, 학습한 내용과 업무와의 관련성, 개인적 흥미, 학습한 것을 적용해 보려는 개인적 동기 등을 포함한다. 연구자들은 코스에 대한 흥미도를 제외한 모든 동기 변인들이 학습과 연관성을 가진다는 것을 발견했으나, 강화와 자기 효능감 두 변인만이 그들의 학습 적용 점수와 관련되어 있었다.

이 연구는 학습자들의 온라인 학습 태도와 수행에 영향을 미칠 수 있는 학습자 특성을 지원함에 있어서 몇 가지 흥미로운 요점들을 제시한다. 그러나 어떤 확정적인 결론이 도출되기 전에 여전히 다수의 추가적인 연구들에 의해 보강될 필요가 있다.

온라인 코스 개발과 동기 전술들을 위한 안내와 관련해, ARCS 모델의 일부인 체계적인 동기 설계 절차를 보충하기 위해 사용될 수 있는 가이드를 제공하는 교재가 있다. 봉크와 장(Bonk & Zhang, 2008)은 온라인 학습 상황에서 사용될 수 있는 100가지 이상의 전략들을 기술하고 각 전략에 대한 색인을 제공한다. 그들은 위험, 시간, 비용, 학습자 중심, 전반적 존속 기간 등의 관점에서 전략들을 서열화했다. 이것은 교수가 교수 목적과 학습 활동 특성 등과 전략을 맞추어 구성한 주관적인 서열이다. 그들의 책에 담긴 전략들은 네 개 범주에 해당하며, 약어로 R2D2인데, 그들 모델의 네 부분인 읽기(청각적이고 발화적인 학습자), 반성하기(반성적이고 관찰적인 학습자), 제시하기(시각적인 학습자), 행동하기(촉각적이고 운동감각적인 학습자)를 대표한다. 이와 대조적으로, 고와 로선(Ko & Rossen, 2001)은 온라인 학습을 위한 전반적인 계획 과정인 온라인 코스와 교수 계획서 만들기, 온라인 학습 환경 개발하기, 학습 활동 고안하기, 온라인 학습 경험을 위해 학습자 준비시키기 등을 위한 실천적인 안내를 제안한다. 이러한 여러 영역들은 동기적 관점에서 살펴볼 수 있다. 예를 들어, 온라인 학습 활동과 온라인 학습 환경을 구축하는 것은 체계적인 동기 설계 프로세스의 맥락에서 고려되어야 할 구체적인 전략들과 설계 고려사항들을 제공한다. 또한 학습자를 준비시키기 영역은 동기 전술들을 합병하는 맥락을 제공한다.

요약하자면, 다양한 e-러닝, 즉 전자기반 학습의 환경에 관한 학습자 특성, 학습 환경, 학습자 활동 등에 관해 관련문헌에서 제공해 온 거의 모든 안내들이 교실수업, 블렌디드 수업 또는 온라인 수업 중 어느 것과 관련되어 있든 상관없이 그 차이를 구분해 주는 독특한 특성보다는 공통된 특성들을 가지고 있다는 사실은 흥미롭다. 이러한 점을 인정하면서, 스펙터와 메릴(Spector & Merrill, 2008)은 『원격교육』 특별판에서, e-러닝에서 e는 e3로 대체되어야 함을 제안한 바 있는데, 여기서 e3는 효과적인(effective), 효율적인(efficient), 매력적인(engaging) 학습을 나타낸다. 그들은 디지털 시대에서 동일한 기초 원리가 모든 전달 체제에 적용될 것임을 제안한 것이다. 주어진 환경에서 효과적인 특정 전략들 또는 전술들과 관련해 그리고 이러한 전략들이 다양한 전달 체제에서 어떻게 구성되어야 하는가에 대해서 차이가 있을 것이나, 기초 원리들은 다소 보편적으로 적용되어야 한다. 그 특별판에서 Merrill의 학습에 관한 첫째 원리가 참조되었는데(Merrill, 2002), 교수는 다음과 같은 경우에 이 전략들이 효과적일 수 있다고 구체적으로 제시했다.

- 교수법이 학습에 의미 있는 문제나 과제 중심으로 이루어질 때
- 학습 목적과 과제가 이미 알고 있는 지식과 기술에 분명히 연계될 때
- 새로운 지식이나 기능이 학습자들의 일상적 맥락에서 드러날 때
- 학생들에게 다양한 출처로부터의 피드백과 함께 복잡성을 증가시키는 다양하고 관련된 문제들과 과제들을 해결해 볼 수 있는 기회가 주어질 때

- 학생들이 자신들의 수행을 조절하고 다른 활동으로부터 새로운 지식과 기능을 통합할 수 있을 때

메릴은 교수 심리학과 교수 체제 설계에 관련된 방대한 문헌으로부터 이러한 원칙들을 이끌어냈다. 그는 이러한 일반적 원칙들이 관련 문헌에서 많은 구체적이고 특정한 원칙들 및 결과들을 포섭한다는 것을 발견했다.

이와 유사하게 이 책의 저자도 "학습과 e3-러닝의 동기 제1원칙"이라는 논문을 발표했다(Keller, 2008a). 이러한 원칙들의 첫 네 가지는 ARCS 모델의 근간을 이루는 인간 동기와 학습에 대한 방대한 문헌의 종합으로부터 근본적으로 도출된 것이었다. 다섯 번째 원칙이 추가되었는데 의지 또는 자기 주도와 관련된 것이다. 구체적인 원칙들은 다음과 같다.

1. 학습 동기는 학습자가 현재 보유 중인 지식에서 인지된 격차로 인해 스스로의 호기심이 자극될 때 촉진된다.
2. 학습 동기는 학습할 지식이 학생의 목적과 의미 있게 연관되어 있다고 인지될 때 촉진된다.
3. 학습 동기는 학습자들이 학습 과제를 완성할 수 있다고 믿을 때 촉진된다.
4. 학습 동기는 학습자들이 학습 과제에 대해 만족스러운 산출물을 이루어 낼 것을 기대하며, 이를 경험할 때 촉진된다.
5. 학습 동기는 학습자들이 자신들의 의도를 지킬 수 있는 의지적(자기 주도적) 전략들을 사용할 수 있을 때 촉진되고 유지된다.

지금까지 진술한 두 가지 원칙 목록들은 학습자 특성, 학습자 요구, 교수(敎授) 특성 등을 분석하는 기초를 제공한다. 이 원칙의 두 가지 세트는 메릴(Merrill, 2002)과 켈러(Keller, 2008a), 그리고 그 외 관련 출판물에 의해 발표된 다수의 경험적 연구에서 검증되어 왔다.

자기 주도적 학습 환경

자기 주도적 학습 환경은 교수 촉진 환경과는 상이한 어려움을 보인다. 이 두 가지 맥락의 주요한 차이는 교수 자료가 교수가 이루어지는 상황 이전에 준비된다는 것

과 학습 속도를 스스로 조절하는 컴퓨터 기반 교수나 웹상의 온라인 프로그램으로, 또는 인쇄물의 형태로 전달된다는 것이다. 이것은 교수 전략뿐만 아니라 두 가지 동기 전략 모두 학습자 태도, 능력, 사전 지식과 기능에 대한 예측에 근거해 개발될 때, 해당 자료에 두 전략이 모두 포함되어야 함을 의미한다. 개인화 특성을 추가하고자 하는 일종의 수단으로서, 초기 프로그램에 대한 가르침이 이루어진 이래로 학생들의 학업 수행에 있어 존재하는 개별 차이를 감지하는 적응적 교수 프로그램을 설계하기 위한 노력이 수행되어 왔다. 이러한 노력의 단순한 형태는 학생이 실수를 범하게 되면, 이후 교정적 경로를 통해 해당 학생에게 올바른 학습 방향을 제공하는 것이다. 좀 더 복잡한 형태들은 학생의 학습 스타일과 학습을 시작하는 출발점 단계에 해당 학생이 보유하고 있는 지식에 근거해 대안적 경로를 제공하고자 시도했다. 대부분의 경우에서, 이러한 노력은 매우 큰 성공을 이루지는 못했는데, 이는 그와 같은 방식보다 다양한 학습 스타일을 추구하는 프로그램을 개발하고, 프로그램 시작 전에 수업을 위해 학생들에게 요구되는 초기 지식을 구체화하는 것이 좀 더 비용 효과적이었기 때문이다.

학습자의 동기 태도를 예측하고 사전에 전술들을 설계하는 것 또한 매우 도전적인 일이다. 수업의 초기에 학습자의 주의를 확보하는 데 도움이 될 동기 전술들을 규명하고 관련성을 제공하는 사례 연구 등의 교수 전략을 사용하는 것은 그다지 어려운 일이 아니다 . 그러나 학습자들의 출발점 동기 프로파일에는 중대한 차이가 있을 수 있고 그들의 동기 관련 태도는 프로그램을 진척해 감에 따라 변할 수 있다. 그런 경우라도, 많은 자기 주도적 교수 프로그램들은 ARCS 설계 프로세스의 적용에 근거한 수업의 동기 특성들에 체계적인 주의를 기울임으로써 크게 향상될 수 있다.

자기 주도적 교수 프로그램들에 있어서 동기 특성들과 적응적 특성들을 결합하려는 시도가 있었다. 몇 가지 프로그램을 여기서 살펴보고자 한다. 그것들은 동기적으로 적응력이 있는 컴퓨터 기반 교수법, 교수적 지원에 동기 지원을 보충하기 위한 애니메이션 교수의 추가, 재사용 동기 객체의 개발 등이다.

동기적으로 적응적인 컴퓨터 기반 교수

컴퓨터 기반 프로그램을 통해 학습하는 동안 시간이 경과함에 따라 상이한 지점마다 학습자의 특성을 규명하는 동기 조건들이 다양하다. 이러한 문제를 다루는 한 가지 방법은 다양한 범주의 동기 조건들을 해결하기 위해 많은 수의 동기 전술들을 포함하는 것일 텐데, 이는 그 프로그램이 발생할 수 있는 많은 종류의 동기 문제들에 반응하고자 함이다. 그러나 이것은 동기와 수행에 부정적 영향을 미칠 개연성이 매우 크다. 학생들이 학습하고자 하는 열의에 가득 차 있을 때, 그들은 과제와 관련된 활동들에 집중하기를 무척 원하며, 학습을 하는 데 있어 불필요할 수 있는 동기 촉진 활동들로 말미암아 주의가 흐트러지는 것을 원치 않기 때문이다. 예를 들어, 수업 내용을 학습하는 데 있어 필요한 자신의 능력에 대해 매우 자신있다고 이미 느끼고 있는 학생들이 그들의 자신감을 증진시키기 위한 동기 메시지를 받는 것은 매우 짜증스럽고 불필요할 수 있다. 이러한 이유로, 컴퓨터 기반 프로그램이 학습자의 동기 수준을 규명하고 이에 적절한 전략을 개별 학습자에 대해 적응적으로 반응하도록 하는 것은 바람직한 것이다.

충분한 수준의 연구들은 아니라 할지라도 동기적으로 적응적인 컴퓨터 기반 교수에 대한 일련의 연구들이 지속되어 왔다(Astleitner & Keller, 1995; del Soldato & du Boulay, 1995; Rezabek, 1994). 레자벡(Rezabek)은 동기적으로 적응적인 교수 체제의 개발을 위한 내재적 동기 전략들의 사용에 대해 논한 바 있다. 그는 칙센트미하이의 몰입이론을 ARCS 모델과 통합한 모델을 고안한 후, 적응적 교수 체제에 전술들을 통합함으로써 학생들을 가르치는 상황에서 최대한 몰입하는 데 사용될 수 있는 전술들을 제안했다. 그러나 그는 그의 모델의 원형(原型)을 개발하거나 검증하지 않았고, 어떤 종류의 적응성이 그의 교수 체제에 포함될 수 있는지에 대해서도 명확하게 설명하지 않았다.

"적응적 교수"라는 용어는 학습자의 행동에 근거를 두고 피드백 또는 대안적 경로를 제공한다는 가장 일반적인 해석과는 별개로 이것이 무엇을 의미하는지에 대한 규명 없이 종종 사용되곤 한다. 조나센(Jonassen, 1985)은 적응적 수업 설계를 위한 분류를 소개하였는데, 이는 아스틀라이트너와 켈러(Astleitner & Keller, 1995)에 의해 제안된 동기 적응성을 나타내는 여섯 가지 수준 모델의 근간이 되었다.

1. 첫 번째 수준에서 교수 체제는 학습자의 실제 학업 수행에 반응한다. 과제의 올바르거나 잘못된 완수에 따라 고정적으로 동기적 피드백이 제공된다.
2. 두 번째 수준은 학습자의 학업 수행을 격려하거나 학업 수행 정도를 개발함

으로써 첫 번째 수준을 확대한다. 예를 들어, 컴퓨터의 모듈이나 유닛의 마지막에 요약이 제공되는 것과 같이, 이 수준에서도 학습자의 여러 가지 과제 수행에 대한 반응으로서 피드백을 제공하는 것이다.

3. 세 번째 수준은 다른 종류의 수행들에 기초해 다른 피드백을 소개한다. 예를 들면, 어렵거나 쉬운 과제가 성공적으로 완성되었는지에 따라 동기적 피드백이 제시되거나 세부화된 옵션들이 제공된다.
4. 네 번째 수준은 교수 시작 전에 각 학생의 차이에 대한 측정을 근거로 해 적응성 옵션들을 소개한다. 이 수업은 학습자 각각의 동기적 차이를 측정한 것에 기반해 여러 개의 경로들을 포함하며, 학습자들의 경로는 그들의 프로파일에 근거해 자동적으로 결정된다. 예를 들어, 자기 효능감이 낮게 측정된 학생들은 자신감을 증진시키고자 설계된 전술들이 포함된 경로를 따르게 될 것이다. 자기 효능감이 매우 높은 학생들에게는 이러한 부수적인 특성들을 포함한 경로가 주어지지 않는다. 이것은 매우 구체적으로 개별 학생들에게 적용되는 적응성의 형태는 아니지만, 개인별 동기의 역동성에서 중요한 차이점을 도모할 수 있다.
5. 다섯 번째 수준은 단순 관리 기능(예: 속도와 순서에 대한 통제)으로부터 교수 사태들의 동기 특성들에 대한 좀 더 복잡한 통제에 이르기까지 다양한 형태의 적응적 옵션을 포함한다. 켈러와 켈러(Keller & Keller, 1991)는 동기와 관련해 학습자 통제의 중요한 형태들에 대한 개론을 제시했다.
6. 이 중 최상위에 존재하는 여섯 번째 적응 수준에서 컴퓨터는 학습자들의 동기 상태들에 반응할 수 있을 것이다. 이 경우, 컴퓨터는 실제적으로, 그리고 학습자가 과거에 수행한 학습 결과 또는 스스로 작성한 지표들에 근거해 학습자의 동기 상태를 모델로 해 교수자와 학습자 간에 상호작용이 이루어지는 동안 적절한 동기 전술들을 실행하게 된다.

아스틀라이트너와 켈러(1995)는 앳킨슨(Atkinson)과 비치(Birch)의 행동의 역동성 이론을 번안한 것에 근거를 둔 여러 개의 다양한 동기 조건들에서, 학습자들의 수행을 시뮬레이션한 것을 사용해 이 모델의 최상위 수준을 검증했다. 이 모델에서는 수행, 난이도 수준, 성과 기대, 성과 확실성(주어진 성과는 되풀이될 수 있다는 믿음) 등에 근거해 네 개의 다른 조건들이 고안되었다. 이 모델에 근거해 시뮬레이션을 실시해 보았을 때, 각 조건의 동기 특성에 따라 학습자의 과제 수행에 소요된 시간의 비율은 차이를 보였고, 학습자들 간에 상이한 행동 경향이 있음을 보여 주었다. 이 모델과 시뮬레이션은 매우 이론적이었지만, 이러한 접근법은 좀 더 실용적으로 실제 상황에 적응하기 위한 기초를 제공한다.

델 솔데이토와 두 블레이(Del Soldato & du Boulay, 1995)는 아스틀라이트너와 켈러(1995)의 모델보다 좀 더 구체적이고 실생활에서 가능한 동기 적응 모델을 소개했다. 그들은 지능적 강사 체계의 하부구조를 사용해, 그 체계가 학습자의 동기 상태를 간파하며 학습자의 부정적 동기 상태에 대해 반작용할 수 있는 전략 소개를 위한 동기 계획 실시를 구체화했다. 그들은 학습자의 동기 진단을 위한 네 가지 정보의 출처를 제시했다. 첫 번째 정보원은 사전 교수기간 동안 시행되는 설문지로 구성되어 있다. ARCS의 학습대상자 분석 과정에서와 같이, 이 단계는 교수 초기에 적절한 동기 전략들을 포함하는 안내를 위한 정보를 제공한다. 그러나 이 사전 교수적 정보는 정적이기 때문에, 적응적 프로그램을 갖기 위해 지속적으로 보충되어야 한다. 두 번째 정보원은 수업기간 진행되는 자료 수집으로 구성되어 있다. 예를 들어, 한 학생은 "좋아", "너무 어려워", "너무 쉬워", 또는 "힌트를 좀 줘" 등과 같은 표준화된 프롬프트들을 클릭할 수 있다. 세 번째 정보원은 학생들이 도움을 요청한 것에 근거한다. 수 차례에 걸쳐 시도해 본 결과, 도움을 요청한 학생에 비해 문제를 풀어보려는 시도조차 하지 않고 도움을 요청했던 학생에게서는 매우 다른 수준의 자신감이 기록되었다. 그들의 네 번째 정보원은 학습자들이 수업기간 중 자신들의 동기 수준에 대해 스스로 평가한 것으로 구성되어 있다. 예를 들어, 한 학생은 어떤 주어진 시기에 스크롤 바의 슬라이더를 움직여서 자신의 자신감 수준을 표시할 수 있다. 그들의 지적인 튜터의 계획 기능에서, 컴퓨터는 영향력 및 수업의 전반적 구조를 사정한 후, 어떠한 동기 전술들이 소개되어야 하는지에 대해 결정한다.

그들의 모델은 동기적으로 적응적 환경에 결합될 수 있는 몇 가지 특성을 보여 주었다. 그들은 주로 적응적 수업의 동기 양상을 지원하기 위해 효과적인 지적 튜터링 시스템 개발을 위해 필요한 사항들에 초점을 맞추었으나, 학습자들의 동기 특성들에 대한 동기 이론이나 다면적 차원들을 충분히 결합시키지 않았기 때문에 이러한 점에서 그 모델은 한계점을 가진다. 그들은 개별 지침서를 통해 학습 기간 동안 학습자에 의해 보여지는 노력과 독립성의 상대적 정도와 관련해 그들의 자신감에 초점을 맞추었다.

송상호(Song & Keller, 2001)는 아스틀라이트너와 켈러(1995)의 여섯 가지 수준의 분류를 적용한 어떤 접근방법을 개발함으로써 선행되어 이루어진 연구들을 확장시켰다. Song은 10학년 학생들을 대상으로 하는 세 유형의 유전학 수업을 준비했다. 첫 번째 유형의 수업은 최소의 동기 전술을 포함했다. 이때, 수업의 질에 해를 끼치지 않으면서 동기에 영향을 줄 수 있는 모든 특성들을 제거하는 것은 불가능했다. 예를 들어, 수업이 이루어지는 초반부에 수업의 목표가 무엇인지 그리고 학습자는 어떻게 평가받을 것인지에 대한 설명을 하는 것은 학습자의 동기 유발에 긍정적인 이로움을 주는데, 이것은 잘 설계된 수업의 특징이기도 하다. 그러나 효과적인 교수법에서 필요한 것과는 별도로 독자적으로 학습자의 동기에 영향을 미칠 것이라고 고려되는 특성들은 거의 배제되었다. 이 동기에 대해 강화되지 않은 수업의 유형은 통제 집단 가운데 한 집단에서만 사용되었다. Song은 수업에 사용될 수 있는 24개의 동기 전술들도 개발했는데, 이 모든 전술들을 통제 집단 중 두 번째 집단에 포함시켰고, 이 두 번째 집단은 동기 전략이 충만한 집단이라 지칭했다. 동기적으로 강화된 세 번째 집단에서 그는 학습자의 동기 상태에 따라 각각의 학습자를 위해 변형 가능한 교수 프로그램을 허용함으로써 동기적으로 적응되는 과정을 포함시켰다.

결정 단계 이전에, 동기적으로 적응적인 집단의 학생들에게 그들의 동기 태도에 대해 몇 가지 질문을 던지는 화면이 제공되었고 그들의 학습 내용에 대한 이해 정도를 점검해 보고자 간단한 형성 평가용 퀴즈에 응답하게 했다. 동기 질문들에 대한 그들의 답변에 근거해 학생들은 주의집중, 관련성, 또는 자신감 증진을 위해 설계된 동기 전술들을 받을 수 있다. 예를 들어, 어떤 학생이 그 수업이 지겹다고 말하면, 컴퓨터는 그 수업의 호기심을 유발하는 특성들을 강화하는 전술들을 사용하게 된다. 그 컴퓨터는 학생들의 동기 태도를 그들의 학업 진척도를 평가하기 위한 퀴즈의 성과와 또한 비교할 것이고 이 결과는 소개된 동기 전술에 영향을 주게 된다. 예를 들어, 어떤 학생이 스스로 자신감이 있다고 말하고, 또한 자신의 학업 성취도를 평가하는 퀴즈에서 우수한 성적을 나타내었다면 컴퓨터는 축하의 메시지를 전하지만 학습자의 자신감을 증진시키고자 예비된 어떠한 동기 전술도 이 경우에 추가하지 않는다. 그러나 만약 어떤 학생이 학습 내용을 공부하는 데 있어서 자신의 능력에 확신할 수 없다고 말했지만 학업 성취도를 평가하는 검사에서 올바른 답변을 한다면, 컴퓨터는 그의 성취를 강화하기 위해 예비된 진술을 소개하며 학습자가 스스로 성공에 대한 긍정적 기대감을 강화하도록 한다.

연구 결과 적응적인 동기 처방을 받았던 집단과 모든 동기 처방을 받았던 집단은 둘 다 최소의 동기 처방을 받았던 집단보다 우수했고, 대부분의 사례에서 적응적인 동기 처방을 받은 집단이 모든 동기 처방을 받은 집단보다 우수한 결과를 보여 주었다. 이 연구에서 사용한 컴퓨터 교육용 소프트웨어에는 활용하지 못한 컴퓨터 속성(이 프로그램에는 소리 기능이 없었다)이 있었는데, 좀 더 정교한 처방을 하고 한 시간이 넘는 교육용 소프트웨어를 사용한다면 좀 더 분명한 처방의 효과를 보여 줄 것이라고 기대할 수 있었다.

이와 같이 초기에 수행된 연구 결과는 두 가지 시사점을 준다. 즉, 동기적으로 적응적인 수업을 개발하도록 고려하는 것이 가능하며 또한 이러한 적응적 처방으로부터 긍정적인 결과가 도출됨을 보여 준 것이다. 물론 이러한 모든 연구들은 그 성격상 여전히 원형적 시도이며, 앞으로 충분히 활용되기 위해서라도 좀 더 심도 있는 개발이 요구된다. 이 연구들은 지기 주도적 학습의 또 다른 영역의 개발을 위한 기초를 제공하는데, 이는 학습자의 동기 및 수업을 촉진하기 위해 애니메이션 학습 에이전트의 통합적 사용에 관한 것이다.

학습 에이전트 (에이전트가 촉진하는 컴퓨터 기반 교수)

이미 지속적이고 광범위하게 성장하고 있는 연구 영역이 있는데, 이는 애니메이션 학습 에이전트가 컴퓨터 기반 학습 환경에서 학습과 태도 개발을 지원함에 있어 유익함을 보여 주는 영역이다. 이러한 학습 에이전트는 컴퓨터 기반 학습 환경에서 학습을 지원하는 애니메이션화되어 마치 살아있는 듯한 인물로서(Johnson, Rickel, & Lester, 2000), 질문에 대해 답을 제공해 주고, 안내하거나 문제 해결 상황을 제공하고, 학습자들의 학업 수행에 근거해 그들에게 피드백을 제공하는 코치 역할을 수행한다. 통상적으로 말해서, 학습자들은 이러한 아바타를 의미 있는 사회적 에이전트로 기꺼이 받아들인다(Baylor, 2007). 사람들이 에이전트가 내포된 자신들의 컴퓨터를 인간과 동일한 특성을 가지고 있다고 가정하곤 한다는 것은 연구를 통해 제시된 바 있다(Reeves & Nass, 1996). 일련의 실험을 통해서 리브즈와 내스(Reeves & Nass, 1996)는 "컴퓨터, TV, 새로운 미디어와의 개별 상호작용은 실제 생활의 상호작용처럼 본질적으로 사회적이고 자연스럽다." (p. 5)는 결론을 내렸다. 게다가 존슨(Johnson)의 학습 에이전트에 대한 정의(Johnson, Rickel, & Lester, 2000)와 피카드의 "정서적인 컴퓨팅"의 개념(Picard, 1997)에서 일관되게 나타나듯이, 학습자의 정서적 상태를 감지하고 인지할 수 있는 에이전트가 어떤 학습자의 정서적 상태에 실시간으로 적절하게 반응해 학습자들에게 정서적 지원을 제공할 수만 있다면, 이러한 학습 에이전트가 정서적 지원을 제공할 수 있을 것이라 가정하는 것은 타당하다. 이러한 에이전트들이 가져다주는 혜택 중 하나는 그들이 피드백과 학습 안내를 학생들에게 제공할 때, 그들이 얼굴 표정과 말하는 것을 통해서 감정을 표현할 수 있다는 것이다. 고등학교 졸업자와 동등한 학력을 인정하는 검정고시를 준비하고 있던 고등학교 중퇴자 집단을 대상으로 수학에 대한 불안감을 완화시키고 학업 수행능력을 개선시키고자 설계된 연구에서, 센(Shen, 2009)은 두 명의 에이전트를 사용했다. 주요 에이전트인 핸드릭스 박사는 강사 역할을 했는데, 피타고라스 정리의 개념을 활기차게 설명해 주고 그것을 어떻게 적용하며 관련 문제들을 푸는지 그 단계들을 알려 주었다. 핸드릭스 박사는 인지적이고 정서적인 동기 메시지를 통해서 학생들에게 동기적 지원도 했다. 인지적 메시지는 자신감을 주입했고, 학습하고 있는 자료의 관련성을 보여 주며, 질문 및 다른 특정 전술들을 사용함으로써 학생들의 호기심을 자극하도록 설계되었다. 종종 학생들이 어떤 문제들을 해결하고자 할 때, 핸드릭스 박사는 학생들이 불안을 느끼고 있는지에 대해 물어봄으로써 이를 점검하곤 했다. 만약 학생들이 "예" 버튼을 클릭하면, 그는 그들이 동료와 얘기를 하고 싶어하는지를 물었다. 만약 그들이 "예"라고 또 답하면, 다른 에이전트가 등장하는 화면이 펼쳐졌다. 이 에이전트는 케이트라 불리는 동료 학생으로 이미 소개되었던 인물인데, 케이트는 학생들이 염려하는 것을 화면상 텍스트 기입 창에 타이핑함으로써 표현하도록 했다. 이것은 COPE라고 불리는 정서 지원의 한 모델에서 배출하기(venting)라고 불리던 하나의 전술과 관련된 것이었다(Carver, Scheier, & Weintraub, 1989).

센은 수학(math)에 대한 불안감 감소와 학업 수행능력 향상에 있어서는 처방의 정서적 지원으로부터 유의미한 효과를 발견했으나, 인지적 동기 메시지의 효과는 발견하지 못했다. 정서적 지원은 개별적이라 할 수 있는데, 이는 학생들에게 스스로를 표현하는 기회를 주고 그들이 수학을 배우는 것에 대해 오랫동안 갖고 있던 불안감과의 관련성을 제공했기 때문이었다. 인지적 메시지는 학습자에 있어서 일반적인 태도에 대한 사정(査定)에 근간을 두었고, 이 메시지는 특정한 대상자들에게는 너무 추상적인 것으로 간주되었을 수 있다. 이 연구의 전반적인 설계와 결과는 학습자의 태도와 수행에 영향을 미치는 것과 관련해 에이전트 활용에 따라 실질적이고 잠재적인 혜택을 가져옴을 강력하게 나타낸다. 인지적 동기 지원 요소를 다듬고, 정서적 지원의 가능성에 대해 더 규명하고, 이러한 결과들이 다양한 학습자에게도 적용되는지, 그 일반화의 가능성을 검사하기 위해서 심도 있는 연구가 지속되어야 하겠다.

재사용을 위한 동기 객체

컴퓨터 기반 교수와 테크놀로지가 잘 구비된 학습 환경들에 대한 연구를 검토해 보면 특히 초 · 중등 교육에서 학습자들이 학업 성취도나 학업에 대한 긍정적인 태도의 수준이 비교적 높다는 이점을 일관되게 보여 준다(Kulik, 1994; Sivin-Kachala, 1998). 그러나 이러한 프로그램의 개발은 설계 국면에서 많은 시간을 필요로 하는데, 이것이 아마도 이러한 부류의 교수 프로그램이 훨씬 더 자의적일 수 있는 교수자가 주도하는 코스에 비해 우수한 결과를 도출하는 이유 중 하나라고 할 수 있다. 그리고 이 프로그램을 설계하고 개발하는 시간이 증가하면 더 높은 비용이 발생한다(Robinson & Anderson 2002). 컴퓨터 기반 교수 프로그램의 개발 비용 및 개발 기간을 단축하기 위한 시도로서 객체지향 프로그램 기술에 근간을 둔 재사용을 위한 학습 객체(RLO) 개념이 고안되었다(Friesen, 2003; Masie, 2002). RLO는 목표, 내용, 연습, 평가 등으로 구성되지만 그 구조는 변형될 수 있다. RLO는 "태그" 또는 메타데이터를 포함하는데, 이것은 RLO가 저장소에 보관되고 용이하게 검색되도록 해 준다. 전반적인 수업의 주제와 학습자의 특성에 어울리는 RLO를 조합함으로써 무수한 수업 프로그램이 구성될 수 있음이 기대된다. 예를 들어, "신성한" 이라는 개념을 가르치고자 설계된 어떤 RLO가 기독교도의 십자가의 이미지를 포함한다면 이것은 유대교도, 회교도, 또는 힌두교도에게는 효과적이지 않을 것이다. 동일한 교수(instruction)적 요소들이 많은 상이한 수업(lesson)이 이루어지는 환경에서, 컴퓨터 응용프로그램에 대한 자기 주도적 수업을 개발하는 회사나 다른 많은 영역에서 전기회로에 대한 기본 개념들을 가르치는 군 조직의 경우, RLO의 탈맥락화가 훨씬 용이하다. 그러나 그러한 환경에서조차 맥락적 사례들을 포함하는 데 심각한 한계가 있는 등의 이유 때문에 RLO와 RLO를 전적으로 사용해 구성된 수업들의 효과성에 대해서는 의문이 있다. 또한, 동기 전술들을 학습 객체 형태로 통합하거나, 학습 객체를 사용해 구성하는 교수 프로그램을 위한 방안이 마련되지 않았다.

이와 관련해, 오승윤(Oh, 2006)은 재사용 동기 객체(RMO)의 개념을 소개하고 그의 박사학위 논문에서 이 개념의 전형을 개발하고 검증했다(Oh, 2006). 그는 RMO는 고정되거나 유연할 수 있음을 강조했다. 고정적인 RMO들은 RMO를 RLO와 유사하게 만드는 어떤 주어진 맥락에서 사용하는 정확한 전략을 구체화한다. 그러나 대부분의 RMO들은 RLO식의 그러한 수준만큼 탈맥락화할 수 없다는 것을 가정했는데, 대부분의 동기 전술들의 주된 요소들은 학습자들의 태도와 환경과 관련을 짓는 것에 연계되었기 때문이다. 각 형태의 RMO를 위해 그는 메타데이터의 다섯 가지 유형을 나열했다.

1. 관련 주제. 고정된 RMO의 경우, RMO가 적용될 주제를 '피타고라스의 정리'와 같이 구체화하는 것이 필요하다.
2. 제목. 단지 하나의 RMO에 적용될 고유한 제목이다.
3. 순서. RMO가 수업의 도입, 중간, 마지막 등 어디에 나타나야 하는지 제시한다.
4. 동기 범주. ARCS 주된 범주와 하위 범주에 따라 RMO의 동기 목적을 분류한다.
5. 대상학습자. 이것은 6~8학년생 등의 학년, 부동산중개인이나 기술자 등의 직업적 구분 등을 구체화한다.

RMO에 대한 오승윤의 초기 연구의 목적은 RMO의 실행 가능성, 즉 교수 설계 수행의 효과성과 효율성을 결정하기 위함이었다. 수업 설계에 대해 학습한 수학 교육 내용 전문가인 대학원생들에게 자극 자료들이 제공되었는데, 그들은 RLO와 RMO를 함께 통합해 수업을 설계할 수 있었다. 그들은 RLO만 사용한 집단과 RLO, RMO 그리고 동기 설계 직무 보조장치(motivational design job aid)를 사용한 집단을 서로 비교했다. 학업 수행은 효율 점수로 측정되었는데, 점검표를 사용한 평가자들에 의해 결정된 산출물 점수와 과제 수행에 소요된 시간의 비율에 근거해 산출되었다. 다시 말해, 높은 성취도 수준을 보인 산출물과 짧은 개발 시간의 조합은 가장 높은 효율성 점수에 해당하는 것이었다. 높은 성취도 수준의 산출물과 오랜 개발 시간의 조합이거나, 낮은 성취도 수준의 산출물과 매우 짧은 개발 시간의 조합은 낮은 효율성 점수에 해당했다. RMO와 동기 설계 직무 보조장치에 대한 태도는 교수 자료 동기 설문 조사에 의해 측정되었다(11장 참조).

오승윤(2006)의 연구에서 RMO가 동기 설계에 유의한 영향을 미치는 것은 발견될 수 있었으나 MDA는 이후 추가적인 영향을 가져오지는 못했다. 설계 프로세스에 대한 태도에 대한 차이는 발견할 수 없었으나, 이는 수행 시간이 상대적으로 짧았던 수행 시간과 참여자들이 자신들이 속한 집단에서 사용한 교수 설계 방법을 제외하고는 교수 설계 방법에 대한 경험이 전무했다는 사실에 기인했다고 볼 수 있다. 그러나 완성된 산출물의 질에 미치는 RMO의 긍정적 효과에 근거해본 때, RMO의 개념은 의미 있는 동기 객체들을 개발하는 것과 관련해 타당해 보이며, RMO는 아주 작은 교수 설계 역량만을 보유하고 있는 교사들에게조차 효과적으로 사용될 수 있으며, RMO는 이러한 학습 상황에서 동기적 첫 원칙들을 나타내는 수업을 제공한다고 결론 내릴 수 있다.

직무 보조장치와 설명 자료의 동기 설계

ARCS 모델은 직무 보조장치들(job-aids)이나 소책자 등 다른 자료들에 있어서 동기적 특성들을 개발하는 데 안내지침으로 사용될 수 있다. 직무 보조장치는 소비자 은행, 비행기, 전화번호부, 식당 화장실, 보드게임 등 다양한 상황에서 통상적으로 사용되고 있다. 직무 보조장치는 원리, 절차, 결정 규칙의 요약을 명확하게 그리고 종종 삽화가 들어간 형태로 제공한다. 예를 들어서, "종업원은 반드시 손을 씻습니다."라는 영업소 내 화장실에 붙어 있는 표지, 가구를 "스스로 조립하기"를 위한 삽화가 들어있는 설명용 가이드라인, 비행기 좌석의 앞주머니에 비치된 위급상황 시 탈출 안내 카드, 온수 히터기의 표시등을 다시 켜기 위한 단계별 가이드, 대부금 액수나 이자율, 대부 기간 등을 입력하면 당신이 매달 갚아야 하는 액수를 알려 주는 팸플릿이나 온라인상에서 활용 가능한 납입금 계산기 등은 직무 보조기의 일반적인 사례들이다. 엘리어트(Paul Elliott, 1999)가 지적했듯이, 당신이 이런 직무 보조장치의 도움 없이 모든 단계들을 외워야 하고, 정답을 구하기 위해서 공식을 이용해 계산하는 방법을 죄다 기억해야 한다면 우리의 인생이 얼마나 힘들고 짜증스럽겠는지 상상해 보라!

직무 보조장치는 우리의 인생을 좀 더 쉽고 안전하도록 해 주며 훈련을 위해 소모되는 시간을 줄여 주거나 없애 주기까지 한다(Elliott, 1999). 예를 들어서, 네벨(Knebel)과 동료들(2000)은 아직은 전자적 수행 지원 체제(EPSS)를 활용하기에 무리가 있는 개발도상국의 건강관리공단에서 사용하고 있는 인쇄된 직무 보조장치의 활용을 검사했다. 그들은 이 직무 보조장치가 망각, 시간제한, 일부 조직 내 장애물 등에 기인한 규칙 위반 등을 줄여 주는 것을 돕는다는 것도 발견했다. 그러나 직무 보조장치의 잠재적, 실제적 혜택에도 불구하고, 직무 보조장치는 종종 충분히 활용되지 못하거나 전혀 사용되지 않고 있다(Titlark & Rossetti, 1993). 사람들이 직무 보조장치를 사용하는 것을 선택하거나 선택하지 않는 한 가지 이유는 그들이 성공하기 원하는 내적 동기와 직무 보조장치의 특성 간 조합에 있어서 발생하는 문제와 연계된 것일 수 있다(Titlark & Rossetti, 1993). 반면, 만약 사람들이 학업 수행을 잘 하고자 동기부여되었다면, 그들은 직무 보조장치와 사용할 수 있는 다른 어떤 수행 지원도구들을 더욱 활용할 것이다. 만약 그들이 그다지 학업 수행을 잘하려고 하는 동기가 없다면, 동기 특성이 강화된 직무 보조장치는 더 높은 수준의 사용을 불러올 수 있다.

티틀라크와 로세티(Titlark & Rossetti, 1993)는 직무 보조장치 설계에 ARCS 모델을 적용하기 위해서, 여러 개의 직무 보조장치의 동기적 특성들을 검토하고, 직무 보조장치 설계에 좀 더 직접적으로 관련된 전술들을 포함하는 원(原) ARCS 목록의 주요 지원 전략들과 과정 질문들(표 3.3, 표 3.4, 표 3.5)을 변형함으로써 전술 목록들을 고안했다. 이 두 가지 형태에 대한 직접적 비교는 표 12.2에 제시되어 있다.

티틀라크와 로세티(1993)는 ARCS의 네 가지 범주들이 모든 직무 보조장치 설계에 적용될 필요는 없다고 지적한다. 예를 들어, 일부 직무 보조장치에 있어서 주된 동기적 목적은 색채가 화려하고 풍부한 형태를 사용함으로써 주의를 끄는 것에만 한정되거나, 주어진 절차의 중요성을 학습 대상자들에게 상기시키기 위해 그것의 관련성을 강화시키는 것에만 한정된다. 이와 반대로, 비행기 좌석 앞 주머니에 비치된 위기상황 대처 절차 관련 직무 보조장치들은 이러한 목적들과 함께 승객들이 위급상황에서 일을 잘 처리해 낼 수 있다는 자신감을 갖도록 돕는 역할을 해야 한다. 이러한 동기 목적들은 직무 보조장치의 주된 목적에 해당한다고 할 수 있는 안내하고 가르쳐 주는 역할에 부가되는 것임은 물론이다. 그들은 직무 보조장치를

표 12.2 직무 보조장치의 동기 설계 가이드(Titlark & Rossetti, 1993)

하위 요소	과정 질문(도전)	전략/전술
주의 집중		
A1. 지각성 각성	*원(原) 버전:* 학습자들의 흥미를 끌기 위해 무엇을 할 수 있을까? *직무 보조장치 버전:* • 근로자들의 흥미를 끌기 위해 무엇을 할 수 있을까?	*원(原) 버전:* 개인의 그리고/또는 정서적 자료를 주입해 새로운 접근을 사용함으로써 호기심과 놀라움을 유발 *직무 보조장치 버전:* • 텍스트를 그림으로 대체하기 • 가능한 곳에 유머 사용하기 • 가독성 최대화하기
A2. 탐구적 각성	*원(原) 버전:* 탐구하는 태도를 어떻게 유발할 수 있을까? *직무 보조장치 질문:* • 직무 보조장치(JA)을 사용해 어떻게 흥미를 유발할 수 있을까?	*원(原) 버전:* 질문하기, 역설제기, 탐구 생성, 도전적인 사고력을 하도록 증진시키는 가르침을 통해 호기심 증진 *직무 보조장치 질문:* • 작고, 치밀하고, 단순한 직무 보조장치 만들기 • 직무 보조장치가 접근할 수 있고 사용하기 쉬운지 점검하기 • 효과적인 설계 원칙 준수하기 • 미적 감각, 사용성, 선명성, 기타 변인들 간 균형 잡기
A3. 변동성	*원(原) 버전:* 학습자들의 주의를 어떻게 유지시킬 수 있을까? *직무 보조장치 질문:* • 근로자들의 주의를 어떻게 유지시킬 수 있을까?	*원(原) 버전:* 프레젠테이션 형식, 구체적인 비유, 인간의 흥미 유발 사례, 예상치 못한 사건 등에 변화를 가미해 흥미 유지 *직무 보조장치 질문:* • 결정적인 정보를 우선 제시한 후 자료를 "묶기" • 코딩, 강조, 굵은 글자체, 테두리, 또는 글 머리표 등을 사용하기

표 12.2 직무 보조 장치의 동기적 설계 가이드(Tilaro & Rossett, 1993) (계속)

하위 요소	과정 질문(도전)	전략/전술
관련성		
R1. 목표 지향성	*원(原) 버전:* 학습자의 요구를 어떻게 최적으로 충족시켜 줄 수 있을까? (내가 그들의 요구를 아는가?) *직무 보조장치 질문:* • 어떻게 근로자의 요구를 충족할 수 있을까? (내가 그들의 요구를 아는가?)	*원(原) 버전:* 교수의 유용함의 진술이나 보기를 제공하고, 목적을 제시하거나 학습자들이 목적을 규명하도록 만들기 *직무 보조장치 질문:* • 요구 사정 실시, 즉, 근무, 근로자, 근로환경 분석 철저히 하기 • 어디서, 언제, 어떻게, 왜 목적이 사용될 것인지 규명하는 것을 근간으로 직무 보조장치의 목적을 규명하기
R2. 동기 일치	*원(原) 버전:* 학습자의 학습 스타일과 개인적 흥미에 내 수업을 어떻게 그리고 언제 연결할 수 있을까? *직무 보조장치 버전:* • 직무 보조장치를 고용인들이 선호하는 근무방식이나 개별 흥미에 연결할 수 있을까?	*원(原) 버전:* 개인의 성취 기회, 협동 활동, 리더십 책무, 긍정적 역할 모델 등을 제공함으로써 교수 프로그램을 학습자의 동기와 가치에 반응하도록 만들기 *직무 보조장치 버전:* • 근로자의 관점에서 직무 보조장치를 살펴보기 • 고용인들이 스스로를 위해 고안해 온 직무 보조장치에 근거해 직무 보조장치 만들기 • 고용인들을 개발 과정에서 동반자 역할 하도록 만들기 • 최종 사용자와 관리의 관점으로부터 "buy-in" 요소들 찾아보기
R3. 친밀성	*원(原) 버전:* 수업과 학습자의 경험을 어떻게 연결시킬까? *직무 보조장치 버전:* • 직무 보조장치와 근로자들의 경험을 어떻게 연결시킬까?	*원(原) 버전:* 학습자들의 직무와 배경 등과 관련 있는 구체적인 사례나 유추를 제공함으로써 자료들과 개념들을 친근하게 만들기 *직무 보조장치 버전:* • 내용전문가를 활용하기 • 이미 존재하는 직무 보조장치 변형하기 • 직무 보조장치의 거친 초안을 예비검사하기

표 12.2 직무 보조 장치의 동기적 설계 가이드(Tilaro & Rossett, 1993) (계속)

하위 요소	과정 질문(도전)	전략/전술
자신감		
C1. 학습 요건	*원(原) 버전:* 성공에 대한 긍정적 기대감을 키우도록 어떻게 도와줄 수 있을까? *직무 보조장치 버전:* • 이 직무 보조장치를 사용할 때 성공에 대한 긍정적 기대감을 어떻게 키워 줄 수 있을까?	*원(原) 버전:* 성공의 요구사항과 평가의 준거를 설명해 줌으로써 신뢰와 긍정적인 기대를 세우기 *직무 보조장치 버전:* • "불안상태의 변화"와 같은 잠재적인 문제들을 예상하고 그것들을 대응할 전략 개발하기 • 직무 보조장치를 사용하도록 근로자를 훈련하기 • 근로자들이 자신들에게 요구되는 것이 무엇인지 알게 하기
C2. 성공 기회	*원(原) 버전:* 학습 경험이 자신감에 대한 학생들의 믿음을 어떻게 지원하거나 향상시킬 수 있을까? *직무 보조장치 버전:* • 직무 보조장치의 사용이 근로자들의 자신감을 어떻게 지원하고 향상시킬 수 있을까?	*원(原) 버전:* 학습 성공을 증진할 많은, 다양한, 도전적인 경험들을 제공함으로써 자신감 신장하기 *직무 보조장치 버전:* • 고용인들이 직무 보조장치를 성공적으로 사용하는 경험을 할 수 있는 상황 마련하기 • 오래된 직무 보조장치를 정기적으로 검토하기 • 미래의 개선을 위해 누가 직무 보조장치를 받았는지 그 목록 관리하기
C3. 개인적 통제	*원(原) 버전:* 학습자들이 자신들의 성공은 스스로의 노력과 능력에 근거한 것임을 어떻게 하면 분명히 알 수 있을까? *직무 보조장치 버전:* • 근로자들이 자신들의 성공은 스스로의 노력과 능력에 근거한 것임을 어떻게 하면 알 수 있을까?	*원(原) 버전:* (가능할 때마다) 개인의 통제를 사용하고 개인의 노력에 성공이 기인한다는 피드백을 제공하기 *직무 보조장치 버전:* • 고용인들이 주도적 모니터가 될 수 있는 직무 보조장치를 고안하기 • 모든 개발 국면동안 내용전문가들과 관리로부터 sign-off 신호를 받기 • 직무 보조장치를 유지하기 위해 "소유자"를 찾기

표 12.2 직무 보조 장치의 동기적 설계 가이드(Tilaro & Rossett, 1993)

하위 요소	과정 질문(도전)	전략/전술
만족감		
S1. 내재적 강화	*원(原) 버전:* 학습 경험의 내적 즐거움을 어떻게 격려하고 지원할 수 있을까? *직무 보조장치 버전:* • 직무 보조장치의 사용이 격려되고 지원될 수 있도록 어떻게 할 수 있을까?	*원(原) 버전:* 개인적 노력과 달성에 대한 긍정적 기분을 강화할 피드백과 다른 정보를 제공하기 *직무 보조장치 버전:* • 직무 보조장치 개선을 위해서 최종 사용자들로부터 정보를 입수하기 • 직무 보조장치 사용의 혜택을 보여 주는 피드백 제공하기 • 직무 보조장치, 수행의 개선, 최종적 결과 간의 연결 관리 제시하기
S2. 외재적 강화	*원(原) 버전:* 학습자의 성공에 대해 어떤 보상을 제공할까? *직무 보조장치 버전:* • 직무 보조장치 사용의 성공에 대해 어떤 보상을 제공할까?	*원(原) 버전:* 말로 칭찬하거나, 실제 또는 상징적 보상, 그리고 유인을 사용하거나 학습자들이 성공을 보상하는 그들의 노력("보여 주고 말하기")의 결과를 그들이 제시하도록 허락하기 *직무 보조장치 버전:* • 조직의 유인과 보상을 향상된 수행과 연계하기 • 우수한 아이디어를 인정해 주는 프로그램을 활용하기 • 관리자들이 코치역할을 하고 칭찬해 주도록 격려하기
S3. 형평성	*원(原) 버전:* 학습자가 공정한 대우를 받았다고 인식하게 하려면 어떻게 할까? *직무 보조장치 버전:* • 근로자들이 공정한 대우를 받았다고 인식하게 하려면 어떻게 할까?	*원(原) 버전:* 수행 요구사항을 진술될 기대사항과 일관되도록 하고 모든 학습자들의 과제와 달성을 위한 일관된 측정 표준 사용하기 *직무 보조장치 버전:* • 직무 보조장치 평가 유형의 등급 단위를 표준화하기 • 직무 보조장치를 필요로 하는 모든 근로자들에게 배포하기

개발하는 네 단계 과정(계획하기, 만들기, 설치하기, 유지하기)을 제안하고 있으며, 다양하고 유용한 사례들이 포함된 논문을 발표하고 있다.

요약

이 장은 교사 주도적 및 자기 주도적 형태의 전달 체계에서 테크놀로지를 보조적으로 사용하는 교수법의 맥락에서 동기 설계와 관련된 문제점, 전략, 모델 등을 기술했다. 동기 설계에 대한 최근의 그리고 지금도 이루어지고 있는 연구 및 개발 영역에 대해 기술하기도 했다. 적응적 교수, 동기 목표, 직무 보조장치, 기타 혁신적 테크놀로지의 사용에 대한 이와 같은 영역의 연구에는 연구할 만한 흥미로운 연구 문제들이 여전히 많다.

참고문헌

Adams, J. S. (1965). Inequity in social exchange. In L. Berkowitz (Ed.), *Advances in experimental social psychology* (VoL. 2). New York: Academic Press.

Allport, G. (1937). *Personality: A psychological interpretation.* New York: Holt, Rinehart, & Winston.

Allport, G. (1943). The ego in contemporary psychology. *Psychological Review*, 50, 451-478.

Alschuler, A. S. (1973). *Developing achievement motivation in adolescents.* Englewood Cliffs, NJ: Educational Technology Publications.

Alschuler, A. S., Tabor, D., a McIntyre, J. (1971). *Teaching achievement motivation: Theory and practice in psychological education.* Middletown, CT: Education Ventures, Inc.

Arnstine, D. (1966). Curiosity. *Teachers College Record,* 67, 595-602.

Aronson, E. (1992). The Return of the Repressed: Dissonance Theory Makes a Comeback. *Psychological Inquiry*, 3(4), 303.

Ashton, P., & Webb, R. (1986). *Making a difference: Teachers' sense of efficacy and student achievement.* New York: Longman.

Astleitner, H., & Keller, J. M. (1995). A model for motivationally adaptive computer-assisted instruction. *Journal of Research on Computing in Education*, 27(3), 270-280.

Bandura, A. (1969). *Principles of Behavior Modification.* New York: Holt, Rinehart and Winston, Inc.

Bandura, A. (1977). Self-efficacy: Toward a unifying theory of behavioral change. *Psychological Review,* 84, 191-215.

Bandura, A. (1982). Self-efficacy mechanism in human agency. *American Psychologist,* 37(2), 122-147.

Bandura, A. (1986). *Social foundations of thought and action: A social cognitive theory.* EngLewood Cliffs, NJ: Prentice Hall.

Bandura, A. (1997). *Self-Efficacy. The Exercise of Control.* New York: Freeman. Banks, W. P., & Krajicek, D. (1991). Perception. Annual Review of Psychology, 42, 305-331.

Baylor, A. (2007). Pedagogical agents as social interface. *Educational Technology, January-February*, 11-14.

Beck, R. C. (1990). *Motivation: Theories and principles* (3rd ed.). Englewood Cliffs, NJ: Prentice-Hall.

Berlyne, D. E. (1950). Novelty and curiosity as determinants of exploratory behaviour. *British Journal of Psychology,* 41, 68-80.

Berlyne, D. E. (1954a). An experimental study of human curiosity. *British Journal of Psychology,* 45(4), 256-265.

Berlyne, D. E. (1954b). A theory of human curiosity. *British Journal of Psychology,* 45(3), 180-191.

Berlyne, D. E. (1963). Complexity and incongruity variables as determinants of exploratory choice and evaluative ratings. *Canadian Journal of Psychology,* 17, 274, 290.

Berlyne, D. E. (1965). MotivationaL problems raised by exploratory and epistemic behavior. In S. Koch (Ed.), *Psychology: A study of a science* (Vol. 5). New York: McGraw-Hill.

Bialer, I. (1961). Conceptualization of success and failure in mentally retarded and normal children. *Journal of Personality,* 29, 303-320.

Bloom, B. S. (Ed.). (1956). *Taxonomy of educational objectives, the classification of educational goals - handbook I: Cognitive domain.* New York: David Mckay.

Boekaerts, M. (2001). Motivation, Learning, and Instruction. In N. J. Smelser & P. B. Baltes (Eds.), *The international encyclopedia of the social and behavioral science* (pp. 10112-10117). Oxford: Elsevier.

Bonk, C. J., & Zhang, K. (2008). *Empowering online learning: 100+ Activities for reading, reflecting, displaying, & doing.* San Francisco: Jossey-Bass.

Brehm, J, & Cohen, A. (1962). *Explorations in cognitive dissonance.* New York: Wiley.

Briggs, L. J. (1984). Whatever happened to motivation and the affective domain? *Educational Technology*, 24(5), 33-44.

Brophy, J. E. (1981). Teacher Praise: A Functional Analysis. *Review of Educational Research,* 51, 5-32.

Brophy, J. E. (1983). Conceptualizing student motivation. *Educational Psychologist,* 18(3), 200-215.

Brown, M. B., Aoshima, M., Bolen, L. M., Chia, R., & Kohyama, T. (2007). Cross-cultural learning approaches in students from the USA, Japan and Taiwan. *School Psychology International,* 28(5), 592-604.

Caron, A. J. (1963). Curiosity, achievement, and avoidant motivation as determinants of epistemic behavior. *Journal of Abnormal and Social Psychology,* 67(6), 535-549.

Carstensen, L. L., & Fredrickson, B. L. (1998). Influence of HIV status and age on cognitive representations of others. *Health Psychology*, 17, 494-503.

Cartwright, D., & Harary, F. (1956). Structural balance: A generalization of Heider' s theory. *Psychological Review*, 63(5), 277-293.

Carver, C. S., Scheier, M. F., & Weintraub, J. (1989). Assessing coping strategies: a theoretical based approach. *Journal of Personality and Social Psychology*, 56, 267-295.

Cattell, R. B. (1950). *Personality: A systematic, theoretical and factual study*. New York: McGraw-Hill.

Cattell, R. B. (1957). *Personality and motivation structure and measurement*. New York: World Book.

Cattell, R. B., & Cattell, H. E. P. (1995). Personality structure and the new fifth edition of the 16PF. *Educational and Psychological Measurement*, 55(6), 926-937.

Chen, H., Wigand, R. T., & Nilan, M. S. (1999). Optimal experience of Web activities. *Computers in Human Behavior*, 15(5), 585-608.

Condry, J. (1977). Enemies of exploration: Self-initiated versus other-initiated learning. *Journal of Personality and Social Psychology*, 35, 459-477.

Corno, L. (1989). Self-regulated learning: A volitional analysis. In B. J. Zimmermann & D. H. Schunk (Eds.), *Self-regulated learning and academic achievement. Theory, research and practice* (pp. 111-141). New York: Springer.

Corno, L. (2001). Volitional Aspects of Self-Regulated Learning. In B. J. Zimmerman & D. H. Schunk (Eds.), *Self-regulated learning and academic achievement. Theoretical perspectives (Second Edition)* (pp. 191-226). Mahwah, NJ: Erlbaum.

Corno, L., & Randi, J. (1999). A Design Theory for Classroom Instruction in Self-Regulated Learning? In C. M. Reigeluth (Ed.), *Instructional-design theories and models* (Vol. 2, pp. 293-318). Mahwah, NY: Erlbaum.

Craik, K. (1943). *The nature of explanation*. Cambridge, UK: Cambridge University Press.

Crandall, V. C., Katkovsky, W., & Crandall, V. J. (1965). Children' s beliefs in their own control of reinforcement in intellectual-academic situations. *Child Development*, 36, 91-109.

Cronbach, L. J., & Snow, R. E. (1976). *Aptitudes and instructional methods*. New York: Irvington.

Croyle, R., & Cooper, J. (1983). Dissonance arousal: Physiological evidence. *Journal of Personality and Social Psychology*, 45, 782-791.

Csikszentmihalyi, M. (1975). *Beyond boredom and anxiety*. San Francisco: Jossey-Bass.

Csikszentmihalyi, M. (1990). *Flow: The psychology of optimal experience*. New York: Harper & Row.

Day, H. I. (1968a). A curious approach to creativity. *The Canadian Psychologist*, 9(4), 485-497.

Day, H. I. (1968b). Rote of specific curiosity in school achievement. *Journal of Educational Psychology*, 59(1), 37-43.

Day, H. I., & Langevin, R. (1969). Curiosity and intelligence: Two necessary conditions for a high level of creativity. *The Journal of Special Education, 3*(3), 263-268.

deCharms, R. (1968). *Personal causation*. New York: Academic Press.

deCharms, R. (1976). *Enhancing motivation change in the classroom*. New York: Irvington.

Deci, E. L. (1971). The effects of externally mediated rewards on intrinsic motivation. *Journal of Personality and Social Psychology*, 18, 105-115.

Deci, E. L. (1972). Intrinsic motivation, extrinsic reinforcement, and inequity. *Journal of Personality and Social Psychology*, 22, 113-120.

Deci, E. L. (1975). *Intrinsic motivation*. New York: Plenum Press.

Deci, E. L., & Porac, J. (1978). Cognitive evaluation theory and the study of human motivation. In M. R. Lepper a D. Green (Eds.), *The hidden costs of reward*. Hillsdate, NJ: Lawrence Erlbaum Associates.

Deci, E. L., & Ryan, R. (1985). *Intrinsic motivation and self-determination in human behavior*. New York: Plenum.

Deci, E. L., & Ryan, R., M. (2000). The "what" and "why" of goat pursuits: Human needs and the self-determination of behavior. *Psychological Inquiry*, 11(4), 227-268.

Declerck, C. H., Boone, C., & DeBrabander, B. (2006). On feeling in control: A biological theory for individual differences in control perception. *Brain and Cognition*, 62, 143.

Deimann, M., & Keller, J. M. (2006). Volitional aspects of multimedia learning. *Journal of Educational Multimedia and Hypermedia*, 15(2), 137-158.

del Soldato, T., & du Boutay, B. (1995). Implementation of motivational tactics in tutoring systems. *Journal of Artificial Intelligence*, 6(4), 337-338.

Dewey, J. (1913). *Interest and effort in education*. Boston: Houghton Mifflin Co.

Dick, W., & Carey, L. (1996). *The systematic design of instruction* (4 ed.). New York: Harper Collins.

Dollinger, S. J. (2000). Locus of control and incidental learning: An application to college student success. *College Student Journal*, 34(4), 537-541.

DuCette, j., & Wolk, S. (1973). Cognitive and motivational correlates of generaLized expectancies for control. *Journal of Personality and Social Psychology*, 26, 420-426.

DuCette, J., Wolk, S., & Friedman, S. (1972). Locus of control and creativity in black and white children. *Journal of Social Psychology*, 88, 297-298.

Duffy, T. M., Lowyck, J., & Jonassen, D. H. (Eds.). (1993). *Designing environments for constructivist learning*. New York: Springer-Verlag.

Dweck, C. S. (1975). The role of expectations and attributions in the alleviation of learned helplessness. *Journal of Personality and Social Psychology*, 31, 647-695.

Dweck, C. S. (1986). Motivational processes affecting learning. *American Psychologist*, 41(10), 1040-1048.

Dweck, C. S. (2006). *Mindset*. New York: Random House.

Eccles, J. s., & Wigfield, A. (2002). Motivational Beliefs, Values, and Goals. *Annual Review of Psychology,* 53, 109-132.

Elliot, A. i., & Devine, P. G. (1994). On the motivational nature of cognitive dissonance: Dissonance as psychological discomfort. *Journal of Personality and Social Psychology,* 67(3), 382-394.

Elliot, A. J., & Dweck, C. S. (2005a). Competence and motivation: Competence as the core of achievement motivation. In A. J. Elliot & C. S. Dweck (Eds.), *Handbook of competence and achievement motivation* (pp. 3-12). New York: The Guilford Press.

Elliot, A. J., & Dweck, C. S. (Eds.). (2005b). *Handbook of competence and motivation.* New York: The Builford Press.

Elliott, P. H. (1999). Job aids. In H. D. S. E. J. Keeps (Ed.), *Handbook of human performance technology: Improving individual and organizational performance worldwide* (2 ed., pp. 430-441). San Francisco: Jossey-Bass Pfeiffer.

Engelhard, G., & Monsaas, J. A. (1988). Grade level, gender, and school related curiosity in urban elementary schools. *Journal of Educational Research,* 82(1), 22-26.

Englehard, G. (1985). The discovery of educational goals and outcomes: A view of the latent curriculum of schooling. (Doctoral dissertation, University of Chicago, 1985). *Dissertation Abstracts International,* 46, 2176-A.

Ericsson, K. A. (2006). The influence of experience and deliberate practice on the development of superior expert performance. In K. A. Ericsson, N. Charness, P. Feltovich & R. R. Hoffman (Eds.), *Cambridge handbook of expertise and expert performance* (pp. 39-68). Cambridge, UK: Cambridge University Press.

Farmer, T. M. (1989). *A Refinement of the ARCS motivational design procedure using a formative evaluation methodology.* Bloomington: Indiana University.

Festinger, L. (1957). *A theory of cognitive dissonance.* Evanston, IL: Row, Peterson.

Festinger, L., & Carlsmith, J. M. (1959). Cognitive consequences of forced compliance. *Journal of Abnormal and Social Psychology*(58), 203-210.

Fitcheck, H. A., McNeil, C. B., Greco, L. A., & Bernard, R. S. (2004). Using a whole-class token economy and coaching of teacher skills in a preschool classroom to manage disruptive behavior. *Psychology in the Schools,* 41(3), 351 ?361.

Flanagan, J. (1967). Functional education for the seventies. *Phi Delta Kappan, September,* 27-33.

Fleming, M., & Levie, W. H. (1978). *Instructional message design: Principles from the behavioral sciences.* Englewood Cliffs, NJ: Educational Technology Publications.

Flesch, R. (1948). A new readability yardstick. *Journal of Applied Psychology,* 32, 221-233.

Flesch, R., & Lass, A. H. (1949). *A new guide to better writing.* New York: Harper and Row.

Fredrickson, B. L., & Carstensen, L. L. (1990). Choosing social partners: How old age and anticipated endings make people more selective. *Psychology and Aging,* 5,

335-347.

Friesen, N. (2003). Three objections to learning objects. In R. McGreal (Ed.), *Online education using learning objects*. London, UK: Taylor & Francis Books Ltd.

Fromm, E. (1955). *The Sane Society*. Greenwich, CN: Fawcett.

Gagné, R. M. (1965). *The conditions of learning*. New York: Holt, Rinehart and Winston, Inc.

Gagné, R. M., Wager, W. W., Golas, K. C., & Keller, J. M. (2005). *Principles of Instructional Design* (5th ed.). Belmont, CA: Wadsworth/Thomson Learning, Inc..

Gallup, H. F. (1974). Problems in the implementation of a course in personalized instruction. In J. G. Sherman (Ed.), *PSI: Personalized system of instruction*. Philippines: W. A. Benjamin, Inc.

Gardner, R., Sainato, D. M., Cooper, J. O., Heron, T. E., Heward, W. L., Eshleman, J. W., et al. (Eds.). (1994). *Behavior analysis in education: Focus on measurably superior instruction*. Pacific Grove, CA: Brooks/Cole Publishing Company.

Garner, R., Gillingham, M. G., & White, C. S. (1989). Effects of "seductive details" on macroprocessing and microprocessing in adults and children. *Cognition and Instruction, 6*(1), 41-57.

Geirland, J. (1996). Go with the flow: An interview with Mihaly Csikszentmihalyi [Electronic Version]. *Wired (Online)*, 4. Retrieved 09212008 from http://www.wired.com/wired/archive/4.09/ czik.html

Geiwitz, J. P. (1966). Structure of boredom. *Journal of Personality and Social Psychology, 3*(5), 592-600.

Gibson, S., & Dembo, M. H. (1984). Teacher efficacy: A construct validation. *Journal of Educational Psychology*, 76, 569-582.

Goleman, D. (1995). *Emotional intelligence*. New York: Bantam Books.

Gollwitzer, P. M. (1993). Goal Achievement: The Role of Intentions. *European Review of Social Psychology,* 4, 141-185.

Gollwitzer, P. M., & Brandstätter, V. (1997). Implementation intentions and effective goal pursuit. *Journal of Personality and Social Psychology,* 73(1), 186-199.

Goodlad, J. I. (1984). *A place called school: Prospects for the future*. Chicago: Aldine publishing.

Greene, B. A., & DeBacker, T. K. (2004). Gender and orientations toward the future: Links to motivation. *Educational Psychology Review*, Asked(2), 91-120.

Greenwald, A. G., & Ronis, D. L. (1978). Twenty years of cognitive dissonance: Case study of the evolution of a theory. *Psychological Review*, 85(1), 53-57.

Harlow, H. F. (1953). *Motivation as a factor in the acquisition of new responses*. Lincoln: University of Nebraska Press.

Harp, S. F., & Mayer, R. E. (1997). The role of interest in learning from scientific text and illustrations: On the distinction between emotional interest and cognitive interest. *Journal of Educational Psychology*, 89(1), 92-102.

Harp, S. F., & Mayer, R. E. (1998). How seductive details do their damage: A theory of cognitive interest in science learning. *Journal of Educational Psychology*, 90(3),

414-434.

Harrow, A. (1972). A taxonomy of the psychomotor domain. *A guide for developing behavioral objectives*. New York: David McKay.

Hawking, S. (2005). Public lectures: Does God play dice? [Electronic Version]. Retrieved September 27, 2008 from http://www.hawking. org.uk/lectures/lindex. html.

Healy, S. D. (1979). *The roots of boredom*. New Brunswick: Rutgers The State University of New Jersey.

Hebb, D. O. (1955). Drives and the conceptual nervous system. *Psychological Review,* 62, 243-253.

Hebb, D. O. (1958). The motivating effects of exteroceptive stimulation. *American Psychologist,* 13, 109-113.

Heider, R. (1946). Attitudes and cognitive organization. *The Journal of Psychology*, 21, 107-112.

Heider, R. (1958). *The psychology of interpersonal relations*. New York: Wiley.

Hidi, S., & Baird, W. (1986). Interestingness?—A neglected variable in discourse processing. *Cognitive Science*, 10(2), 179.

Hidi, S., Baird, W., & Hildyard, A. (1982). That' s important but is it interesting? Two factors in text processing. Discourse Processing, 63-75.

Hilgard, E. R. (1949). Human motives and the concept of self. *American Psychologist,* 4, 374-382.

Hoffman, R. (2007). Pandora' s Box [Electronic Version]. *Encyclopedia Mythica*, http: / /www. pantheon.org/areas/folklore/folktales/arti cles/pandora.html. Retrieved July 21, 2007.

Holden, K. B., & Rotter, J. B. (1962). A nonverbal measure of extinction in skill and chance situations. *Journal of Experimental Psychology*, 63(519-520).

Hsieh, T. T., Shybut, J., & Lotsof, E. J. (1969). Internal versus external control and ethnic group membership. *Journal of Consulting and Clinical Psychology,* 33, 122-124.

Hu, Y. (2008). *Motivation, usability and their interrelationships in a self-paced online learning environment* Unpublished doctoral dissertation, Virginia Polytechnic Institute and State University, Blacksburn, VA.

Huang, W. D., Huang, W.-Y., Diefes-Dux, H., & Imbrie, P. K. (2005). A preliminary validation of Attention, Relevance, Confidence and Satisfaction model-based Instructional Material Motivational Survey in a computer-based tutorial setting. *British Journal of Educational Technology,* 37(2), 243-259.

Hull, C. L. (1943). *Principles of behavior*. New York: Appleton-Century-Crofts.

Hummon, N. P., & Doreian, P. (2003). Some dynamics of social balance processes: bringing Heider back into balance theory. *Social Networks*, 25(1), 17-49.

Humphreys, M. S., & Revelle, W. (1984). Personality, motivation, and performance: A theory of the relationship between individual differences and information processing. *Psychological Review*, 91(2), 153-184.

Hunt, D. E., & Sullivan, E. V. (1974). *Between Psychology and Education*. Hinsdale, IL: Dryden.

Huseman, R. C., Matfield, J. D., & Miles, E. W. (1987). A new perspective on equity theory: The equity sensitivity construct. *Academy of Management Review*, 12(2), 232-234.

Ifamuyiwa, S. A., & Akinsola, M. K. (2008). Improving senior secondary school students' attitude towards mathematics through self and cooperative-instructional strategies. *International Journal of Mathematical Education in Science and Technology*, 39(5), 569.

James, W. (1890). *The principles of psychology* (Vol. 2). New York: Henry Holt.

Jenson, W. R., Sloane, H. N., & Young, K. R. (1988). *Applied behavior analysis in education: A structured teaching approach*. Englewood Cliffs, NJ: Prentice Hall.

Jessor, R., Graves, T. D., Hanson, R. C., & Jessor, S. L. (1968). *Society, personality, and deviant behavior*. New York: Holt, Rinehart & Winston.

Johnson-Laird, P. N. (1983). *Mental models: Toward a cognitive science of language, inference and consciousness*. Cambridge: Harvard University Press.

Johnson-Laird, P. N. (2005). Mental models in thought. In K. Holyoak & R. J. Steinberg (Fds.), *The Cambridge handbook of thinking and reasoning* (pp. 179-212). Cambridge, UK: Cambridge University Press.

Johnson, S. D., & Aragon, S. R. (2002). An instructional strategy framework for online learning environments. In T. M. Egan & S. A. Lynham (Eds.), *Proceedings of the academy for human resource development* (pp. 1022-1029). Bowling Green, OH: AHRD.

Johnson, W. L., Rickel, J. W., & Lester, J. C. (2000). Animated pedagogical agents: face-to-face interaction in interactive learning environments. *International Journal of Artificial Intelligence in Education,* 11, 47-78.

Jonassen, D. H. (1985). A taxonomy of interactive adaptive lesson designs. *Educational Technology,* 25(6), 7-17.

Jones, E. E., Kanhouse, D. F., Kelley, H. H., Nisbett, R. E., Valins, S., & Weiner, B. (1971). *Attribution: Perceiving the causes of behavior*. Morristown, NJ: General Learning Press.

Joyce, B., & Weil, M. (1972). *Models of teaching*. Englewood Cliffs, NJ: Prentice-Hall, Inc.

Jussim, L., & Eccles, J. (1992). Teacher expectancies II: Construction and reflection of student achievement. *Journal of Personality and Social Psychology*, 63, 947-961.

Kabat-Zinn, J. (1990). *Full catastrophe living: Using the wisdom of your body and mind to face stress, pain, and illness*. New York: Dell Publishing.

Kagan, J. (1972). Motives and development. *Journal of Personality and Social Psychology,* 22(1), 51-66.

Kaplan, S., & Kaplan, R. (1978). *Humanscape: Environments for people*. North Scituate, MA: Duxbury Press.

Kazdin, A. E. (1982). The token economy: A decade later. *Journal of Applied Behav-*

ior Analysis, 15(3), 431-445.

Kazdin, A. E., & Bootzin, R. R. (1972). The token economy: An evaluative review. *Journal of Applied Behavior Analysis,* 5(3), 343-372.

Keller, F. S. (1968). Goodbye teacher. *Applied Behavior Analysis,* 1, 78-79.

Keller, J. M. (1979). Motivation and instructional design: A theoretical perspective. *Journal of Instructional Development,* 2(4), 26-34.

Keller, J. M. (1983a). Investigation of the effectiveness of a learned helplessness alleviation strategy for low aptitude learners. In G. Zeeuw, W. Hofstee, & J. Yastenhouw (Fds.), *Funderend Onderzoek van het Onderwijs en Onderwijsleerprocessen* (pp. 191-202). Lisse, The Netherlands: Swets & Zeitlinger B.V.

Keller, J. M. (1983b). Motivational design of instruction. In C. M. Reigeluth (Ed.), *Instructional design theories and models: An overview of their current status.* Hillsdale, NJ: Lawrence Erlbaum Associates.

Keller, J. M. (1984). The use of the ARCS model of motivation in teacher training. In K. S. A. J. Trott (Ed.), *Aspects of educational technology volume XVII: Staff development and career updating.* London: Kogan Page.

Keller, J. M. (1987a). Development and use of the ARCS model of motivational design. *Journal of Instructional Development,* 10(3), 2-10.

Keller, J. M. (1987b). Strategies for stimulating the motivation to learn. *Performance and Instruction,* 26(8), 1-7.

Keller, J. M. (1987c). The systematic process of motivational design. *Performance and Instruction,* 26(9), 1-8.

Keller, J. M. (1988). Motivational design. In R. McAleese & U. C. (Eds.), *Encyclopaedia of educational media communications and technology* (2nd ed., pp. 406-409). Westport, CT: Greenwood Press.

Keller, J. M. (1994). Motivation in instructional design. In T. Husen & T. N. Postlethwaite (Eds.), *International encyclopaedia of education* (2nd ed.). Oxford: Pergamon Press.

Keller, J. M. (1999). Motivation in cyber learning environments. *Educational Technology International,* 1(1), 7-30.

Keller, J. M. (2000 February). *How to integrate learner motivation planning into lesson planning: The ARCS model approach.* Paper presented at the VII Seminario, Santiago, Cuba.

Keller, J. M. (2008a). First principles of motivation to learn and e3-learning. *Distance Education,* 29(2), 175-185.

Keller, J. M. (2008b). An integrative theory of motivation, volition, and performance. *Technology, Instruction, Cognition, and Learning,* 6(2), 79-104.

Keller, J. M., & Burkman, E. (1993). Motivation principles. In M. Fleming & W. H. Levie (Eds.), *Instructional message design: Principles from the behavioral and cognitive sciences.* Englewood Cliffs, NJ: Educational Technology Press.

Keller, J. M., Deimann, M., & Liu, Z. (2005). Effects of integrated motivational and volitional tactics on study habits, attitudes, and performance. In *Proceedings of the*

Annual Meeting of the Association for Educational Communications and Technology. Orlando, Florida.

Keller, J. M., & Kopp, T. W. (1987). An Application of the ARCS Model of Motivational Design. In C. M. Reigetuth (Ed.), *Instructional theories in action* (pp. 289-320). Hillsdale, NJ: Erlbaum.

Keller, J. M., & Suzuki, K. (1988). Application of the ARCS model to course-ware design. In D. H. Jonassen (Ed.), *Instructional designs for microcomputer course-ware design* (pp. 401-434). New York: Lawrence Erlbaum, Publisher.

Kim, C. M., & Keller, J. M. (2008). Effects of motivational and volitional email messages (MVEM) with personal messages on undergraduate students' motivation, study habits and achievement. *British Journal of Educational Technology*, 39(1), 36-51.

Knebel, E., Lundahl, S., E., R. A., Abdallah, H., Ashton, J., & Wilson, N. (2000). *Use of manual job aids by health care providers: What do we know?* (No. USAID Contract No. HRN-C-00-96-9001 3). Bethesda, Maryland: Center for Human Services.

Ko, S., & Rossen, S. (2001). *Teaching Online: A Practical Guide*. New York: Houghton Mifflin Company.

Koberg, D., & Bagnall, J. (1976). *The all new universal traveler*. Los Altos, CA: William Kaufman, Inc.

Koffka, K. (1935). *Principles of gestalt psychology*. New York: Harcourt, Brace and World.

Kopp, T. (1982). Designing the boredom out of instruction. *NSPI Journal, May*, 23-27, 29.

Krathwohl, D. R., Bloom, B. S., & Masia, B. B. (1964). *Taxonomy of educational objectives, handbook II: Affective domain*. New York: David McKay.

Krishna, D. (1971). "The self-fulfilling prophecy" and the nature of society. *American Sociological Review*, 36, 1104-1107.

Kuhl, J. (1984). Volitional aspects of achievement motivation and learned helplessness: Toward a comprehensive theory of action control. In B. A. Maher & W. B. Maher (Eds.), *Progress in experimental personality research* (pp. 101-171). Orlando: Academic Press.

Kuhl, J. (1985). Volitional mediators of cognitive-behavior-consistency; self-regulatory processes and action versus state orientation. In J. Kuhl & J. Beckmann (Fds.), *Action control. From cognition to behavior* (pp. 101-128). Berlin: Springer.

Kuhl, J. (1987). Action control: The maintenance of motivational states. In F. Halisch & J. Kuhl (Eds.), *Motivation, intention and volition* (pp. 279-291). Berlin: Springer.

Kuhn, T. S. (1970). *The structure of scientific revolutions* (2nd ed.). Chicago: University of Chicago Press.

Kulik, J., Kulik, C.-L. C., & Cohen, P. A. (1979). Ameta-analysis of outcome studies of Keller' s personalized system of instruction. *American Psychologist*, 34, 307-318.

Kulik, J. A. (1994). Meta-analytic studies of findings on computer-based instruction. In F. L. Baker & J. H. F. O' Neil (Eds.), *Technology assessment in education and training*. Hillsdale, NJ: Lawrence Erlbaum.

Landa, L. N. (1974). *Algorithmization in learning and instruction* (V. Bennett, Trans.). Englewood Cliffs, NJ: Educational Technology Publications.

Landa, L. N. (1976). *Instructional regulation and control: Cybernetics, algorithmization and heuristics in education* (S. Desch, Trans.). Englewood Cliffs, NJ: Educational Technology Publications.

Lang, F. R., & Carstensen, L. L. (2002). Time counts: Time perspective, goals, and social relationships. *Psychology and Aging*, 17(1), 125-139.

Lenehan, M. C., Dunn, R., Ingham, J., Signer, B., & Murray, J. B. (1994). Effects of learning-style intervention on college students' achievement, anxiety, anger, and curiosity. *Journal of College Student Development*, 35, 461-466.

Lepper, M. R., Green, D., & Nisbett, R. E. (1973). Undermining children' s intrinsic interest with extrinsic rewards: A test of the overjustification hypothesis. *Journal of Personality and Social Psychology* 28, 129-137.

Lepper, M. R., & Greene, D. (1975). Turning play into work: Effects of adult surveillance and extrinsic rewards on children' s intrinsic motivation. *Journal of Personality and Social Psychology*, 31, 479-486.

Lepper, M. R., & Greene, D. (1978). *The hidden costs of reward: New perspectives on the psychology of human motivation*. Hillsdale, NJ: Lawrence Erlbaum Associates.

Lewin, K. (1935). *A dynamic theory of personality*. New York: McGraw-Hill.

Lewin, K. (1938). *The conceptual representation and the measurement of psychological forces*. Durham, NC: Duke University Press.

Lim, D. H. (2004). Cross cultural differences in online learning motivation. *Educational Media International*, 41(2), 163-175.

Lim, D. H., & Kim, H. (2003). Motivation and Learner Characteristics affecting Online Learning and Learning Application. *Journal of Educational Technology Systems*, 31(4), 423-439.

Livingston, J. S. (1969). Pygmalion in management. *Harvard Business Review*, 47(July -August), 81-89.

Loorbach, N., Karreman, J., & Steehouder, M. (2007). Adding motivational elements to an instruction manual for seniors: Effects on usability and motivation. *Technical communication*, 54(3), 343-358.

Lowenstein, G. (1994). The psychology of curiosity: A review and interpretation. *Psychological Bulletin*, 116(75-98).

Main, R. G. (1993). Integrating Motivation into the Instructional Design Process. *Educational Technology*, 33(12), 37-41.

Malone, T. (1981). Toward a Theory of Intrinsically Motivating Instruction. *Cognitive Science*, 4, 333-369.

Manojlovich, M. (2005). Promoting nurses' self-efficacy: A leadership strategy to improve practice. *Journal of Nursing Administration*, 35(5), 271-278.

Markle, S. M. (1969). *Good frames and bad: A grammar of frame writing* (2nd ed.). New York: Wiley.

Martin, B. L., & Briggs, L. J. (1986). *The affective and cognitive domains: Integration for instruction and research*. Englewood Cliffs, NJ: Educational Technology Publications.

Masie, E. (2002). *Making sense of learning specifications & standards: A decision maker' s guide to their adoption*. Saratoga Springs, NY: The MASIE Center.

Maslow, A. H. (1954). *Motivation and personality*. New York: Harper & Row.

Maw, W. H., & Magoon, A. J. (1971). The curiosity dimension of fifth-grade children: A factorial discriminant analysis. *Child Development*, 42, 2023-2031.

Maw, W. H., & Maw, E. W. (1961). Information recognition by children with high and low curiosity. *Educational Research Bulletin*, 40(8), 197-201, 223.

Maw, W. H., & Maw, E. W. (1964). *An exploratory study into the measurement of curiosity in elementary school children* (No. Project No. 801 (SAE 8519)): United States Office of Education, Department of Health, Education, and Welfare.

Maw, W. H., & Maw, E. W. (1966). Self appraisal of curiosity. *Journal of Educational Research*, 61, 462-466.

Maw, W. H., & Maw, E. W. (1970a). Nature of creativity in high-and low-curiosity boys. *Developmental Psychology*, 2(3), 325-329.

Maw, W. H., & Maw, E. W. (1970b). Self concepts of high-and low-curiosity boys. *Child Development*, 41, 123-129.

Maw, W. H., & Maw, E. W. (1977). Nature and assessment of human curiosity. In P. McReynolds (Ed.), *Advances in psychological assessment* (Vol. 4). San Francisco: Jossey-Bass.

McClelland, D. C. (1965). Toward a theory of motive acquisition. *American Psychologist*, 20, 321-333.

McClelland, D. C. (1976). *The achieving society*. New York: Irvington Publishers.

McCrae, R. R., & Costa, P. T. (1987). Validation of the five-factor model of personality across instruments and observers. *Journal of Personality and Social Psychology*, 52, 81-90.

McCrae, R. R., & John, O. P. (1992). An Introduction to the five-factor model and its applications. *Journal of Personality*, 60(2), 175-215.

McDougall, W. (1908). *An introduction to social psychology*. London: Methuen.

McDougall, W. (1970). The nature of instincts and their place in the constitution of the human mind. In W. A. Russel (Ed.), *Milestones in motivation*. New York: Appleton-Century-Crofts.

McMullin, D., & Steffen, J. (1982). Intrinsic motivation and performance standards. *Social Behavior and Personality*, 10, 47-56.

McQuillan, J., & Conde, G. (1996). The conditions of flow in reading: two studies of optimal experience. *Reading Psychology*, 17(2), 109-135.

Means, T. B., Jonassen, D. H., & Dwyer, R. M. (1997). Enhancing relevance: Embedded ARCS strategies vs. purpose. *Educational Technology Research and Development*, 45(1), 5-18.

Medsker, K. L., & Holdsworth, K. M. (Fds.). (2001). *Models and strategies for training design*. Silver Spring, MD: International Society for Performance Improvement.

Mehrabian, A., & O' Reilly, E. (1980). Analysis of personality measures in terms of basic dimensions of temperament. *Journal of Personality and Social Psychology*, 38(3), 492-503.

Merrill, M. D. (2002). First principles of instruction. *Educational Technology Research and Development*, 50(3), 43-59.

Merton, R. K. (1936). The unanticipated consequences of purposive social action. *American Sociological Review*, 1(6), 894-904.

Merton, T. K. (1948). The self-fulfilling prophecy. *Antioch Review*, 8(2), 193-210.

Messick, S. (1979). Potential uses of noncognitive measurement in education. *Journal of Educational Psychology*, 71, 281-292.

Milgram, S. (1965). Some conditions of obedience and disobedience to authority. *Human Relations*, 18, 57-76.

Muller, P. A., Stage, F. K., & Kinzie, J. (2001). Science achievement growth trajectories: Understanding factors related to gender and racial-ethnic differences in precollege science achievement. *American Educational Research Journal*, 38(4), 981-1012.

Murray, H. A. (1938). *Explorations in personality*. Oxford: Oxford University Press.

Naime-Diffenbach, B. (1991). *Validation of attention and confidence as independent corn ponents of the ARCS motivational model*. Unpublished doctoral dissertation, Florida State University, Tallahassee, FL.

Nicholls, J. (1984). Conceptions of ability and achievement motivation. In R. Ames & C. Ames (Eds.), *Research on motivation in education* (Vol. 1). Orlando, FL: Academic Press.

Nichols, J. (1984). Achievement motivation: Conceptions of ability, subjective experience, task choice, and performance. *Psychological Review*, 91, 328-346.

Nichols, J. D., & Miller, R. B. (1994). Cooperative learning and student motivation. *Contemporary Educational Psychology*, 19, 167-178.

Norman, W. T. (1963). Toward an adequate taxonomy of personality attributes: Replicated factor structure in peer nomination personality ratings. *Journal of Abnormal and Social Psychology*, 66, 574-583.

O' Leary, K. D., & Drabman, R. (1971). Token reinforcement program in the classroom: A review. *Psychological Bulletin*, 75, 379-398.

Oh, S. Y. (2006). *The effects of reusable motivational objects in designing reusable learning object-based instruction* Tallahassee, FL: The Florida State University.

Okey, J. R., & Santiago, R. S. (1991). Integrating instructional and motivational design. *Performance Improvement Quarterly*, 4(2), 11-21.

Paradowski, W. (1967). Effect of curiosity on incidental learning. *Journal of Educational Psychology*, 58(1), 50-55.

Paris, S. G., & Oka, E. R. (1986). Children' s reading strategies, metacognition, and motivation. *Developmental Review*, 6(1), 25-56.

Parsons, O. A., Schneider, J. M., & Hansen, A. S. (1970). Internal-external locus of control and national stereotypes in Denmark and the United States. *Journal of Consulting and Clinical Psychology,* 35, 30-37.

Paunonen, S. V., & Ashton, M. C. (2001). Big Five factors and facets and the prediction of behavior. *Journal of Personality and Social Psychology,* 81, 524-539.

Pavlov, I. P. (1906). The scientific investigation of psychical faculties or processes in the higher animals. *Science,* 24, 613-619.

Pavlov, I. P. (1927). *Conditioned reflexes* (G. V. Anrep, Trans.). London: Oxford University Press.

Penney, R. K., & McCann, B. (1964). The children' s reactive curiosity scale. *Psychological Reports,* 15, 323-334.

Peters, R. A. (1978). Effects of anxiety, curiosity, and perceived-instructor threat on student verbal behavior in the college classroom. *Journal of Educational Psychology,* 70(3), 388-395.

Phares, E. J. (1976). *Locus of control in personality.* Morristown, NJ: General Learning Press.

Piaget, J. (1952). *The origins of intelligence in children.* New York: International Universities Press.

Picard, R. W. (1997). *Affective Computing.* Cambridge, MA: MIT Press.

Pintrich, P. R., & De Groot, E. V. (1990). Motivational and self-regulated learning components of classroom academic performance. *Journal of Educational Psychology,* 82(1), 33-40.

Pintrich, P. R., & Schunk, D. H. (2002). *Motivation in Education. Theory, Research, and Applications* (2 ed.). Upper Saddle River, NJ: Merrill Prentice Hall.

Premack, D. (1962). Reversibility of the reinforcement relation. *Science,* 136, 255-257.

Pressey, S. L. (1926). A simple apparatus which gives tests and scores-and teaches. *School and Society,* 23(586), 373-376.

Raynor, J. O. (1969). Future orientation and motivation of immediate activity: An elaboration of the theory of achievement motivation. *Psychological Review,* 76(6), 606-610.

Raynor, J. O. (1974). Relationships between achievement-related motives, future orientation, and academic performance. In J. W. Atkinson & J. O. Raynor (Eds.), *Motivation and achievement.* Washington, DC: V. H. Winston.

Reeves, B., & Nass, C. (1996). *The media equation: How people treat computers, television, and new media like real people and places.* Cambridge: Cambridge University Press.

ReigeLuth, C. M. (Ed.). (1983). *Instructional design theories and models: An overview of their current status.* Hillsdale, NJ: Lawrence Erlbaum Associates.

Reigetuth, C. M. (Ed.). (1999). *Instructional design theories and models: An overview of their current status.* Hillsdale, NJ: Lawrence Erlbaum Associates.

Renninger, K. A., Hidi, S., & Krapp, A. (1992). *The role of interest in learning and development.* Hillsdale, NJ: Erlbaum.

Rezabek, R. H. (1994). *Utilizing intrinsic motivation in the design of instruction.*

Paper presented at the Washington, DC: Association for Educational Communications and Technology.

Robertson, I. T., & Sadri, G. (1993). Managerial self-efficacy and managerial performance. *British Journal of Management*, 4, 37-46.

Robinson, R., & Anderson, M. (2002). *The ever-changing courseware landscape: Migration strategies and lessons learned.* Paper presented at the Distance Learning 2002, Texas.

Rogers, C. R. (1954). *Client centered therapy.* Boston: Houghton Mifflin.

Rosenthal, R., & Jacobson, L. (1968). *Pygmalion in the classroom.* New York: Holt, Rinehart & Winston.

Rotter, J. B. (1954). *Social learning theory and clinical psychology.* New York: Prentice-Hall.

Rotter, J. B. (1966). Generalized expectancies for internal versus external control of reinforcement. *Psychological Monographs*, 80(1, Whole No. 609).

Rotter, J. B. (1972). An introduction to social learning theory. In J. B. Rotter, J. E. Chance & E. J. Phares (Eds.), *Applications of a social learning theory of personality.* New York: Holt, Rinehart, & Winston.

Rotter, J. B., Liverant, S., & Crowne, D. P. (1961). The growth and extinction of expectancies in chance controlled and skilled tasks. *Journal of Abnormal and Social Psychology,* 52, 161-177.

Ryan, R., M., & Deci, E. L. (2000). Intrinsic and extrinsic motivations: classic definitions and new directions. *Contemporary Educational Psychology*, 25, 54-67.

Saloman, G. (1984). Television is "easy" and print is "tough": The differential investment of mental effort in learning as a function of perceptions and attributions. *Journal of Educational Psychology*, 76(4), 647-658.

Saxe, R. M., & Stollak, G. E. (1971). Curiosity and the parent-child relationship. *Child Development*, 42, 373-384.

Schachter, S. (1964). The interaction of cognitive and physiological determinants of emotional state. In L. Berkowitz (Ed.), *Advances in experimental social psychology* (Vol. 1). New York: Academic Press.

Schaefer, E. S., & Bell, R. Q. (1958). Development of a parental attitude research instrument. *Child Development,* 29, 339-361.

Schank, R. C. (1979). Interestingness: Controlling inferences. *Artificial Intelligence,* 12(3), 273-297.

Schrank, W. (1968). The labeling effect of ability grouping. *Journal of Educational Research,* 62, 51-52.

Schrank, W. (1970). A further study of the labeling effect of ability grouping. *Journal of Educational Research*, 63, 358-360.

Schunk, D. H. (1981). Modeling and attributional effects on children' s achievement: A self-efficacy analysis. *Journal of Educational Psychology,* 73(1), 93-105.

Schunk, D. H. (1985). Self-efficacy and classroom learning. *Psychology in the Schools,* 22(2), 208-223.

Schunk, D. H. (1996). Goal and self-evaluative influences during children' s cognitive skill learning. *American Educational Research Journal,* 33, 359-382.

Seligman, M. E. (1975). *Helplessness*. San Francisco: Freeman.

Seligman, M. E. (1991). *Learned optimism: How to change your mind and yourself.* New York: A. A. Knopf.

Selye. (1973). The evolution of the stress concept. *American Scientist,* 61, 692-699.

Shellnut, B., Knowlton, A., & Savage, T. (1999). Applying the ARCS model to the design and development of computer-based modules for manufacturing engineering courses. *Educational Technology Research and Development*, 47(2), 100-110.

Shen, E. (2009). *The effects of agent emotional support and cognitive motivational messages on math anxiety, learning, and motivation*. Tallahassee, FL: Florida State University.

Shernoff, D. J., Csikszentmihalyi, M., Schneider, B., & Shernoff, E. S. (2003). Student engagement in high school classrooms from the perspective of flow theory. *School Psychology Quarterly*, 18(2), 158-176.

Simpson, E. (1972). *The classification of educational objectives in the psychomotor domain: The psychomotor domain* (Vol. 3). Washington, DC: Gryphon House.

Sins, P. H. M., Joolingen, W. R. v., Savelsbergh, E. R., & Hout-Wolters, B. v. (2008). Motivation and performance within a collaborative computer-based modeling task: Relations between students' achievement goal orientation, self-efficacy, cognitive processing, and achievement. *Contemporary Educational Psychology,* 33, 58-77.

Sins, P. H. M., Savelsbergh, E. R., & Joolingen, W. R. v. (2005). The difficult process of scientific modeling: an analysis of novices' reasoning during computer-based modeling. *International Journal of Science Education*, 27(14), 1695-1721.

Sivin-Kachala, J. (1998). *Report on the effectiveness of technology in schools* (1990-1997): Software Publisher' s Association.

Skinner, B. F. (1954). The science of learning and the art of teaching. *Harvard Educational Review,* 24, 86-97.

Skinner, B. F. (1968). *The Technology of Teaching*. New York: AppletonCentury-Crofts.

Sloane, H. N., & Jackson, D. A. (1974). *A Guide to Motivating Learners*. Englewood Cliffs, NJ: Educational Technology Publications.

Small, R. V., & Gluck, M. (1994). The relationship of motivational conditions to effective instructional attributes: A magnitude scaling approach. *Educational Technology,* 34(8), 33-40.

Smock, C. D., & Holt, B. G. (1962). Children' s reactions to novelty: An experimental study of "curiosity motivation". *Child Development,* 33, 631-642.

Song, S. H. (1998). *The effects of motivationally adaptive corn puterassisted instruction developed through the arcs model.* Unpublished doctoral dissertation, Tallahassee, FL: Florida State University.

Song, S. H., & Keller, J. M. (2001). Effectiveness of motivationally adaptive computer-assisted instruction on the dynamic aspects of motivation. *Educational Technology Research and Development,* 49(2), 5-22.

Spector, J. M., & Merrill, M. D. (2008). Editorial: Effective, efficient, and engaging (e3) learning in the digital era. *Distance Education*, 29(2), 123-126.

Spence Laschinger, H. K., & Shamian, J. (1994). Staff nurses' and nurse managers perception of job-related empowerment and managerial self-efficacy. *Journal of Nursing Administration*, 24(10), 38-47.

Sperber, D., & Wilson, D. (1986). *Relevance: Communication and Cognition.* Cambridge, MA: Harvard University Press.

Steers, R. M., & Porter, L. W. (1983). *Motivation and work behavior.* New York: McGraw-Hill.

Stockdale, J., Sinclair, M., Kernohan, W. G., Keller, J. M., Dunwoody, L., Cunningham, J. B., et al. (2008). Feasibility study to test Designer Breastfeeding™: a randomised controlled trial. *Evidence Based Midwifery*, 6(3), 76-82.

Suzuki, K., & Keller, J. M. (1996). *Creation and cultural validation of an ARCS motivational design matrix.* Paper presented at the annual meeting of the Japanese Association for Educational Technology, Kanazawa, Japan.

Sweller, J. (1988). Cognitive load during problem solving: Effects on learning. *Cognitive Science*, 12, 257-285.

Sweller, J. (1994). Cognitive Load Theory, Learning Difficulty, and Instructional Design. *Learning and Instruction,* 4, 295-312.

Tennyson, R. D. (1992). An educational learning theory for instructional design. *Educational Technology*, 32(1), 36-41.

Thomas, W. I., & Thomas, D. S. (1928). *The child in America.* New York: Knopf.

Tilaro, A., & Rossett, A. (1993). Creating motivating job aids. *Performance and Instruction,* 32(9), 13-20.

Tolman, E. C. (1932). *Purposive behavior in animals and men.* New York: Appleton-Century.

Tolman, E. C. (1949). *Purposive behavior in animals and men.* Berkeley: University of California Press.

Torrance, E. P. (1963). The creative personality and the ideal pupil. *Teachers College Record,* 3, 220-226.

Torrance, E. P. (1965). *Rewarding creative behavior: Experiments in classroom creative behavior.* Englewood Cliffs, NJ: Prentice-Hall.

Torrance, E. P. (1969). Curiosity of gifted children and performance on timed and untimed test of creativity. *The Gifted Child Quarterly,* 13, 3.

Tosti, D. T. (1978). Formative feedback. *NSPI Journal*(October), 19-21.

Truchlicka, M., McLaughlin, T. F., & Swain, J. C. (1998). Effects of tokenreinforcement and response cost on the accuracy of spelling performance with middle-school special education students with behavior disorders. *Behavioral Interventions,* 13(1), 1-10.

Tschannen-Moran, M., Woolfolk Hoy, A., & Hoy, W. (1998). Teacher efficacy: Its meaning and measure. *Review of Educational Research,* 68, 202-248.

Turner, M. L., & Engle, R. W. (1989). Is working memory capacity task dependent? *Journal of Memory and Language*(49), 127-154.

Van Calster, K., Lens, W., & Nuttin, J. R. (1987). Affective attitude toward the personal future: Impact on motivation in high school boys. *American Journal of Psychology,* 100(1), 1-13.

Van Merriënboer, J. J. G., Kirschner, P. A., & Kester, L. (2003). Taking the load off a learner' s mind: Instructional design for complex learning. *Educational Psychologist,* 38(1), 5-13.

Venn, J. (1888). *Logic of Chance* (3 ed.). London: Macmillan.

Vidler, D. C. (1974). Convergent and divergent thinking, test anxiety, and curiosity. *The Journal of Experimental Education*, 43(2), 79-85.

Vidler, D. C. (1977). Curiosity. In S. Ball (Ed.), *Motivation in education.* New York: Academic Press.

Viney, L. L., & Caputi, P. (2005). Using the origin and pawn, positive affect, CASPM, and cognitive anxiety content analysis scales in counseling research. *Measurement and Evaluation in Counseling and Development,* 38, 115-126.

Visser, J. (1990). *Enhancing learner motivation in an instructor-facilitated learning context.* Unpublished Dissertation. Tallahassee, FL: Florida State University.

Visser, J., & Keller, J. M. (1990). The clinical use of motivational messages: an inquiry into the validity of the ARCS model of motivational design. *Instructional Science,* 19, 467-500.

Visser, L. (1998). *The development of motivational communication in distance education support.* Unpublished doctoral dissertation, Educational Technology Department. The Netherlands: The University of Twente.

Vodanovich, S. J. (2003). Psychometric measures of boredom: A review of the literature. *The Journal of Psychology,* 137(6), 569-595.

Vroom, V. H. (1964). *Work and motivation.* New York: John Wiley and Sons.

Weil, M., & Joyce, B. (1978). *Information processing models of teaching.* Englewood Cliffs, NJ: Prentice Hall, Inc.

Weiner, B. (1992). *Human motivation.* Newbury Park: Sage Publications.

Weiner, B. (Ed.). (1974). *Achievement motivation and attribution theory.* Morristown, NJ: General Learning Press.

Weinstein, R., Madison, S., & Kuklinski, M. (1995). Raising expectations in schooling: Obstacles and opportunities for change. *American Educational Research Journal,* 32, 121-159.

Westbrook, L. (2006). Mental models: a theoretical overview and preliminary study. *Journal of Information Science,* 32(6), 563-579.

Westbrook, M. T., & Viney, L. L. (1980). Scales measuring people' s perception of themselves as Origins and Pawns. *Journal of Personality Assessment*, 44(2), 167-174.

Wheelwright, P. (1951). *Aristotle* (2 ed.). New York: The Odyssey Press.

Wheelwright, P. (1962). *Metaphor and Reality* (2 ed.). Bloomington, IN: Indiana University Press.

Wheelwright, P. (1966). *The presocratics*. New York: The Odyssey Press.

White, R. W. (1959). Motivation reconsidered: The concept of competence. *Psychological Review*, 66(5), 297-333.

Wicktund, R. A., & Brehm, J. W. (1976). *Perspectives on cognitive dissonance*. Hillsdale, NJ: Erlbaum.

Wilensky, R. (1983). Story grammars versus story points. *The Behavioral and Brain Sciences,* 6(579-623).

Wlodkowski, R. J. (1984). *Motivation and teaching: A practical guide*. Washington, DC: National Education Association.

Wlodkowski, R. J. (1999). *Enhancing adult motivation to learn, Revised edition*. San Francisco. Jossey-Bass Publishers.

Wohlwill, J. F. (1987). Introduction. In D. Gorlitz & J. F. Wohlwill (Eds.), *Curiosity, imagination and play: On the development of spontaneous cognitive and motivational processes* (pp. 1-21). Hillsdale, NJ: Lawrence Erlbaum Associates.

Wolk, S., & DuCette, J. (1974). IntentionaL performance and incidental Learning as a function of personality and task dimensions. *Journal of Personality and Social Psychology,* 29, 90-101.

Wongwiwatthananukit, S., & Popovich, N. G. (2000). Applying the arcs model of motivational design to pharmaceutical education. *American Journal of Pharmaceutical Education,* 64, 188-196.

Wood, R., & Bandura, A. (1989). SociaL cognitive theory of organizational management. *Academy of Management Review*, 14(3), 361-384.

Woods, R. H. (2002). How much communications is enough in online courses?: Exploring the relationship between frequency of instructor-initiated personal email and learners' perceptions of and participation in online learning. *International Journal of Instructional Media*, 29(4), 377-394.

Woodworth, R. S. (1918). *Dynamic psychology*. New York: Columbia University Press.

Woolfolk, A., & Hoy, W. (1990). Prospective teachers' sense of efficacy and beliefs about control. *Journal of Educational Psychology*, 82, 81-91.

Yeigh, T. (2007). information-processing and perceptions of control: How attribution style affects task-relevant processing. *Australian Journal of Educational and Developmental Psychology*, 7, 120-138.

Yerkes, R. M., & Dodson, J. D. (1908). The relation of stimulus to rapidity of habit formation. *Journal of Comparative Neurological Psychology*, 18, 459-482.

Zaharias, P., & Poylymenakou, A. (2009). Developing a usability evaluation method for e-learning applications: Beyond functional usability. *International Journal of Human-Computer Interaction*, 25(1), 75-98.

Zimmerman, B. J. (1989). A social cognitive view of self-regulated academic learning.

Journal of Educational Psychology, 81, 329-339.

Zimmerman, B. J., & Schunk, D. H. (Eds.). (2001). Self-regulated learning and academic achievement. *Theoretical perspectives* (2nd ed.). Mahwah, NJ: Erlbaum.

Zuckerman, M. (1971). Dimensions of sensation seeking. *Journal of Consulting and Clinical Psychology*, 36, 45-52.

Zuckerman, M. (1978). The search for high sensation. *Psychology Today, February,* 38-46, 96-97.

Zuckerman, M. (1979). *Sensation seeking: Beyond the optimal level of arousal.* Hillsdale, NJ: Erlbaum.

찾아보기

역자 소개

조 일 현
서울대학교 농경제학과 졸업
연세대학교 산업교육학과 석사
미국 Florida State University 교육공학 박사
현) 이화여자대학교 교육공학과 부교수
ijo@ewha.ac.kr

김 찬 민
이화여자대학교 특수교육학과 졸업
연세대학교 교육공학 석사
미국 Boston University 교육공학 석사
미국 Florida State University 교육공학 박사
현) 미국 The University of Georgia 교육공학 조교수
chanmin@uga.edu

허 희 옥
이화여자대학교 교육공학과 졸업
이화여자대학교 교육공학 석사
미국 Florida State University 교육공학 박사
현) 순천대학교 컴퓨터교육과 교수
hoheo@sunchon.ac.kr

서 순 식
고려대학교 영어교육과 졸업
연세대학교 교육행정 석사
미국 Florida State University 교육공학 석사 및 박사
현) 춘천교육대학교 컴퓨터교육과 교수
ssuh@cnue.ac.kr

학습과 수행을 위한 **동기 설계**: ARCS 모형 접근
Motivational Design for Learning and Performance:
The ARCS Model Approach

발행일 | 2013년 1월 3일 초판 발행
저 자 | John M. Keller
역 자 | 조일현, 김찬민, 허희옥, 서순식
발행인 | 홍진기
발행처 | 아카데미프레스
주 소 | 413-756 경기도 파주시 문발동 출판정보산업단지 507-9
전 화 | 031-947-7389
팩 스 | 031-947-7698
웹사이트 | www.academypress.co.kr
이메일 | info@academypress.co.kr
등록일 | 2003. 6. 18 제406-2011-000131호
ISBN | 978-89-97544-22-6 93370

값 22,000원